河南省重点研发与推广专项（科技攻关）项目（项目编号：212102210048）
河南省高等学校重点科研项目（项目编号：21B535002）
国家自然科学基金面上项目“提高相移条纹投影三维测量精度的主值相位反向误差补偿法”（项目编号：51875164）
南阳理工学院博士科研启动基金项目（项目编号：NGBJ-2020-01）

智能制造时代汽车安全性能检测技术及应用研究

U0870397

马新波　毛翠丽　著

中南大学出版社
www.csupress.com.cn
·长沙·

图书在版编目(CIP)数据

智能制造时代汽车安全性能检测技术及应用研究 / 马新波，毛翠丽著. —长沙：中南大学出版社，2021. 9
ISBN 978-7-5487-4665-2

Ⅰ. ①智… Ⅱ. ①马… ②毛… Ⅲ. ①汽车—故障检测—研究 Ⅳ. ①U472. 9

中国版本图书馆 CIP 数据核字(2021)第 191569 号

智能制造时代汽车安全性能检测技术及应用研究

ZHINENG ZHIZAO SHIDAI QICHE ANQUAN XINGNENG JIANCE JISHU JI YINGYONG YANJIU

马新波　毛翠丽　著

□责任编辑　谢金伶
□责任印制　易红卫
□出版发行　中南大学出版社
　　社址：长沙市麓山南路　　邮编：410083
　　发行科电话：0731-88876770　　传真：0731-88710482
□印　　装　广东虎彩云印刷有限公司

□开　　本　710 mm×1000 mm　1/16　□印张 19. 25　□字数 355 千字
□版　　次　2021 年 9 月第 1 版　□印次 2021 年 9 月第 1 次印刷
□书　　号　ISBN 978-7-5487-4665-2
□定　　价　89. 00 元

图书出现印装问题，请与经销商调换

PREFACE 前言

自从1886年卡尔·本茨发明第一辆现代汽车以来，随着技术不断的发展和进步，汽车在不断地改变人们的生活。中国汽车产业经历了近70年的发展，中国已经成为世界最大的汽车产销国。截至2019年底，全国汽车的保有量为2.6亿辆，其中私家车保有量首次突破2亿辆。但是汽车数量的增加也带来了许多问题，空气污染、能源消耗、城市拥堵、交通事故等，其中交通事故对财产和生命造成了无可挽回的损失。2019年，全国发生道路交通事故23.8万起，造成约6.7万人死亡、27.5万人受伤，直接财产损失9.1亿元。

汽车智能化作为新一轮科技革命和汽车行业变革的发展趋势，为解决汽车带来的交通问题提供了一种新的手段。智能车辆因其在各个领域均有重要的使用价值，成为目前研究的热门课题。智能车辆的导航系统从功能结构来看主要包括环境感知、自主定位、路径规划以及决策控制等模块。其中，环境感知技术作为智能车辆的“眼睛”，是目前智能车辆量产和商用化的关键技术之一，也是其他模块实现的基础和前提。

智能车辆作为一个综合系统，集环境感知、自主定位、路径规划及决策控制于一体。其中，智能网联汽车的发展尚未成熟，仍然存在较多的安全隐患。尤其是无线系统对它的攻击，其隐蔽性强，覆盖范围广，往往会给驾驶者带来严重的安全隐患和灾难性后果。当前，对于智能网联汽车的安全意识正在逐步增强，但是并没有形成统一的理论体系和安全标准，智能网联汽车的安全问题不仅牵涉到经济问题，还关系到驾驶者和其他人的生命安全。因此，研究整个智能网联汽车的信息安全至关重要。

本书属于智能制造与汽车检测技术方面的著作，由智能制造、智能汽车概述、智能制造时代汽车信息化技术理论、汽车危险驾驶智能监控、环境感知技术与视觉传感器、智能汽车紧急控制策略、汽车智能制造案例等部分构成。全书主要研究智能汽车的安全性能检测技术及应对策略，分析危险驾驶检测与安全驾驶技术，阐述视感技术与环境感知技术理论。

本书对从事智能制造汽车行业与检测专业的研究人员有学习和参考的价值。由于作者水平、经验不足，书中不足之处在所难免，敬请读者予以指正。

CONTENTS

目 录

第一章　智能制造

第一节　智能制造时代

一、智能制造的发展

当今，世界各国的制造业活动趋向于全球化，制造、经营活动及开发研究等都在向多国化发展。为了有效地进行国际信息交换及世界先进制造技术共享，各国的企业都希望以统一的方式交换信息和数据。因此，必须开发出一个快速有效的信息交换工具，创建一个全球化的公共标准来实现这一目标。

先进的计算机技术和制造技术向产品、工艺和系统的设计和管理人员提出了新的挑战，传统的设计和管理方法不能有效地解决现代制造系统中出现的问题。这就促使我们通过集成传统制造技术、计算机技术与人工智能等技术，发展新型的制造技术与系统，这便是智能制造技术与智能制造系统。智能制造正是在这一背景下产生的。

近半个世纪以来，随着产品性能的完善化，结构的复杂化、精细化以及功能的多样化，产品所包含的设计信息量和工艺信息量猛增，生产线和生产设备内部的信息流量增加，制造过程和管理工作的信息量也必然剧增，因而促使制造技术发展的热点与前沿转向了提高制造系统对爆炸性增长的制造信息处理的能力、效率。目前，先进的制造设备离开了信息的输入就无法运转，柔性制造系统一旦被切断信息来源，就会立即停止工作。专家认为，制造系统正在由原先的能量驱动型转变为信息驱动型，这就要求制造系统不仅要具备柔性，还要表现出智能，否则是难以处理如此大量而复杂的信息工作量的。瞬息万变的市场需求和激烈竞争的复杂环境也要求制造系统表现出更加灵活、敏捷和智能。因此，智能制造越来越受到重视。

（一）美国

1992 年，美国执行新技术政策，包括信息技术和新的制造工艺，智能制造技术自在其中，美国政府希望借助此举改造传统工业并启动新产业。

（二）加拿大

加拿大制定的 1994—1998 年发展战略计划认为未来知识密集型产业是驱动全球经济和加拿大经济发展的基础，发展和应用智能系统至关重要，并将具体研究项目选择为智能计算机、人机界面、机械传感器、机器人控制新装置动态环境下的系统集成。

（三）日本

日本在 1989 年提出了智能制造系统，1994 年启动了先进制造国际合作研究项目，包括公司集成和全球制造、制造知识体系、分布智能系统控制、产品快速生产的分布智能系统技术等。

（四）欧盟

欧盟的信息技术相关研究有 ESPRIT 项目，该项目大力资助有市场潜力的信息技术。1994 年启动了新的 R&D 项目，选择了 39 项核心技术，其中 3 项，即信息技术、分子生物学和先进制造技术，均突出了智能制造的位置。

（五）中国

中国在 20 世纪 80 年代末将智能模拟列入国家科技发展规划的主要课题，已在专家系统、模式识别、机器人、汉语机器理解方面取得了一批成果。科学技术部正式提出了工业智能工程，作为技术创新计划中创新能力建设的重要组成部分，智能制造是该项工程中的重要内容。

由此可见，智能制造正在世界范围内兴起，它是制造技术发展特别是制造信息技术发展的必然，是自动化和集成技术向纵深发展的结果。

二、国内外智能制造发展战略

（一）欧洲智能制造发展战略

1. 德国工业 4.0

德国政府在 2010 年推出的《德国 2020 高技术战略》中提出了十大未来项目，其中最重要的一项就是德国工业 4.0。汉诺威工业博览会之后，2013 年 4 月，德国工业 4.0 工作组发表了《保障德国制造业的未来——关于实施工业 4.0 战略的建议》报告，正式将德国工业 4.0 提升为国家战略，旨在支持工业领域新一代革命性技术的研发与创新。德国政府为此投入了 2 亿欧元的资金。

德国将制造业领域技术的发展进程用工业革命的 4 个阶段来表示，工业 4.0 就是第四次工业革命。

（1）工业 1.0——机械制造时代。18 世纪 60 年代至 19 世纪中期，水力和蒸汽机实现的工厂机械化代替了人类的手工劳动，经济社会从以农业、手工业为基础转变为由工业及机械制造带动经济发展的模式。

（2）工业 2.0——电气化与自动化时代。19 世纪后半期至 20 世纪初，采用电力驱动产品的大规模生产的分工合作模式开启了制造业的第二次革命。零部件生产与产品装配的成功分离开创了产品批量生产的新模式。

（3）工业 3.0——电子信息化时代。工业 3.0 始于 20 世纪 70 年代并延续至今，在升级工业 2.0 的基础上，广泛应用电子与信息技术，使制造过程自动化控制程度大幅度提高，机器能够逐步替代人类作业。

（4）工业 4.0——实体物理世界与虚拟网络世界融合的时代。德国学术界和产业界认为，未来 10 年（从 2013 年算起），基于信息物理系统（CPS）的智能化将使人类步入以智能制造为主导的第四次工业革命。产品全生命周期、全制造流程的数字化以及基于信息通信技术的模块集成将形成能提出高度灵活的个性化、数字化产品与服务的生产模式。

工业 4.0 战略的核心就是通过 CPS 实现人、设备与产品的实时连通、相互识别和有效交流，从而构建一个高度灵活的个性化、数字化的智能制造模式。人、事、物都在一个智能化、网络化的世界里，物联网和互联网（服务互联网技术）将渗透到所有的关键领域。在这种模式下，生产由集中向分散转变，产业链分工将重组，传统的行业界限将消失。其将现有的工业相关技术、销售与产品体验综合起来，使产品生产由之前的趋同性向个性化转变，未来产品完全可以按照个人的意愿进行生产，进行自动化、个性化的单件制造。用户由部分参与向全程参与转变，能够广泛、实时地参与到生产和价值创造的全过程中。

2. 英国的高值制造

英国提出了高值制造。

英国是第一次工业革命的起源国家。20 世纪 80 年代之后，英国逐渐向金融、数字创意等高端服务产业发展，制造业发展放缓。2008 年金融危机后，英国制造业开始回归。英国政府科学办公室在 2013 年 10 月推出了《英国工业 2050 战略》，该战略被认为是英国版的“工业 4.0”。

《英国工业 2050 战略》提出，制造业并不是传统意义上的“制造之后再销售”，而是“服务再制造（以生产为中心的价值链）”“高值制造（高附加值的制造）”，是一场制造业的革命，通过信息通信技术、新工具、新方法、新材料等与产品和生产网络的融合，改变产品的设计、制造、提供甚至使用方式。英国政府科学办公室将制造业定义为由新技术、新方法和新材料驱动，同时伴之以基于3D打印技术的本地化定制生产，走向产品加服务的商业模式。它的产业形态是按需制造、分布式制造和产品服务化，技术形态是新兴技术群、数据网和智能基础设施，整个制造形态和商业模式都在发生变革。

（二）美国的先进制造

为重塑美国制造业在全球的竞争优势，美国国家科学技术委员会于2012年2月正式发布了《先进制造业国家战略计划》，对未来的制造业发展进行了重新规划，依托新一代信息技术和新材料、新能源等创新技术，加快发展技术密集型先进制造业。美国政府也提出了“再工业化”来重振美国制造业。

根据美国总统科技顾问委员会的定义，“先进制造”是基于信息协同、自动化、计算、软件、传感、网络技术，使用尖端先进材料和物理及生物领域科技的新原理应用于制造业的一系列活动。先进制造与数字革命相关联。当前的数字革命有三个特征：计算能力持续提高；通信和分析能力快速提高；机器人技术和控制系统不断进步。先进制造包括先进产品的制造，还包括先进的、基于信息通信技术的生产过程。智能制造主要指后者，即现代生产制造过程的各个环节中信息技术的应用过程。

与德国不同，美国将“工业4.0”概念称为“工业互联网”。2012年，美国通用电气公司（GE）发布了《工业互联网：突破智慧与机器的界限》，正式提出“工业互联网”概念。它倡导将人、数据和机器联结起来，形成开放而全球化的工业网络。工业互联网系统由智能设备、智能系统和智能决策三大核心要素构成，是数据流、硬件、软件和智能的交互。由智能设备和网络收集并存储数据，利用大数据分析工具进行数据分析和可视化，由此产生的智能信息可以由决策者在必要时进行实时判断处理，成为大范围工业系统中工业资产优化战略决策过程的一部分。

作为先进制造业的重要组成部分，以先进传感器、工业机器人、先进制造测试设备等为代表的智能制造得到了美国政府、企业各个层面的高度重视。而且约束美国制造业发展的一大因素是居高不下的劳动力成本，智能制造的发展能够大幅减少制造业的用工需求，使制造业的劳动力成本降低，从而使美国的科技优势进一步转化为产业优势。

（三）中国制造2025

“中国制造2025”是中国版的“工业4.0”规划，该规划经李克强总理签批，由国务院于 2015 年 5 月公布，是我国实施制造强国战略的第一个十年的行动纲领。

建设制造强国，必须紧紧抓住当前难得的战略机遇，积极应对挑战，加强统筹规划，突出创新驱动，制定特殊政策，发挥制度优势，动员全社会奋力拼搏，更多依靠中国装备，依托中国品牌，实现中国制造向中国创造转变，中国速度向中国质量转变、中国产品向中国品牌转变，完成中国制造由大变强的战略任务。

“中国制造 2025”坚持走中国特色新型工业化道路，以促进制造业创新发展为主题，以提质增效为中心，以加快新一代信息技术与制造业深度融合为主线，以推进智能制造为主攻方向，以满足经济社会发展和国防建设对重大技术装备的需求为目标，强化工业基础能力，提高综合集成水平，完善多层次、多类型人才培养体系，促进产业转型升级，培育有中国特色的制造文化，实现制造业由大变强的历史跨越。

实现制造强国的战略目标，必须坚持问题导向，统筹规划，突出重点；必须凝聚行业共识，加快制造业转型升级，全面提高发展质量和核心竞争力。“中国制造 2025”的九大任务和“三步走”战略立足国情，立足现实，力争通过“三步走”战略实现制造强国的战略目标。

第一步：用 10 年时间，迈入制造强国行列。2020 年，基本实现工业化，进一步巩固制造业大国地位，大幅提升制造业信息化水平。掌握一批重点领域关键核心技术，进一步增强优势领域竞争力，较大提高产品质量。制造业数字化、网络化、智能化取得明显进展。重点行业单位工业增加值能耗、物耗及污染物排放明显下降。

到 2025 年，制造业整体素质大幅提升，创新能力显著增强，全员劳动生产率明显提高，“两化”（工业化和信息化）融合迈上新台阶。重点行业单位工业增加值能耗、物耗及污染物排放达到世界先进水平。形成一批具有较强国际竞争力的跨国公司和产业集群，在全球产业分工和价值链中的地位明显提升。

第二步：到 2035 年，我国制造业整体达到世界制造强国阵营中等水平。创新能力大幅提升，重点领域发展取得重大突破，整体竞争力明显增强，优势行业形成全球创新引领能力，全面实现工业化。

第三步：中华人民共和国成立 100 年时，制造业大国地位更加巩固，综合实力进入世界制造强国前列。制造业主要领域具有创新引领能力和明显竞争优势，建成全球领先的技术体系和产业体系。

“中国制造 2025”的核心内容是加快推动新一代信息技术与制造技术融合

发展，把智能制造作为“两化”深度融合的主攻方向，着力发展智能装备和智能产品，推进生产过程智能化，培育新型生产方式，全面提升企业研发、生产、管理和服务的智能化水平。研究制定智能制造发展战略，加快发展智能制造装备和产品，推进制造过程智能化，深化互联网在制造领域的应用，加强互联网基础设施建设。

“中国制造 2025”瞄准新一代信息技术、高端装备、新材料、生物医药等战略重点，引导社会各类资源集聚，推动优势和战略产业快速发展，特别是在新一代信息技术产业、高档数控机床和机器人、航空航天装备、海洋工程装备及高技术船舶、先进轨道交通装备、节能与新能源汽车、电力装备、农机装备、新材料、生物医药及高性能医疗器械等方面加大扶持力度，力求与发达国家比肩。

第二节　智能制造概述

制造业是国民经济的支柱产业，是工业化和现代化的主导力量，是衡量一个国家或地区综合经济实力和国际竞争力的重要标志，也是国家安全的保障。当前，新一轮科技革命与产业变革风起云涌，以信息技术与制造业加速融合为主要特征的智能制造成为全球制造业发展的主要趋势。

智能制造的主线是智能生产，而智能工厂、车间是智能生产的主要载体。随着新一代智能技术的应用，国内企业将要向自学习、自适应、自控制的新一代智能工厂进军。新一代智能技术和先进制造技术的融合将使生产线、车间、工厂发生革命性大变革，将从根本上提高制造业质量、效率和企业竞争力。

一、智能制造的基本理论

（一）智能制造定义

智能制造（intelligent manufacturing，IM）通常泛指智能制造技术和智能制造系统，是人工智能技术和制造技术相结合后的产物。因此，要理解智能制造的内涵，必须先了解制造的内涵和人工智能技术。

制造是把原材料变成有用物品的过程，包括产品技术、材料选择、加工生产、质量保证、管理和营销等一系列有内在联系的运作和活动。这是对制造的广义理解。对制造的狭义理解是从原材料到成品的生产过程中的部分工作内容，包括毛坯制造、零件加工、产品装配、检验、包装等具体环节。对制造概念广义和狭义的理解使“制造系统”成为一个相对的概念，小的如柔性制造单元（flexible manufacturing cell，FMC）、柔性制造系统（flexible manufacturing system，FMS），大的如车间、企业乃至以某一企业为中心包括其供需链而形成的系统，都可称为“制造系统”。就包括的要素而言，制造系统是人、设备、物料流/信息流/资金流、制造模式的一个组合体。

人工智能（artificial intelligence，AI）是智能机器所执行的与人类智能有关的功能，如判断、推理、证明、识别、感知、理解、设计、思考、规划、学习和问题求解等思维活动。人工智能具有一些基本特点，包括对外部世界的感知能力、记忆和思维能力、学习和自适应能力、行为决策能力、执行控制能力等。一般来说，人工智能分为计算智能、感知智能和认知智能三个阶段。第一阶段为计算智能，即快速计算和记忆存储能力。第二阶段为感知智能，即视觉、听觉、触觉等感知能力。第三阶段为认知智能，即能理解、会思考。认知智能是目前机器与人差距最大的地方，让机器学会推理和决策异常艰难。

（二）智能制造系统

智能制造系统是由部分或全部具有一定自主性和合作性的智能制造单元组成的、在制造活动全过程中表现出相当智能行为的制造系统。其最主要的特征是在工作过程中对知识的获取、表达与使用。根据其知识来源，智能制造系统分为两类：一是以专家系统为代表的非自主式制造系统，该类系统的知识由人类的制造知识总结归纳而来；二是建立在系统自学习、自进化与自组织基础上的自主式制造系统，该类系统可以在工作过程中不断自主学习、完善与进化自有的知识，因而具有强大的适应性以及高度开放的创新能力。随着以神经网络、遗传算法与遗传编程为代表的计算机智能技术的发展，智能制造系统正逐步从非自主式智能制造系统向具有自学习、自进化与自组织的持续发展能力的自主式智能制造系统过渡发展。

二、智能制造发展的意义

信息化与工业化、信息技术与制造技术深度融合，智能制造将引发制造业的革命。

（一）产品创新

将数字技术和智能技术融入制造所必需的装备及产品中，提升装备和产品的功能。

1. 智能制造装备和系统的创新

数字化、智能化技术使数字化制造装备（如数控机床、工业机器人）得到快速发展，大幅度提升生产系统的功能、性能与自动化程度。这些技术的集成进一步形成柔性制造单元、数字化车间乃至数字化工厂，使生产系统的柔性自动化程度不断提高，并向具有信息感知、优化决策、执行控制等功能特征的智能化生产系统方向发展。

2. 智能产品不断诞生

例如，数码相机采用电荷耦合器件（charge-coupled device，CCD）代替了原始胶片感光，实现了照片的数字化获取，同时采用人工智能技术实现人脸识别，并自动选择感光与调焦参数，保证普通摄影者获得逼真而清晰的照片。这一创新产品的出现完全颠覆了传统的摄影器材产业。

3. 改变了为用户服务的方式

在传统的飞机发动机、高速压缩机等旋转机械中植入小型传感器，可将设备运行状态的信息通过互联网远程传送到制造商的客户服务中心，实现对设备进行破坏性损伤的预警、寿命的预测、最佳工作状态的监控。这不但使设备智能化，而且改变了产业的形态，使制造商不仅为用户提供智能化的设备，而且可以为用户提供全生命周期的服务，其服务的收入常常超过了卖设备的收入，从而推动制造商向服务商转型。

（二）制造过程创新

1. 设计过程创新

采用面向产品全生命周期、具有丰富设计知识库和模拟仿真技术支持的数字化、智能化设计系统，在虚拟现实、计算机网络、数据库等技术支持下，可在虚拟的数字环境里并行、协同实现产品的全数字化设计，结构、性能、功能的模拟仿真与优化，极大地提高了产品设计质量和一次研发成功率。中国航空工业集团正是采用了数字化设计技术，实现了产品的无图纸化设计、制造和虚拟装配，仅用 5 年时间就创造了大型军用运输机试飞一次成功的佳绩。

2. 制造工艺创新

数字化、智能化技术将催生加工原理的重大创新。同时，工艺数据的积累、加工过程的仿真与优化、数字化控制、状态信息实时检测与自适应控制等数字化、智能化技术的全面应用将使制造工艺得到优化，极大地提高制造的精度和效率，大幅度提升制造工艺水平。

（三）管理创新

管理的信息化将使企业组织结构、运行方式发生明显变化。

1.扁平化

一个由人、计算机和网络组成的信息系统可使传统的金字塔式多层组织结构变成扁平化的组织结构，大大提高管理效率。

2.开放性

制造商、生产型服务商、客户在一个平台上，生成一个无边界、开放式的协同创新平台，代替传统的内生、封闭、单打独斗式创新平台。

3.柔性

企业可按照用户的需求，通过互联网无缝集成社会资源，重组成一个无围墙的高效运作的、柔性的企业，以便快速响应市场。

（四）制造模式和产业形态发生颠覆性变革

以数字技术、智能技术为基础，在互联网、物联网、云计算、大数据的支持下，制造模式、商业模式、产业形态将发生重大变化。

1.个性化的批量定制生产将成为一种趋势

通过互联网，制造企业与客户、市场的联系更为密切，用户可以通过创新设计平台将自己的个性化的需求及时传送给制造商，或直接参与产品的设计，柔性的制造系统可以高效、经济地满足用户的诉求，新的个性化批量定制生产模式将成为一种趋势。

2.进入全球化制造阶段

制造资源的优化配置已经突破了企业、社会、国家的界限，正在全球范围内寻求优化配置，物流、资金流、信息流在全球经济一体化及信息网络的支持下突破国界流动，世界已进入全球制造时代。

3.制造业的产业链优化重构，企业专注于核心竞争力的提高

无处不在的信息网络和便捷的物流系统使研发、设计、生产、销售和服务活动被分解、外包、众包到全球，一个企业只要专注于自己核心业务的提高。当今，一个企业竞争力的强弱已不在于拥有多少资源和多少核心技术，而是整合社会化、国际化资源的能力。

4.服务型制造将渐成主流业态

当前，制造业发展的主动权已由生产者向消费者转移，“客户是上帝”的经营理念已成为制造商的普适信念。经济活动已由以制造为中心日渐转变为以创新与服务为中心，产品经济正在向服务经济过渡，制造业正在由生产型制造向服务型制造转变。传统工业化社会的制造服务业以商业和运输形态为主，而在信息环境下的制造服务业以技术、知识和公共服务、信息服务为主。融入了信息技术、智能技术的创新设计和服务是服务型制造的核心。

5. 电子商务的应用日益广泛

通过信息技术，特别是网络技术，把处于盟主地位的制造企业与相关的配套企业及用户的采购、生产、销售、财务等业务在电子商务平台上进行整合，不仅有助于增加商务活动的直接化和透明化，还提高了效率，减少了交易成本。可以预期，电子商务将会越来越多地代替传统的、店铺式的销售方式和商务方式。

通过以上分析可知，智能制造将使制造业的产品形态、设计和制造过程、管理方法和组织结构、制造模式、商务模式发生重大甚至革命性变革，并带动人类生活方式的大变革。智能制造技术是市场的必然选择，是先进生产力的重要体现之一。智能制造技术能提高能源和原材料的利用效率，降低污染排放水平；能提升产品的设计水平，增加产品的文化、知识和技术含量；提高企业的生产质量、生产效率、生产安全性和快速响应市场的能力。智能制造技术不仅推进了机械制造、航空航天、电子信息、轨道交通、化工冶金等行业的智能化进程，还将促进以制造资源软件中间件、制造资源模型库、材料及工艺数据库、制造知识库、智能物流管理与配送等为主要产品，为其他制造企业提供咨询、分析、设计、维护和生产服务的现代制造服务业方向发展。智能制造技术在我国的应用和普及必将催生一批具有世界先进水平、引领世界制造业发展的龙头企业，引领我国制造业实现自主创新、跨越发展。

三、智能制造的主要特点

智能制造集自动化、柔性化、集成化和智能化于一体，具有实时感知、优化决策、动态执行三个方面的优点。具体地看，智能制造在实际应用中具有以下特征。

（一）自组织能力

智能制造中的各组成单元能够根据工作任务需要，集结成一种超柔性最佳结构，并按照最优方式运行。其柔性不仅表现在运行方式上，也表现在结构组成上。例如，在当前任务完成后，该结构将自行解散，以便在下一任务中能够组成新的结构。

（二）自律能力

智能制造具有搜集与理解环境信息及自身信息并进行分析判断和规划自身行为的能力。强有力的知识库和基于知识的模型是自律能力的基础。智能制造系统能监测周围环境和自身作业状况并进行信息处理，根据处理结果自行调整控制策略，以采用最佳运行方案，从而使整个制造系统具备抗干扰、自适应和容错等能力。

（三）自学习和自维护能力

智能制造以原有的专家知识为基础，在实践中不断进行学习，完善系统知识库，并剔除其中不适用的知识，使知识库趋于合理化。与此同时，它还能对系统故障进行自我诊断、排除和修复，从而能够自我优化并适应各种复杂环境。

（四）整个制造环境的智能集成

智能制造在强调各子系统智能化的同时，更注重整个制造环境的智能集成，这是它与面向制造过程中特定应用的“智能化孤岛”的根本区别。智能制造将各个子系统集成为一个整体，实现系统整体的智能化。

（五）人机一体化

IMS 不是单纯的“人工智能”系统，而是人机一体化智能系统，是一种混合智能。基于人工智能的智能机器只能进行机械式的推理、预测、判断，只能具有逻辑思维，最多做到形象思维，完全做不到灵感思维，只有人类专家才真正同时具有以上 3 种思维能力。人机一体化突出人在制造系统中的核心地位，同时在智能机器的配合下，更好地发挥人的潜能，使人机之间表现出一种平等共事、相互“理解”、相互协作的关系，使两者在不同的层次上各显其能，相辅相成。因此，在智能制造系统中，高素质、高智能的人将发挥更好的作用，机器智能和人的智能将真正地集成在一起，相互配合，相得益彰。

（六）虚拟现实

智能制造系统蕴含两个世界，一个是由机器实体和人构成的物理世界，另一个是由数字模型、状态信息和控制信息构成的虚拟世界，未来这两个世界将深度融合，难以区分彼此。一方面，产品的设计与工艺在实际执行之前，可以在虚拟世界中进行 100% 的验证；另一方面，产品生产与使用过程中，实际世界的状态可以在虚拟环境中实时、动态、逼真地呈现。

四、智能制造目标

“智能制造”概念刚提出时，其预期目标是比较狭义的，即“使智能机器在没有人工干预的情况下进行小批量生产”。随着智能制造内涵的扩大，智能制造的目标已变得非常宏大。比如，“工业 4.0”指出了 8 个方面的建设目标：满足用户个性化需求、提高生产的灵活性、实现决策优化、提高资源生产率和利用效率、通过新的服务创造价值机会、应对工作场所人口的变化、实现工作和生活的平衡、确保高工资仍然具有竞争力。“中国制造 2025”指出，实施智能制造可给制造业带来“两提升、三降低”。“两提升”是指生产效率的大幅度提升、资源综合利用率的大幅度提升。“三降低”是指研制周期的大幅度缩短、运营成本的大幅度下降、产品不合格率的大幅度下降。下面结合不同行业的产品特点和需求，从 4 个方面对智能制造的目标进行归纳阐述。

（一）满足客户的个性化定制需求

在家电、3C（计算机、通信和消费类电子产品）等行业，产品的个性化来源于客户多样化与动态变化的定制需求，企业必须具备提供个性化产品的能力，才能在激烈的市场竞争中生存下来。智能制造技术可以从多方面为个性化产品的快速推出提供支持，比如，通过智能设计手段缩短产品的研制周期，通过智能制造装备（如智能柔性生产线、机器人、3D 打印设备）提高生产的柔性，从而适应单件小批量生产模式。这样，企业在一次性生产且产量很低（批量为 1）的情况下也能获利。

（二）实现复杂零件的高品质制造

在航空航天、船舶、汽车等行业，存在许多结构复杂、加工质量要求非常高的零件。以航空发动机的机匣为例，它是典型的薄壳环形复杂零件，最大直径可达 3 m，其外表面分布有安装发动机附件的凸台、加强筋、减重型槽及花边等复杂结构，壁厚变化剧烈。用传统方法加工时，加工变形难以控制，质量一致性难以保证，变形量的超差将导致发动机在服役时发生振动，严重时甚至会造成灾难性的事故。对于这类复杂零件，采用智能制造技术，在线检测加工过程中力—热—变形场的分布特点，实时掌握加工中工况的时变规律，并针对工况变化及时决策，使制造装备自律运行，可以显著地提升零件的制造质量。

（三）保证高效率的同时，实现可持续制造

可持续制造是可持续发展对制造业的必然要求。从环境方面考虑，可持续制造首先要考虑的因素是能源和原材料消耗。这是因为制造业能耗占全球能量消耗的 33%，占全球 CO_2 排放的 38%。当前，许多制造企业通常优先考虑效率、成本和质量，对降低能耗认识不够。然而实际情况是无论化工、钢铁、锻造等流程行业，还是汽车、电力装备等离散制造行业，对节能降耗都有迫切的需求。以离散机械加工行业为例，我国机床保有量世界第一，800 多万台。若每台机床额定功率按 5 ～ 10kW 计算，我国机床装备总的额定功率为 4 000 万～ 8 000 万 kW，相当于三峡电站总装机容量 2 250 万 kW 的 1.8 ～ 3.6 倍。智能制造技术能够有力地支持高效可持续制造：首先，通过传感器等手段可以实时掌握能源利用情况；其次，通过能耗和效率的综合智能优化，可以获得最佳的生产方案并进行能源的综合调度，提高能源的利用效率；最后，通过制造

生态环境的一些改变，比如，改变生产的地域和组织方式，与电网开展深度合作，可以进一步从大系统层面实现节能降耗。

（四）提升产品价值，拓展价值链

产品的价值体现在“研发—制造—服务”的产品全生命周期的每一个环节，根据制造业的“微笑曲线”理论，制造过程的利润空间通常比较低，而研发与服务阶段的利润往往更高，利用智能制造技术，有助于企业拓展价值空间。其一，通过产品智能化升级和产品智能设计技术，实现产品创新，提升产品价值；其二，通过产品个性化定制、产品使用过程的在线实时监测、远程故障诊断等智能服务手段，创造产品新价值，拓展价值链。

五、智能制造系统架构

如图 1-1 所示，智能制造系统的整体架构可分为五层。各层的具体构成如下：

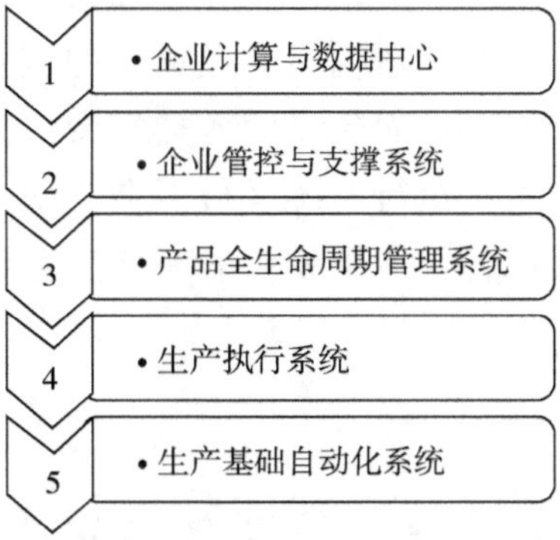

图 1-1　智能制造系统架构

（一）生产基础自动化系统层

主要包括生产现场设备及其控制系统。其中，生产现场设备主要包括传感器、智能仪表、可编程逻辑控制器（PLC）、机器人、机床、检测设备、物流设备等。控制系统主要包括适用于流程制造的过程控制系统、适用于离散制造的单元控制系统和适用于运动控制的数据采集与监控系统。

（二）生产执行系统层

包括不同的子系统功能模块（计算机软件模块），典型的子系统有制造数据管理系统、计划排程管理系统、生产调度管理系统、库存管理系统、质量管理系统、人力资源管理系统、设备管理系统、工具工装管理系统、采购管理系统、成本管理系统、项目看板管理系统、生产过程控制系统、底层数据集成分析系统、上层数据集成分解系统等。

（三）产品全生命周期管理系统层

主要分为研发设计、生产和服务三个环节。研发设计环节主要包括产品设计、工艺仿真和生产仿真。应用仿真模拟现场形成效果反馈，促使产品改进设计，在研发设计环节产生的数字化产品原型是生产环节的输入要素之一，生产环节涵盖了上述生产基础自动化系统层与生产执行系统层的内容，服务环节主要通过网络进行实时监测、远程诊断和远程维护，并对监测数据进行大数据分析，完成和服务有关的决策、指导、诊断和维护工作。

（四）企业管控与支撑系统层

包括不同的子系统功能模块，典型的子系统有战略管理、投资管理、财务管理、人力资源管理、资产管理、物资管理、销售管理、健康安全与环保管理等。

（五）企业计算与数据中心层

包括网络、数据中心设备、数据存储和管理系统、应用软件等，提供企业实现智能制造所需的计算资源、数据服务及具体的应用功能，并具备可视化的应用界面。企业为识别用户需求而建设的各类平台包括面向用户的电子商务平台、产品研发设计平台、生产执行系统运行平台、服务平台等。这些平台都需要以该层为基础，方能实现各类应用软件的有序交互工作，从而实现全体子系统信息共享。

第三节　智能制造技术

一、智能制造技术体系结构

智能制造基础关键技术为智能制造系统的建设提供支撑，智能制造系统是智能制造技术的载体，包括智能产品、智能制造过程和智能制造模式三部分内容。

（一）智能产品

所谓智能产品，是指深度嵌入信息技术（高端芯片、新型传感器、智能控制系统、互联网接口等），在其制造、物流、使用和服务过程中，能够体现出自感知、自诊断、自适应、自决策等智能特征的产品。下面从使用、制造和服务三个环节对智能产品的关键技术进行阐述。

1. 面向使用过程的产品智能化技术

无人机、无人驾驶汽车、智能手机等是典型的创新型智能产品，它们的“人—机”或“机—机”互动能力强，用户体验性好，甚至可以代替或者辅助用户完成某些工作，因而具有较高的附加值。其智能性主要通过自主决策（如环境感知、路径规划、智能识别等）、自适应工况（控制算法及策略等）、人机交互（多功能感知、语音识别、信息融合等）、信息通信等技术来实现。借助工业互联网和大数据分析技术，这类产品的使用信息也可以反馈回设计部门，为产品的改进与创新设计提供支持。还有一类特殊的产品就是智能制造装备，比如，智能数控机床将专家的知识和经验融入感知、决策、执行等制造活动中，并赋予产品制造在线学习和知识进化能力，从而实现高品质零件的自学自律制造。智能制造装备和智能制造工艺密切相关。

2. 面向制造过程的产品智能化技术

产品是制造的目标对象。要实现制造过程的智能化，产品本身的智能化是不可缺少的，它的智能特征体现在可自动识别、可精确定位、可全程追溯、可自主决定路径和工艺、可主动报告自身状态、可感知并影响环境等诸多方面。“工业 4.0”中描述了这样一个场景，产品进入车间后，自己找设备加工，并告诉设备如何加工。这就是面向制造过程的产品智能化的具体体现，其实现的关键技术包括无线射频识别等自动识别技术、CPS 技术、移动定位技术等。

3. 面向服务过程的产品智能化技术

对于工程机械、航空发动机、电力装备等产品，远程智能服务是产品价值链中非常重要的组成部分。以通用电气公司（GE）为例，其位于美国亚特兰大的能源监测和诊断中心，收集全球 50 多个国家和地区上千台 GE 燃气轮机的数据，每天的数据量多达 10 GB，通过大数据分析可为燃气轮机的故障诊断和预测提供支撑。为了实现远程智能服务，产品内部嵌入了传感器、智能分析与控制装置和通信装置，从而实现产品运行状态数据的自动采集、分析和远程传递。

（二）智能制造过程

作为制造过程创新的重要手段，智能制造过程包括设计、加工、装备与工艺、服务过程的智能化。

1. 智能设计

智能设计指应用现代信息技术，采用计算机模拟人类的思维活动，提高计算机的智能水平，从而使计算机能够更多、更好地承担设计过程中的各种复杂任务，成为设计人员的重要辅助工具。

智能设计相比于以往的设计技术具有如下特点：

（1）以设计方法学为指导，对设计本质、过程、设计思维特征及其方法学的深入研究是智能设计模拟人工设计的基本依据。

（2）以人工智能技术为实现手段，借助专家系统技术在知识处理上的强大功能，结合人工神经网络和机器学习技术，较好地支持设计过程自动化。

（3）以建模仿真为重要内容，支持设计者通过模拟仿真直观形象地对数字化的设计模型进行设计优化、功能验证、性能测试、制造仿真与使用仿真。

（4）面向集成智能化，不但支持设计的全过程，而且考虑到与计算机辅助制造（CAM）的集成，提供统一的数据模型和数据交换接口。

（5）提供强大的人机交互功能，使设计师对智能设计过程的干预，即与人工智能融合，成为可能。

智能设计的关键技术包括设计知识表示、设计概念的符号化演绎与传递、设计意图的模糊交互、设计理性知识检索和大数据时代的设计知识智能挖掘等。

（1）设计知识表示。设计过程是一个非常复杂的过程，涉及多种类型知识的应用，因此单一知识表示方式不足以有效表达各种设计知识，建立有效的知识表示模型和有效的知识表示方式，始终是设计类专家系统成功的关键。

（2）设计概念的符号化演绎与传递。从概念设计、方案设计开始就以符号作为设计师表达创新思维的工具，在计算机中通过不同层次、不同类型、不同系列符号的表达、运算、操作、映射，实现设计概念的演绎与传递。

（3）设计意图的模糊交互。设计意图在产品设计阶段，特别在概念设计阶段，具有模糊性和抽象性的特点，通过模糊设计意图的交互、描述与映射方法，实现从模糊技术需求到确定性技术参数、从抽象设计概念到具体设计方案的设计意图交互。

（4）设计理性知识检索。基于本体推理获取尽可能多的语义信息，支持基于自然语言的语义检索，并通过本体辅助索引将所获取的语义信息用于提升设计理性知识的检索效果，具有更好的查全率和查准率。

（5）大数据时代的设计知识智能挖掘。针对设计知识大数据容量大、产生速率高、知识类型异构、准确性低的特点，从高维、海量、异构、非结构化设计资源中挖掘、搜索对设计者完成设计有价值的信息。

2. 智能加工

智能加工借助先进的检测、加工设备及仿真手段，实现对加工过程的建模、仿真、预测和对加工系统的监测与控制；同时集成现有加工知识，使加工系统能够根据实时工况自动优选加工参数，调整自身状态，获得最优的加工性能与最佳的加工质效。

智能加工的关键技术包括以下几方面：

（1）加工过程仿真与智能优化。针对不同零件的加工工艺、切削参数、进给速度等加工过程中影响零件加工质量的各种参数，通过基于加工过程模型的仿真，进行参数的预测和优化选取，生成优化的加工过程控制指令。加工过程的仿真与优化涉及数控系统伺服特性的分析、机床结构及其特性分析、动态切削过程的分析以及在此基础上进行的切削参数优化和加工质量预测等。

①机床系统建模通过机床主轴系统和刀具结构的建模与优化设计，可提高机床的运行精度，减小定位与运行误差，同时可进行误差的预测与补偿。

②切削过程仿真借助各种先进的仿真手段，对加工过程中的切削形成机理、力热分布、表面形貌及刀具磨损进行仿真和研究，通过仿真选择优化的切削参数，提高表面的加工质量。

③加工过程优化借助预先建立的仿真模塑与优化方法，或者已有的经验知识，对复杂加工工况及加工过程中的切削参数、机床运动进行优化。

④加工质量预测采用可视化方法对切削加工过程中形成的表面纹理及加工质量进行预测，为切削参数的优化选取提供支持，从而进一步提高工件表面的加工质量。

从目前的研究发展来看，仿真正在朝着基于时变和物理模型的方向发展，通过仿真可以得到理论意义上的最优结果。由于加工过程中出现的材料、机床、系统状态等方面的突发性情况，必须对加工过程进行实时监控，并进行误差补偿和现场控制。

（2）制造过程智能监控与误差补偿。利用各种传感器、远程监控与故障诊断技术，对加工过程中的振动、切削温度、刀具磨损、加工变形及设备的运行状态与健康状况等进行监测；根据预先建立的系统控制模型，实时调整加工参数，将监测数据反馈给控制系统进行数据的分析与误差补偿，如图 1-2 所示。

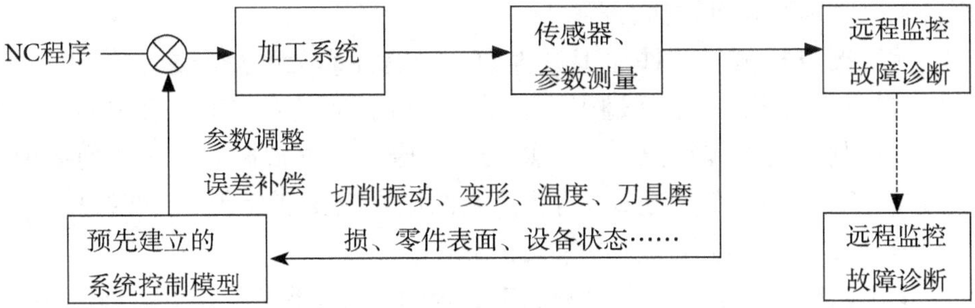

图 1-2 过程监控与误差补偿实现流程

在加工过程中，可借助各种传感器、声音和视频系统对加工过程中的力、振动、噪声、温度、工件表面质量等进行实时监测，根据监测信号和预先建立的多个模型判定加工状态、刀具磨损情况、机床工作状态与加工质量，进而进行切削参数的自动优化与误差补偿。同时，可将设备的健康状态信息通过通信系统传送至车间管理层（维护部门、采购部门等），根据健康状态进行及时维护，保障加工质量，减少停工时间。

（3）基于机器视觉的加工质量智能检测。机器视觉检测技术是基于机器视觉技术、光学测量原理形成的一种新型检测技术，它以光学为基础，融电子学、计算机技术、激光技术、图像处理技术、信息处理等现代科学技术为一体，组成光、电、计算机综合的加工质量智能检测技术。机器视觉检测技术在检测加工零件时，把图像当作检测和传递信息的手段或载体加以利用，其目的是从图像中提取有用的信号。利用光电成像系统采集被控目标的图像，如可见光图像、射线图像和红外图像等，然后经计算机或专用的图像处理模块进行数字化处理，提取图像的像素分布、亮度和颜色等信息，通过智能算法来进行加工质量的判断。

3. 智能装备与工艺

制造装备的智能化是体现制造水平的重要标志之一。智能制造装备的核心思想是装备能对自身和加工过程进行自感知，对与装备、加工状态、工件材料和环境有关的信息进行自分析，根据零件的设计要求与实时动态信息进行自决策，依据决策指令进行自执行，通过“感知→分析→决策→执行与反馈”大闭环过程，不断提升装备性能及其适应能力，使得加工从控形向控性发展，实现高效、高品质及安全可靠的加工。除此之外，设备与人的协同工作、虚拟制造等也是智能装备与工艺的重要内容。

以高品质复杂零件（如航空发动机叶片）的智能加工过程为例，对智能装备与工艺进行简要阐述。其关键技术包括工况自检测、工艺知识自学习、制造过程自主决策和装备自律执行等。

（1）工况自检测。零件加工过程中，制造界面上的热—力—位移多场耦合效应与材料 / 结构 / 工艺 / 过程具有强相关性，通过对加工过程中的切削力、夹持力，切削区的局部高温，刀具热变形、磨损、主轴振动等一系列物理量，以及刀具—工件—夹具之间热力行为产生的应力应变进行高精度在线检测，为工艺知识学习与制造过程自主决策提供支撑。

（2）工艺知识自学习。在检测加工过程的时变工况后，分析工况、界面耦合行为与工件品质之间的映射关系，建立描述工况、界面耦合行为和工件品质映射关系的联想记忆知识模板，通过工艺知识的自主学习理论，实现基于模板的知识积累和工艺模型的自适应进化。同时，将获得的工艺知识存储于工艺知识库中，供工艺优化使用，为制造过程自主决策提供支撑。

（3）制造过程自主决策和装备自律执行。智能装备的控制系统具有面向实际工况的智能决策与加工过程自适应调控能力。通过将工艺知识融入装备控制系统决策单元，根据在线检测识别加工状态，由工艺知识对参数进行在线优化并驱动生成过程控制决策指令，对主轴转速及进给速度等工艺参数进行实时调控，使装备工作处于最佳状态。在进行调控时，系统具有完善的调控策略，能避免工艺参数突变对加工质量的影响，还能实时调控智能夹具的预紧力以及导轨等运动界面的阻尼特性，以抑制加工过程中的振动，提高产品质量。

4. 智能服务

其目标是通过泛在感知、系统集成、互联互通、信息融合等信息技术手段，将工业大数据分析技术应用于生产管理服务和产品售后服务环节，实现科学的管理决策，提升供应链运作效率和能源利用效率，并拓展价值链，为企业创造新价值。其具体关键技术有以下几种。

（1）智能物流与供应链管理技术。成本控制、可视性、风险管理、客户亲密度和全球化是现今供应链管理面临的五大问题，如下智能化技术可以为高效供应链体系的建设与运作提供支持。

①自动化、可视化物流技术：建立物流信息化系统，配置自动化、柔性化、网络化的物流设施和设备，自动引导运输车（AGV），可实时定位的运输车辆等。并采用电子单证、射频识别（RFID）等物联网技术，实现物品流动的定位、跟踪、控制。

②全球供应链集成与协同技术：通过工业互联网实现供应链全面互联互通，不仅是普通的客户、供应商和 IT 系统，还包括各个部件、产品和其他用于监控供应链的智能工具。通过持续改进，建立智能化的物流管理体系和畅通的物流信息链，有效地对资源进行监督和配置，实现物流使用的资源、物流工作的效果与物流目标的优化协调和配合。这样能使全球供应链网络实现协同规划和决策。

③供应链管理智能决策技术：通过先进的分析和建模技术，帮助决策者更好地分析极其复杂多变的风险和制约因素，以评估各种备选方案，甚至自动制定决策，从而提高响应速度，减少人工干预。

（2）智能能源管理技术。减少单位产品的能源或资源消耗，实现可持续生产，是智能制造的重要目标。智能能源管理就是通过对所有环节的跟踪管理和持续改进，不断提高重点环节的节能水平，构建智能化的资源、能源管理体系，实现生产和消费的全过程能源监测、预测和节能优化。其主要关键技术包括以下三种。

①能源综合监测技术：实现对主要能源消耗、重点耗能设备的实时可视化管理。

②生产与能耗预测技术：通过智能调度和系统优化，实现全流程生产与能耗的协同。

③能源供给、调配、转换、使用等重点环节的节能优化技术。

（3）产品智能服务技术。针对某些制造行业的特点，通过持续改进，建立高效、安全的智能服务系统，实现服务和产品的实时、有效、智能化互动，为企业创造新价值。其主要关键技术包括以下两种。

①云服务平台技术：该平台具有多通道并行接入能力，对装备（产品）运行数据与用户使用习惯数据进行采集，并建模分析。

②基于云服务平台的增值服务技术：以服务应用软件为创新载体，应用大数据分析、移动互联网等技术，自动生成产品运行与应用状态报告，并推送至用户端，从而为用户提供在线监测、远程升级、故障预测与诊断、健康状态评价等增值服务。

（三）智能制造模式

在智能制造技术发展的同时，许多新型制造模式被催生或催热了，比如，家用电器、汽车等行业的客户个性化定制模式，电力、航空装备行业的异地协同开发和云制造模式，食品、药材、建材、钢铁、服装等行业的电子商务模式，众包设计、协同制造、城市生产模式等。这样，制造模式以工业互联网、大数据分析、3D打印等新技术为实现前提，极大地拓展了企业的价值空间。工业互联网使企业在研发、制造、物流、售后服务等各产业链环节实现信息共享，因而能够在全球范围内整合不同企业的优势资源，实现跨地域分散协同作业。任何一台设备，一个工位、车间甚至企业，只要在资源配置权限之内，都可以参与到网络化制造的任务节点中去，实现复杂的任务协同。新模式下，智能制造系统将演变为复杂的“大系统”，其结构更加动态，企业间的协同关系更分散化，制造过程由集中生产向网络化异地协同生产转变，企业之间的边界逐渐变得模糊，而制造生态系统显得更加清晰和重要，企业必须融入智能制造生态系统，才能得以生存和发展。

二、智能制造基础关键技术

要实现智能制造，必须在产品设计、制造、服役全过程实现信息的智能传感与测量、智能计算与分析、智能决策与控制，涉及 CPS、3D 打印技术、云计算技术、工业物联网、工业大数据、人工智能技术、工业机器人技术、射频识别技术、实时定位和机器视觉技术、虚拟制造等技术基础。

（一）赛博物理系统

赛博物理系统（cyber-physical system，CPS）也称为“虚拟网络—实体物理”生产系统，其目标是使物理系统具有计算、通信、精确控制、远程合作和自治等能力，通过互联网组成各种相应自治控制系统和信息服务系统，完成现实社会与虚拟空间的有机协调。与物联网相比，CPS 更强调循环反馈，要求系统能够在感知物理世界之后通过通信与计算再对物理世界起到反馈控制作用。在这样的系统中，一个工件就能算出自己需要哪些服务。通过数字化逐步升级现有生产设施，这样生产系统可以实现全新的体系结构。这意味着这一概念不仅可在全新的工厂得以实现，还能在现有工厂的升级过程中得到改造。

CPS 是一个综合计算、网络和物理环境的多维复杂系统，通过 3C 技术的有机融合与深度协作，实现制造的实时感知、动态控制和信息服务。CPS 实现计算、通信与物理系统的一体化设计，可使系统更加可靠、高效、实时协同，具有重要而广阔的应用前景。CPS 系统把计算与通信深深地嵌入实物过程，使其与实物过程密切互动，从而给实物系统添加新的能力。

（二）3D 打印技术

3D 打印技术以数字模型文件为基础，运用粉末状金属或塑料等可黏合材料，基于离散材料逐层叠加的成形原理，通过有序控制将材料逐层堆积，从而制造出实体产品。

3D 打印是“增材制造”的主要实现形式。传统数控制造一般是在原材料基础上，使用切割、磨削、腐蚀、熔融等方法，去除多余部分，得到零部件，再以拼装、焊接等方法组合成最终产品。与传统的“去材加工”相比，3D 打印技术不需要刀具、模具，所需工装、夹具较少；能够大幅度缩短生产准备周期，从而加速制造过程；能够制造出传统工艺方法难以加工甚至无法加工的结构，从而实现自由制造；能够精确制造出复杂零件，从而有效提高材料的利用率，而且产品的结构越复杂，其制造优势越显著，3D 打印技术几乎可以制造任意复杂程度的形状和结构；既可以制造单一材料的产品，又能够实现异质材料零件制造；允许跨越多个尺度（从微观结构到零件级的宏观结构）设计并制造具有复杂形状的产品；可以在一次加工过程中完成功能结构的制造，从而简化甚至省略装配过程。

3D 打印技术为产品设计、过程建模和控制、材料和机器、生物医学应用、能源和可持续发展应用、社区发展、教育等各方面均带来了机遇与挑战。

（三）云计算技术

云计算（cloud computing）由分布式计算、并行处理、网格计算发展而来，是一种新兴的商业计算模型。目前，云计算仍然缺乏普遍一致的定义。国际商业机器公司（IBM）于2007年底宣布了云计算计划，其技术白皮书中对云计算的定义："云计算一词用来同时描述一个系统平台或者一种类型的应用程序。一个云计算的平台按需要进行动态部署、配置、重新配置以及取消服务等。云计算平台中的服务器可以是物理的服务器或者虚拟的服务器。高级的云计算通常包含一些其他的计算资源，如存储区域网络（SANs）、网络设备、防火墙及其他安全设备等。云计算在描述应用方面，描述了一种可以通过互联网进行访问的可扩展的应用程序。'云应用'使用大规模的数据中心及功能强劲的服务器来运行网络应用程序与网络服务。任何一个用户可以通过合适的互联网接入设备及用一个标准的浏览器就能够访问一个云计算应用程序。"

云计算将互联网上的应用服务及在数据中心提供这些服务的软硬件设施进行统一的管理和协同合作。云计算将IT相关的能力以服务的方式提供给用户，允许用户在不了解提供服务的技术、没有相关知识及设备操作能力的情况下，通过互联网获取需要的服务，具有高可靠性、高扩展性、高可用性、支持虚拟技术、廉价及服务多样性的特点。

（四）工业物联网

物联网（the internet of things，IOT）可以实现物品间的全面感知、可靠传输和智能处理，利用事先在物品或设施中嵌入的传感器与现代化数据采集设备，最大限度地将客观世界中的物品信息数据化，再利用物品识别技术与通信技术将数据化的物品信息连入互联网，形成一个物品与物品相互联结的巨大的分布式网络，然后再把这些信息传递到后台服务器上进行整理、加工、分析和处理，最后利用分析与处理的结果对客观世界中的物品进行管理和相应控制。

物联网技术实现了客观世界中的物物相联，它是继计算机、互联网之后，蓬勃兴起的世界信息技术的又一次革命，是人类社会以信息技术应用为核心的技术延展。物联网与传统产业的全面融合将成为全球新一轮社会经济发展的主导力量。

（五）工业大数据技术

大数据（Big Data）一般指体量特别大、数据类别特别大的数据集，并且无法用传统数据库工具对其内容进行抓取、管理和处理。大数据具有5个主要的技术特点。可以将其总结为“5V特征”。

1. 数据量（volumes）大

计量单位从TB级别上升到PB、EB、ZB、YB及以上级别。

2. 数据类别（variety）多

数据来自多种数据源，数据种类和格式日渐丰富，既包含生产日志、图片、声音，又包含动画、视频、位置等信息，已突破了以前所限定的结构化数据范畴，囊括了半结构化和非结构化数据。

3. 数据处理速度（velocity）快

在数据量非常庞大的情况下，也能够做到数据的实时处理。

4. 价值密度（value）低

随着物联网的广泛应用，信息感知无处不在，信息海量，但存在大量不相关信息。因此，需要对未来趋势与模式做可预测分析，利用机器学习、人工智能等进行深度复杂分析。

5. 数据真实性（veracity）高

随着社交数据、企业内容、交易与应用数据等新数据源的兴起，传统数据源的局限被打破，企业愈发需要有效的信息，确保其真实性及安全性。

大数据是工业4.0时代的重要特征。目前，数字化、网络化和智能化等现代化制造与管理理念已经在工业界普及，工业自动化和信息化程度得到前所未有的提升。工业产品遍布全球各个角落，这些产品从设计制造到使用维护，再到回收利用，整个生命周期都涉及海量的数据，这些数据就是工业大数据。

机器学习和数据挖掘是大数据的关键技术。机器学习最初的研究动机是让计算机系统具有人的学习能力，以便实现人工智能，目前被广泛采用的机器学习的定义是“利用经验来改善计算机系统自身的性能”。事实上，由于“经验”在计算机系统中主要是以数据的形式存在的，所以机器学习需要设法对数据进行分析，这就使它逐渐成为智能数据分析技术的创新源之一，并且为此受到越来越多的关注。数据挖掘和知识发现通常被相提并论，并在许多场合被认为是可以相互替代的术语。数据挖掘有多种文字不同但含义接近的定义，如“识别出巨量数据中有效的、新颖的、潜在有用的、最终可理解的模式的非平凡过程”。顾名思义，数据挖掘就是试图从海量数据中找出有用的知识。数据挖掘可以视为机器学习和数据库的交叉，它主要利用机器学习提供的技术来分析大数据和管理大数据。

（六）人工智能技术

人工智能技术是让机器或软件系统具有如同人类一般智能的技术，在制造过程的各个环节，这种智能是非常有价值的，如智能产品设计、智能工艺设计、机器人、加工过程智能控制、智能排产、智能故障诊断等，同时它也是一些智能优化算法的基础。人工智能的实现离不开感知、学习、推理、决策等基本环节，其中知识的获取、表达和利用是关键。分布式人工智能（distributed artificial intelligence，DAI）是人工智能的重要研究领域，多智能体系统（multi-agent system，MAS）是DAI的一种实现手段，在十年前就已被广泛研究。“工业4.0”强调以CPS为核心，CPS可视为依附于物理对象（小到设备、产品，大到车间、企业）并具备感知、计算、控制和通信能力的一套系统，它可以感知环境变化并自主运行，物理实体与虚拟映像共存同变。同时，远程对象也能通过它来监控并操控这个物理对象。在未来分散制造的大趋势下，CPS是分布式制造智能的一种体现。

（七）工业机器人技术

机器人是一种由主体结构、控制器、指挥系统和监测传感器组成的，能够模拟人的某些行为、能够自行控制、能够重复编程、能在二维空间内完成一定工作的机电一体化的生产设备。工业机器人技术是综合了计算机、控制论、机构学、信息传感技术、人工智能、仿生学等多学科而形成的高新技术，集精密化、柔性化、智能化、软件应用开发等先进制造技术于一体，是工业自动化水平的最高体现。

随着对产品加工精度要求的提高，关键工艺生产环节逐步由工业机器人代替工人操作，再加上各国对工人工作环境的严格要求，高危、有毒等恶劣条件下的工作逐渐由机器人进行替代作业，从而增加了对工业机器人的市场需求。在工业发达国家中，工业机器人及自动化生产线成套装备已成为高端装备的重要组成部分及未来的发展趋势，工业机器人已经广泛应用于汽车及汽车零部件制造业、机械加工行业、电子电气行业、橡胶及塑料工业、食品工业、物流等领域。

机器人的性能正向高速度、高精度、高可靠性、低价格、便于操作和维修方面发展。机器人的机械结构向着模块化、可重构化发展。在国外，已经有模块化装配机器人产品问世。工业机器人的控制系统向基于PC的开放型控制器方向发展，便于标准化和网络化。

（八）射频识别技术

射频识别（radio frequency identification，RFID）技术又称为无线射频识

别，是一种无线通信技术，可以通过无线电信号识别特定目标并读写相关数据，识别系统与特定目标之间无须进行机械或光学接触。常用的无线射频有低频（125 ～ 134.2 kHz）、高频（13.56 MHz）和超高频（860 ～ 928 MHz，全球各标准不一）三种。RFID 读写器分为移动式和固定式两种。RFID 通过将小型的无线设备贴在物件表面，并采用 RFID 阅读器自动进行远距离读取，提供了一种精确、自动、快速地记录和收集目标的工具。

RFID 技术已成为制造企业业务流程精益化的关键之一，可以有效减少企业的生产库存，提高生产率和生产质量，从而提高制造企业的竞争力。

（九）实时定位和机器视觉技术

在实际生产制造现场，需要对多种材料、零件、工具、设备等资产进行实时跟踪管理；在制造的某个阶段，材料、零件、工具等需要及时到位和撤离；在生产过程中，需要监视制品的位置行踪以及材料、零件、工具的存放位置等。这样，在生产系统中需要建立一个实时定位网络系统，以完成生产全程中角色的实时位置跟踪，这就是实时定位系统（real time location system，RTLS）。

RTLS 是一种基于信号的无线电定位系统，可以采用主动式或者被动感应式。其中，主动式分为 AOA（到达角度定位）及 TDOA（到达时间差定位）、TOA（到达时间）、TW-TOF（双向飞行时间）、NFER（近场电磁测距）等。未来世界是一个无处不在的感知世界，物联网的兴起将掀起定位技术革新的又一波新高潮，实时定位已经成为一种应用趋势。

机器视觉技术是指通过机器视觉产品（图像摄取装置，分 CMOS 和 CCD 两种）将被摄取目标转换成图像信号，传送给专用的图像处理系统，根据像素分布和亮度、颜色等信息，转变成数字化信号；图像系统对这些信号进行各种运算来抽取目标的特征，进而根据判别的结果来控制现场的设备动作。它是计算机学科的一个重要分支，融合了光学、机械、电子、计算机软硬件等方面的技术，涉及计算机、图像处理、模式识别、人工智能、信号处理、光机电一体化等多个领域，是用于生产、装配或包装的有价值的机制。它在检测缺陷和防止缺陷产品被配送给消费者的功能方面具有不可估量的价值。

机器视觉系统的特点是提高生产的柔性和自动化程度。在一些不适合人工作业的危险工作环境或人工视觉难以满足要求的场合，常用机器视觉来替代人工视觉；在大批量工业生产过程中，用人工视觉检查产品质量效率低且精度不高，用机器视觉检测方法可以大大提高生产效率和生产的自动化程度。而且机器视觉易于实现信息集成，是实现计算机集成制造的基础技术。机器视觉技术可以在较快的生产线上对产品进行测量、引导、检测和识别，并能保质保量地完成生产任务。

（十）虚拟制造技术

虚拟制造技术（virtual manufacturing technology，VMT）是以虚拟现实和仿真技术为基础，对产品的设计、生产过程统一建模，在计算机上实现产品设计、加工和装配、检验、使用整个生命周期的模拟和仿真，以增强制造过程各级的决策与控制能力。

虚拟制造是利用信息技术、仿真技术和计算机技术对现实制造活动中的人物、信息及制造过程进行全面仿真，以预先发现制造过程中的问题，在产品实际生产前就采取预防措施，从而使产品一次性制造成功，以达到降低成本、缩短产品开发周期和增强产品竞争力的目的。

虚拟制造是基于虚拟现实技术实现的。它是在一个统一的模型下将设计和制造等过程集成，将与产品制造相关的各种过程与技术集成在三维的、动态的仿真真实过程的实体数字模型上，其目的是在产品设计阶段，借助建模与仿真技术及时地、并行地模拟出产品未来制造过程乃至产品全生命周期，各种对产品设计的影响，预测、检测、评价产品性能和产品可制造性等也能模拟出来，从而更有效地、经济地、柔性地进行生产，使生产周期缩短，成本最低，生产效率提高产品质量达到最优。

虚拟制造是多学科、多领域知识的综合，其产生的虚拟产品和虚拟制造系统要在计算机上以直觉、生动精确的方式体现出来，它拥有产品和相关制造过程的全部信息，包括虚拟设计、制造和控制产生的数据、相关知识和模型信息。

第二章　智能汽车概述

第一节　智能汽车时代

如今，以科研为主的智能汽车技术的第一阶段基本已经结束，在这一阶段中智能汽车技术以研发为主，并不考虑成本，只要能实现自动驾驶的功能即可。在以市场为主导的第二阶段中，人们需要将第一阶段的科研成果转化为市场产品并推广。这不仅涉及技术的发展，还有政府的支持、相关法规的完善、基础道路设施建设、智能交通的实现等。另外，如何处理自动驾驶车辆与有人驾驶车辆的共存、如何判定自动驾驶车辆的交通事故责任、如何确保自动汽车的网络安全等问题都对智能汽车提出了极大的挑战。相信智能汽车的时代终将到来，只是这个过程肯定会是曲折艰辛的，还需要社会各界、相关行业齐头并进、攻坚克难。

一、智能汽车的发展

（一）欧洲

20 世纪 90 年代，欧洲智能交通协会开始致力于智能交通领域的技术推进和标准制定。尽管有欧盟的协调，但由于欧洲国家众多，地域广，无论是文化风俗、科技水平还是民众需求都有着很大的差异。

2000 年 9 月，德国启动了 FleetNet 项目。该项目旨在实现车与道路基础设施之间的通信。该系统也可以在车辆之间进行数据交互，还可以提供连接互联网的服务。

2001 年，欧盟启动了 eSafety 计划，并要求到 2014 年所有车辆必须安装 eCall（应急呼叫）系统。eSafety 计划主要针对交通事故发生时的道路救援，其核心是装于车内的“黑盒子”——eCall 系统。当车辆发生严重碰撞导致安全气囊启动后，eCall 系统会立即自动拨打 112（欧盟国家统一的急救电话），并通过无线网络自动向事故地点附近的紧急事故处理中心上传呼叫信号和位置信息。该项目旨在利用先进的信息与通信技术推动安全系统的研发与集成应用①，为道路交通安全提供全面的解决方案，即通过 V2V 以及 V2I 技术获取道路环境信息，从而更有效地评估潜在的危险，并优化车载安全系统的功能。

2006 年，欧盟完成了“跨欧洲智能运输系统项目”，该项目主要解决欧洲陆路的基础设施网络问题。通过该项目的实施，欧洲大陆各国的联系更加紧密。

2007 年，欧洲 20 多个国家的 150 多家企业合作参与了车联网服务应用平台——EasyWay 项目。这标志着在欧盟范围内，各成员国在交通信息服务、管理和货物运输物流等方面达成共识。EasyWay 项目力图通过高质量的交通信息交互和系统指导，降低欧洲道路的拥挤程度；通过数据采集和信息发布来挽救生命，增强道路安全；通过优化驾驶员驾驶习惯来减少废气的排放，节约燃油。②

2007—2013 年，欧盟实施了 eCoMove 计划，该计划的研究目标在于提高车辆通行的经济性，主要通过集成车车通信、车路通信和 3G/4G 技术等实现。该系统可以优化驾驶员的驾驶行为，降低汽车油耗，寻求最优驾驶线路。

eCoMove 项目主要包含 6 个子项目：

（1）项目协调与宣传。

（2）核心技术集成（包括浮动车信息、交通管理信息、交通状态信息通信）及绿色电子交通地图、生态交通模型、生态交通战略模型。

（3）生态智能驾驶，通过整合车载系统信息（包括导航信息和交通管理信息等），向汽车驾驶员提供低能耗的驾驶方案和驾驶路径，并收集驾驶员出行后的反馈信息。

（4）生态货运和物流，即开发面向货运和物流管理的生态驾驶解决方案，通过 eCoSmartDriving 培训系统训练驾驶员，降低货车 10% ～ 15% 的油耗。

（5）生态交通管理和控制，即通过优化城市交通信息系统，从整个路网的角度，减少车辆的停车次数，缓解城市的交通拥堵；通过信号灯协同控制，平衡个体与集体的车辆运行效率，并为个体驾驶员提供个性化的信息服务。

（6）验证和评价，评价 eCoMove 项目对驾驶员的驾驶行为、机动性、路网的效率和环境问题的潜在影响，并测算实施该项目的成本收益。

---

① 陈超、吕植勇、付珊珊、彭琪：《国内外车路协同系统发展现状综述》，《交通信息安全》2011 年第 1 期。

② 汪卫东：《国外汽车安全新理念和安全技术新进展》，《上海汽车》2006 年第 14 期。

为了提高车辆通过交叉路口的安全性，欧洲的汽车制造商和研究机构等还共同开展了 INTEKSAFE 项目。该项目通过在汽车上安装车载设备来实施。当汽车通过交叉路口时，将同路口周围的设施进行信息交互，以提高通过路口的安全性。INTERSAFE 取得了良好的社会效益和经济效益。在第一期 INTER-SAFE 的基础上，2012 年开展了第二期项目（INTERSAFE-2）。在 INTERSAFE-2 中，不仅考虑通过交叉路口的情况，还考虑了更多的场景，如左转右转、直行和闯红灯等一系列的场景。车载设备通过接收外部的信号，降低了行驶中的交通事故风险。车载设备不仅可以接收路边消息，还可以识别道路上的标记，以有效辅助汽车驾驶员的合理驾驶。

欧洲汽车工业对于智能网联汽车应用，尤其是自动驾驶功能应用的态度与美国相比显得保守，这或许是因为欧洲智能网联技术发展过程中的推动力更多来自传统汽车企业。欧洲智能网联应用偏重技术路线的可实现性和可行性，而不像美国一样是由众多希望引领潮流的高科技公司来推动，如特斯拉、谷歌等。传统汽车企业对技术的态度以实用和安全为导向，欧洲汽车企业在自动驾驶方面的尝试多数始于自适应巡航、车道偏离辅助以及自动灯光控制等单个辅助驾驶功能领域，似乎并不急于让车子可以进行完整体系的自动驾驶，这样的“小步快跑”起到了积沙成塔的作用。由于拥有强大且根基厚实的传统汽车技术底蕴，欧洲汽车企业在智能网联化方面采取了厚积薄发式的发展路径，注重在传统汽车电子功能基础上分步骤地陆续开发新的智能化功能。

以奔驰、宝马、奥迪、沃尔沃等整车企业和博世、大陆、法雷奥、舍弗勒等零部件企业为代表的欧洲汽车工业在智能化应用方面比较重视前期的道路测试。例如，奥迪公司的自动驾驶验证车在美国的结构化道路测试环境下已经实现相当高程度的自动驾驶。同时，在更深的技术层次，如汽车的操控系统、底盘系统等方面，欧洲汽车工业的深厚底蕴以及欧洲发达的高端汽车运动技术都为其在上述技术领域的智能化发展提供了养分。尤其是在激光自适应照明系统以及线传制动系统等方面，欧洲汽车企业已经具有相当的技术积累。

（二）美国

汽车的发源地在欧洲，但智能网联汽车却萌芽于美国。根据已知的文献资料，我们发现最早提出智能网联汽车概念的是美国通用汽车公司，其在 1939 年 4 月纽约世界博览会期间搭建的 Futurama 模拟城市展厅就提出了对 20 年后的智能交通发展的畅想。通用汽车公司提出在 20 世纪 60 年代的一座模拟城市中，有一个专职的交通管理中心，城市中运行的车辆配备了独立声音系统，所有的道路与交叉口都按照新的交通环境进行了设计，其中最为独特的是提出了自动高速公路的概念。这被认为是目前智能网联汽车和智能交通最早的雏形，但是通用汽车公司并没有最终实现这一设想。

20世纪70年代，受益于军事技术的发展，美国建立了电子道路导航系统，并开始在汽车领域应用该系统。20世纪90年代，全球定位系统（GPS）的广泛应用使汽车导航成为可能。1996年，美国通用汽车公司率先发布了全球首款民用车载信息服务系统——安吉星（OnStar），其主要的工作原理是利用在车辆上安装的通信模块将从车辆传感器、电子设备和GPS获取的信息通过移动通信网络传送给后台呼叫中心，呼叫中心系统对信息进行处理和分析后，再将输出结果反馈给车主。

安吉星系统侧重于驾驶者的安全服务，其服务内容包括车辆发生碰撞后的主动求助、车门远程应急开启、车辆状况的远程检测、紧急救援协助、车载免提电话和后台人工语音导航等。配置了安吉星系统的车辆与后台服务中心保持实时联网，服务中心可以掌握每辆车的动态并根据需要及时提供各项服务。

安吉星系统的投入使用标志着车联网服务产业的诞生。美国通用汽车安吉星系统的上线促使其竞争对手纷纷研发各自所属的车联网系统。

除了汽车企业的尝试，美国政府也在智能交通体系建设的过程中积极推动车辆的网联化。1990年，美国国家智能车辆公路系统协会（Intelligent Vehicle Highway Syetem，IVHS）成立，并推动国会于1991年通过了《综合地面交通效率法案》（*The Intermodal Surface Transportation Efficiency Act*，ISTEA）。1994年，IVHS改名为ITS（Intelligent Transportation Syetem，ITS），并于1995年联合美国交通部公布了美国国家ITS系统项目规划。1998年，美国开始实施《21世纪交通平等法案》，决定在1998年以后的6年中由联邦政府拨款13亿美元经费用于研究和开发ITS技术。

2003年，美国交通部实施了车辆基础设施集成计划（Vehicular Infrastructure Integration，VII），吸引了全球众多汽车厂商加盟。VII重点关注ITS在可靠性和安全性方面的提升，在汽车型号上主要针对轻型车。VII通过整合GPS技术搭载设备，并利用专用短程通信技术，使车辆在行驶过程中可以与路边的基础设施进行实时信息交互，以获取道路条件以及当前的交通状况。从计划实施的数据来看，通过实现车辆与周围道路交通基础设施的联网和交互，可以降低车辆事故发生率，提高道路交通系统的有效性，有利于治理道路拥堵。

2005年，美国通过了《新交通公平法案》，决定每年拨款1.1亿美元支持

ITS 研究直至 2009 年。目前，美国对智能交通领域相关技术的研发日趋完善，并已逐步开始将其应用到实际系统中。①

2009 年，VII 计划升级为 IntelliDrive 项目。在 VII 前期成功的经验基础上，IntelliDrive 项目进行了更加深入的研究，将试验范围扩展到更多的车型，并进行了更全面的测试。IntelliDrive 对通信方式也进行了扩展，VII 中采用的是 5.9 GHz 的 DSRC 技术，而 IntelliDrive 中添加了包括手机宽带、WiMAX 和卫星通信在内的多种通信方式。IntelliDrive 项目的研究目的是通过推动车联网通信系统在车辆上的部署，使交通系统运行更安全、更智能、更环保，核心思路就是通过无线连接技术，将车、人、基础设施、无线终端等连接起来，提供全方位的无缝车联网服务。

2013 年，美国政府开始强制要求在美国市场销售的汽车产品从 2014 年起必须在出厂时安装电子记录设备，以方便美国国家高速公路交通安全管理局对收集到的数据进行汇总分析，并最终达到减少车祸的目的。

2014 年，美国国家高速公路交通安全管理局在密歇根州的安娜堡市启动无人驾驶小镇项目，通过建设全方位的车联网系统设施来对各汽车厂商的产品进行检测，测试内容包括车与车之间的通信以及车与道路基础设施之间的通信。目前，包括中国的长安汽车和上海汽车等在内的汽车厂商已开始入驻安娜堡进行测试。

美国政府积极推动普及 V2V 通信技术的标准和协议，目标是在一定的通信距离范围内，利用车辆自身的车载移动通信终端，将周围行驶的其他车辆信息（如相对位置、行驶速度、加速度、方向等）通过无线网络实时反馈给本车驾驶员。这样驾驶员就能提前预知周边车辆的行驶状况，有效避免交通事故。②V2V 的技术优势是车与车之间的双向通信，有助于提升驾驶员对周边环境变化的预判及应对能力，在前车突然发生变化时，例如，强行并线，后车驾驶员可以及时得到预警，这样有助于在恶劣天气情况下避免高速公路上汽车的连环相撞事故。

麻省理工学院开展了 CarTel 车联网项目，该项目是一个利用智能手机和车载传感器进行数据采集、分析并结合后台大数据处理中心在车载终端上显示的分布式移动传感器网络和远程通信系统，其主要关注点在于路面状况监控、危险检测、车间数据传递、基于 LBS 的隐私协议、间断连接的数据库系统设

---

① 王笑京：《智能交通与道路交通安全发展动态建议》，《2008 年第四届中国智能交通年会论文集》，2008。

② 钱亚光：《扼制车祸的杀手锏 V2V 通信系统》，《汽车消费报告》2014 年第 5 期。

计等。面对海量数据，CarTel 采用了大规模数据处理技术，对监测采集到的数据进行高效、实时的分析。

美国智能交通协会独立开展了 Connected Vehicle 项目的研究工作。Connected Vehicle 项目主要分为三部分：一是制定行业标准并构建 Connected Vehicle 框架，同时展开国际合作研究；二是基于 Connected Vehicle 项目开展包括安全性、环境等方面的研究示范工作，其主要方法也是借助车与车之间的通信技术和车与道路基础设施之间的通信技术；三是进行相关政策的研究，保障 ITS 项目有序实施。

正是由于美国在军事工业、人工智能以及电子科技产业的先发和领先优势，谷歌和特斯拉等公司开始了在汽车智能网联技术领域更深层次的探索，美国成为引领全球智能网联汽车发展的风向标。

（三）日本

由于特殊的政治、经济模式，日本政府在汽车产业发展方面扮演了重要推动者的角色。日本政府制订了长期的汽车产业发展规划，给予明确清晰的政策指导，这使得日本汽车工业先后完成了导航体系建设、车联网体系建设和智能驾驶体系建设，形成了独特的政府引导型发展路径。

1996 年，日本第一代智能交通系统——车载数字信息通信系统（vehicle information and communication system，VICS）开始投入使用。该系统可以根据驾驶员的需求和道路拥堵信息，规划最佳行驶路线，信息提供的方式有文字和图形两种。该系统进行了广泛的部署，已覆盖日本国内各高速公路及主干道，装有 VICS 导航器的车主可享有免费的便利服务。

2006 年，日本第二代智能交通系统——SmartWay 开始投入使用，该项目基于日本庞大的 ETC 用户数量，同时整合了较为成熟的车载导航系统（VICS）和安全驾驶系统（ASV）技术，构建了一个开放共用的基础信息平台，用以提供路口信息和安全提醒等信息。通过在车辆上安装车载装置，这些车载装置中内嵌的传感器可以与路边的车辆及环境进行通信；驾驶员在驾驶汽车时，可以接收到上述信息，并将这些信息有效地应用于汽车的驾驶过程中，甚至在遇到危险的情况下，该装置可以代替驾驶员给汽车发出紧急指令，避免车祸的产生，使驾驶员在公路上行驶时生命安全多了一些保障。在汽车行驶过程中，驾驶员在操作汽车，安装的电子设备也在某种程度上对车进行控制，其核心目的是提高车辆的安全性，更好地保护驾驶员。

2010 年，日本开始更加深入地推进 SmartWay 项目，计划进一步提升如下六项功能服务：

（1）安全驾驶。在驾驶员驾驶汽车的过程中，会通过各种传输方式将有用的信息不断发送给驾驶员，以提高驾驶员驾驶汽车的安全性。

（2）提供图像服务。在道路上安装了许多摄像头，对道路的状态进行监控。在汽车行驶的过程中，根据行驶的录像，不断向汽车推送前段道路的实时图像信息。图像信息由于其直观性，在汽车驾驶的过程中可以方便地被驾驶员接收。这样可以使驾驶员实时地对前方的道路进行了解，极大地方便了汽车驾驶。

（3）获取汽车信息。汽车在行驶过程中，还可以向周围的接收装置发送信息。这些装置包括该车辆周围行驶中的汽车，也包括该汽车行驶中道路附近的接收装置。消息还可以进行广播，从而使更大范围内的汽车受益。

（4）提供道路合并信息。车载装置采用 DSRC 技术监测主干道路上的汽车，当车辆靠近道路合并路口时，通过通信系统向驾驶员提供信息。

（5）提供停车场电子付费服务。通过电子化的收费方式，可以缩短汽车从停车场开出的时间。

（6）宽带上网。SmartWay 还提供了互联网业务，可以缓解旅途中的疲劳，并可以在线办公。有了网络的支持，乘客甚至可以在汽车行驶过程中召开视频会议，极大地扩展了汽车的应用范围。

在政府推动的导航系统不断发展的同时，车载信息服务也在不断升级，车联网普及明显加速。为了在激烈的市场竞争中立于不败之地，日本各家汽车公司相继推出了自己的特色产品。通用汽车 OnStar 系统的上线更让日本汽车企业看到了车联网的发展前景。

在智能化自动驾驶方面，日本汽车企业也投入了较大的精力。以增强主动安全性为目标，丰田汽车公司当前已经开始在日本市场上全面推广其制动辅助系统以及车道保持系统。

日本企业在智能网联汽车发展的优先次序方面呈现了非常鲜明的特点：重“硬”轻“软”。这是由于日本本土已具备发达完善的基础设施和公共服务，具备全球领先的传感器等“硬实力”，能够率先重点发展智能汽车与智能交通的结合领域，但在车载系统研发、车联网以及大数据开发等“软实力”方面落后于欧美汽车企业。

（四）中国

车联网是智能网联汽车功能的重要体现，如果把 2009 年通用汽车的安吉星系统进入中国市场视为车联网进入中国的起点，那么智能网联汽车对中国来说只有十几年的发展历程，是又一次“西风东渐”。但中国本土汽车制造商的响应速度却非常迅速，纷纷着手跟进研究，同时受益于中国互联网产业的发展，智能网联功能和产品被中国消费者很快接受，这给智能网联汽车在中国的发展带来了强劲的动力。中国政府的响应速度也很快。2011 年国务院四部委下发了《关于加强道路运输车辆动态监管工作的通知》，要求自 2011 年 8 月 1 日起，新出厂的“两客一危”车辆①，在车辆出厂前应安装符合《道路运输车辆卫星定位系统车载终端技术要求》（JT/T 794—2011）的卫星定位装置。对于不符合规定的车辆，工业和信息化部不予上车辆产品公告。道路运输管理部门在为车辆办理道路运输证时，要检查车辆卫星定位装置的安装和工作情况。凡未按规定安装卫星定位装置的新增车辆，交通运输部门不予核发道路运输证。对于已经取得道路运输证但尚未安装卫星定位装置的营运车辆，道路运输管理部门要督促运输企业按照规定加装卫星定位装置，并接入全国重点营运车辆联网联控系统。从 2012 年 1 月 1 日起，没有按照规定安装卫星定位装置或未接入全国联网联控系统的运输车辆，道路运输管理部门应暂停营运车辆资格审验。公安部门逐步将“两客一危”车辆是否安装使用卫星定位装置纳入检验范围。

在企业层面，我国汽车企业在吸取了 G-book 和 OnStar 的发展经验以后，结合我国的国情以及企业自身的发展情况，相继推出了车联网服务。

2016 年 4 月，长安汽车成功完成了历经多省约 2 000 km 的自动驾驶测试，在实现高速驾驶的同时，还实现了全速自适应巡航、交通拥堵辅助、自动紧急刹车、交通标志识别等功能。长安汽车希望在两三年内将智能汽车推向量产。吉利汽车提出了“智能驾驶技术 G-Pilot”战略，该战略是以适应市场需求为导向、以分阶段的智能驾驶演化路径为指导、以平台化配置架构为方案的智能驾驶技术 10 年路线图。自 2014 年的博瑞车型开始，吉利汽车预计在 2024 年后将 G-Pilot 系统推向新的高度。另外，吉利汽车还和沃尔沃联合打造国际领先、国内一流的无人驾驶试验场。②

2015 年 12 月，百度智能汽车在北京完成了高速路段的测试，这是百度在宝马汽车的基础上改装的第一代智能汽车。③2017 年 4 月，百度还向全球宣布了阿波罗计划，该计划预备向智能汽车领域免费提供新的平台，包括车辆平台、软件平台、硬件平台和云端数据四大部分，并逐步开放其智能汽车的相关

---

① “两客一危”车辆是指从事旅游的包车、三类以上班线客车和运输危险化学品、烟花爆竹、民用爆炸物品的道路专用车辆。

② 晨光：《瞄准行业未来吉利发布“iNTEC”技术品牌》，《驾驶园》2017 年第 6 期。

③ 杨学聪：《百度：构建自动驾驶“智慧出行”生态》，《经济日报》2016 年 3 月 4 日第 3 版。

源代码，降低智能汽车的研发成本。截至 2017 年 7 月 5 日，百度阿波罗计划已经有了 53 家合作伙伴，包括汽车企业、核心零件供应商、地图公司、出行服务公司以及高校等。该战略计划已经取得了阶段性成果，将促进智能汽车技术的快速发展。①

2015 年，国务院正式印发了《中国制造 2025》，该战略是我国为实现制造强国而颁布的第一个十年纲领。节能和新能源汽车是其中的重要部分。要努力实现汽车的电动化、低碳化、信息化、智能化，加速自主品牌形成从零部件到整车的生产工业体系和核心竞争力，缩短与先进国家间的差距。发布了《节能与新能源汽车技术路线图》。②

我国已在上海、重庆、武汉、无锡、长春、北京和杭州等地开展无人驾驶测试示范工作，测试规范和测试场景库等工作正在积极推进中。同时，有些旅游景区也开始尝试无人驾驶试点工作。我国特有的驾驶路况场景（例如，道路中间往往设有栏杆，且栏杆的标准各异等）将是国内外整车及零部件企业无法忽视的测试和研究领域，我国本土汽车企业和创业公司在这方面已经开始积极地探索。

虽然无人驾驶测试在中国各地如火如荼地展开，但是中国汽车工业的智能网联化进程也面临着诸多深层次挑战。

一方面，相关关键技术的积累薄弱。例如，实现自动驾驶或者高级驾驶辅助功能需要调用的底盘制动系统、稳定系统以及高性能的转向系统等关键技术和产品的设计与制造均被少数几家国际零部件巨头把持，而这些关键技术和产品是今后发展智能驾驶必不可少的，技术壁垒和标准制约将是影响中国汽车企业未来在智能驾驶领域发展的隐患。

另一方面，对智能网联汽车技术的认知和理解存在片面性和盲目性。例如，在 ADAS 领域，有些创业项目不顾中国国情实际，盲目照搬国外技术路线，不仅难以进入前装市场，还在后装市场大打价格战，导致大量人力和物力的同质化浪费，许多 ADAS 创业项目陷入融资困境；在智能车载硬件领域，有些创业项目以所谓的“互联网思维”做产品，结果“曲高和寡”，大批创业项目纷纷倒下；在智能汽车领域，某些创业项目缺乏对汽车产业的深入了解和尊重，用各种发布会和 PPT 来欺骗投资者。

中国当前智能网联汽车领域的创业困境在一定程度上是因为有些创业者缺乏对汽车产业发展规律和趋势的理性认识，尤其是缺乏对智能网联汽车技术及

① 朱世耘：《百度陆奇：Apollo 让中国站在自动驾驶前沿》，《国际商报》2016 年 6 月 7 日第 3 版。

② 张伟：《一图看懂未来 15 年无人驾驶发展路线》，《中国公路》2017 年第 2 期。

产业发展模式的深入研究，盲目追逐“资本风口”，导致“揠苗助长”的事件层出不穷，极大地损害了中国智能网联汽车产业健康发展所需要的内外部大环境，使得一个原本处于萌芽发展阶段的新事物被寄予过高期望而变得“浮躁”且“华而不实”，急于“弯道超车”，不仅“欲速则不达”，还会步入“险象丛生”的窘境。

二、智能汽车的意义

目前，智能汽车技术正逐渐从想象变成现实，正从以科技为主导的研发阶段向普及推广的市场化阶段过渡。它的市场化使用最终将彻底颠覆人类的出行方式。人类可以从繁重的驾驶劳动中解放出来，不必花费精力关注车辆及道路的状态。智能汽车的发展与人类社会智能化进程相符合，是社会发展进步的必然选择。

（一）社会

智能汽车的使用将会提高社会智能化的程度，推动人类进入智能化时代，缓解现今的能源危机和环境污染等问题。根据公安部交管局统计，截至 2016 年底，全国机动车保有量达 2.9 亿辆，其中汽车达 1.94 亿辆。如此巨大的汽车保有量对石油的需求巨大，将产生大量的污染物及温室气体。当智能汽车投入使用后，更少的交通拥堵将提高燃油利用率，更好的路线规划将缩短驾驶的里程数，更加准确的车辆控制将降低驾驶员因操纵失误增加的油耗，这些优势都将减少对石油的需求，从而减少汽车尾气污染物以及温室气体的产生，对环境更友好。根据谷歌无人驾驶汽车团队的统计，当前传统汽车 96% 的时间都处于空闲状态。[①] 共享智能汽车的模式将会减少车辆的保有量，提高能源和车辆的利用效率，减少排放。

（二）交通系统

智能汽车技术是智能交通系统的重要组成部分，能够有效地降低交通事故发生率，提升汽车行驶的安全性、舒适性和快捷性。[②] 权威数据显示，全球每年约有 130 万人死于交通事故，有 90% 的事故与人的失误行为有关。[③] 人的操作和失误导致了大量的交通事故，所以减少人的操作和失误可以大幅度减少交通事故的发生。当自动驾驶取代有人驾驶，智能汽车的精准控制有可能实现零交通事故。另外，智能汽车可以相互交换数据，了解彼此的驾驶意图，再结合

① 杨忠阳：《当无人驾驶遇上智慧城市》，《经济日报》2016 年 6 月 8 日第 13 版。
② 毛家伟：《智能交通系统（ITS）中的智能汽车技术》，《交通世界》2017 年第 10 期。
③ 杜鸣皓：《“自动驾驶”的现实挑战：尚待过法律和安全关》，《中国品牌》2017 年第 5 期。

大数据和云平台服务，了解道路网络的情况，因此智能汽车可以做出更好的路径规划，从而避免交通拥堵。同时，智能交通系统也可以根据道路网络中车辆的数据而做出相应的改变来缓解交通拥堵，比如，将红绿灯的固定间隔时间变成动态的，实时根据相应路口车流量的大小来设计间隔时间以提高效率。由于智能汽车的控制准确，车距可以减小，从而提高车流通量，道路可以不必为了缓解交通问题而修建得更加宽阔，从而提高土地的使用率。据高盛公司和美国《经济学人》杂志报道，24% 的城市土地空间用于停车。[①] 智能汽车通过云平台可以更好地解决汽车的停车问题，使汽车可以更加充分地利用各停车场的资源，减少停车场的建设。

（三）个人

智能汽车最直接的意义就是将人从繁重枯燥的驾驶劳动中解脱出来。只需要为它提供目的地，就可以完全将驾驶任务交给汽车。这样既减少了驾车的疲劳和厌倦，又不必担心堵车拥挤问题，也节约了驾车的时间，可以在旅途中享受休闲娱乐，甚至继续办公，更加自由随性。同时，无人驾驶汽车对未来社会人口老龄化有重大的意义。在未来几十年内，全球老龄化的趋势将越来越明显，年长的司机越来越多，其驾车的反应能力和敏捷性都将下降，这对人的生命安全形成了巨大的威胁。智能汽车投入使用后，对使用人员的要求更低，老人、儿童等驾驶能力弱或无驾驶能力的弱势群体都可以通过智能汽车方便出行。

第二节　智能汽车系统架构

一、典型系统架构

从本质上来讲，智能汽车是轮式移动机器人的一种。因此，现阶段移动机器人领域的经典体系架构也被广泛应用于智能汽车，其主要包括反应式系统架构、分层递阶式系统架构，以及混合式系统架构。

（一）反应式系统架构

1986 年，布鲁克斯（Brooks）以移动机器人为基础，提出了依据行为来构造层级和模块的思想。他指出，对于面向移动机器人的复杂系统，分布式无

① 王劲：《无人驾驶汽车，引领第四次工业革命》，《汽车纵横》2016 年第 6 期。

中心架构，可以极大地提高系统的实时性和效率。在此基础上，他提出了基于“感知—行动”并行映射结构的反应式系统架构，如图 2-1 所示。[①] 它针对各个局部目标设计各种基本行为，形成各种不同层次的能力。

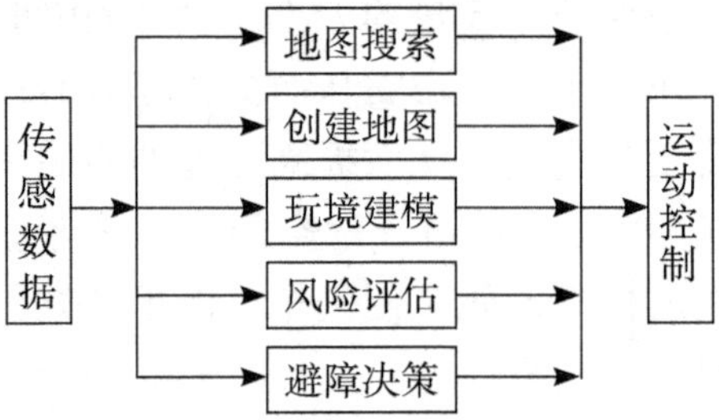

图 2-1　基于行为的反应式系统架构

在基于行为的智能汽车反应式系统架构中，各“感知—行动”式任务模块根据环境数据直接进行决策，并通过内部通信机制和协调机制作用于执行结构。系统具有简单快速、灵活和高可靠性的优点，如大名鼎鼎的 ROS 系统就采用了这种架构。但该结构强调模块间的独立、平行工作，缺乏全局性的指导和协调，虽然在局部行动上可显示出灵活的反应能力和鲁棒性，但对长远的全局性目标跟踪显得缺少主动性，目的性较差。[②]

（二）分层递阶式系统架构

分层递阶控制理论是组织和分析复杂系统时常用的一种技术手段，以分层递阶控制理论为基础的分层递阶控制系统结构一般包含三个不同的层级，即组织级、协调级和执行级[③]，如图2-2所示。其中，组织级是最高的智能级别，主要负责各种信息的融合处理和控制决策，并向下对协调级下达命令；协调级是组织级和执行级之间的接口，负责将组织级的命令分配为执行级的各项子任务，同时反馈任务执行情况；执行级由若干个执行器组成，需要完成相应的控制动作，保证各执行器能准确执行下达的相关命令。

① 刘海波、顾国昌、张国印：《智能机器人体系结构分类研究》，《哈尔滨工程大学学报》2003 年第 6 期。

② 吴雄英、胡国清、黄玉程、林玲玲、刘文艳：《自主移动机器人体系结构状况与发展研究》，《自动化博览》2005 年第 3 期。

③ 孟建军、陈晓强、耿言、韦腾舟：《无人驾驶城轨车辆控制系统分层递阶架构设计》，《计算机工程与设计》2015 年第 8 期。

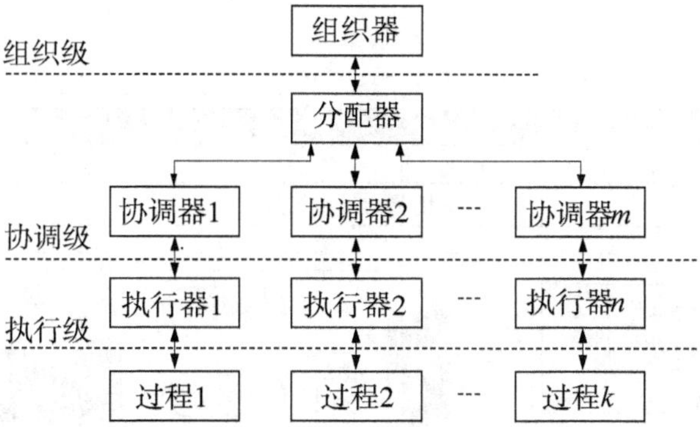

图 2-2　分层递阶控制系统结构

依据图 2-2 中的控制系统结构，可以从感知、规划以及控制三个不同层级，建立起智能汽车的分层递阶式系统架构，典型的分层递阶式系统架构如图 2-3 所示。[①] 这种感知—规划—行动式系统架构已被成功地应用于多家科研机构研发的无人驾驶汽车中。

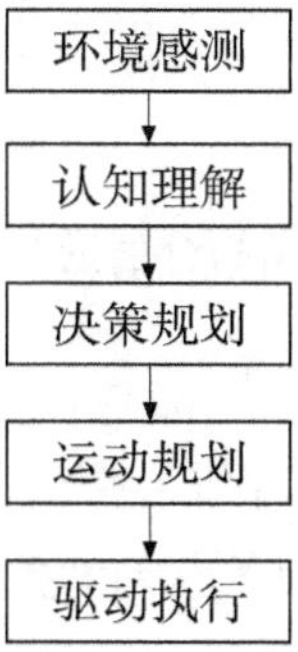

图 2-3　典型的分层递阶式系统架构

分层递阶式系统架构具有一系列优点，如它将系统模块化，使其设计过程更加容易实现，模块可单独调试，等等。但同时它也存在一系列缺点，如传感器数据只有经过建模决策才能输出，所以该系统存在延时问题。另外，该层级式串联结构也对系统可靠性提出了很高的要求，一旦某层级出现问题，就会导致整个系统崩溃。常用的分层递阶式系统架构如图 2-4 所示。

① 刘凯：《无人驾驶车辆体系结构与定位导航技术研究》，博士学位论文，北京理工大学，2010。

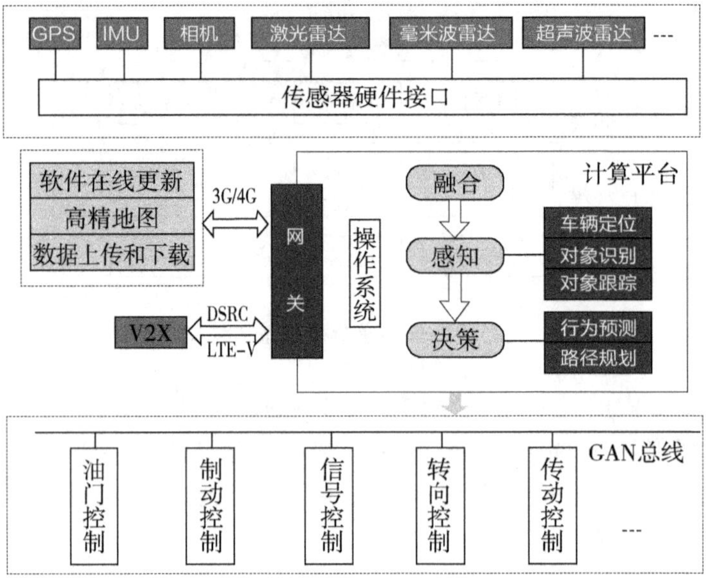

图 2-4　常用的分层递阶式系统架构

（三）混合式系统架构

在分层递阶式系统架构中，依赖较多的是经过高级决策规划后的有意识行为，而在反应式系统架构中，得到的是环境作用下的反射行为，综合利用两者的优点，就可以得到混合式系统架构。在混合式系统构架中，较低层次采用了基于行为的反应式系统架构，较高层次采用了分层递阶式系统架构，从而实现对已有信息的有效利用，完成单一结构无法实现的复杂任务①，典型的混合式系统架构如图 2-5 所示。

在该混合式系统架构中，框架主体采用的是分层递阶式系统架构，包括环境感知、全局路径规划、局部路径规划和底盘控制四部分。而在局部路径规划模块中，考虑到该模块对系统有极高的实时性要求，为了适应复杂多变的环境，采用了反应式系统构架，将行为决策分为七种典型的行为，采用竞争机制

① 蔡自兴、贺汉根、陈虹：《未知环境中移动机器人导航控制研究的若干问题》，《控制与决策》2002 年第 4 期。

来完成动作的决策。[1] 混合式系统架构被成功用在美国 DMEO Ⅲ项目上的 4D/RCS（real-time control system）体系架构中。[2]

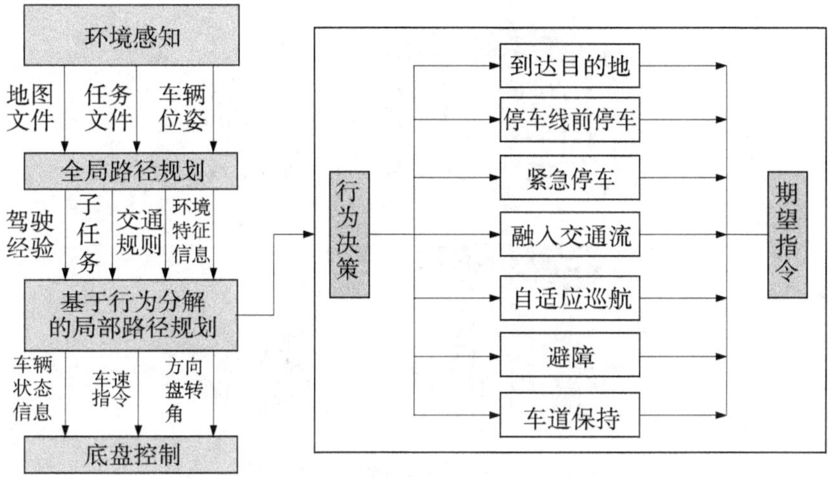

图 2-5　典型的混合式系统架构

二、软件系统架构

智能汽车是一个庞大而复杂的系统。在进行软件系统设计时，应首先搭建软件系统架构，然后根据搭建好的架构依次完成各部分的设计，最终完成整个自动驾驶系统的开发。图 2-6 为典型的智能汽车软件系统架构。

智能汽车软件系统主要包括主机操作系统、中间层运行框架和应用层三大部分。应用层是系统的各个功能组件，包括感知、决策和控制三个大的方面。

① 修彩靖、陈慧:《基于混合体系结构的无人驾驶车辆系统》,《农业机械学报》2012 年第 1 期。

② 程磊、王永骥：《基于 4D/RCS 的多移动机器人 Hierarchy-Agent 协调控制系统》，《兵工自动化》2005 年第 4 期。

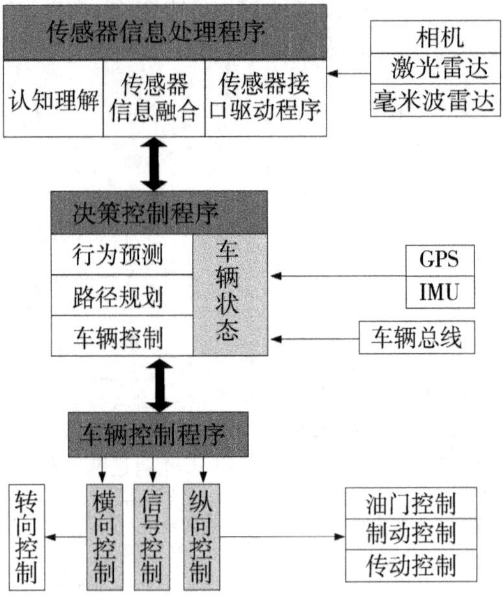

图 2-6　智能汽车软件系统架构

（一）主机操作系统

目前，智能汽车常见的操作系统有 Linux、Windows 和 eSOL 等，各种操作系统具有各自的特点。Linux 操作系统具有开发效率高、可移植性好、资源开源等特点，是目前智能汽车系统开发的主要选择。

（二）中间层运行框架

中间层运行框架是智能汽车的基础平台，能够为系统的应用层提供灵活的模块配置，以便快速地增添和删除功能模块。同时，它具有丰富的调试工具来完成算法的快速调试和功能的验证，提高了整个系统的开发效率，快速实现算法的更迭，如百度的阿波罗、机器人操作系统 ROS 等。其中，ROS 是一个分布式、基于消息进程的运行框架，支持利用不同语言、不同功能的模块分开单独设计，再利用其丰富的可视化模块以及相关的开源算法，能够快速高效地完成调试。当需要进行整个系统调试或者上车调试时，可以以消息接口的定义完成各模块的集成，名古屋大学的 Autoware 系统就是采用 ROS 作为运行框架的。

（三）应用层

应用层是系统各个具体功能模块的实现，具体的功能模块根据设计的需求而定，每个具体的功能模块都对应着相应的应用程序。下面主要从系统的感知、决策和控制三个层面来介绍应用层的主要功能模块。

1. 感知层面

感知层面主要是指智能汽车通过传感器实现对驾驶环境的感知理解。它主要包括车道标识线跟踪、行人识别与定位、车辆识别与定位、交通标志理解、当前环境危险态势评估等基础模块。智能汽车为了保证环境感知系统的识别准确率和可靠性，往往配备多个传感器，这就需要智能汽车系统能够实现多传感器信息的融合。智能汽车的多传感器融合技术的研究始于 20 世纪 80 年代，形成了许多方法，常用的方法有加权平均法、贝叶斯估计方法、卡尔曼滤波、模糊逻辑、产生式规则、人工神经网络等。[①] 例如，将激光雷达和相机的信息相融合可以实现两者功能上的互补，获得障碍物的形状、大小和纹理等信息，实现对行人、车辆等更加准确的检测。利用多传感器融合技术还可以降低成本，采用精度较低的多种传感器也可以达到单一高精度传感器的效果。

2. 决策层面

决策层面主要包括行为预测和路径规划。行为预测是指对识别追踪对象的行动进行预测，根据预测的结果调整相关的驾驶策略。路径规划包括全局路径规划和局部路径规划。局部路径规划主要包括汽车轨迹和速度的规划，在选择路径时应充分考虑车辆行驶的安全性、平顺性以及连续性等因素，还要考虑汽车运动的约束和道路条件的约束，从而选择出一条最优的行驶路径。对于速度规划，首先应考虑当前环境对车速的限制，这是速度规划最基本的限制。另外，由于过大的侧向加速度会影响车辆的稳定性和对路径的跟踪，所以最大侧向加速度对车速的限制也是一个应该考虑的因素。对于保守的速度规划，一般通过生成路径的最大曲率来得到速度的限制。同时，应考虑路面的情况对车辆的影响，如坡道、斜度、曲率等，这些都会影响车辆的动力学特性。因此，在路径规划时应该考虑这些因素的影响，这样才能实现对车辆更加准确有效的控制。

3. 控制层面

控制层面依据路径规划产生的结果生成车辆控制的命令，包括纵向控制、横向控制和信号控制等，最后生成的命令通过汽车总线发送给各系统的电子控制单元，完成对车辆的控制。为了保证控制的精度，通常把车辆控制后的测量结果和期待的运动状态结果进行比较，这样的控制称为反馈控制。最有名的反馈控制就是 PID 控制，它将误差分为比例误差、积分误差和微分误差三部分。PID 控制由于性能稳定、控制准确，在控制领域中得到了广泛的应用。但是由

① 闫利、王奕丹：《车载组合全景相机单片影像匹配算法》，《遥感信息》2016 年第 2 期。

于它并不是基于数学模型的控制，当应用于汽车控制这种非线性、具有大惯性和时延的系统中时，其控制效果不理想。目前有比较多的控制理论，如神经网络控制、基于模型预测的控制等，都可以很好地完成车辆的控制。车辆的控制将是一个多模型、多控制理论耦合的控制系统，如车联网环境下的智能车辆协作式控制理论和方法。

三、硬件系统架构

智能汽车的硬件系统包括传感系统、计算系统和控制系统。其中，传感系统是智能汽车环境感知系统的硬件基础，其性能的好坏直接影响智能汽车环境感知模块的准确性和实时性。计算系统是智能汽车数据处理的硬件中枢和大脑，负责及时高效地处理传感系统输入的外部环境数据。控制系统是智能汽车的执行基础，其执行决策指令的准确性和可靠性决定了智能汽车的性能。

目前，硬件计算系统有基于 CPU、GPU、TPU、FPGA 以及 ASIC 等多种处理器的解决方案①，它们在处理不同任务时具有不同的性能和优势，因此计算机硬件系统正向多种处理器并存的异构方向发展。另外，对于控制系统，为了缩短开发周期，智能汽车控制执行机构大多数在不改变现有汽车执行机构的基础上，对传统汽车控制系统的硬件进行设计和改造。

（一）智能汽车计算平台

如今，人工智能在智能汽车技术上的发展和应用越来越深入。但人工智能算法需要大量的并行运算，传统的串行处理器 CPU 已经不能满足计算的需求。因此，专业人士提出了一些基于其他结构的计算处理平台，以满足自动驾驶系统的计算需要和实时性，并在应用中将 CPU 作为主处理器，将其他异构部分作为协作处理器，实现任务的加速处理。例如，奥迪 A8 的控制器 zFAS 中包括四块高性能的处理器，即 Mobileye 的 EyeQ3、英伟达的 Tegra K1、阿尔特拉的 Cyclone5 和英飞凌的 Aurix。

1. 基于 GPU 的计算平台

GPU 是图像处理器的简称，专门用于图像的运算工作。英伟达的相关产品最具代表性，其依靠本身在 GPU 方面的强劲实力，推出了一个基于 GPU 的智能汽车计算平台，即 NVIDIA DRIVE PX 平台，包括 DRIVE PX、DRIVE PX2 以及在 2017 年 10 月推出的 Drive PX Pegasus 等产品。

由于 GPU 在浮点运算、并行计算等部分计算方面的性能是 CPU 的数十倍

① 刘少山：《第一本无人驾驶技术书》，电子工业出版社，2017。

乃至上百倍，如今 GPU 通用技术在智能汽车领域已经得到广泛应用，比如，用 GPU 的芯片来进行深度学习模型的训练，用于智能汽车环境感知的处理。

2. 基于 FPGA 的计算平台

FPGA 即现场可编程门阵列，是集成电路的一种产物，具有低功耗、高性能的特点。由于 FPGA 是以门电路的形式运行的，所以编程中的语言在执行时直接被翻译成电路，相比于 CPU 极大地提高了运行速度。同时，FPGA 在阿尔特拉的帮助下，增加了对 OpenCL 开发环境的支持，降低了硬件编程的门槛。如今，随着深度学习和神经网络等算法在 FPGA 上的进一步优化，FPGA 平台的计算能力得到进一步提高。阿尔特拉推出的基于 FPGA 的 Cylone 5 SoC 的计算平台已经成功用于奥迪 A8 的 zFAS 自动驾驶控制器中，用来负责奥迪智能汽车的核心功能，包括障碍物检测、地图融合及各种传感器的预处理等工作。可见，“CPU+FPGA”这样的并行异构计算平台在未来具有较好的发展前景。

3. 其他智能汽车计算平台

当然，除了上面两种主要的计算平台之外，还有一些其他的解决方法，如 ASIC、TPU、类脑芯片、概率芯片等。这些计算平台都能够进行大量的并行运算，满足智能汽车系统的运行需求。

（1）ASIC 即集成电路。ASIC 是一种特定的芯片，目前已经在智能汽车领域得到广泛的应用。芯片内部的电路和算法固化，具有前期开发周期长、投入高，但体积小、功耗低、计算效率高等特点，如 Mobileye 与意法半导体联合研发的 EyeQ 系列芯片。其中，EyeQ3 芯片已被用于奥迪 A8 的 zFAS 当中。公司还计划在 2018 年推出更高性能的 EyeQ5 芯片，该芯片最多可以支持 20 个外部传感器（包括摄像头、雷达和激光雷达），而 EyeQ4 最多只能支持 8 个传感器数据的处理。

（2）TPU 即张量处理单元。TPU 是一种 ASIC，是专为深度学习语言 TensorFlow 开发的一种芯片，支持 TensorFlow 所有的指令集。TPU 可以像 CPU 或 GPU 一样编程，并在不同的神经网络上执行 CISC 指令，而不是为某个专用的神经网络模型设计，因此具有一定的通用性，而且比 CPU、GPU 和 FPGA 拥有更高的效率和更低的能耗。谷歌曾表示，专用机器学习芯片 TPU 处理速度比 GPU 和 CPU 快 15 ～ 30 倍（和英特尔 Haswell CPU、英伟达 Tesla K80 GPU 相比），而在能效上，TPU 更是提升了 30 ～ 80 倍。

（二）智能汽车常用传感器

传感器是智能汽车区别于传统汽车最主要的表现特征，也占据了智能汽车成本增量的主要部分。目前，智能汽车常用的传感器有全球定位系统（GPS）、惯性测量单元（IMU）、雷达、相机等。表 2–1 中列出了不同传感器的优点与缺点。从表 2–1 中可见，目前还没有一种传感器能够完成智能汽车的所有感知任务，多传感器融合技术是必然的选择。

表 2–1　智能汽车典型传感器的优缺点

品种类	优点	缺点
GPS	定位相对准确，不受天气干扰，成本低，安装方便	存在多路径问题，在建筑物密集的地方信号弱，民用精度低，更新频率低
IMU	更新频率高，实时性强，能够准确测量汽车的姿态	有累积误差，且随时间流逝而增加
雷达	精度高，响应快，有深度信息，不受地面杂波影响	成本高，遇到浓雾、降雨等天气时测量精度下降，计算量大
相机	可以分辨出障碍物的大小和距离，并能识别行人、交通标志等	作用距离有限，受天气和温度变化等的影响

1.GPS

GPS 的全称为全球定位系统，在智能汽车中有着非常重要的运用。它能给汽车一个相对准确的定位，是一种绝对定位方式。GPS 在全球的覆盖范围广，成本低，且不受气候影响。全球定位系统除了 GPS 外，还有欧洲的伽利略卫星导航系统、俄罗斯的格洛纳斯（GLONASS）卫星导航系统和中国的北斗卫星导航系统。

GPS 包括空间部分、地面控制系统和用户设备部分（GPS 接收机）三部分。用户通过接收 GPS 卫星发出的无线电信号，测量卫星发射信号和接收机接收到信号的时间差来完成距离的测量；然后利用三维坐标中的距离公式，通过三颗卫星来构建三个解算方程，从而解算出位置坐标（x, y, z），完成定位。理论上利用三颗卫星就可以实现 GPS 的定位功能，但在实际中，由于 GPS 卫星上的时钟和接收机的时钟存在不同步而导致时差，需要引入第四颗卫星的信号完成对时间的修正，从而得到 GPS 接收机的准确位置和高度。①

由于民用的 GPS 存在轨道误差、时钟误差、大气影响误差、多径效应以及其他误差，所以 GPS 的定位精度只能达到米级别，这样的定位精度不足以满足智能汽车的定位需求。因此，需要利用差分定位方式来提高定位精度，精度可以达到分米甚至厘米级别。根据差分 GPS 基准站发送的信息类型可将差

① 宋之涛：《GPS 的基本原理及其应用前景》，《株洲工学院学报》2001 年第 5 期。

分 GPS 定位分为三类，即位置差分、伪距差分和相位差分。[①] 该方法可以消除大部分的误差，但不能消除各用户接收机固有的误差，成本也非常高。可见，仅仅采用 GPS 无法满足智能汽车的定位需求，还需结合其他的技术或者传感器完成对车辆的准确定位。

2.IMU

惯性测量单元（Inertial Measurement Unit，IMU）一般采用微机电系统构建，典型的 IMU 包含三个加速度传感器和三个轴陀螺，系统通过解算空间三维坐标下三个轴的加速度和角速度，测量物体在各个轴向运动的距离和绕各轴偏转的角度，从而获得当前的系统姿态。基于 MEMS 的 IMU 一般采用微电子和微机械加工技术制作，与传统的传感器相比，它具有体积小、重量轻、成本低、功耗低、可靠性高等特点。[②]

MEMS 加速度计通常由悬挂系统和检测系统组成，通过测量微硅块的偏移来实现对加速度的检测，其依据是牛顿的经典力学定律。按检测方式，加速度计有压阻式、电容式、隧道式、共振式、电热式等几种。电容式加速度计具有灵敏度高、噪声低、漂移小、结构简单等优点。[③] 其中，可偏移的电容板的偏移量和加速度的大小成正比，从而可以通过测量相应电容大小的变化量来测量加速度的大小。

把加速度计和陀螺仪结合起来的 IMU 可以准确、快速地测量被测对象的姿态，且不受外界环境的影响，其刷新频率可高达到 1 kHz，完全可以满足汽车定位实时性的要求。其缺点在于其定位精度随着时间的推移而明显下降，有误差累计的弊端。GPS 定位相对准确，但是其刷新频率低，IMU 刷新频率高，定位精度随着时间的推移而下降，把两者结合起来可以很好地完成对车辆的定位。卡尔曼滤波能够很好地完成对这两者信号的融合，IMU 为车辆提供较高频率的刷新定位，GPS 在其刷新周期内完成对 IMU 误差的修正，从而满足汽车定位实时性和准确性的要求。

3. 车载雷达传感器

车载雷达传感器一般具有测速、测距以及测角等功能，可以预判车辆危险并向驾驶员发出不同级别的警报。根据车载雷达的安装位置不同，其可分为前向雷达、侧向雷达和后向雷达；根据车载雷达的功能不同，其可分为测速雷

① 黄晓瑞、崔平远、崔祜涛：《差分 GPS 定位方法与应用研究》，《航空兵器》2001 年第 3 期。

② 王忆锋：《MEMS 和导航级 MEMS 惯性传感器》，《飞航导弹》2008 年第 8 期。

③ 闫冬、管欣、高振海：《基于 MEMS 技术的微惯性传感器及在汽车上的应用》，《汽车技术》2006 年第 2 期。

达、自适应巡航控制雷达和防撞雷达等；根据车载雷达的工作原理不同，其可分为超声波雷达、激光雷达、毫米波雷达等。①

（1）超声波雷达：超声波雷达是一种运用超声波定位的雷达，通常作为汽车的防碰撞雷达。超声波雷达的工作原理：由脉冲信号发生器产生的脉冲信号经过调制放大后，经由送波器向外辐射，超声波遇到障碍物后发生反射，收波器接收回波信号并对其放大、检波、再放大后，交由单片机控制器进行数据分析。控制器会对接收到的回波信号与脉冲信号发生器输入的初始参考信号进行对比，从而计算出车辆与障碍物之间的距离。控制器会根据车距判断危险程度，向驾驶员发出声光报警、显示器指示，或者直接控制动力系统降低车速，甚至在达到危险距离时，直接控制制动系统刹车以防碰撞。超声波雷达原理如图 2–7 所示。

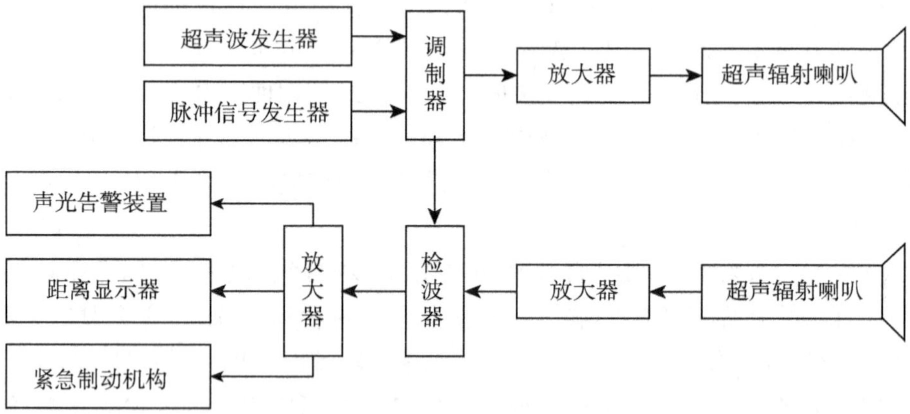

图 2–7　超声波雷达原理

（2）激光雷达：激光雷达依靠照射在前车后部后反射回来的激光波束测量两车距离，其测距效果易受外界环境影响。由于雨、雪、雾等天气因素和反射部位本身因素（如位置、表面污染、磨损等）的影响，反射激光束散射损失增加，进而影响到探测的准确性，并使探测距离比可能探测的最大距离减少 1/3 ～ 1/2。

最早的前方用激光雷达都是发出多股激光光束，并依靠车辆前方的反射时间来测定其距离。但是由于要对前方车辆进行辨别，所以之后开始采用扫描式

① 任亚欣：《汽车防碰撞雷达概述》，《图书情报导刊》2007 年第 17 期。

激光雷达[①]，如图 2-8 所示。如此设置，不但前方车辆的距离可测，而且其横向的位置也可以检测出来。

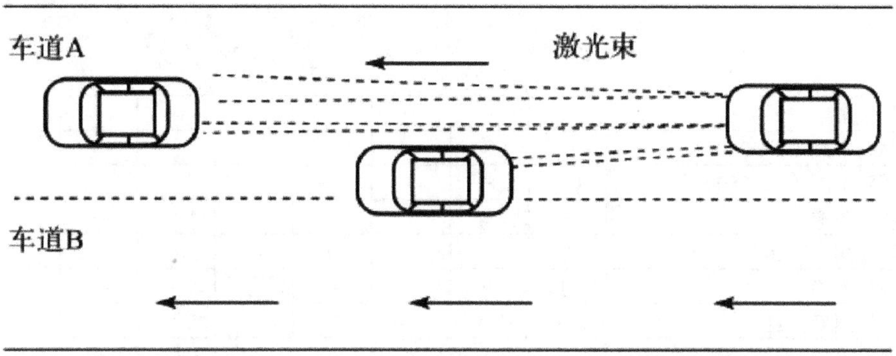

图 2-8　扫描式激光雷达

（3）毫米波雷达：毫米波雷达是利用毫米波测距的雷达系统，由传感器、信号处理器和控制机构三部分组成。其工作过程：由传感器通过天线发射探测信号，并由天线接收经障碍物反射的回波信号，经信号处理器得出汽车相对障碍物的距离、速度等数据。该数据一方面被送到处理机构，控制本车的自动减速、换挡、制动等操作；另一方面被送到显示器，为驾驶员提供减速、制动、转向、停车等警示信号。

与超声波、激光、红外雷达相比，毫米波雷达具有以下优点：受雨、雪、雾、阳光等天气因素和杂音、污染等环境因素的影响较小，抗干扰能力较强，有较好的相对速度感应，探测精度高，天线和高频器件体积小，易于安装，等等。[②]图 2-9 所示为各种雷达性能对比。

与可用于汽车上的其他雷达相比，毫米波雷达具有显著的综合优势，所以目前国内外量产车型上使用最多的是毫米波雷达。但是毫米波雷达对任何目标物输出的均是一个点，而激光雷达输出的是一个点阵。对于无人驾驶智能车而言，除了判断目标物位置、相对速度等信息外，还需要获取目标物的形状、宽度等信息，因此能够输出点阵的激光雷达在无人驾驶应用领域同样得到高度重视。

① 杨超云：《车载雷达提高行车安全性》，《轻型汽车技术》2011 年第 5 期。

② 陈同林、樊海博：《雷达技术在现代公路交通中的应用》，《西安邮电学院学报》2004 年第 3 期。

	短距离雷达	长距离雷达	激光雷达	超声波雷达	车载摄像头	三维摄像	红外摄像
测距范围 < 2 m	0	0	0	++	–	++	–
测距范围（2~30 m）	+	++	++	–	–	0	–
测距范围（30~150 m）	n.a.	++	+	– –	–	–	–
测距角度 < 10°	+	+	++	–	++	+	++
测距角度 > 30°	0	–	++	0	++	+	++
角分辨率	0	0	++	–	++	+	++
直接速度信息	++	++	– –	0	– –	– –	– –
在雨天运行	++		0	0	0	0	0
在雾雪天气运行	++	++	–	+	–	–	0
在视线很差情况下	++	++	0	++	– –	– –	– –
夜视	n.a.	n.a.	n.a.	n.a.	–	0	++

++：非常适合 /+：表现良好 /0: 有可能，但低于预期。

–：只有付出更多努力才有可能。

––：不可能。

图 2–9　各种雷达性能对比

相对于超声波雷达和激光雷达等技术，毫米波雷达在全天候使用及可以直接获得距离和速度信息等方面具有非常大的优势，而且具有明显的成本优势。1999 年，奔驰汽车首先将基于毫米波雷达的 ACC 系统引进 S 系列轿车中，之后基于雷达的 ACC 系统逐渐应用于多种中高档轿车上。77 GHz 雷达传感器不仅应用到 ACC 系统中，在汽车的其他安全辅助系统（如碰撞预警及碰撞缓冲等系统）中也有大量的应用。

4. 相机

相机是一种能够获取环境图像信息的传感器，也是智能汽车中最重要的传感器之一。相机获取图像后，将光信号转化为图像模拟信号，并传送给专用图像处理系统，转变为数字化信号。最后对这些数字信号进行运算，以抽取目标特征，获得相应的识别信息。[1] 特斯拉 Autopilot 系统是相机在智能汽车中应用的成功典范，该系统以相机为主传感器，不采用激光雷达方案，靠相机信息进行道路识别、交通标志识别以及车辆和行人的识别等，相机在其整体方案构架

① 陈慧岩：《智能车辆先进技术丛书：无人驾驶汽车概论》，北京理工大学出版社，2014。

中扮演着非常重要的角色。相机按照构成形式可分成单目相机、双目相机和全景相机等多种，按照其安装在汽车上的位置可以分成前视相机、后视相机、全景相机以及车内监控相机等。

单目相机一般安装在挡风玻璃的上部，能够完成对目标距离和运动趋势的估计。单目视觉可以根据不同帧图像，计算对象的运动轨迹。双目相机也称为立体相机，使用两套光学成像系统，通过两台相机对同一幅场景进行拍摄，估计在两幅图像中对应像素点的视差，从而全面地恢复场景的深度信息，感知物体的位置和大小。[①] 这种双目视觉的方法不需要对物体进行识别，不需要大量的训练素材库，而且测量的精度和可靠性强于单目相机。全景相机实际上是由多个相机组成的，这些相机分别布置在汽车的不同位置，一般安装在汽车的前、后、左、右侧，不同车辆的全景相机的数目不同，一般为 4 ～ 8 个。这些相机在同一时间内对环境进行成像，然后对这些图像进行矫正和拼接，得到全景图像。使用全景相机能够快速地得到智能汽车四周的全景图像，可以进行处理和识别。多相机组合的全景相机因其获取信息速度快、信息丰富全面、像素高、镜头畸变小、各个方向的分辨率近乎一致等优点而被广泛应用。[②] 另外，鱼眼相机由于能够实现全景图像，无须进行图像拼接，体积小，价格低，也开始受到智能汽车行业的重视。

第三节　智能汽车技术

对于智能汽车而言，其关键技术包括以下几部分：传感器部分、计算系统、车辆硬件平台以及云端平台。传感器部分是智能汽车的感知基础，系统通过传感器采集车辆和环境的数据，实现车辆的感知；计算系统包括计算机硬件部分和软件部分，通过对传感器数据进行处理，结合 V2X 车联网及云端数据做出决策、规划和控制；云端平台包括对数据的存储、模拟、高精地图的绘制与更新以及深度学习模型训练，能为行驶中的智能汽车提供相关的数据，帮助其做出更好的规划与控制，也能够更新高精地图并训练更加有效的识别、跟踪和决策模型。[③] 自动驾驶系统构架如图 2-10 所示。

---

① 张尧、赵洋、刘博宇、池名辰、杨进华：《一种基于双目测距系统的亚像素精度自适应图像匹配算法》，《长春理工大学学报（自然科学版）》2016 年第 2 期。

② 闫利、王奕丹：《车载组合全景相机单片影像匹配算法》，《遥感信息》2016 年第 2 期。

③ 刘少山：《第二本无人驾驶技术书》，电子工业出版社，2017。

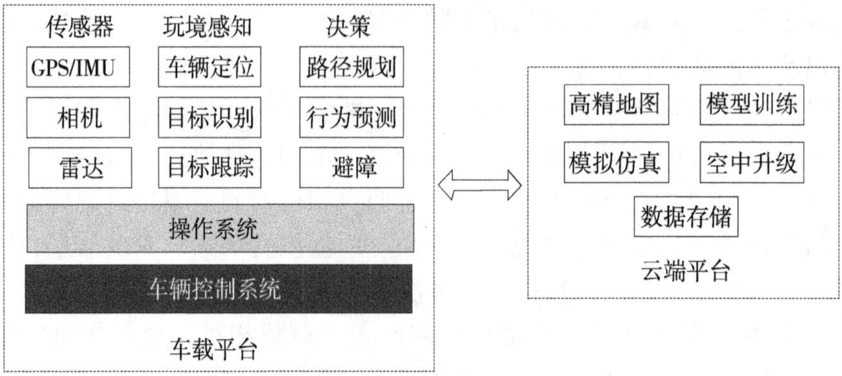

图 2-10　自动驾驶系统架构图

智能汽车的关键技术包括传感器、环境感知、决策规划、控制执行、其他关键技术等各方面的技术。

一、传感器

智能网联汽车需要多种传感器的融合，包括摄像头（单目、双目或多目）、雷达（毫米波雷达、红外雷达、激光雷达、超声波雷达）。

二、环境感知

环境感知如同驾驶员的视觉和听觉，如果没有环境感知作为智能驾驶的支撑，就无法实现智能驾驶。

（一）机器视觉技术

车辆视觉属于机器视觉的范畴，就是指用机器来替代人眼的视觉，通过光学图像传感器将目标的光线信号转换为图像的模拟电信号，然后传送给图像处理系统，根据像素分布、亮度和颜色等信息，转变为数字信号，最后通过对数字信号的处理得到特征信息。①

车载视觉是在汽车中应用机器视觉传感器来替代人眼的视觉，是结合了光学、计算机技术等知识以及车辆运动的特点而形成的，是无人驾驶技术的发展重点，但车载视觉易受到如下因素影响：

① 王鲲鹏：《基于 Otsu 算法和 Sobel 算子的连接件图像边缘检测》，《现代计算机》2011 年第 7 期。

1. 天气变化

天气变化主要影响光线强度变化。光线直射，会引起摄像机过度曝光；光线过暗，会使摄像机曝光不足。这会使摄像机图像中产生无纹理的高光和低光区域。

2. 车辆速度变化

一般来说，车辆速度与画面质量成反比。车辆速度较慢时，图像接近静止图片，质量较好；车辆速度较快时，受相机拍摄帧数的限制，会在原始图像中产生模糊区域。

3. 车辆运动轨迹

一般来说，车辆运动轨迹分为直线和曲线两种。当在直线位置时，相机前后帧中特征匹配重叠率较高，相机水平面基本与地面平行；当在曲线位置时，相机与地面有侧倾角，使相机水平面侧倾于水平地面，从而降低匹配重叠率。

4. 相机安装位置

相机安装位置分为车内和车外，车内和车外的主要区别在于玻璃反射率和车内阴影的影响。还有一个重要因素是俯仰角，相机俯仰角越朝下，对照度越敏感，越容易出现曝光或曝光不足。相机安装越平行于路面，由于视觉图像中像素精度和距离成反比，图像算法的精度就越低，故安装位置的不同对后期算法开发有重要影响。

5. 随机扰动

随机扰动包括轮胎与地面的摩擦系数、路面的凹凸等情况，这些随机扰动都会使运动图像变模糊，进而影响车辆行驶监测效果。

（二）识别技术

车载视觉传感器往往采用融合方案。本书基于常见的传感器算法框架，介绍图像预处理技术、车道识别技术、车辆识别技术、行人识别技术等。

1. 图像预处理技术

对图像进行预处理的目的是从摄像装置获取的图像中提取有用的信息，去除图像噪声和无用信息。常用的图像预处理方法包括滤波降噪、对比度增强、边缘增强、二值化①等。

滤波降噪主要是为了去除图像噪声，常用的滤波器包括均值滤波器、线性近似滤波器、二维高通滤波器、一维小波滤波器、中值滤波器等。

① 图像二值化就是将图像上的像素点的灰度值设置为 0 或 255，也就是整个图像呈现出明显的只有黑和白的视觉效果。

近年来，随着图像采集技术的发展，摄像机的性能不断完善，采集图像的信噪比和对比度均较高，已能够满足智能网联汽车环境感知的任务需求，通常可以省去滤波降噪及对比度增强的技术环节，仅需对图像中的边缘特征进行提取和增强后进行二值化即可获得理想的预处理后图像。

边缘强化技术用来加强图像中的目标边界，如车道边界、本车前方障碍物的边缘等。边缘强化可以利用边缘算子对原始图像进行卷积运算，从而得到边缘图像，常用的边缘算子包括 Roberts 算子、Prewitt 算子、Sobel 算子①、Laplace 算子及 Canny 算子等。其中，Sobel 算子的应用最为广泛，很多创业公司都采用该算子进行边缘强化操作，或者使用它计算各像素点的梯度方向及幅值。

虽然针对边缘强化的处理要求开发了多种算子，但这些算子在设计和使用过程中普遍没有考虑到车道线的方向特性，使得这些边缘强化算子在实际使用中没能实现车道线特征的最优提取。因此，可以通过二值化操作将经过边缘增强的图像像素点分为两类，一类是不包括特征像素点的集合，也称为背景像素点集，另一类是包含特征像素点的集合，也称为前景像素点集，以此来区分目标特征和背景。

2. 车道识别技术

车道识别是车载机器视觉的关键技术之一，是实现车道偏离报警和车道保持等功能的基础。对车道边界的定义既包括结构化道路的可识别车道线（如高速公路的分道线），也包括一些城市、乡村道路的自然边界（如路肩等），甚至在某些军事用途中对车道边界的定义更加广泛，凡是可以行驶的区域都可以算作“路面”。

车道的识别方法多种多样，有些创业公司致力于用双目视觉来解决这个问题。利用双目视觉进行车道识别具有较高的精确性，但是对两个摄像机获取的图像进行匹配比较困难，算法复杂，实时性较差，其成本也比单目视觉系统高。有部分学者利用彩色图像来进行路面分割和车道边界提取，例如 SCARF 系统采用两个彩色摄像机来获取彩色图像，进行彩色分割，并运用类似 Hough 变换的处理方式来提取车道边界。这种依赖彩色图像的算法实时性不高，其算法运行过程中占用的存储空间很大。从汽车前装对可靠性的要求来看，双目视觉还需要不断优化完善，而且要降低成本，才会有竞争力。

---

① Sobel 算子是计算机视觉领域的一种重要处理方法，是由美国学者埃尔文·索贝尔（Irwin Sobel）在 20 世纪 70 年代提出来的，主要用于获得数字图像的一阶梯度，常见的应用和物理意义是边缘检测。它是一个离散的一阶差分算子，用来计算图像亮度函数的一阶梯度的近似值，在图像的任何一点使用此算子，将会产生该点对应的梯度矢量或其法矢量。

基于上述原因，单目视觉系统越来越多地受到整车厂和创业公司的关注。近年来，在单目视觉获取的灰度图像基础上对车道进行识别的算法得到长足发展，在车道识别过程中涉及的技术细节包括感兴趣区域选择、车道边界约束条件、车道模型等几个方面。

3. 车辆识别技术

目前，基于机器视觉的车辆识别按照摄像装置的安装方式可分为两种，一种是基于固定摄像机的车辆识别，另一种是基于车载摄像机的车辆识别。前者主要应用于道路车流量的计算和交通状况的监控，目前已经有比较成熟的产品在市场销售。针对此类应用，有多种车辆识别算法被开发出来，包括前馈神经网络方法、形态学方法、基于模型的方法、背景学习方法、采用红外图像的方法、小波变换方法以及色彩模型方法等。

固定摄像机可以通过对图像序列的差分，得到在图像中的运动元素。由于图像中只有车辆是运动的，道路和背景是静止的，所以车辆识别就可以基于这些运动的元素进行分析和完成。另外，固定摄像机拍摄图像中的背景相对比较稳定，所以可以基于摄像机的安装位置和环境情况进行车辆识别算法的设计。

相比于固定摄像机，利用车载摄像机进行车辆识别更加困难。对于车载摄像机而言，路面、背景环境和车辆在图像中都是运动的，很难利用图像的差分进行车辆识别，而且车载摄像机的使用环境多变，尤其是光照、阴影等对算法的影响很大，因此车载摄像机对车辆识别算法的鲁棒性①要求更高。

4. 行人识别技术

行人识别是智能网联汽车对行人采取安全保障措施的前提。对于智能驾驶而言，这是一项重要且关键的技术，也是必须攻克的难关。基于机器视觉的行人识别是指利用车辆上安装的摄像头获取车辆前方的视频图像，经过计算机处理后进行分析计算，最后判定前方是否有行人，并且获取行人的位置信息。

由于行人所处的场景复杂多变，行人本身衣着、姿态等也各不相同，所以基于机器视觉的行人识别技术必须有较高的鲁棒性，即面对不同的环境和不同的行人（无论高矮胖瘦），系统都要能准确识别。在将行人识别技术应用到智能网联汽车上时，系统的实时性也必须得到保证，不能出现“滞后”反应，因此这又要求算法不能太复杂。

为了保证系统同时满足上述两方面的要求，现在的行人识别技术通常将整

① 鲁棒是英文单词 robust（强壮、健壮）的音译。鲁棒性是指控制系统在一定的参数摄动下，维持某些性能的特性和能力。例如，计算机软件在输入错误、磁盘故障、网络过载或有意攻击情况下能否不崩溃，就是该软件的鲁棒性。

个识别过程分为两个阶段：感兴趣区域（Regions of Interest，ROI）的提取和行人假设验证。提取ROI是通过一些简单的方法在图像上找出可能存在行人的区域，从而避免对整幅图像进行穷尽分析，以提高系统的实时性；行人假设验证是分析ROI，验证其中是否存在行人，行人假设验证的性能决定了整个行人识别技术的鲁棒性。

根据基于机器视觉的行人识别的两个阶段，目前行人识别方法分类如表2-2所示。

表2-2　行人识别方法分类

识别阶段	常用方法			
提取ROI	基于特征	基于运动	基于立体视觉	基于摄像头位置
行人假设验证	基于运动特征	基于模型	基于模板匹配	基于统计分类

5. 多传感器融合技术

在智能网联汽车中，各种类型的传感器均有优缺点，因此整车厂更倾向于采用多种传感器间的融合方案，很多创业公司也都开始这方面产品的研发和生产尝试。从目前的实际运行数据来看，不同类型的传感器之间能够很好地互补各自的缺陷，经过融合之后，可以得到更好的输出结果。

在传感器融合算法的研究中，有多种理论和方法得到了应用，如极大似然估计、D-S证据决策理论、熵理论、神经网络、遗传算法等。目前，在智能汽车领域应用较多的是卡尔曼滤波方法和贝叶斯方法。

图2-11所示为一种利用雷达与摄像头机器视觉的融合实现运动车辆跟踪的方法示意，该算法采用Bicyle动力学模型对车辆运动进行描述，并且考虑了车身运动与转向角之间的关系。

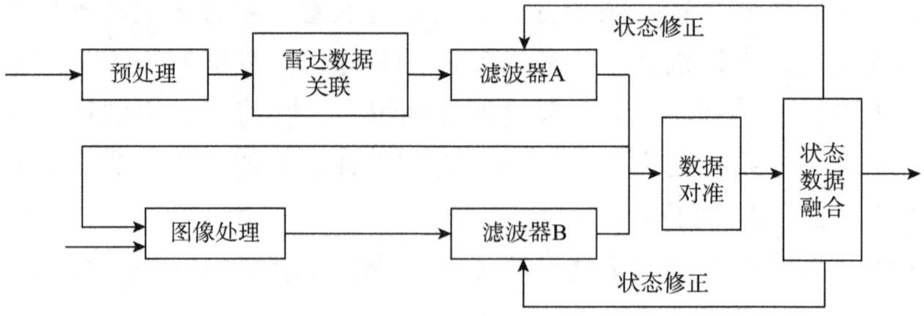

图2-11　融合跟踪系统简图

为了减少图像处理时间，降低计算损耗，以雷达滤波获取的目标位置作为依据，建立自适应的视觉跟踪窗口，窗口中心位于目标形心，在窗口范围内获取目标的转向角作为图像的量测输出，进行跟踪滤波，将其结果与基于雷达量测的滤波结果进行状态数据融合，并以融合结果更新滤波器 A 和 B 的状态及协方差矩阵，从而获取更为可靠的目标状态估计。①

在上述的融合框架中，雷达与图像传感器的融合主要通过两部分来实现：

（1）利用雷达的量测数据建立视觉窗口，缩小视觉跟踪的处理范围。

（2）采用基于扩展卡尔曼滤波的多传感器数据融合，充分利用多传感器数据间的冗余和互补以获取目标状态的综合描述。

三、决策规划

决策规划是指智能汽车根据环境感知获取的交通环境信息和自身行驶状态信息，自主产生遵守交通规则的驾驶决策的过程，相当于大脑根据眼睛和耳朵感知的信息下达行动指令，这是智能驾驶中核心且关键的技术，也是技术难点所在。在这方面，目前国内只有少数整车厂可独立完成，大部分整车厂需要与外部技术服务提供商合作。虽然国内在这一领域的技术服务商（包括创业公司）受到投资机构的青睐，但其未来发展还需要与整车厂或一级零部件供应商进行深入协同或联合开发测试，获得整车厂或一级零部件供应商的青睐是这些资本市场“宠儿”要面临的艰巨考验。

智能汽车的行为决策规划系统主要包含全局路径规划（或任务规划）、行为规划和局部路径规划（或运动规划），智能汽车行为决策系统的结构如图 2–12 所示。

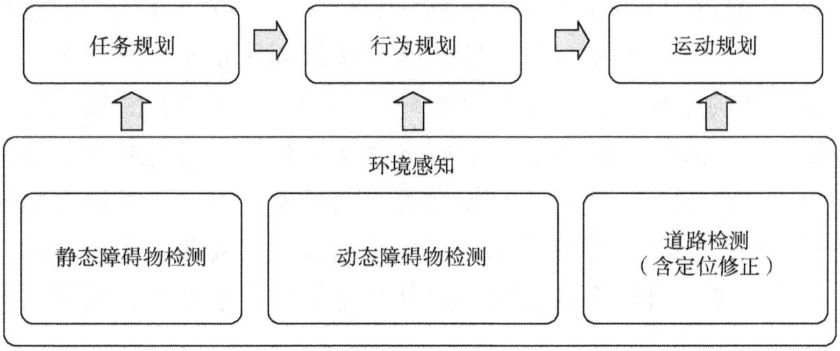

图 2–12　智能汽车行为决策系统的结构

① 陈莹、韩崇昭：《运动车辆的多传感融合跟踪》，《西安交通大学学报》2004 年第 10 期。

路径规划的目的是在智能汽车行驶之前找到一条最优的路径供智能汽车行驶。最优的标准可以是最短行车距离、最少行车时间、最低费用和最少拥堵等，当然前提都是保证行驶的安全性和遵守交通规则。[①]全局路径规划和局部路径规划都属于路径规划的范畴。

全局路径规划为智能汽车的自主驾驶提供方向性的引导，确定其依次需要通过的路段和区域序列。行为规划处于全局路径规划和局部路径规划中间的层次，行为规划根据全局路径规划确定的路径和当前的道路状况，选择和决定当前智能汽车应该进入什么行驶模式，如路口左转模式、超车模式等。局部路径规划依照行为规划确定的当前行驶模式，结合环境感知获取的信息计算出局部范围内精确的行驶轨迹。智能汽车采取的是全局路径规划和局部路径规划相结合的方式。

（一）行为规划

众所周知，车辆从起点到达终点需要完成一系列的驾驶行为，常见的驾驶行为主要包括启动、换道、维持车道、减速避让、超车、道路交叉口择向和停车等。实际上，在结构化的道路上发生的安全、合法的行车行为根据它与车道的关系可简单分为换道和车道保持两种基本的驾驶行为：换道指驶向不同车道，车道保持指保持在当前车道。

在实际道路上行驶时，智能车辆需要利用传感器对当前所处的环境进行感知，根据感知的内容判断车辆是否需要改变或保持某种驾驶行为，对未来的行驶做预判和规划，从而指导车辆平顺、稳定地行驶。目前，大多利用有限状态的方式进行行为的规划。

（二）全局路径规划算法

路径规划的目标是要到达事先规划好的目标点，并且在整个过程中保障行驶的安全和舒适性，不发生任何危险。路径规划问题基本上可以分为两类：基于环境信息已知的全局路径规划和基于环境不确定的依赖传感器实时信息的局部路径规划。[②]局部路径规划是当全局路径规划结果不可行或者全局路径规划结果不理想时，也就是在全局路径规划行不通的条件下，依然以全局规划的结果作为基础，根据实时的环境信息对原有的路径进行局部修正和优化，从而达到对安全性的保障和对效率的追求。局部与全局的关系就是，局部是对全局的

① 汤淑明：《从“由人驾驶”到“无人驾驶”——三大系统使汽车行驶安全可靠》，《创新时代》2016年第7期。

② 孙浩、邓伟文、张素民、吴梦勋：《考虑全局最优性的汽车微观动态轨迹规划》，《吉林大学学报（工学版）》，2014年第4期。

具体优化与调整，全局对局部起指导性和方向性的作用。全局路径规划的方法主要包括可视图法、自由空间法、Dijkstra 算法等。

1. 可视图法

可视图法是将机器人（可将汽车视为移动机器人）视为一点，把机器人、目标点和多边形障碍物的各个顶点进行连接，要求机器人和障碍物各顶点之间、目标点和障碍物各顶点之间以及各障碍物顶点与顶点之间的连线都不能穿越障碍物，这样就形成了一张图，其称为可视图。由于任意两直线的顶点都是可视的，显然移动机器人从起点沿着这些连线到达目标点的所有路径均是无碰撞路径。对可视图进行搜索，并利用优化算法删除一些不必要的连线以简化可视图，缩短了搜索时间，最终可以找到一条无碰撞最优路径。此方法的优点是可以求得最短路径，缺点是缺乏灵活性，即一旦机器人的起点和目标点发生改变，就要重新构造可视图，比较麻烦。

2. 自由空间法

自由空间法的基本思想是采用预先定义的基本形状（如广义锥形、凸多边形等）构造自由空间，并将自由空间表示为连通图，然后通过对图的搜索来规划路径，其算法的复杂度往往与障碍物的个数成正比。自由空间法的优点是比较灵活，机器人的起点和目标点的改变不会造成连通图的重新构造；缺点为不是任何时候都可以获得最短路径。

3.Dijkstra 算法

Dijkstra 算法是由荷兰学者迪科斯彻（Edsgar Wybe Dijkstra）提出的，该算法能够找到图中一个节点到其他任意节点的最短路径，若以机器人运动起点为源节点，以终点为目标节点，则可以找到一条从源节点到目标节点的最短路径。在实际的应用中，Dijkstra 算法会耗费大量的内存空间和计算空间①。

4.A* 算法

A* 算法是美国学者尼尔斯·约翰·尼尔森（Nils John Nilsson）提出的，是一种应用极广的启发式搜索算法，其原理是通过不断搜索逼近目的地的路径来获得优选路径。A* 算法是一个求最短路径的函数，它由两个函数组成：一个是评估函数，也就是确定机器人移动的下一个位置必须离目标位置最近，评估函数评估的结果越精确，寻找路径的速度越快；另一个是寻径函数，也就是根据评估的结果做出响应，然后从新位置继续评估下一个位置，若无路可走（四周都是封闭路径），那么折回一个路径节点，尝试其他方向。这个算法有

① 黎红：《自主移动机器人路径规划中的主要方法》，《中国电力教育》2010 年第 S1 期。

个缺点，即随着处理节点的增多，会严重影响处理速度，且需占用信息处理系统大量的内存。

（三）局部路径规划算法

现有的局部路径规划方法可简单分为两大类：将全局路径规划算法应用于局部路径规划；基于模型预测原理的局部路径规划算法。

下面介绍 4 种常见的具体局部路径规划算法：人工势场算法、D* 算法、模糊逻辑算法、神经网络算法。

1. 人工势场算法

人工势场算法是由斯坦福大学教授 Oussama Khatib 提出的，仿造物理学中电势和电场力的概念，建立机器人工作空间中的虚拟势场，按照虚拟势场力方向实现局部路径规划。其基本思想是构造目标位置引力场和障碍物周围斥力场共同作用的人工势场，搜索势函数的下降方向来寻找无碰撞路径，其是应用于机器人路径规划的一种虚拟力场的方法。

这种方法的核心理念是将移动机器人在环境中的运动视为一种在抽象的虚拟人工受力场中的运动，即在环境中建立人工势场的负梯度方向指向系统的运动控制方向，如图 2–13 所示。在目标点附近虚拟一个引力势场，对移动机器人产生引力，而障碍物附近有虚拟的斥力势场，对移动机器人产生斥力，结果是使移动机器人沿“势峰”间的“势谷”前进，最后求出合力来控制移动机器人的运动。

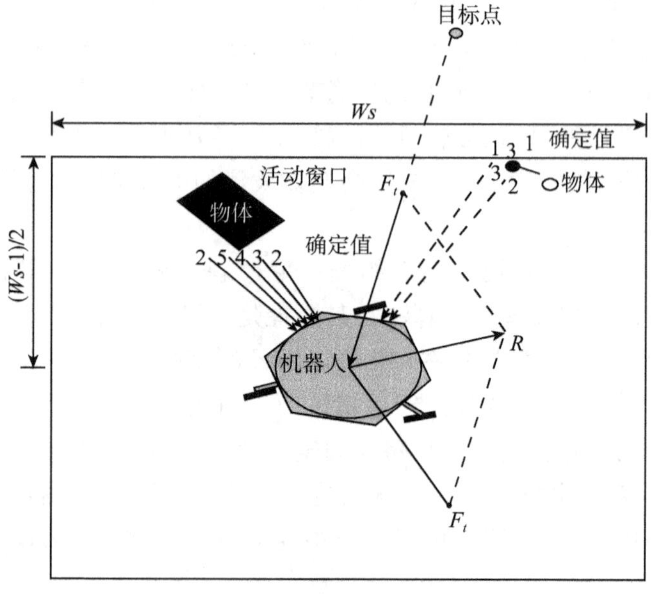

图 2–13　人工势场算法示意

这类方法的突出优点是系统的路径生成与控制直接同环境实现了闭环，从而大大加强了系统的适应性与避障性能，并且结构简单，计算量小，实时性好，所以得到广泛应用。但是人工势场算法也有若干缺陷，如当目标点靠近障碍物时，机器人无法运动到目标点，存在局部稳定点，等等。[①]

2.D* 算法

D* 算法建立在 Dijkstra 算法和 A* 算法的基础上。D* 算法可称为动态的 A* 算法，由于能够适用于复杂环境，所以在许多移动机器人实例中得以应用。通常先采用 A* 算法建立目标距离势场，机器人向目标距离减小的方向前进，当遇到动态障碍时，从机器人当前的位置规划一条能够到达小于被阻挡路径上的目标距离势场位置；然后机器人沿着修改后的路径绕过动态障碍，到达原先建立的目标距离势场区域后，恢复向目标距离减小的梯度方向搜索前进。

3. 模糊逻辑算法

模糊逻辑算法基于对驾驶员的工作过程观察研究得出，驾驶员避碰动作并非通过对环境信息精确计算完成的，而是根据模糊的环境信息，通过查表得到规划出的信息完成局部路径规划。模糊逻辑控制是一种基于规则的控制，直接采用语言型控制规则，出发点是现场操作人员的控制经验或相关专家的知识，在设计中不需要建立被控对象的精确的数学模型，因而使得控制机理和策略易于接受与理解，设计简单，便于应用。模糊逻辑算法利用反射式机制，在环境未知或发生变化的情况下，能够快速而准确地规划机器人的局部路径，对于要求有较少路径规划时间的机器人是一种很好的规划方法。但是，当障碍物数目增加时，该方法的计算量很大，影响规划结果，而且其只利用局部信息做出快速反应，较容易陷入局部最优。

4. 神经网络算法

人工神经网络是一种自适应非线性系统，采用大量简单的神经元相互连接而形成。该理论最早可追溯到 20 世纪 40 年代，其理论和应用实现真正的突破则是在 20 世纪 80 年代，加州理工学院约翰·霍普菲尔德（John Hopfield）的两篇关于神经网络的研究论文奠定了神经网络软件描述和硬件实现的理论基础。

神经网络算法仿效生物神经系统，是一种综合的信息处理方法，能够对输入的数据进行非线性变换，完成聚类分析技术所进行的从数据到属性的分

① 吕永刚、谢存禧：《移动机器人的导航与路径规划研究》，《机电工程技术》2004 年第 1 期。

类。[①] 基于高度并行的分布式系统，它包括以各种方式连接的多层处理单元，特点是处理速度快且不依赖精确的系统数学模型，不仅能够处理突发、例外及非正常的导入数据，还具有自适应和自学习的能力。其中，神经元的特性、神经元之间相互连接的形式、为适应环境而改善性能的学习规则是决定神经网络整体性能的主要因素。当前神经网络的种类多样，多数的神经网络惯常采用多层感知器模型和 BP 算法[②]，主要用于增强移动机器人避障能力与路径规划。

四、控制执行

智能网联汽车的控制执行部分类似人类的手和脚，它是大脑根据环境感知做出指令后的具体操作，由于涉及汽车底盘控制等，因此其所要求的安全等级是最高的，是智能驾驶尤其是无人驾驶阶段的关键技术，也是技术难点。这方面的技术大多掌握在国外零部件巨头手里，是中国发展智能网联汽车亟待突破的领域。

智能网联汽车的运动控制分为纵向控制和横向控制两部分。纵向控制指的是速度控制，通过协调油门和制动来实现；横向控制指的是方向盘转角的控制，其目的是在保证车辆稳定行驶的前提下，能够按照期望速度和路径安全以及舒适地行驶在公路上。

对车辆的纵向速度控制需要控制车辆的油门和制动踏板，从而使车辆快速达到期望速度并平稳运行，与横向控制相比实现较为容易。目前，常见的控制方式有滑模控制、模糊控制、模糊比例积分微分控制器、模型预测控制、棒棒控制[③]等。

对车辆的横向控制是无人驾驶车辆稳定性控制系统中的一个重要问题，需要确保车辆的转向控制过程平滑过渡，并考虑车辆行驶舒适性和安全性。横向控制算法有很多，有基于航向预估的控制算法，也有基于滑模变结构的控制算法。下面以圆弧路径为例来说明。

---

① 伊连云、金秀慧、贺廉云、王慧：《基于神经网络的移动机器人避障控制和决策》，《农业装备与车辆工程》2006 年第 8 期。

② BP 算法（Back Propagation）是一种按误差逆传播算法训练的多层前馈网络，它的学习规则是使用最速下降法，通过反向传播来不断调整网络的权值和阈值，使网络输出的误差平方和最小。

③ 棒棒控制（bang-bang）实际上是一种时间最优控制，它的控制函数总是取在容许控制的边界上，或者取最大，或者取最小，仅在这两个边界值上进行切换，其作用相当于一个继电器，也是一种位式开关控制。

车辆以圆弧曲线运动来确定前轮中点转角的方法是选取车辆前方一定距离d处的期望路径上的坐标点(x_t, y_t)，如图 2-14 所示。假设以固定转角θ进行圆弧转弯运动，正好到达那个目标点，那么这个前轮转角θ就是当前时刻应该发出的期望转角，并在下一个采样时间用同样的方法进行更新。

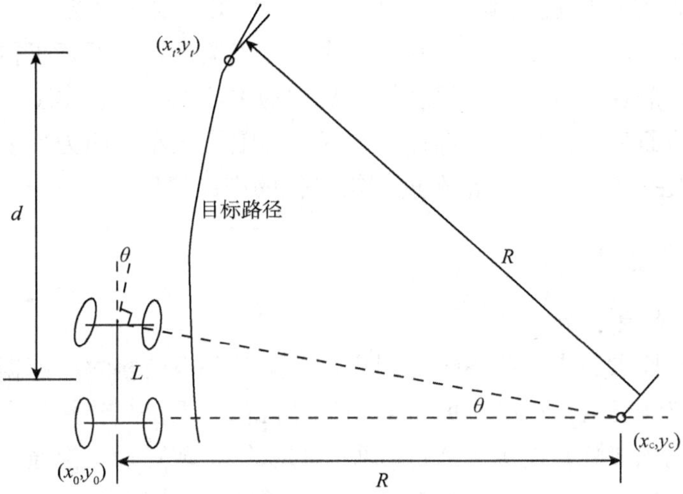

图 2-14　圆弧确定前轮转角

确定圆弧半径R的方法如下：

如果车身朝向正对着预瞄点，那么R为无穷大，期望前轮转角为 0；如果车身没有正对预瞄点，则定义车辆第二轴的中点坐标为(x_0, y_0)，预瞄点坐标为(x_t, y_t)，这两对坐标值为已知，并且圆弧中心的坐标(x_c, y_c)一定是在第二轴两轮连线的延长线上，那么圆心坐标应满足：

$$\begin{cases}(x_c - x_0)^2 + (y_c - y_0)^2 = (x_c - x_t)^2 + (y_c - y_t)^2 \\ y_c = kx_c + b\end{cases}$$

式中，k和b由第二轴两轮的坐标来决定。

当得到圆心坐标后，圆弧半径为：

$$R = \mathrm{sqrt}\left[(x_c - x_0)^2 + (y_c - y_0)^2\right]$$

此时前轮中点期望转角为：

$$\theta_t = \arctan(L / R)$$

通过计算得到的前轮转角是根据车辆和预瞄点的位置准确地计算得出的，并且具有一定的物理含义，避免了参数和系数的选取，从而可以适应不同的车型。当然，在实际中有很多不理想、不精确的软硬件特性，这就要求增加一些修正方法来进行补充修正。

在相关具体产品层面，中国零部件企业以及创业公司近年来持续取得突破。例如，在 EPS（electric power steering）产品方面，目前本土零部件企业的有刷 EPS 产品已经进入本土整车厂前装，但在无刷 EPS 方面，国内企业与国外企业还有一定差距，还需要花费更多努力来突破，能否真正得到国内整车厂认可而进入前装领域，这是很多投资机构的关注点，也是本土汽车零部件企业及创业公司面临的最大不确定性。同时，以上海汽车集团为代表的整车厂也在积极研发 EPS 产品，目前正在进行第二代的产品研发。

五、其他关键技术

（一）人机交互技术

人机交互技术是指专业系统与用户彼此交互关系的科学。依据具体使用环境，系统的范畴涵盖各种类型的机器和计算机化的系统与软件。人机互动的界面为用户可视化部分，使用者通过该界面与系统实现互动和沟通，并进行指令性操作。随着通信与信息技术在交通运输领域的广泛应用，关于汽车方面的人机交互正发生着巨大的变化。基于智能网联汽车的人机交互设计主要有三个方面的技术应用：触摸屏技术、语音识别技术和手势识别技术。

1.触摸屏技术

随着便携设备与智能手机的发展，高清晰度、高灵敏度、大尺寸的触摸屏①也高速发展。为了满足需要，触摸屏的发展必须导入更薄或架构更精简的触控设计方案，以达到越来越灵敏，同时越来越贴合产品的要求。

触摸屏技术的应用大大简化了计算机的输入模式，使用者不必事先接受训练，或者不需要对计算机有相当程度的了解，只是用手指触碰显示器屏幕，就可以启动或关闭计算机，进行数据分析和资料查询，操作变得更加简单和快捷。触摸屏技术提高了用户对系统功能需求输入与反馈的速度，极大地方便了用户的使用，在旅游、服务业、商业、教育培训、工业控制、医疗健康等领域有广阔的应用前景。目前，市场上广泛采用的触摸屏技术依据其工作原理不同，大体上可以分为各具特点的电阻式、电容式、红外线式、表面声波式四种。在智能网联汽车中，触摸屏技术得到了广泛的应用。

① 触控屏是一个感应式液晶显示装置，用于接收触头等输入信号。屏幕上的触觉反馈系统在屏幕上的图形按钮被触碰时，可以依据预先编设的程序驱动各种连接装置。这种方式取代了机械式的按钮面板，并借助液晶显示画面创造出生动逼真的影音效果。

2. 语音识别技术

语音识别技术的功能是将人类语音中的词汇内容以按键、二进制编码或字符序列转换为计算机可读的输入信息。长久以来，人类梦寐以求的事情是与机器进行语音交流，让机器明白自己在说什么。作为一种伴随信息革命诞生的新兴交叉技术，语音识别旨在引导机器通过识别和理解过程，把语音信号转变为相应的文本或命令。

20 世纪 50 年代，人类开始了对语音识别系统的研究，伦敦大学学院（University College London）的德内斯（Denes）率先将语法概率应用于语音识别，随后卡内基梅隆大学的李开复博士率先提出了第一个基于隐马尔可夫模型的大词汇量语音识别系统 Sphinx，这一系统的发明帮助他获得了 1988 年“美国《商业周刊》最重要发明奖”，也奠定了后来语音识别技术的研究框架。

进入 21 世纪以来，全球范围内语音识别技术的发展风生水起，逐渐从实验室迈向大众消费市场，在手机、家电、医疗、工业、通信、汽车电子、家庭服务等诸多领域应用广泛。在未来的智能网联汽车应用场景中，很多研究者和创业公司都希望将语音识别技术应用进来，他们会经常描绘一个场景：用户只要对着手机说话，汽车就会自动从车库开到你的面前来接你上班。

语音识别领域的创业项目非常容易受到投资机构的青睐，不论是在一级股权投资市场还是在二级证券市场，科大讯飞、思必驰、云知声、得意音通等公司先后完成了多轮融资，它们代表了国内目前在智能语音技术研究、软件及芯片产品开发、声纹识别和语音信息服务以及电子政务等领域的最高水平，并且在教育、医疗、家电和金融等领域获得越来越多的发展机会。由于汽车车厢内处于噪声环境，所以对语音识别的降噪要求会更高，这也是目前语音识别技术还需进一步提高的地方。

3. 手势识别技术

作为一种直观、自然、便于掌握的人机交互手段，手势输入是实现自然、直接人机交互不可或缺的核心技术。目前的手势识别技术主要分为基于数据手势和基于视觉两种。这两种方法各有长处，也都取得了一些研究成果，但都还不成熟。

手势输入在人机交互技术中占有重要的地位，可以简单地分为三个级别：二维手型识别、二维手势识别、三维手势识别。前两者完全是基于二维层面的手势识别技术，只需要不含深度信息的二维数据作为输入即可。类似日常拍照所得的相片即包含二维信息一样，只需要使用单个摄像头捕捉到的二维图像作为输入，通过计算机视觉技术对输入的二维图像进行归类、辨识与分析，获取指令和需求信息，进而实现用户的手势识别[①]。第三种是基于三维层面的手势识别技术。三维手势识别需要输入包含深度的信息，这一点是三维手势识别与二维手势识别最根本的区别。这导致三维手势识别无论是在硬件方面还是在软件方面均比二维手势识别复杂得多。针对一般的简单操作，二维手势识别就足够了，比如，只是想在播放视频时暂停或继续播放。但是，对于一些复杂的人机交互需求，三维手势识别确实是日常不可或缺的，比如，现在火爆的虚拟现实 VR 应用。

在未来的智能网联汽车中，手势识别将成为一种便捷的交互方式，只要朝着屏幕做规范的动作，系统就会识别我们的动作，并给出相应的应答。目前，国外的手势识别芯片价格正在快速下降，因此可以预期手势识别技术进入汽车前装领域的时间将大大提前。

（二）车联网技术

车联网在汽车圈早已脍炙人口，国内关于车联网的定义五花八门，但大家普遍认同车联网是车内网（CAN/LIN）、车际网（V2X）、车载移动互联网“三网”融合的智能系统，是智能动态信息服务和车辆智能化控制的重要手段，可服务于汽车智能制造、电商销售后市场等。车内网和车载移动互联网已广为大众熟知，本书在此着重介绍相对陌生的车际网。

车际网（V2X）是指“车对外界”的无线信息交换技术，致力于实现车与外界的信息沟通与交互，是车联网应用领域的核心技术之一，主要包括车对车（V2V）信息交换和车对基础设施（V2I）信息交换两个技术方向。它使车与车、车与基站、基站与基站之间能够通信，从而获得实时路况、道路信息、行人信息等一系列交通信息，从而提高驾驶安全性、减少拥堵、提高交通效率、提供车载娱乐等。

装配有 V2X 通信模块的汽车具有感知周围环境的功能，为最优行驶路线的自动选择、交通事故的规避等功能的实现提供实时信息交互和数据支撑，其技术架构主要由网络云平台、车辆和行驶环境三部分组成，通过实现缺一不可的三部分之间的互联互通，实现车与外部的实时交互，决定车载硬件终端（车机）的实际应用体验，也因此成为车联网应用的关键技术。其中，行驶环境包括信号灯、道路信息、附近车辆、行人及其他交通基础设施等与车辆行驶相关的外部环境，这些信息通过无线网络与车载硬件终端（车机）实时互联。依托

① 李清水、方志刚、沈模卫、陈育伟：《手势识别技术及其在人机交互中的应用》，《人类工效学》2002 年第 1 期。

GPS、北斗等卫星导航技术以及4G技术等已成熟应用的关键核心技术，车辆与网络平台、网络平台与外部环境之间的信息传递与反馈等已经十分顺畅，而V2X技术的发展重点将是解决车辆与行驶环境之间的实时信息交互问题，这就需要采用更先进的通信技术，因此5G技术未来在车联网领域会有很大的发展空间。

美国发展V2X技术起源于21世纪初多起严重的校车事故。美国国家运输安全委员会在对这些校车事故调查后指出，如果肇事车辆上安装了能与其他车辆进行通信的系统，诸多事故完全可以避免。随后，美国国家公路交通安全管理局（NHTSA）开始着手进行V2V授权工作，发布安装这项技术的最低性能要求。目前，美国已出台了相关法规，无论是本土生产的车辆，还是进口车辆，在美国销售的新车必须加装V2X模块。

随着各国对V2X技术的积极发展和推广，V2X技术日益成熟，逐渐成为车型标配，预示着车联网时代即将来临。但同时，各国也都在争夺V2X技术标准的主导权，美国高通公司和中国华为公司之间为此的博弈仍在进行。

（三）信息安全技术

随着车联网的快速发展和信息化程度的不断提高，黑客远程操纵汽车以及汽车软件漏洞等事件逐渐增多，保障信息安全的重要性日益凸显，加强车联网信息安全成为当务之急，也成为汽车行业创业投资的风口。通俗地讲，根据信息安全技术的特性、保护对象，信息安全技术可分为基础支撑技术、主动防御技术、被动防御技术和面向管理的信息安全技术四个层次。

1.基础支撑技术

其主要是提供包括机密性、完整性和抗抵赖性等在内的基本信息安全服务，同时为信息安全攻防技术提供支撑。密码、认证、数字签名和其他各种密码协议统称为密码技术。例如，现在开始在车辆上应用的声纹识别等生物体认证技术，是信息安全基础支撑技术的核心。

2.主动防御技术

其主要是提供阻断和控制信息安全威胁的技术。主动防御技术始终代表信息安全技术发展的主流，防火墙、虚拟专用网络（vritual private network，VPN）和反病毒等技术是经典的主动防御技术。防火墙技术最为流行，主要包括数据包过滤、应用级代理、地址翻译和安全路由器技术等；VPN技术是通过建立可信的虚拟专用网来保证局域网间通信安全；反病毒技术就是用嵌入病毒特征码的杀毒扫描程序对目标进行对比查杀。在实际股权投资工作中，我们接触到的车联网安防技术项目大多来自传统的杀毒公司，都是力图将PC端和移动端的主动防御技术应用到车载端，而且都比较重视云端和软件攻防技术，对硬件安防关注不多。

3. 被动防御技术

其主要是着眼于信息安全威胁的发现和如何在信息安全威胁发生后将损失降到最低。被动防御技术主要包括 IDS①、网络扫描、密钥、数据备份与恢复、信息安全审计等技术，其中 IDS 技术尤为重要。② 作为被动防御技术之一的网络扫描技术是通过模拟攻击，确认网络或系统中安全威胁的分行情况，为实施进一步的控制措施和管理手段做准备；密钥技术是通过主动设置包含指定脆弱点的设备，捕获攻击者或攻击行为的特征；数据备份与恢复是被动地为信息系统的稳定运行和业务的连续性提供最根本的保证；信息安全审计为受信息安全威胁的系统提供审计信息，为事后分析和计算机取证提供依据。

4. 面向管理的信息安全技术

其以提高信息安全技术效率和集成使用信息安全技术为基本出发点，并在一般意义信息安全技术的基础上引入管理的思想，是一种综合的技术手段，主要包括安全网管系统、网络监控、资产管理、威胁管理等技术。面向管理的信息安全技术是信息安全技术的必要补充，也是信息安全技术发展的重要方向之一。

目前，国内信息安全技术领域的创业项目比较受青睐，不论是上市公司绿盟科技还是创业公司梆梆安全等都先后完成多轮融资，这些公司都处在从移动信息安全领域向车联网信息安全领域转型的阶段，对车联网信息安全要求以及盈利模式等还在积极探索。

国内互联网公司也一直在关注车联网信息安全领域，因为这会和车载操作系统、云计算、大数据以及虚拟运营商等业务形成协同效应。腾讯成立了科恩实验室，阿里和百度也加强了相关技术人才的储备，360 公司更是一直在给整车厂介绍“黑客破解特斯拉”的案例。伴随着中国车联网产业的逐步落地，车载信息安全市场空间将不可限量，各方参与者宜提早投入布局，做好技术准备和人才储备，提早与整车厂的研究院进行技术和项目对接，以期预先抢占行业商机，通过合作的方式推动产业和资本的互利共赢。

① IDS 是英文“intrusion detection systems”的缩写，意思是“入侵检测系统”。形象地说，假如防火墙是一幢大楼的门锁，那么 IDS 就是这幢大楼里的监视系统。一旦小偷爬窗进入大楼或内部人员有越界行为，实时监视系统就能发现情况并发出警告。

② 韩淑艳：《关于对信息安全技术体系的探讨》，《科技与企业》2015 年第 7 期。

第三章 智能制造时代汽车信息化技术理论

第一节 智能网联汽车安全

一、智能网联汽车安全概述

（一）智能网联汽车安全的发展

随着物联网、云计算、人工智能、大数据和5G等信息通信技术的快速发展，我们已步入万物互联的移动互联网时代。科学技术的进步推动了物质文化的繁荣和社会经济的发展。作为互联网的延伸和拓展，物联网也是信息技术发展的重点。车联网作为物联网快速发展的产物，是物联网技术与智能交通技术的合二为一，也是实现智能交通的重要方法和建设智慧城市的重要技术。① 在此背景下，人们对汽车智能化的要求越来越高，车内设备不仅需要互联形成车内网络，还需要接入互联网，与手机等智能终端设备连接，共同形成复杂的网络世界，汽车不再是简单的传统交通工具。

车联网与智能汽车的有机结合产生了智能网联汽车，并使其在生活中的各个领域大显身手。智能网联汽车配备多种多样的先进车载传感器和控制器，是实现自动驾驶等现代通信领域信息交通的重要辅助工具。与传统车辆相比，智能网联汽车通过采用现代通信和计算技术实现辅助驾驶、车辆与各种终端设备之间的信息交换或共享，通过车联网对人、车、道路及交通环境进行全面感知和决策，从而协助监控、管理，改善交通状况以及驾驶环境，达到人、车、路和环境的协调，每辆汽车都是复杂网络中的一个节点，共同组成一个完整的复杂车联网络。智能网联汽车主要分为车内的车载网络和车外的复杂通信网络两部分。车内除了传统的发动机和仪表盘等关键设备以外，还集成了各种先进的

---

① 吕义超、陆云：《我国智能网联汽车产业发展规划与发展政策浅析》，《时代汽车》2017年第6期。

传感器等智能设备。通过统一的协议，将各个传感器和其他设备的数据传入中控设备，方便统一管理。在车外，可以通过专用协议（如 IEEE 802.11p）连接其他车辆或基础设施，或者通过蓝牙 /Wi-Fi 直接与智能电话等智能设备连接。一方面，智能网联汽车可以通过 2G/3G/4G 蜂窝网络访问互联网，获得远程信息处理服务提供商提供的不同远程服务，如电子地图、门户网站、软件更新等；另一方面，用户可以使用特定应用程序 App 连接到云端进行远程控制。

然而，汽车中使用的智能联网系统沿袭了既有的计算机网络和通信架构，所以也理所当然地继承了这些系统设计之初没有考虑周全而导致的安全缺陷。随着汽车中电子控制单元和各个传感器的连接的增加，尤其是通过互联网接入云端之后，每个计算、控制、传感单元和每个链路都有可能存在安全漏洞而被黑客利用。已经有部分研究指出了智能网联汽车存在的潜在威胁及攻击面，包括无钥匙启动系统、蓝牙 /Wi-Fi、Telematics/ 互联网 /App 与胎压监测系统，不仅会泄露用户的隐私，还会导致车辆被远程控制，给智能网联汽车的发展带来了很大的挑战。

在追求方便、快捷、智能和舒适体验的同时，厂商忽略了技术带来的安全风险，忽视了智能网联汽车面临的诸多信息安全问题。而且国内外针对信息服务提供（TSP）领域的安全研究几乎处于一片空白，本书针对信息服务提供商的安全问题，提出一种新的威胁建模方法，并成功地对一款商用汽车进行远程控制，说明智能网联汽车领域依然存在较多的安全隐患，弥补了车联网研究领域的短板。

（二）智能网联汽车安全现状

国外有学者从威胁情报的角度对具有蓝牙连接的车辆进行调查，以了解真实驾驶过程中的状况。大部分车辆和售后设备仍然使用传统配对方式，这使它们在足够的时间内更容易被发现以及被攻击。当然，通过无线手段入侵和控制智能网联汽车的例子也有不少。有文章展示了在网络连接的汽车环境中使用真实车辆和恶意智能手机应用程序在物理上可以实现远程无线攻击。车载娱乐系统中，Wi-Fi 和蜂窝网的漏洞也会导致车辆被远程控制。众所周知，无线通信系统在智能网联汽车所有的攻击面中实际上是最为脆弱并且威胁最大的一种。美国学者查理·米勒（Charlie Miller）和克里斯·瓦拉塞克（Chris Valasek）通过蜂窝网成功远程控制了 2014 年产的吉普切诺基，可控制方向盘、刹车制动器、发动机和雨刮器等车内设备，并且可以重置发动机转速和车速。这直接导致生产厂商克莱斯勒在北美紧急召回已经售卖的 140 万辆汽车。

国内，奇虎 360 的安全研究人员早在 2014 年就发现了特斯拉电动汽车 Model S 存在的安全漏洞，这个漏洞可能导致恶意用户对正在行驶的汽车进行非法的远程控制，如音响、车窗锁和灯光。其 Sky-Go 智能网联汽车安全实验室在近几年连续发布《年度汽车信息安全报告》。腾讯科恩实验室深入分析了特斯拉汽车的关键部件，包括网关、车身控制模块和自动驾驶电子控制单元。例如，利用一个代码签名旁路漏洞来破坏网关。西安电子科技大学、同济大学、清华大学和浙江大学等高校已经成立了相关实验室，并且在智能网联汽车安全领域开疆拓土。

已有的这些研究表明，智能网联汽车的发展尚未成熟，仍然存在较多的安全隐患。尤其是针对无线系统的攻击隐蔽性强，覆盖范围广，往往会给驾驶者带来严重的安全隐患和灾难性后果。当前，对智能网联汽车的安全意识正在逐步增强，但是并没有形成统一的理论体系和安全标准，智能网联汽车的安全问题不仅牵涉到经济问题，还关系驾驶者和其他人的生命安全。因此，研究整个智能网联汽车的信息安全至关重要。

智能网联汽车的安全问题已经成为名副其实的焦点问题，越来越多的安全工作者开始研究智能网联汽车的攻击方法和防御措施。

2010 年，南卡罗来纳大学的研究人员实现了对 TMPS 系统的攻击。

2010 年，华盛顿大学的研究人员利用 OBD 接口入侵汽车。

2011 年，在 USENIX 安全会议上，斯蒂芬（Stephen）等人发布汽车攻击面分析报告。

2011 年，在 DEFCON 会议上，唐·贝利（Don Bailey）等人利用短信漏洞解锁斯巴鲁傲虎。

2013 年，Charlie Miller 和 Chris Valasek 通过 OBD 接口入侵了丰田普锐斯、福特翼虎。

2014 年，Charlie Miller 和 Chris Valasek 发布了 12 款车型的汽车安全报告。

2014 年，360 公司的研究人员实现对特斯拉汽车的远程控制。

2015 年 1 月，因 ConnectedDrive 功能存在漏洞，导致宝马公司召回约 220 万辆汽车。

2015 年 7 月，Charlie Miller 和 Chris Valasek 远程控制了吉普自由光，克莱斯勒公司因此召回 140 万辆汽车。

2015 年，360 公司的研究人员揭示比亚迪汽车云服务、蓝牙钥匙存在安全漏洞。

2016 年 2 月，日产聆风配套的 NissanConnect 应用被曝存在安全隐患，研究人员特洛伊·亨特（Troy Hunt）侵入控制汽车的空调系统，下载了过往的日志文件。

2017 年 4 月，现代汽车 BlueLink 系统被曝存在安全漏洞，车辆可被远程控制。

2017 年 4 月，以色列网络安全公司 Argus 在检验过程中发现了博世的 Drivelog Connector 电子狗和与之相适配的 App 存在漏洞。

2017 年 6 月，Bugcrowd 的 App 安全工程师杰伊·图拉（Jay Turla）利用马自达汽车的信息娱乐系统漏洞实施了攻击。

2017 年 6 月，亚伦·古兹曼（Aaron Guzman）利用斯巴鲁 WRX STI 中的软件漏洞，执行锁车门、按喇叭、获取车辆的行车位置记录等操作，在侵入车载 Starlink 账户后窃取用户的账户信息。

2017 年 7 月，360 公司无线电安全团队展示入侵汽车无钥匙进入系统。

2017 年 8 月，研究人员发现，宝马、福特、英菲尼迪以及日产车辆使用的远程信息处理控制单元存在安全漏洞。

2017 年 8 月，华盛顿大学计算机安全研究人员利用深度神经网络漏洞，成功攻击了自动驾驶汽车的视觉处理系统。

通过以上事例，我们可以清楚地看到汽车安全事件发生的频率越来越高，造成的影响越来越大。

（三）智能网联汽车安全架构

ICV（intelligent and connected vehicle，智能网联汽车）继承了复杂的网络架构，具有更多微型电子设备，这大大增加了体系结构的复杂度。如图 3-1 所示，ICV 整体架构可以分为车载网络架构、基于 V2X（vehicle-to-everything，车到其他设备的连接）的车载通信技术以及以 TSP（telematics service provider，通信服务提供商）为核心的云端基础设施。

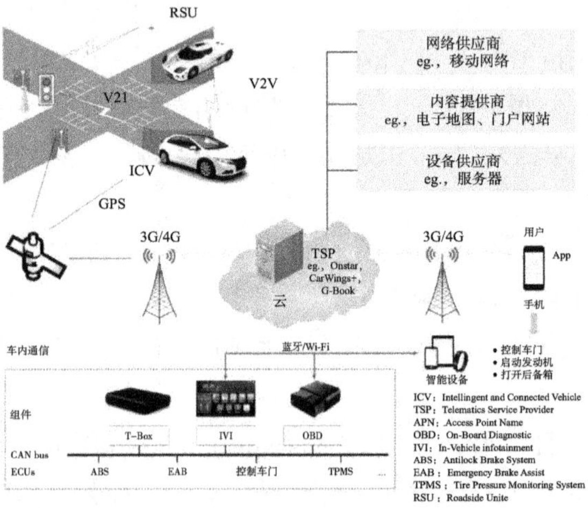

图 3-1　ICV 整体通信网络架构

二、智能网联汽车安全发展趋势

（一）智能网联汽车安全事件将不断增多，影响范围将不断扩大

智能网联汽车普及后，攻击智能网联汽车对黑客越来越有吸引力，网络连接的增多也将增加被攻击利用的风险，车载系统的统一与开放使病毒与恶意攻击的打击面增大。如果智能网联汽车的防护做得不完善，安全问题会快速增长，安全事件将不断增多，一旦发生安全事件，造成的负面影响就是无法想象的。

（二）智能网联汽车安全将成为安全产业发展的重点

各汽车产业强国在发展智能网联汽车过程中不同程度地意识到信息安全的潜在危害，特别是整车厂和零部件厂商均在研发不同的应对策略，在下一阶段，智能网联汽车安全将成为安全产业发展的重点。

（三）构建智能网联汽车纵深防御体系

网络攻击手段不断更新，智能网联汽车安全防护水平需要不断提升，网络安全防御能力也要不断提升。因此，构建贯穿智能网联汽车全生命周期、云管端全链条的立体综合纵深防御体系，是保障智能网联汽车安全发展的必然趋势。首先，在识别智能网联汽车安全脆弱性、安全威胁、安全风险的基础上进行建模，制定安全方案，定义安全技术，采取安全措施，导入安全机制，基于软硬件防护构建纵深防御平台。其次，可从单点、特定的安全测试体系向信息安全、车联网安全的综合防御体系转变，从本质上提高智能网联汽车防御水平。最后，可利用大数据、云计算、机器学习、人工智能等技术部署智能网联汽车安全管理平台，实现对智能网联汽车控制数据的动态安全监控防护，结合攻击模糊，进行深度学习，划分整体安全需求，实现自动化威胁识别、阻断、预警、溯源、处理。

（四）构建智能网联汽车安全标准体系成必要需求

目前，迫切需要建立完整有效的智能网联汽车信息安全标准体系，以应对未来大规模的黑客攻击。现阶段较为可行的是在整车厂内部构建信息安全标准体系，应对未来车联网业务发展的需求。通过体系化的管理，持续地改进智能网联汽车的信息安全防护。例如，国际自动机工程师学会在 2016 年初，针对汽车电子信息安全问题，发布了《信息—物理融合系统网络安全指南》，即 SAEJ3061 标准。

三、智能网联汽车安全分析

（一）典型攻击面

智能网联汽车的典型攻击面如表 3-1 所示，我们从 ICV 的通信距离、通信接口和相应的组件来进行分类，根据通信距离把攻击方式大致分为远距离车外、近距离车外和车内通信三个部分。至于接口，主要介绍 ICV 中常见的一些通信接口，如蜂窝网、Wi-Fi、车载单元、蓝牙和 USB 等。攻击组件着重强调 ICV 中的典型组件，如通信单元、车机 IVI、无钥匙进入等。

表 3-1　智能网联汽车攻击面

分类	接口	组件	细节
远距离车外	蜂窝网	Telematics	通过蜂窝网远程入侵汽车
	互联网	ECU	入侵网关，控制 ECU
	Wi-Fi	IVI	接入 IVI 对系统进行攻击
		传感器	Wi-Fi 信号干扰无线数据
远距离车外	OBU/RSU	车载单元	向 RSU 发送恶意消息
	GPS	IVI	错误导航，劫持车辆
近距离车外	蓝牙	IVI	通过蓝牙漏洞控制车机
		传感器	通过蓝牙信号干扰传感器
	高频无线电	RKE	SDR 欺骗开启车门 远程欺骗传感器消息
		TPMS	
车辆内部网络	USB	IVI	将 U 盘插入仪表板实现入侵
	CAN 接口	CAN-FD	CAN 高速接口的脆弱性
	OBD- Ⅱ接口	KCU/BCM	通过 OBD 接口入侵 KCU

1. 远距离车外

远距离车外的攻击大多是因为 ICV 接入互联网，或者当下正在进行 V2X 通信，其主要攻击面来源于蜂窝网、Wi-Fi、OBU/RSU 和 GPS 等。通常 ICV 通过蜂窝网（2G/3G/4G）和 Wi-Fi 接入互联网，其关键数据会保存在云服务器上，远程终端就可以实现对 ICV 的远程控制。事实上，正因为接入了网络，所以才导致黑客攻击 ICV 的事件频发。

（1）蜂窝网：蜂窝网解决了 ICV 远程通信的问题，但是它也带来了很多安全问题。Charlie Miller 和 Chris Valasek 于 2015 年破解了型号为 V850 的固件，并找到了运营商家庭基站的漏洞，能够远程控制汽车，如控制车速、开关车门等。其实，早在 2011 年就有了车辆的远程控制、位置跟踪和控制通过无线通信信道泄漏的音频。2G/3G/4G 引发的远程控制问题的安全威胁最大，并且能在不知不觉中给车主造成严重的安全损失，留下严重的安全隐患。

（2）互联网：这里把互联网单独提出来，而不是放在蜂窝网或者 Wi-Fi 之上，是因为有些攻击方式并没有说明是通过哪种方式接入互联网的。这样的研究不在少数，比较典型的就是腾讯的科恩安全实验室远程地破坏了特斯拉汽车的网关、BCM 和自动驾驶 ECU。通过网络攻击 ECU，也能达到在车主浑然不知的情况下悄无声息地控制车辆的效果。所以，智能网联汽车接入互联网之后，会有更大的安全风险。

（3）Wi-Fi：恶意攻击者也可以通过 Wi-Fi 连接做很多事情。例如，Wi-Fi 用于远程访问车载网络，将恶意软件植入信息娱乐控制台，拦截 Wi-Fi 网络通信，并跟踪车辆。实验室已经在一些期刊上发表过通过 Wi-Fi 攻击智能网联汽车的案例，这种攻击利用 IVI 系统存在的漏洞，从 Wi-Fi 入手，达到替换 IVI 大屏背景图片文字的目的，实现信息投送的效果。一些文章指出，Wi-Fi 频段对汽车无线信号的干扰会影响传感器的数据，所进行的实验结果表明，蓝牙和 Wi-Fi 对设备存在较强的干扰，当汽车中存在 Wi-Fi 干扰时，蓝牙低功耗技术优于 ZigBee 技术。

（4）OBU/RSU：OBU 和 RSU 利用 DSRC 技术建立微波通信链路，可以实现车辆识别和电子支付功能。然而，OBU 也带来了一些安全隐患。在相关论文中，作者说明了新兴的基于连接车辆的交通信号控制拥塞暴露攻击，这种攻击就是基于车载单元实施的。由于 DSRC 技术在智能网联汽车领域还在试验阶段，并没有大规模商用，所以针对它的攻击目前都是基于实验环境的。但是如果将来 OBU/RSU 大规模普及，我们也不得不考虑它们的安全性。

（5）GPS：GPS 是车辆导航不可缺少的组成部分。在无人驾驶的情况下，GPS 作为汽车的大脑，为汽车提供最佳的驾驶路线。因此，也有许多研究人员关注 GPS 的威胁。比如，使用便携式 GPS 欺骗器篡改车辆的行驶路径，严重威胁车辆的安全，错误导航，劫持车辆。有研究者设计了一种搜索算法来实时计算 GPS 移位和受害者路线。研究者使用跟踪驱动模拟（曼哈顿和波士顿的 600 个出租车轨迹）进行广泛的评估，然后通过真实的驾驶测试验证完整的攻击。最后，在美国和中国使用驾驶模拟器进行欺骗性用户研究。结果表明，95% 的参与者在没有识别出攻击的情况下跟随导航到达错误目的地。

2. 近距离车外

近距离通信的攻击面大致可分为蓝牙和高频无线电两部分。近距离车外的攻击一般只能靠近车辆实施攻击，当车主不在车内或者堵车的时候，就有可能受到这种攻击，虽然形式上距离汽车较近，但本质上还是属于无线攻击，也会造成严重后果，这种短距离攻击强度大、干扰性强，更能体现攻击者的技术水平。

（1）蓝牙：蓝牙作为一种短距离数据交换设备，也是恶意攻击者关注的攻击面。攻击可以通过在蓝牙的信息娱乐单元上执行代码来闯入车内网络。研究物联网安全的 Armis 实验室展示了一种新型的被称为“BlueBorne”的蓝牙攻击方式，BlueBorne 攻击媒介可能会影响所有具有蓝牙功能的设备，包括较新版本的 Microsoft Windows10、Android 8.0、iOS 9.3.5 及以下版本和 Linux Kernel 3.3-rc1 至 Linux Kernel 4.13.1 版本，几乎囊括所有操作系统，因此可能被恶意攻击者利用来控制目标 IVI 和入侵车辆。也有研究人员提出一个用于汽车蓝牙接口安全测试的系统方法的框架，并实现了一个概念验证工具，使用该框架对车辆进行测试，该方法可以暴露汽车的多个弱点，说明蓝牙漏洞确实可能使车辆被非法入侵。当然，通过蓝牙传输的传感器数据也有可能被非法篡改或者干扰，这样即使不能非法控制 ICV，也会导致数据泄露，错误提示。对于驾驶者来说，通过蓝牙将手机连入车机已经成为常态，所以蓝牙存在的安全问题势必会成为一种较为明显的攻击面。

（2）高频无线电：RKE（remote keyless entry，无钥匙进入）、无钥匙点火等系统在当今智能网联车领域屡见不鲜，这些基于高频无线电的系统容易受到干扰和破坏。在安全顶会 USENIX 上，基于 Hitag-2 的遥控无钥匙进入系统的新漏洞已暴露出来，攻击者只需要捕获两个无线数据包，就可以利用它们来伪造有效的数据包，而无须检索加密密钥并打开目标车辆。有研究者在安全顶会上发表了关于无钥匙进入和启动的文章，他们对来自 8 家制造商的 10 款车型进行了广泛的测试，构建了两种高效且廉价的攻击，通过有线和无线物理层中继，允许攻击者通过在汽车和智能钥匙之间中继消息来进入和启动汽车。当然，高频无线电不仅仅影响 RKE 等系统，还会影响其他传感器系统，如 TPMS（tire pressure monitoring system，胎压检测系统），从位于附近车辆中的定制 SDR（software defination radio，软件定义无线电）攻击平台触发移动车辆中的轮胎压力报警，获取一些隐私信息。

3. 车辆内部网络

车辆内部网络其实是最为复杂的一种网络结构，因为这里聚集了很多先进的传感器、网络设备和接口等。下面主要讨论主流的攻击面，聚焦 USB、CAN 接口和 OBD–Ⅱ接口，实际上，多数数据是基于这三个接口获得的。

（1）USB：在 ICV 中，USB 可以直接与 IVI 连接，并自动播放音频和视频文件。根据此功能，攻击者使用 USB 端口在信息娱乐系统上安装恶意软件并篡改车辆上的更新软件。2015 年，马自达汽车公司的攻击者通过自动播放恶意音频文件使 IVI 瘫痪。马自达汽车的 IVI 可以通过将 U 盘插入仪表板进行黑客入侵，这些攻击者通过几年的研究进行的成功攻击最终被马自达公司以固件更新的方式阻止。

（2）CAN 接口：CAN 总线是 ECU 之间信息传输的通道。ECU 和 CAN 总线协同工作以监控车辆状态并控制汽车行为。但是，CAN 总线非常脆弱。研究人员使用侧通道攻击，通过 CAN 总线窃取驱动程序的隐私信息，这证明了 ICV 用户的隐私是不安全的。具有灵活数据速率的控制器局域网（CAN–FD）作为下一代车载网络技术而备受关注。但是，在设计 CAN–FD 时，并未全面考虑安全问题，尽管传输的每一点信息都对驾驶员的安全至关重要。所以，很多研究者都聚焦于 CAN–FD 安全漏洞，从而设计出更为合理的安全架构。

（3）OBD–Ⅱ：这个接口是汽车维修人员经常使用的调试接口，用来定位汽车故障，寻找相应的错误。驾驶者也可以使用此接口获取车辆数据，更好地了解自己的驾驶习惯和车辆状况，但是 OBD–Ⅱ接口也暴露了一些安全问题。有相关的安全研究人员，发现了此接口的脆弱性，并利用蓝牙和 Wi–Fi 信号，突破此接口，远程进入车辆内部，控制车门、车灯和发动机转速等。

（二）云端安全威胁

在云计算大数据时代，云成为其中的关键一环，云是将各种计算机所需的硬件、软件资源集合起来，形成统一管理的托管平台。要想对汽车实现远程控制，那么必然要接入互联网。而如今，很多汽车厂商使用云平台整合 TSP，为智能网联汽车提供更好的网络服务。也就是说，云端安全必然影响整个 ICV 的安全。因此，我们调查了一些常见的安全风险。

1. 常见网络与云服务安全威胁

（1）资源消耗。当云计算基础设施提供的资源无法满足用户需求时，可能会发生资源消耗。云服务提供商提供的资源用完后，云服务将不可用，用户不能在云平台上使用共享资源。许多安全威胁与云数据存储服务有关，资源耗尽一旦发生，相关客户端便无法正确访问服务器上的资源，网络可能发生交通堵塞。

（2）数据泄露。网络中的数据泄漏是无穷无尽的，无时无刻不在发生。各种数据泄露事件没完没了，给个人和社会带来了严重的经济损失，对用户个人信息安全的保护构成了挑战。因此，在这个越来越注重隐私的时代，保护云中的数据完整性和安全迫在眉睫。数据泄露事件层出不穷，暗网上售卖各种隐私数据资料，防范数据泄露是当今互联网面临的一个严峻挑战。

（3）流量劫持。当未经授权的一方访问、更改或劫持发送到云服务器的用户数据时，会发生非法的数据拦截行为。通过这种拦截行为，攻击者有机会操纵、阻止和窃听数据。尽管数据被劫持的风险不是云与网络独有的问题，但在严重依赖互联网协议的公共云服务下，云中的账户、服务和流量劫持被认为是相互关联的，没有哪种操作能够置身事外。

（4）越权。未经授权的权限提升是指一方未经许可访问服务、软件或硬件。用户访问组织的基础结构时，可能需要特殊的高级权限。在这种情况下，攻击者可以利用漏洞提高权限级别，并执行一些非法操作。例如，用户获得超级用户执行恶意行为的权限。两种形式的特权滥用都属于越权操作，都会危害到信息的完整性和保密性。

（5）不安全的接口和配置。云计算提供商总是公开一组用于管理云服务和与云客户交互的软件接口。基于这些接口，云运营商和第三方可以为其客户提供增值服务。然而，这些操作不可避免地增加了应用程序接口（API）的复杂性，从而扩展了攻击面，使云更容易受到攻击。在经济方面，云服务提供者可能要求客户放弃第三方的证书，这些细节都会给云服务使用者带来极大的安全挑战。

（6）准备不足。云计算带来了各种各样的淘金热，许多企业和机构都在通过努力提高管理效率，使用第三方服务降低运营成本，借助乙方和外包公司提高安全性，导致很多内部人员并不了解第三方整个承诺服务范围的细节。如果维护人员不完全了解内容安全策略（content security policy，CSP）环境，则不安全的应用程序或服务可能会放在云端。在这种情况下，云计算用户将面临一些无法预测的未知安全风险。来自内部的安全威胁往往比来自外部的更危险，一旦服务被攻陷，将会是致命的威胁。

2.典型攻击方法

（1）DDoS（distributed denial of service，基于分布式的拒绝服务）/EDoS（economic denial of sustainability，针对经济的拒绝服务）：DDoS 攻击通过多个节点同时使用合理的请求使得服务器过载，一般使用大量网络节点（肉鸡）发起攻击，导致云服务不可用。EDoS 是一种源自 DDoS 攻击的攻击方法，专门

针对定制 / 租用僵尸网络的 DDoS 攻击给受害者带来巨大的经济损失，或者对受害者（即用即付）带宽进行熟练和实时的消费。

（2）SCA（side channel attacks，边信道攻击）：边信道攻击利用来自物理设施的信息泄漏，如时间、缓存、能耗等。特别是攻击者首先通过放置漏洞来确定目标虚拟机（VM）可能驻留的共存信息。这意味着攻击者在确定公共和私有 IP 地址之间的相关性之后，创建与受害者共享相同物理机器的新 VM。然后，攻击者可以从这些侧信道中提取信息，这些信道用于提供与不同 VM 的物理隔离。

云中的跨虚拟机边信道攻击的先前工作之一是通过 Amazon EC2 中的 L2 缓存通道实现的。此外，还有其他的渠道可以利用同一物理系统上的信息。例如，一些侧面通道利用 L3 cache 上的内存共享来泄露受害者的敏感信息。有研究者讨论了针对内存管理系统的通用实时定时侧通道攻击，以推断出特权地址空间布局的信息。也有研究者通过设计强大的数据传输协议并在 x86 虚拟化平台上发起真实的攻击，利用了高带宽内存总线隐蔽通道介质。

（3）MITM（man-in-the-middle，中间人攻击）：通过拦截正常的网络通信并在网络通信的两端之间建立虚拟连接，攻击者改变并转发相信他们彼此直接通信的双方之间的通信，这种方法称为 MITM 攻击。例如，研究者指出，包括 Amazon EC2 Java 库在内的易受攻击的软件及其所有云客户端可能会导致 MITM 攻击。安全套接字层 SSL 和 TLS 都是传输层和应用层的安全协议，用于加密双方传输的数据，许可证可以有效降低 MITM 的风险。但是，SSL 证书验证在许多安全关键型应用程序和库中完全受到损害，也就是说，很多应用并没有完全按照标准方法来使用这些协议。

（4）MITC（man in the cloud，中间云攻击）：云存储是云计算中的常见服务，依赖令牌进行身份验证，而这种身份验证方法使得传输和存储大量数据变得越来越容易。Box、Dropbox、OneDrive 和 Google Drive 都是这一领域的领导者。考虑到大多数云服务系统未检测到令牌是否被盗，MITC 攻击可以轻松利用该令牌进行身份欺骗。一旦非法获取令牌，攻击者就可以访问云账户，窃取数据，更改文件信息，甚至上传恶意文件，MITC 是专门针对云的一种攻击方式。

（5）XSS（Cross Site Scripting）：当用户的输入数据由数据库解释器执行时，会发生注入攻击，这允许攻击者绕过身份验证，运行非法命令，访问数据库中的敏感信息，修改数据，甚至破坏数据库。当用户浏览网页时，可能发生 XSS 攻击。这是利用网页前端页面存在的漏洞，通过向页面注入恶意脚本（例如，JavaScript），使得原本属于 HTML 标签属性的代码被浏览器引擎执行。

（三）TSP 安全威胁

车载云中的安全挑战是一个新颖且未探索的话题。由于车辆云和 TSP 源自传统的云计算，它们仍然存在许多安全风险。更重要的是，车载云将面临一些新的安全问题，这些问题在传统云平台上可能是前所未有的。隐私至关重要，因为它会严重影响互联网安全以及车载云计算。

1. 常见安全威胁

（1）TSP 资源滥用。滥用 TSP 的云服务将导致云基础架构的部署成本非常高。通常，主要有三种情况可能导致滥用 TSP 服务，即缺乏云资源的整体调度，多个云服务提供商协调不合理与搭配使用，为应用程序配置过多的资源。但是，只要合理进行云资源管理，这一切都可以避免。然而 TSP 毕竟在互联网上工作，因此要考虑网络资源的合理分配和使用并不仅仅是一个企业内部的问题，还与其租用的服务器厂商、提供带宽的运营商网络等有关。

（2）不安全的身份认证。身份认证是通过某种技术手段完成的，通常也会被称为“鉴权”，也有一些人简称身份验证为“验证”。身份验证的方法有很多，大致有密钥共享型、基于密钥公开型的加密算法身份验证和根据生物学特征的身份验证。不同的身份验证具有不同的安全性。由于 ICV 经常处于高速移动状态，ICV 倾向于简化连接 TSP 的身份验证过程。这种不安全的身份验证机制（如通信伙伴指定的共享密钥）可能允许黑客轻松伪造身份并入侵 TSP。

（3）供给不足。对于 TSP，汽车配件供应商必须考虑汽车数据存储和电池容量的限制。一旦汽车发生电力短缺，TSP 将无法连接到车载网络，并可能丢失存储在汽车中的数据。虽然 ICV 会考虑这种情况，但是还是会有意外事件发生，比如，实验室在实验车辆的过程中，总是在开启电源但是不开启发动机的情况下进行实验，导致某款 ICV 发生馈电现象，车内诸多重要数据丢失。

（4）第三方云平台漏洞。TSP 通常通过第三方云平台提供，这些平台可能会有可以被黑客利用的安全漏洞。因此，云的安全性不可避免地影响 TSP 安全性甚至整个 ICV 的安全。此外，暴露于 ICV 的第三方云平台漏洞比云上的漏洞有更大的安全风险，因为 ICV 不但与用户的财产有关，而且与用户的生命安全息息相关。

2. 典型攻击方法

（1）vehicular botnets（僵尸网络车辆）：攻击者以各种方式传播恶意程序以感染互联网上的大量主机，通常这种主机被称为“肉鸡”。一些用户也可以在暗网上通过非法途径购买这些“肉鸡”。这些受感染的主机将通过被安装的后门程序接收来自攻击者或者僵尸主机的购买者的指令，这就形成了一个可怕的僵尸网络。有研究者演示了僵尸网络攻击，这种攻击可以在自动驾驶汽车场景中导致热点路段严重拥堵，这表明这种僵尸网络攻击的确可以在车联网领域为所欲为。

（2）authentication bypass（认证旁路）：由于 ICV 的高移动性和长时间的短传输距离，我们必须简化认证过程，这也带来更多不安全因素。攻击者可以利用漏洞绕过身份验证并登录云中的 TSP 服务器。例如，在讨论认证旁路的情况下，有文章指出其中的认证漏洞，识别并分析了车辆中的许多安全挑战和潜在的隐私威胁。

（3）port intrusion（端口入侵）：顾名思义，端口入侵是通过一些开放端口入侵主机。虽然端口入侵是一种陈词滥调的攻击技术，但它仍然在 ICV 领域具有顽强的生命力。针对连接车载网络的云平台的最经典的无线远程攻击发生在 2015 年，其中 Charlie Miller 和 Chris Valasek 使用笔记本电脑通过 IVI 提供的 D-Bus 服务入侵车辆的 ECU，其中 D-Bus 服务使用的就是 6667 端口。

（4）malware implantation（恶意代码植入）：恶意代码植入也是一种控制目标的传统和常见的攻击方法。例如，攻击者利用的不安全远程更新通常会导致恶意代码植入。

第二节　汽车无线通信系统安全

汽车无线通信系统是将汽车技术、电子技术、计算机技术、无线通信技术等紧密结合，整合不同的应用模块产生的综合系统，主要实现汽车状况实时监测、汽车定位导航、车辆指挥调度、数据采集共享、车内信息娱乐等功能。

汽车无线通信技术主要由车载导航模块、专用无线通信模块、安全警报模块、行车状态记录模块、多媒体信息模块、数据采集模块、无线钥匙模块、车载收音机模块等组成，所有的数据和有效信息基本都需要通过汽车 IVI 进行处理、协调并做出正确的响应。图 3-2 为车载无线通信技术的模块示意图。

目前，汽车内往往装配多种具备无线通信能力的设备或模块，它们有的支持短距离无线通信，有的支持长距离无线通信。由于直接物理接触的局限性较大，所以攻击者一般采用更具可行性和隐蔽性的攻击方式。攻击者可利用某一设备或协议的漏洞成功入侵并控制车载无线设备。而无线通信设备往往与其他控制模块一样挂载于汽车的内部 CAN 总线或其他车内网络，这样攻击者就可以成功入侵汽车内部网络并达到控制整车的目的。

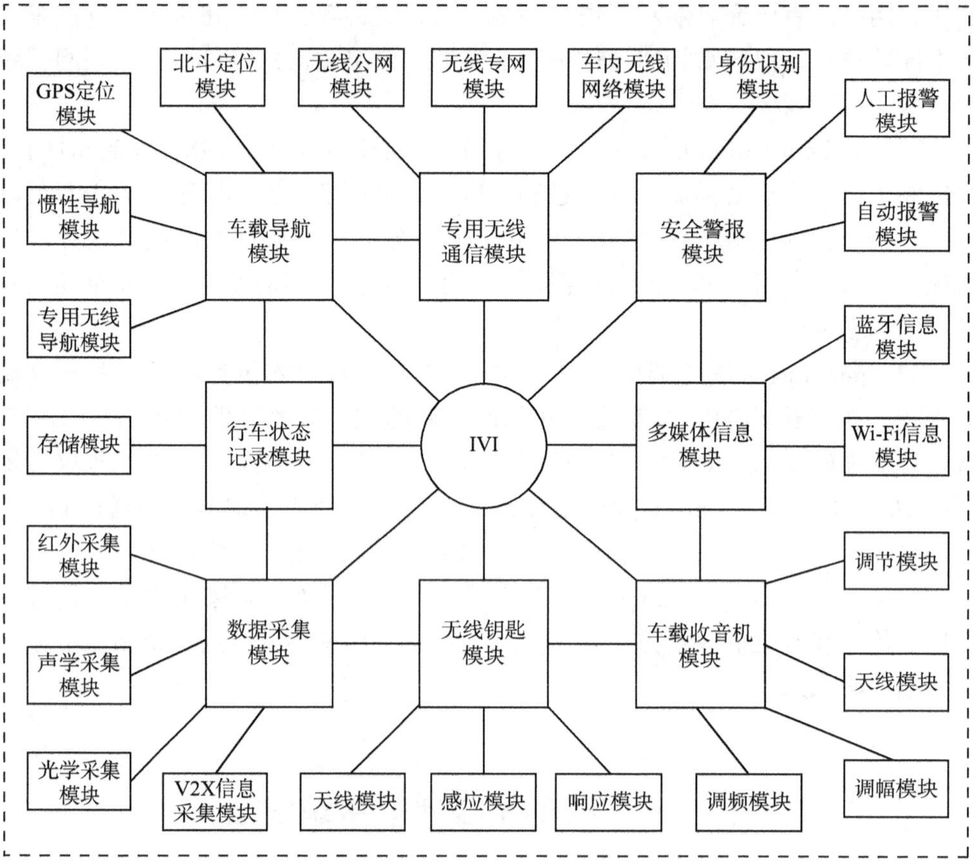

图 3-2　车载无线通信技术的模块示意图

一、蓝牙通信系统安全

（一）车载蓝牙系统概述

作为一种窄带宽传输技术，蓝牙技术有以下几个主要的特点：

1.开放性

蓝牙无线通信技术的规范完全是公开和共享的，因此不同行业有使用这一技术需求的厂家可以便捷地了解并应用这一技术。

2.兼容性

不同公司的蓝牙产品之间可以实现互操作和数据共享，为蓝牙技术的应用奠定了基础。

3. 可移植性

该技术可应用于多种场合。

如今，蓝牙通信在汽车上的应用主要有汽车蓝牙钥匙、蓝牙免提通信、蓝牙后视镜、车载蓝牙娱乐系统、车载蓝牙自诊断技术、汽车蓝牙防盗系统、汽车驾驶盘控制系统等。

（1）汽车蓝牙钥匙。蓝牙钥匙的核心是钥匙控制软件，车主通过蓝牙钥匙手机客户端即可一键智能控制汽车蓝牙终端，实现汽车上锁、解锁、开启后备厢等功能。

（2）蓝牙免提通信。蓝牙车载电话利用的是蓝牙的无线通信技术，车载电话通过蓝牙访问用户的手机 SIM 卡，识别其中的信息，包括手机号码、服务商、用户 ID、联系人等，并且能够自动登录电话运营商的网络，实现用户手机与车载电话的无线连接。

（3）蓝牙后视镜。汽车蓝牙后视镜即后视镜通过蓝牙与手机连接，变成一个新型的车载电话，后视镜能够在镜面中显示来电号码，并且集成免提通话功能。

（4）车载蓝牙娱乐系统。现在市面上流行的车载蓝牙娱乐系统是导航一体机，在车载 GPS 导航的基础上增加了蓝牙车载电话功能，不仅可以接听和拨打电话，还可以实现与智能手机的存储器通信，实现图片、音频、视频文件在导航一体机中的播放和显示。

（5）车载蓝牙自诊断技术。通过车载蓝牙自诊断技术，能将汽车自诊断功能通过蓝牙传输技术发送给带蓝牙功能的智能设备。通过智能设备，驾驶人员能够快速地收到汽车中的故障代码及故障代码所对应的含义，能够对车辆的性能及状态进行评估，确保车辆使用的安全性。

（6）汽车蓝牙防盗系统。现有的汽车车门蓝牙防盗系统的工作原理是将手机蓝牙与车载蓝牙进行匹配，然后通过手机应用软件来实现车门锁止和车门解锁；发动机防盗的工作原理是通过蓝牙来控制发动机的启动电路的通断，进而实现发动机防盗。蓝牙防盗系统的控制原理是当车载蓝牙能够找到合法的手机蓝牙信号时，发动机可正常启动，而无法找到手机蓝牙信号或者手机蓝牙信号不合法时，无法启动发动机。有些蓝牙防盗系统还可以实现车辆的遥控启动以及空调的遥控启动。

（7）汽车驾驶盘控制系统。汽车驾驶盘控制系统是一种简单的汽车智能化方案，利用蓝牙传输技术实现汽车方向盘面板开关电子化优化设计，克服传统驾驶过程中需要低头找开关的弊端，使大部分操作在方向盘上实现。

（二）蓝牙通信攻击技术分析

1.蓝牙关键技术

蓝牙技术的核心是实现无线连接。相较于传统的有线连接，蓝牙技术可以更好地用无线接口实现设备互通互联，移植性非常强。从客观上来讲，蓝牙技术并不是一味地追求技术的先进性，它的目标是价格低廉、方便实用、全球互通、结构精简和能耗低，并不强调技术的高精尖性。

（1）选择频段、地址码、速率。蓝牙频段是全球通用的2.4 GHz ISM频段，这个频段无须申请许可即可使用，蓝牙技术“国界”的障碍就这样被该频段消除了。

根据IEEE 802标准，任何一个蓝牙设备都可得到一个公开的地址码，这是一个唯一的48 bit的蓝牙地址码（BD-ADDR）。有两种方式对这个地址码进行检查：一种是人工方式；另一种是自动方式。在蓝牙地址码的基础上，为了获得一些安全可靠的保密方式或者安全密码，必须采用功能强大、性能上具有保障的算法，只有这样才能确认获得的设备识别码是独一无二的。蓝牙的数据速率为1 Mb/s，以时分方式进行全双工通信，其基带协议是电路交换和分组交换的组合。

（2）跳频扩频与纠错的方案。因为ISM频段是一种对外界完全开放的频段，所以在ISM频段里运行的各种各样的移动设备相互间都会造成巨大的干扰，这些干扰是难以预测的，如iPad、个人移动笔记本电脑、蓝牙音箱、蓝牙耳机、汽车蓝牙钥匙等。这些设备的工作频段都有可能处在ISM频段，因此蓝牙系统的传送错误率很高，比一般的应用水平高出很多。

蓝牙技术目前比较明确的纠错方案有三种，分别是1/3比例前向纠错编码（FEC）、2/3比例前向纠错编码和自动重发请求（ARQ）。在蓝牙系统中，为了保障通信的快速有效，数据重发的次数是一定要被减少的，而减少数据重发的次数的有效方法就是采用前向纠错。但如果发送过程中没有错误代码，则采用前向纠错会产生无用校验位，这个无用校验位又会占用大量的数据带宽，所以会导致数据的吞吐量降低，系统的效率就会大幅度下降。因此，有时要做出选择，究竟要不要使用前向纠错。当信息中含有重要连接，并且具有纠错功能信息的分组报头时，必须使用前向纠错，具体来说，就是要采用1/3前向纠错方式进行保护性传输，确保信息传输的完整性和可靠性。其他条件下，可以不选择前向纠错，但是在自动重发的时候，即使没有编号检验位，如果在一个时隙发送了数据，则在下一个时隙，必须得到一个收到确认，如果没有确认，就会进行自动重发请求ARQ。

（3）链路类型。在蓝牙系统中，主要存在两种不同的物理链路，一种叫作异步无连接链路 ACL（asynchronous connectionless），还有一种叫作同步面向连接链路 SCO（synchronous connection oriented）。当对时间要求不那么紧迫，不是那么敏感的时候，比如，在传输一些文件数据或者控制代码时，需要确保数据的完整性和可靠性，而不是要求速度快，一般使用异步无连接链路 ACL，传输一些同步或异步数据；当传输的数据对时间要求非常高时，比如，使用蓝牙音箱、蓝牙耳机时，由于要传输语音信号，设备对时间的要求就非常高，否则会造成卡顿，就必须采用同步面向连接链路 SCO，主要传输一些点对点的、对称的同步数据。这两条链路的特点、性能与收发规律都各不相同。

（4）安全机制。对任何一种通信技术来说，安全技术都是最关键、最核心的技术，蓝牙系统也是如此。只有安全性得到了可靠的保障，蓝牙技术才能大范围地推广应用，如果安全性有问题，蓝牙技术就会面临巨大的风险挑战。蓝牙协议主要有如下三种安全模式：

①安全模式 1（非安全）：当蓝牙设备处于安全模式 1 时，将不能发起任何安全程序，即不能发送 LMP-AuRand、LMP-In-Rand 或 LMP-Encription-Mode-Req。

②安全模式 2（业务层的安全性）：处于安全模式 2 的蓝牙设备在没有收到信道建立请求（I2CAP_ConnectReq）或发送信道建立程序之前不发起任何安全程序，是否发送安全程序取决于请求建立的信道或业务的安全性要求。处于安全模式 2 的蓝牙设备应采用以下属性分类其业务的安全性要求：认证要求、鉴权要求、加密要求。

③安全模式 3（链路层的安全性）：处于安全模式 3 的蓝牙设备必须在发送 LMP-Link-Setup-Complete 之前启动安全程序。处于安全模式 3 的蓝牙设备可根据主机设置拒绝其他主机的连接请求。

蓝牙协议还把设备进行了分类，分别是可信设备和不可信设备。可信设备是连接过并已在设备数据库中定义为可信的设备；不可信设备是不认识的设备，或者是连接过，但在数据库中没有被标志为可信的设备。可信设备在业务级别上没有限制，不可信设备有限制。

在蓝牙系统中，对信息进行加密，主要是使用流密码的方式。流密码的特性是对硬件的兼容性比较好，可以基于硬件实现，且处于协议高层的软件可以很好地对密钥进行管理。两个设备之间的鉴权和认证是蓝牙系统非常重要的一部分，而因为蓝牙设备都要进行连接，所以“询问—应答”机制是蓝牙设备认证的最基本的机制。

2. 蓝牙安全机制现状

部分安全机制在蓝牙技术标准中一开始就制定出来了，它们的制定主要是为了保证信息的保密性、完整性、可接入性和可用性。在蓝牙系统中，蓝牙安全机制提供了很多应用服务，如设备的认证、加密和鉴权等服务。设备之间共享的链路密钥决定了设备的认证过程。通过匹配过程，可以进行链路密钥的建立，就是把一模一样的 PIN 码作为初始的共享密钥，然后将其加载到蓝牙设备中去。蓝牙的加密过程十分简单，主要是要保护链路的机密性，采用流处理的方法是目前常用的保护方式。事实上，从一开始，很多缺陷就出现在蓝牙安全性机制的设计模块中，因此需要进一步改进和完善其安全性机制，以满足对于安全性要求较高的应用。

在蓝牙的安全机制中，在链路层有四种不同的实体用于维护安全性。一个 48 位的公共蓝牙地址 BD_ADDR 对每一个设备来说是唯一的；两个用户私钥，128 位用于认证，8 位用于加密；一个 128 位的随机数用于区别每一次新的处理。认证密钥用于产生加密密钥，通常出现在加密被激活或请求产生一个加密密钥的情况下。为了强调认证密钥的重要性，认证密钥又称为链路密钥，链路密钥是半永久性的或临时的。半永久性密钥存储在非易失性存储器中，在当前会话结束之后仍能使用，临时密钥只是在当前会话期间才能够获得，在当前会话终止之后就不能再使用了。

蓝牙安全性的另一个重要的问题就是 PIN 码问题。PIN 码可以是一个固定的数字或一个用户选择的数字。PIN 码的长度为 1 ～ 16 B，在匹配过程中，PIN 码必须同时输入两个设备中。

蓝牙的设备认证采用质询响应的方案。蓝牙规范描述了采用流密码的链路加密算法，其中采用了线性反馈移位寄存器。有效密钥的长度可以在 8 ～ 128 位选择，以适应不同国家对安全性的规定。

3. 蓝牙嗅探技术

蓝牙嗅探的第一个障碍就是截获蓝牙跳频序列。想要获得完整的蓝牙数据传输，需要监听所有的 79 个蓝牙信道，必须进行拦截和过滤以获得完整的数据包，这就必须知道正确的蓝牙跳频序列。获得蓝牙跳频序列的方法有两个：一是依靠功能强大的软硬件设备；二是需要等待设备重新建立连接，并从建立连接的数据包中获得跳频序列。

第二个障碍是常见蓝牙硬件基于数据包的访问码自动进行过滤。由于过滤行为发生在硬件层面，无法通过上层软件的设计来解决，所以必须依靠相应的硬件设备才能解决该问题。

（1）蓝牙抓包。Wireshark 作为一款常用的抓包工具被广泛使用。V1.12 及以上版本的 Wireshark 中增添了蓝牙协议标准，意味着可以通过 Wireshark 对捕获的蓝牙数据包进行分析，为嗅探工作提供了很大的便利。同时，Wireshark 也提供了监听本机蓝牙接口的功能，能够监听与本机相连的蓝牙设备。

（2）Ubertooth one。蓝牙无线开发平台 Ubertooth one 是由 Ubertooth 项目组设计提供的一款用于蓝牙安全研究的硬件。Ubertooth 是一个开放源代码的 2.4 GHz 无线开发平台，适用于蓝牙嗅探。Ubertooth one 同样通过 USB 接口与计算机相连。Ubertooth one 支持选择要监听的信道或捕获蓝牙数据包等功能。捕获的蓝牙数据包可以通过 Wireshark 等软件进行分析。通过 Ubertooth one 发送蓝牙数据包目前还是不可能的，这意味着不能使用 Ubertooth one 实现蓝牙数据包的注入操作。

二、Wi-Fi 通信系统安全

（一）车载 Wi-Fi 系统概述

车载 Wi-Fi 是面向公交、客车、私家车等交通工具推出的无线上网服务。Wi-Fi 终端通过无线接入互联网获取信息、娱乐或移动办公。车载 Wi-Fi 设备是指装载在车辆上的通过 3G/4G/5G、无线射频等技术，提供 Wi-Fi 热点的无线设备。

IVI 通过配置 Wi-Fi 芯片，可以搭载 Wi-Fi 功能模块，Wi-Fi 模块可以连接到手机或者 Wi-Fi AP 基站的无线热点，从而实现部分车联网，完善车内的影音娱乐系统，增加用户的上网功能，但这也成了黑客攻击汽车的一条路径。图 3-3 为 Wi-Fi 攻击路径图。

Wi-Fi 的传输距离越来越远，而且基站越来越多，且无缝切换变得越来越容易，所以也有可能将来成为车联网通信主体，被攻击的概率也非常大。一般来说，攻击者通过破解 Wi-Fi 的认证加密模式便可以实现对车内信息娱乐系统的控制，一旦控制了操作系统，便可以控制车内娱乐设备，如更换收音机波段、启动或关闭导航系统、调节音量大小等。更进一步，攻击者有可能攻破 CAN 总线，实现对其他 ECU 模块的控制，导致严重后果。

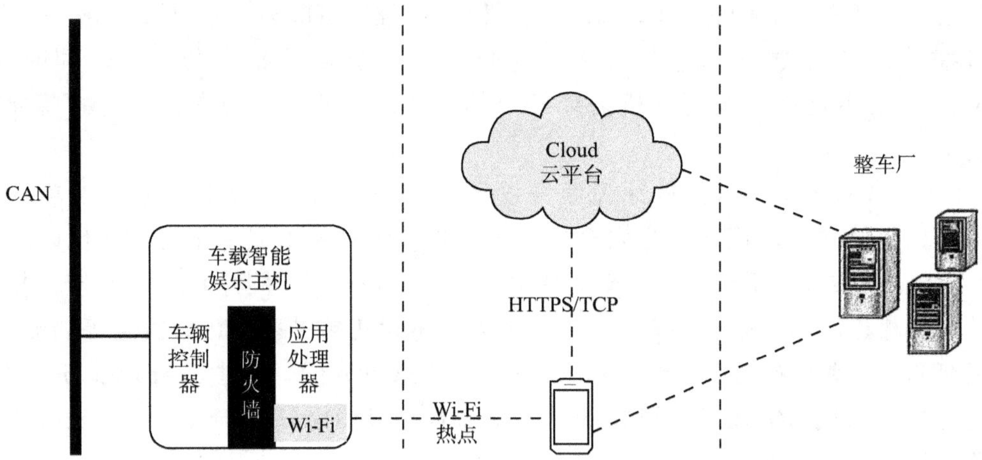

图 3-3　Wi-Fi 攻击路径图

（二）Wi-Fi 通信攻击技术分析

由于 Wi-Fi 在移动设备和传输媒介方面的特殊性，使得一些攻击很容易实施，由于早期有很多接入点（AP），不能确定用户在访问网络时是否得到安全认证，这时候无线局域网的安全问题就出现了。面对这种情况，IEEE 和其他（如 Wi-Fi 联盟）组织制定了很多安全标准，以应对不同的安全漏洞。此处介绍几个主要的无线局域网安全协议，即 WEP、WPA、WPA2，并简要介绍针对这几种主要协议的攻击方法，最后结合三菱欧蓝德汽车的攻击案例进行分析。

1.WEP 协议攻击方法分析

（1）WEP 协议概述：WEP 是无线局域网最早的安全协议，是基于链路层保护的安全协议，设计的目标是让无线局域网拥有像传统有线网络一样的安全性能。WEP 采用了 RC4 加密算法保障数据的保密性，AP 端和终端采用相同密钥的方式认证，同时采用 CRC 循环冗余校验值保证数据的完整性。但这个协议出来没多久，就被发现存在漏洞。

WEP 协议的加密过程如下：运用 CRC-32 算法计算出完整性检验值 ICV，并将该值附加在明文的尾部；用 24 位的初始化向量 ***IV*** 和 40 位密钥 K 混合成密钥流种子，再用伪随机序列产生器 PRNG 生成密钥流；将明文和密钥流异或相加生成密文。WEP 加密过程如图 3-4 所示。

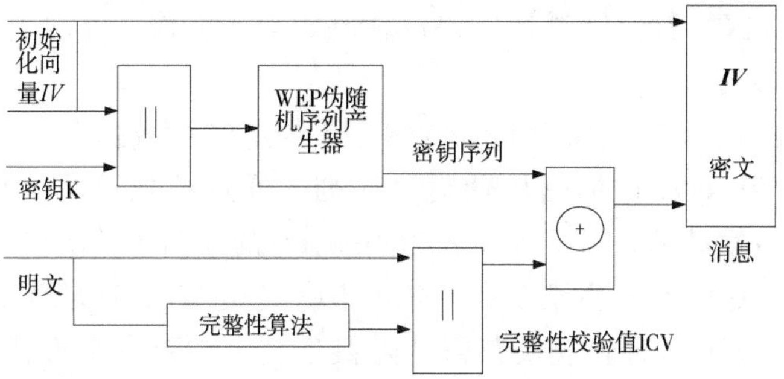

图 3-4　WEP 加密过程

（2）WEP 协议面临的主要安全威胁：WEP 协议面临的安全威胁主要分为两大类。

①与 RC4 算法有关的威胁。在 WEP 加密过程中，共享密钥和 *IV* 构成最初的种子密钥，种子密钥通过 RC4 生成加密密钥，最后通过加密密钥和明文异或得到密文。因此，可以在截获两段密文而已知一段明文的情况下推断出另一密文。

②与 RC4 算法无关的威胁。一方面，WEP 通过 CRC 循环冗余校验值来验证数据传输的完整性，但是由于 CRC 校验无法提供完整的安全校验码，而是通过加密数据包后面的 ICV 值来判断传输数据是否被篡改，因此攻击者完全可以通过构建一个具有相同 ICV 值的数据包来欺骗，从而造成数据接收者无法验证数据的完整性；另一方面，WEP 协议没有完整的密钥管理体系，只是通过一个简单的共享密钥来完成整个网络的认证，这将导致一旦密钥泄露，这个网络用户的数据都将被泄露。此外，WEP 采用的认证过程是单向认证过程，容易造成中间人攻击。

（3）针对 WEP 协议的攻击方法：针对 WEP 协议的攻击方法也分为与 RC4 算法无关的攻击和与 RC4 算法有关的攻击两大类，大多数攻击方法已经被 Aircrack-ng 等工具实现。与 RC4 无关的攻击主要有以下四类：

①数据包注入攻击。攻击者捕获 WEP 网络的数据包，一段时间后重放。注入攻击又分为普通注入和 ARP 注入。

②认证攻击。攻击者捕获移动工作站（STA）和控制接入点（AP）之间交换的认证数据包，构造新的合法认证。

③ chopchop 攻击。该攻击利用 WEP 对用 CRC-32 进行校验过程中的弱点进行攻击。攻击者获得长度为 L 的密文，可以破解该密文的最后 m 长的明文

和加密用伪随机序列，平均需要 128*m* 次基本攻击操作。该攻击方法的反向版本为 Arbaugh 攻击。

④分段攻击。该攻击利用了 802.11 标准允许对数据分段中的弱点进行攻击。攻击者获得 *m* 长加密用伪随机序列，通过数据分段，可以发送长为 16（*m*-4）的数据载荷，进而获得长为 16*m*-60 的加密用伪随机序列。

与 RC4 有关的攻击主要针对 WEP 环境或类 WEP 环境下的 RC4，攻击的目标是获得密钥，而非仅仅获得伪随机序列。主要攻击方式有 FMS 攻击、KoreK 攻击、Mantin second round 攻击、Klein first round 攻击等。

2.WPA/WPA2 协议攻击技术分析

（1）WPA 协议概述：如前所述，无线网络最初采用的安全机制是 WEP（有线等效私密），后来发现 WEP 是很不安全的，802.11 组织开始着手制定新的安全标准，也就是后来的 802.11i 协议。但是标准的制定到最后的发布需要较长的时间，而且考虑到消费者不会因为网络的安全性差而放弃原来的无线设备，因此 Wi-Fi 联盟在标准推出之前，在 802.11i 协议草案的基础上，制定了一种称为 WPA 的安全机制。WPA 使用 TKIP 机制，使用的加密算法还是 WEP 中使用的加密算法 RC4，所以不需要修改原来无线设备的硬件。WPA 针对 WEP 中存在的问题，如密钥管理过于简单、对消息完整性没有有效的保护，通过软件升级的方法提高网络的安全性。

WPA 采用 RADIUS 和预共享密钥（PSK）两种认证方式。WPA 包括完整性检查，以确认密钥尚未受到攻击，同时加强了由 WEP 提供的形同虚设的用户认证功能，并包含对 802.1x 和可扩展认证协议（EAP）的支持，这样 WPA 既可以通过外部远程验证拨入用户服务 RADIUS 对无线用户进行认证，也可以使用 RADIUS 协议自动更改和分配密钥。

WPA 使用动态密钥加密，其密钥是不断变化的，这样使得入侵无线网络比 WEP 更加困难。在小型无线局域网和家庭网络中，采用的是 PSK 方式，仅要求在每个 WLAN 节点预先输入一个密钥即可实现。只要密钥吻合，客户就可以获得 WLAN 的访问权。预共享密钥密码越长越复杂，黑客破解的难度就越大，破解时间就越长，无线网络的安全性就越高。其中，对于加密，WPA 使用 TKIP 来建立动态密钥加密和相互验证的机制。TKIP 的安全功能弥补了 WEP 的不足，为小型无线局域网和家庭用户提供了较高的安全级别。在商业及企业级别的无线局域网中，使用的是 RADIUS 服务器认证的方式，可扩展认证协议用于验证过程中的消息交换，其承载的是用户提供认证所需的凭证，如用户名密码，它通过 RADIUS 服务器利用 802.1x 来验证用户的身份，为无线局域网提供企业级的安全性认证。

（2）WPA2 协议概述：WPA2 是 WPA 的第二代，与 WPA 的主要区别在于需要高级加密标准 AES 来加密数据。WPA2 是 IEEE 802.11i 标准的认证形式，实现了 802.11i 的强制性元素，特别是 Michael 算法被 CCMP 取代，而 RC4 加密算法被 AES 取代。构建 WPA2 的初衷其实是为了向后兼容支持 WPA 的产品。早期的 WPA 使用的是 TKIP，在以后的产品中，无论是 WPA 还是 WPA2 都已经支持 AES。表 3-2 列出了 WPA 和 WPA2 的异同。

表 3-2　WPA 和 WPA2 的比较

分类	WPA	WPA2
个人模式	验证：PSK 加密：TKIP/MIC	验证：PSK 加密：AES-CCMP
企业模式	验证：IEEE 802. lx/EAP 加密：TKIP/MIC	验证：IEEE 802. lx/IP 加密：AES-CCMP

WPA 协议的整个加密过程如图 3-5 所示。

①生成 MSDU。WPA 协议在计算消息的完整性校验码时，使用了 MSDU 明文数据、源地址、目标地址和临时密钥等多种信息，并用该校验码取代了在 WEP 协议中使用的 ICV，同时 WPA 将计算得到的 MIC 值附加到 MSDU，生成传输的信息。在 MSDU 较长时，协议可以将 MSDU 分为若干个子段。

②生成 WEP 种子。在上一阶段中，由临时密钥（TK）、发送方地址（TA）和 TKIP 序列号（TSC）生成了临时混合密钥（TTAK）。本阶段中，再由 TTAK、TSC 和 TK 杂凑为 WEP 种子密钥。

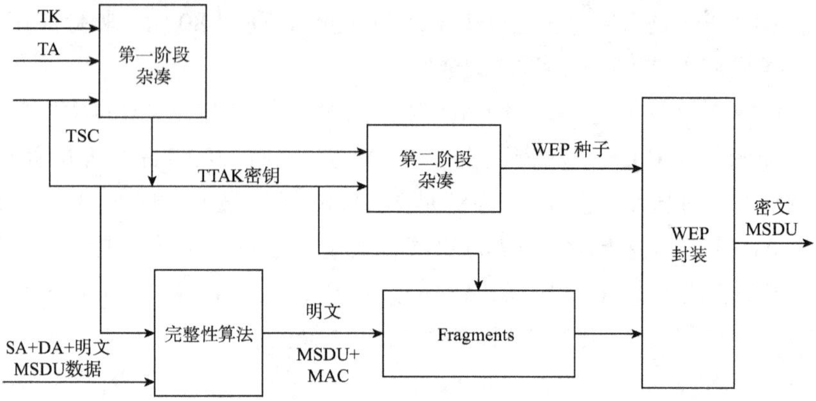

图 3-5　WPA/WPA2 加密过程

③封装 WEP。在本阶段中，协议将上阶段生成的 WEP 种子密钥分成 WEPIV 和 RC4 算法密钥两部分。其中，使用 RC4 算法密钥生成密钥流，然后使生成的结果与 MSDU 相异或生成密文 MSDU，并将 IV 附加尾部形成 MPDU。

（3）WPA/WPA2 四次握手：WPA 和 WPA2 均基于 802.11i 协议，因此在技术层面上几乎是相同的，主要区别在于 WPA2 要求支持更安全的 CCMP，WPA 和 WPA2 均使用 802.11i 协议中定义的四次握手。PTK 通过成对主密钥（pairwise master key，PMK）、AP 随机数 ANonce、STA 随机数 SNonce 和双方 MAC 地址等计算生成。其中，PMK 由登录密码等双方均已知的信息计算生成。后续正常数据加密所使用的临时密钥（temporal key，TK）派生自 PTK。各密钥、参数的关系如图 3-6 所示。

WPA/WPA2 使用四次握手的方式产生所需要的密钥。四次握手通过一系列的交互，从 PMK 生成 PTK。PMK 来自 MSK（master session key），是 MSK 的前 256 位，32 B。如图 3-6 所示，PTK 包含 3 部分，KCK（key confirmation key）、KEK（key encryption key）、TK（temporal key）。PTK 的总长度根据加密方式不同而不同。当加密方式是 TKIP 时，PTK 长 512 位，按顺序分别为 KCK 占 128 位，KEK 占 128 位，TK 占 128 位，MIC Key 占 128 位，如图 3-7 所示。当加密方式是 CCMP 时，PTK 长 384 位，按顺序分别为 KCK 占 128 位，KEK 占 128 位，TK 占 128 位。

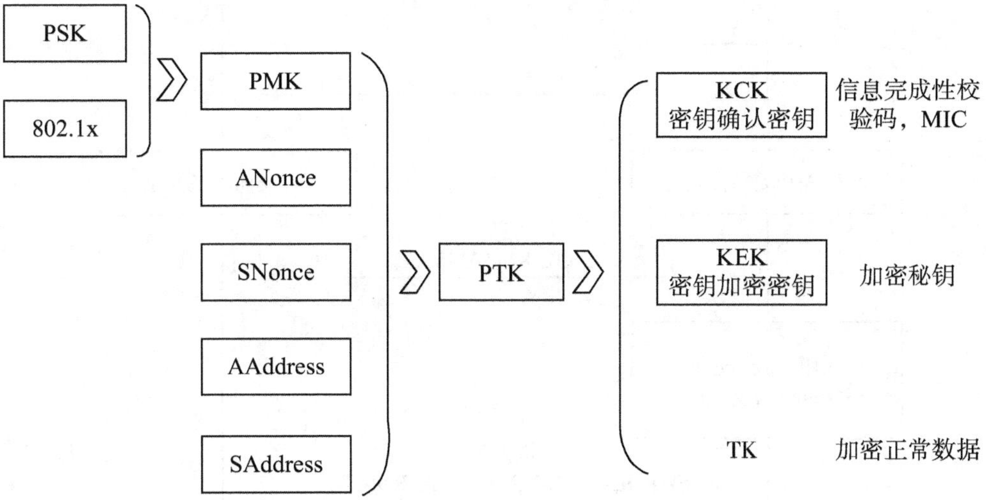

图 3-6　四次握手中各密钥、参数的关系

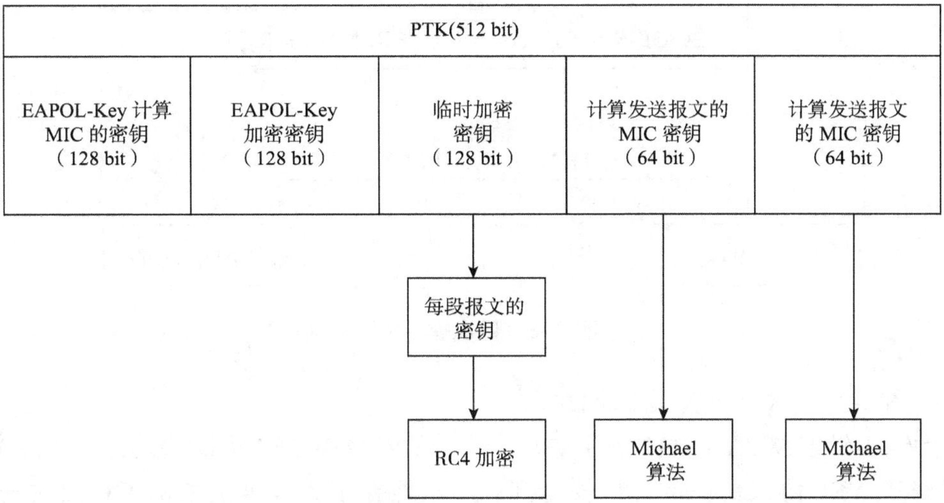

图 3-7　PTK 结构

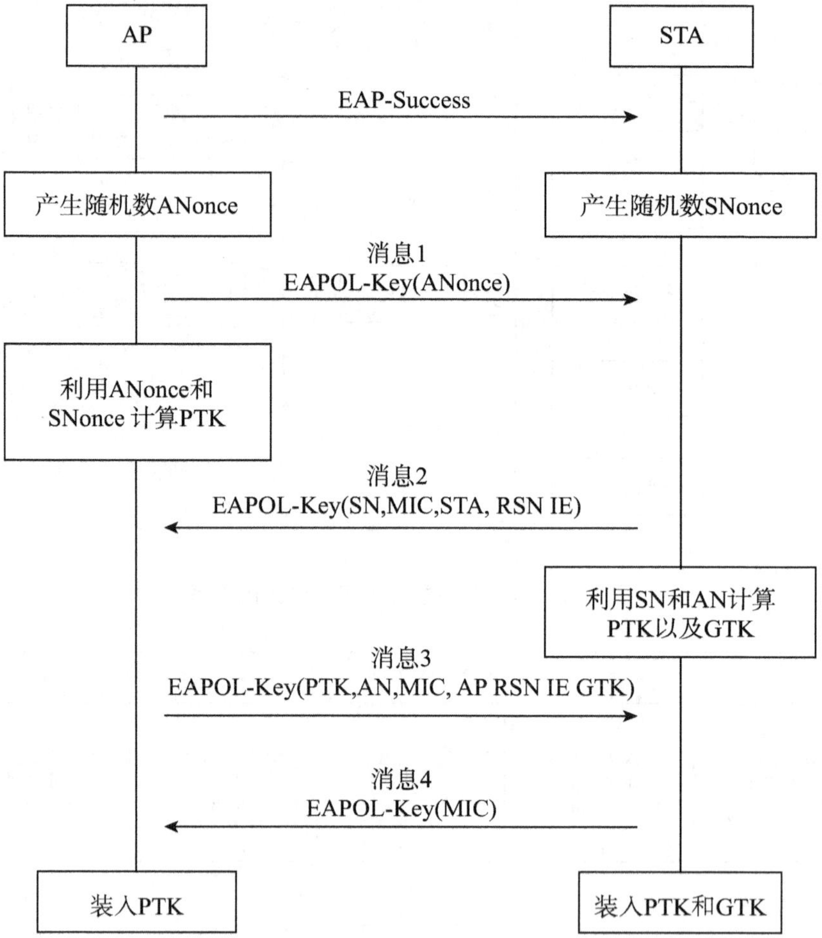

图 3-8　四次握手流程

图 3-8 所示为四次握手流程。

（4）针对 WPA/WPA2 的主要攻击方式：WPA/WPA2 协议的设计初衷是为了修复 WEP 协议暴露的一些安全问题，虽然在很大程度上抵御了重放攻击、弱密钥攻击、统计攻击，但是随着新的破解手段层出不穷，已经有一些研究者找到了 WPA/WPA2 协议的安全弱点，并且开发了一些破解工具。

①密钥攻击。WPA 协议是用 TKIP 加密来保障数据的安全性的，但是 TKIP 本质上是在 WEP 协议上进行扩展的，其内部依旧使用了 RC4 算法，无法从根本上解决 RC4 算法本身的弱点。因此，虽然 TKIP 机制在一定程度上加强了传输的安全性，但是攻击者依旧可以通过抓取数据包破解密钥。攻击者可以设计一个密钥字典，假设某一个密钥是正确的，计算得到 PTK 值，再将这

个 PTK 与抓取到的 PTK 值进行对比，若相同，则证明该密钥就是 AP 与终端进行认证的密钥。

②中间人攻击。WPA/WPA2 协议的认证机制分为两类：一类是个人模式的预共享密钥认证；另一类是基于 802.1x 和 EAP 的服务器认证模式。服务器认证模式虽然是双向认证模式，但不是终端和接入点的双向认证，而是接入点与认证服务器的双向认证。因此，这两种模式都存在被攻击者截取报文，然后伪造可以得到接收方认可的报文，从而造成中间人攻击的威胁。

③拒绝服务攻击。这种攻击方式会让目标机器停止提供网络服务，这在有线网络和无线网络上都是非常严重的恶意攻击方式。在无线局域网中，拒绝服务攻击主要分为三种：物理层攻击、MAC 层攻击和协议层攻击。物理层攻击主要通过发射干扰射频信号来破坏正常的信道，达到破坏的目的；MAC 层攻击主要是长时间恶意占用通信信道，在四次握手协商过程中，由于管理帧和控制帧没有采用任何保护措施，攻击者伪造这些管理帧和控制帧发动认证过程，造成正常用户无法连接；协议层攻击主要有针对 EAP.TLS 认证的 DoS 攻击和四次握手协议的 DoS 攻击。

④密钥重载攻击。2017 年 10 月，欧洲鲁汶大学的安全研究员披露了 WPA2 存在高危漏洞，漏洞允许在 Wi-Fi 范围内的攻击者监听计算机和接入点之间的 Wi-Fi 流量。该漏洞影响协议本身，且对 WPA 和 WPA2 均有效，因此支持 WPA/WPA2 协议的软件或硬件均受到影响。研究人员发现，WPA2 协议层中存在逻辑缺陷，几乎所有支持 Wi-Fi 的设备（包括但不限于 Android、Linux、Apple、Windows、OpenBSD）都面临威胁，其传输的数据存在被嗅探、篡改的风险。

三、胎压监测系统安全

（一）胎压监测系统概述

胎压监测系统即汽车轮胎压力监测系统。胎压监测系统主要由控制器、传感器以及仪表显示两个部分组成。胎压监测传感器集成了压力传感器、温度传感器、加速度传感器以及电池电压传感器，可以实时检测轮胎气压、温度、加速度等信息。当加速度传感器采集到的旋转加速度值超过某一阈值时，将采集到的信息经过编码通过无线射频方式发送给胎压监测控制器，控制器对其进行解码，得出当前轮胎的压力、温度状态。当轮胎出现压力低于 / 高于预定阈值、轮胎温度超过预定阈值或者漏气速度大于预定阈值等异常状态时，胎压监测系统会发出相应的报警信息，报警信息通过 CAN 总线网络传送给仪表盘进行显示。

胎压监测系统目前主要分为三类：直接式胎压监测系统、间接式胎压监测系统和混合式胎压监测系统。

1.直接式胎压监测系统

直接式胎压监测系统在每个轮胎里都安装有压力传感器，用以直接测量轮胎的气压，通过无线发射器将压力信息传送到中央接收器，再通过车载显示屏显示气压数据，当轮胎漏气或者气压低时，系统就会自动报警。因为每个轮胎都安装有传感器，所以当某个轮胎的胎压低于范围值时，驾驶员就会得到警示。若有车胎漏气，驾驶员亦可以通过行车电脑显示屏知道。直接式胎压监测系统的缺点是在享受高精度的同时要承担其高昂的成本。直接式胎压监测系统按其供电方式可分为被动式和主动式两种。

被动式胎压监测系统也称为无电池式胎压监测系统，它用一个收发器替代一般的接收器。安装在汽车轮胎中的转发器接收收发器发出的信号，同时借用这个信号的能量来发射一个反馈信号到收发器。这就使安装在轮胎内部的压力、温度传感器不需要电池即可完成数据发送，从而解决了电池使用寿命有限带来的问题。虽然被动式胎压监测系统不需要电池，但它需要将转发器集成到轮胎模块中。这一点还未形成统一的标准，因此被动式胎压监测系统还不是主流。

主动式胎压监测系统利用安装在每一个轮胎里的需要电源供电的压力、温度传感器来直接测量轮胎的气压和温度，并通过射频发射器将测得的数据发送到主机模块的接收器，主机模块完成数据的分析、处理和显示。主动式胎压监测系统目前已经是一种比较成熟的技术，开发出的模块可以适用于各轮胎厂商生产的轮胎，但电池有限的使用寿命是制约其发展与应用的一大难题。

2.间接式胎压监测系统

间接式胎压监测系统并不直接测量汽车轮胎压力，而是利用对比轮胎转速的方法来监测车胎压力。相对于直接式胎压监测系统，间接式胎压监测系统结构简单、成本低、耐用。间接式胎压监测系统的工作原理是，先利用非压力传感器测得相关数据，再利用轮胎的力学模型间接计算出轮胎气压，或者通过轮胎之间的气压差别达到监测胎压的目的。目前主要有三种间接式胎压监测方法，分别是转速监测法、频率监测法和磁敏监测法。

转速监测法是通过汽车 ABS 系统的轮速传感器来比较轮胎之间的转速差别，达到监测胎压的目的。转速监测法的工作原理是，当某轮胎的气压降低时，该轮胎的滚动半径变小，导致该轮胎的转速比其他轮胎快，通过比较轮胎之间的转速差别，就能达到监测胎压的目的。

频率监测法的工作原理是，在汽车行驶过程中，轮胎的弹簧指数常随轮胎气压的变化而发生变化，利用四个车轮上安装的 ABS 车轮传感器产生的波形，并经过处理，求出轮胎的共振频率，由此可得轮胎的弹簧常数，再根据轮胎气压和弹簧常数的线性关系，求出胎压。

磁敏监测法的轮胎气压传感器安装在车轮轮辋上，而霍尔装置安装在与悬架支柱固接的托架或车轮制动底板上。当汽车行驶时，轮胎气压变化引起压力传感器中磁性元件磁场方向变化，从而间接使得霍尔装置磁敏元件的磁感应强度变化，霍尔装置的输出信号也随着变化，由此实现充气压力信号由轮胎至车体的非接触式传递。电子控制单元由单片机和外围接口组成，单片机对经过调理的霍尔装置的输出信号进行采样，并将数据送入存储器，经运算分析和比较判断，得到轮胎气压值及其状态，通过接口芯片和驱动器，驱动显示报警装置在面板显示轮胎气压，或在压力异常时进行声光报警。

3. 混合式胎压监测系统

混合式胎压监测系统兼顾胎压监测成本和监测精度，在常规的间接式胎压监测系统中安装了两个额外的轮胎压力传感器和一个射频接收器，以增加测量精度。市场上的胎压监测报警器品牌众多，目前的胎压监测报警器有导航 / DVD 升级式、点烟器式、便携式、独立式、吸顶式、外接式等。

（二）胎压监测系统攻击技术分析

论文 *Security and Privacy Vulnerabilities of In-Car Wireless Networks：A Tire Pressure Monitoring System Case Study* 讨论了胎压监测系统的安全性。下面分析该研究成果，介绍如何利用漏洞攻击汽车的胎压监测系统。

1. 研究目标

研究人员的胎压监测系统包含安装在每个轮胎阀杆后部的 TPMS 传感器、TPMS 电气控制单元（ECU）、接收单元（与 ECU 集成或独立）、仪表板 TPMS 警示灯以及连接到接收器的一个或四个天线单元。TPMS 传感器周期性地将压力和温度测量结果与标识符一起广播。TPMS ECU/ 接收器接收数据包并在将消息发送到 TPMS 警示灯之前执行以下操作：首先，它可以接收相邻车辆传感器的数据包，因此会过滤掉这些数据包；其次，它执行温度补偿机制，将压力读数归一化并评估轮胎压力变化。系统的确切设计因供应商而异，特别是在天线配置和通信协议方面。四天线配置通常用于高端车型，即天线安装在车轮拱壳后面的每个车轮外壳中，并通过高频天线电缆连接到接收单元。

胎压传感器和 TPMS ECU 之间使用的通信协议是专有的。通过查询供应商提供的资料，研究人员了解到 TPMS 数据传输通常使用 315 MHz 或 433 MHz 频带（UHF）的 ASK 或 FSK 调制，每个轮胎压力传感器都带有标识符（ID），在 TPMS ECU 接收轮胎压力传感器报告的数据之前，传感器的 ID 和它所安装的车轮位置必须手动输入 TPMS ECU 中（在大多数汽车中），之后，传感器的 ID 将成为帮助 ECU 确定数据包来源，并过滤掉其他车辆发送的数据包的关键信息。

为了延长电池寿命，轮胎压力传感器设计为大部分时间睡眠，只在两种情况下被唤醒：当汽车开始高速行驶（例如，超过 40 km/h），传感器需要监测轮胎压力时；在诊断和初始传感器 ID 绑定阶段，传感器需要传送其 ID 或其他信息时。

RF 激活信号在低频无线电频带中以 125 kHz 的频率运行，并且由于在该频率下 RF 天线的功能特性较差，所以只能在短距离内唤醒传感器。根据不同轮胎传感器制造商的手册，激活信号可以是调幅信号，也可以是调制信号。无论哪种情况，轮胎传感器上的低频接收器都会过滤输入的启动信号，并仅在识别出匹配信号时唤醒传感器，激活信号主要由汽车经销商安装和诊断轮胎传感器时使用，并且是制造商特定的。

2. 逆向 TPMS 通信协议

除了正确解码或欺骗传感器之外，还需要了解调制方案、编码方案和消息格式，除了内部人员或给出的实际规格外，这些信息还需要攻击者进行逆向工程。

研究人员选择了两种采用不同调制方案的典型胎压传感器，这两款传感器都用于美国市场份额较高的汽车。为了防止被黑客利用，研究人员将这些传感器简称为轮胎压力传感器 A（TPS-A）和轮胎压力传感器 B（TPS-B）。为了研究，研究人员还购买了一些价格为几百美元的 TPMS 触发器工具，这些工具是手持设备，通常由汽车技术人员和机械师用于故障排除，可以解码来自各种轮胎传感器的信息。实验中，研究人员使用了 ATEQ（KATEQ VT55）的 TPMS 触发器工具。

逆向 TPMS 协议需要捕获和分析原始信号数据，研究人员将 GNU Radio 与通用软件定义无线电设备 USRP 结合使用。GNU Radio 是一个开源的免费软件工具包，提供在主机处理平台上运行的信号处理模块库。使用 GNU Radio 实现的算法可以直接从 USRP 接收数据，USRP 是通过各种子板提供射频访问的硬件，包括能够接收在 50 ～ 870 MHz 范围内的 RF 的 TVRX 子板和能够从 DC

到 30 MHz 接收的 LFRX 子板。为了方便，研究人员最初使用了 Agilent 89600 矢量信号分析仪（VSA）进行数据采集。

3. 逆向工程详述

研究人员利用每个 TPMS 传感器收集一些传输信号，利用 VSA 测试完全捕获传输所需的频谱带宽。当使用 ATEQ VT55 触发传感器时，传感器靠近 VSA 接收天线放置。尽管使用 VSA 完成了最初的数据收集，但研究团队转而使用 USRP 来说明研究结果（以及随后的攻击）可以通过低成本硬件实现。使用 USRP 进行数据收集的另一个优点是，它能够为 LF 和 HF 频段提供同步收集功能，提取激活信号和传感器响应之间的重要定时信息。为了收集这些有价值的数据，TVRX 和 LFRX 子板用于提供适当的无线电频率，一旦收集到传感器脉冲串，就利用 MATLAB 进行信号分析，以了解调制和编码方案。最后一步是绘制出消息格式。

（1）确定物理层特征。表征传感器物理层特征的第一阶段涉及测量带宽和其他物理量属性。在最初的分析过程中，研究人员注意到每个传感器响应其各自的激活信号，并发射多个脉冲串，TPS-A 使用 4 次连发，TPS-B 使用 5 次连发。

（2）确定调制方案。通过基带波形分析，研究人员确立了两种不同的调制方案。TPS-A 采用幅移键控的调制方式，TPS-B 采用混合调制方案，即同时使用幅移键控和频移键控的调制方式。研究人员推测使用混合方案有两个原因：通过 TPMS 阅读器最大限度地提高可操作性；减轻正常操作期间不利通道的影响。

（3）确定编码方案。尽管调制方案不同，但两个传感器都使用了曼彻斯特编码。波特率可以在曼彻斯特编码下被直接观察到，大约为 5 kBd。研究人员利用每条消息中已知的比特序列信息，确定曼彻斯特编码信号的位映射。研究人员能够确定传感器 ID，因为它被印刷在每个传感器上，并假定该位序列必须包含在要传递的消息中。

（4）重构消息格式。虽然两款传感器都使用差分曼彻斯特编码，但它们的数据包格式差别很大，因此还要确定每个传感器剩余位的消息映射。为了理解每个字段的具体含义，研究人员通过改变单个参数（如使用焊枪和冰箱调整温度）或调整压力来操纵传感器传输，并观察消息中哪些比特位被改变。通过同时使用 ATEQ VT55，研究人员还能够观察实际传输的值，并将它们与解码比特相关联，利用这种方法，研究人员确定了 TPS-A 和 TPS-B 的大部分消息字段及其含义，包括温度、压力和传感器 ID，如图 3-9 所示。研究人员还确定了数据包使用的 CRC 校验和，并通过暴力破解确定了 CRC 多项式。

数据包头	传感器	压力值	温度值	标志位	校验和

图 3-9　数据包格式的说明

4. 窃听 TPMS 信号

虽然轮胎气压数据不需要很强的保密性，但 TPMS 协议包含可用于追踪设备位置的标识符。实际上，传输的效率不仅取决于通信范围，还取决于观测车辆的消息的传送频率和速度，这些因素影响传输是否发生在通信范围内。

压力传感器的传输功率相对较小，以延长传感器电池寿命并减少交叉干扰。此外，NHTSA（美国高速公路安全管理局）规定轮胎压力传感器每 60 ～ 90 s 只传输一次数据。汽车的低发射功率、低数据报告率和高行驶速度影响着窃听的可行性。在本节中，研究人员通过实验评估 TPMS 通信的范围并进一步评估窃听信号的可行性，该范围研究使用 TPS-A 传感器，因为 TPMS 采用四天线结构并以较低的发射功率运行，更不容易被窃听。

在逆向工程步骤中，研究人员开发了两个 MATLAB 解码器：一个 ASK 解码器调制 TPS-A，一个 FSK 解码器调制 TPS-B。为使 GNU Radio 和 USRP 记录有用的数据，研究人员创建了一个实时窃听系统，使用 GNU Radio 的标准 Python 脚本 usrp rx cfile.py 以 250 kHz 的速率对采样通道进行采样，然后将记录的数据传送到分组检测器。一旦分组检测器识别出信道中的高能量信号，就提取完整的数据包并将相应的数据传递给解码器以提取压力值、温度值和传感器 ID。如果解码成功，传感器 ID 就被输出到屏幕，原始数据包信号和时间戳将被存储以备后续分析。为了能够从多个不同的 TPMS 系统捕获数据，窃听系统还需要一个调制分类器来识别调制方案，并选择相应的解码器。窃听系统如图 3-10 所示。

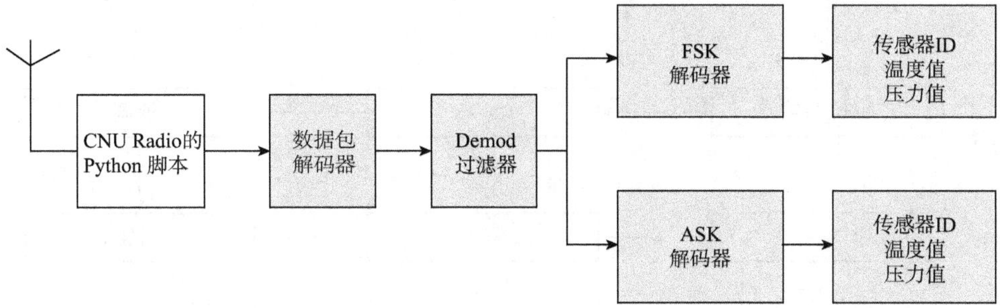

图 3-10　窃听系统框图

5. 欺骗攻击

远程窃听 TPMS 通信数据包让研究人员能够进一步探索将伪造数据发送到与安全相关的车载系统中的可行性。与窃听信号相比，发送伪造数据包这种威胁会带来更大的风险。研究人员进行了伪造数据包和欺骗攻击的实验，以验证车内接收机是否能够抵抗来自车外的干扰和欺骗，系统是否使用认证、输入验证或过滤机制来拒绝伪造的数据包。

窃听者可以实时监测 TPMS 传输并解码 ASK 调制的 TPS-A 消息和 FSK 调制的 TPS-B 消息。研究人员的数据包扫描系统建立在窃听上，如图 3-11 所示。数据包发生器获取两组参数，即传感器类型和传感器 ID，温度、压力和用户的状态标志，进而生成一个正确公式的消息，然后在插入适当的前导码的同时，在基带调制消息，最后利用定制的 GNU Radio Python 脚本，以期望的频率（315 MHz/433 MHz）对恶意传感器数据包进行变频和传输（连续或仅传输一次）。研究人员注意到，一旦捕获了传感器 ID 和传感器类型，就可以在预先定义的时间段内创建并重复传输伪造的消息。

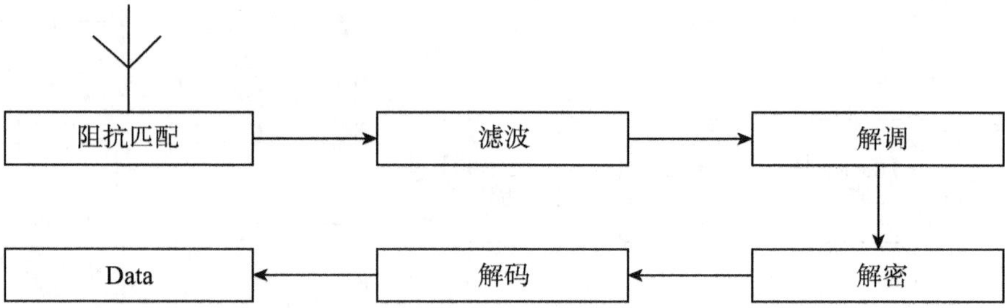

图 3-11 伪造数据包

进行实验时，由于没有可用的 USRP 子板能够以 315 MHz/433 MHz 的频率传输数据，研究人员采用了一个频率混合方法：利用两个 XCVR2450 子板和一个混频器（微型电路 ZLW-11H），随后发送一个音频信号，通过 XCVR2450 进入混音器的L_0端口。研究人员能够将来自其他 XCVR2450 的欺骗数据包混合到适当的频率——315 MHz，并且利用 5.0 GHz 和 5.315 GHz 的信号伪造数据包。为了验证系统的合理性，使用 TPMS 触发工具对伪造的数据包进行解码。

四、RKE/PKE 系统安全

（一）远程无钥匙进入系统概述

RKE（远程无钥匙进入系统）也称为射频钥匙系统。RKE 执行一个标准汽车钥匙的功能，该钥匙包含一个短程无线电发射器，并且必须在距车辆一定的范围内（通常为 5 ～ 20 m）工作。图 3-12 是 RKE 系统框图。

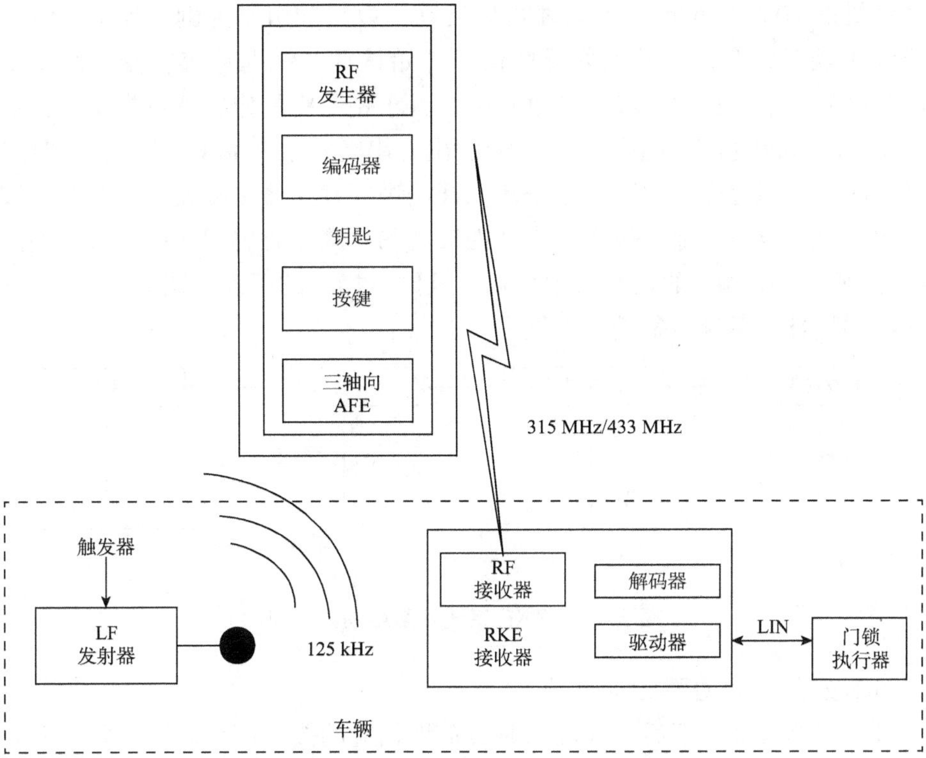

图 3-12　RKE 系统框图

钥匙中的遥控发射器和车辆内部安装的接收器要协同工作。遥控发射器部分一般包括无线电发射部分和加密模块部分。当按下遥控发射器上的开锁、闭锁或后备厢解锁按键时，将唤醒微控制器，微控制器向钥匙的射频发射器送出一串 64 位或 128 位的数据流，经过载波调制，通过高频振荡电路把射频信号发射到空间中。接收器部分包括无线电接收部分和解码部分，接收来自遥控发射器发出的射频信号，经解密后将获取的命令信息发送给执行器，进而获得希望得到的开锁、闭锁或后备厢解锁等动作。遥控发射器的发射频率通常为 315 MHz 和 433 MHz 两种，编码方式通常为 ASK（amplitude shift keying，幅移键控）和 FSK（frequency shift keying，频移键控）。为保证较长的有效遥控距离，接收部分需要有较高的灵敏度、较宽的接收带宽、接近发射频率的接收谐振频率、接近 1 的接收驻波比、与接收 LC 网络配合良好的天线等。为保证射频通信方式的安全，所有经由遥控发射器发送的信息均被以某种加密方式进行加密，这就需要对接收到的射频信号进行软件解密。

RKE 系统钥匙内装有芯片，每个芯片都有固定的 ID，只有钥匙芯片的 ID

与发动机的 ID 相匹配时，汽车才可以启动。以启动引擎为例，当车主转动钥匙启动车辆时，车内基站发射低频信号开始认证。钥匙端应答器工作能量由车内基站低频信号提供，在认证过程中，置于钥匙中的应答器首先发送自身的 ID 号，通过基站芯片的验证，基站会发出一串随机数和 MAC 地址，同时应答器做出回应。钥匙会发送一串数据流，开始进行发送器和接收器的会话，该数据流包括前引导码、命令码和一串加密滚动码。滚动码码型变换丰富，每次发送的编码至少有 50% 的位数发生变化，且同一操作的两次编码毫无规律可循。图 3-13 是 RKE 系统发射端功能框图。

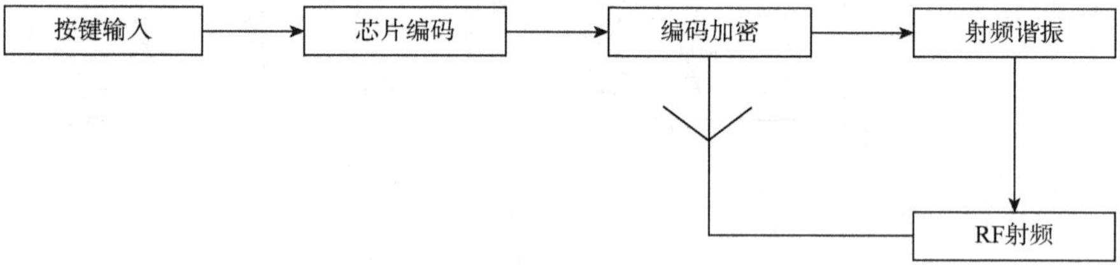

图 3-13　RKE 系统发射端功能框图

RKE 发射端的主要功能如下：

（1）钥匙按键按下后，编码电路负责将相应的按键信息以及需要加密的信息进行加密，形成基带信号。

（2）发射电路负责将基带信号进行调制，一般以 ASK 居多，以射频方式发射出去。

发射电路常用两种方案：一是基于 IC 的方案，优点是电路简单，易于实现，缺点是成本高；二是基于分离器件搭建的方案，优点是成本低，缺点是电路易受器件误差影响，匹配困难。

接收端对发送来的数据进行滤波、解调、解密、解码，还原原始数据，并验证数据的有效性，如果有效，则输出对应用户所需要的操作。图 3-14 是 RKE 系统接收端框图。

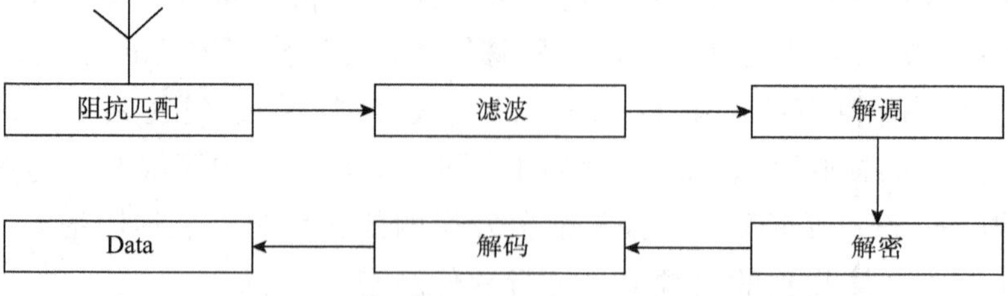

图 3-14　RKE 系统接收端框图

RKE 接收端的主要功能如下：

（1）RKE 信号解调电路负责将射频信号解调，还原成基带信号。

（2）将基带信号根据相应的解密算法进行解密，得出按键信息。

（3）将按键信息发送给主控 MCU 进行验证和判断，决定是否需要执行相应的开锁、上锁等工作。

由于单向传输的特性，RKE 系统最大的缺陷就是抗干扰能力较弱，发射的射频信号比较容易被其他窃听设备捕捉。针对 RKE 系统，攻击者会尝试当合法用户与车辆通信时，将其发送的消息录制下来。当用户离开后，攻击者重放录制的消息访问车辆，或者结合窃听和干扰的方式，当用户使用 RKE 系统锁车时，监听 RKE 信号并发送同频干扰信号。此时，RKE 接收器可能无法收到用户发送的有效信号，车辆依旧处于解锁状态。

（二）被动无钥匙进入系统概述

PKE（被动无钥匙进入系统）设计的初衷是使用户只需随身携带一个电子钥匙，不需要按键（遥控开锁）就可以进入车辆。该系统采用无线射频识别技术，通过车主随身携带的电子钥匙（智能卡）里的芯片感应自动开关门锁，当用户尝试用手去拉车门上的门把手时，车辆会向“钥匙”发出询问信息，如果授权的“钥匙”在车辆可操作范围内，并且回答了有效的验证码，则车辆可以进行对应的解锁或者启动的操作；当驾驶者离开车辆时，门锁会自动锁上并进入防盗状态。PKE 系统采用低频触发、高频认证的模式完成双向通信认证。认证通过 PKE 车内收发器和智能卡之间、发动机 ECU 和 PKE 之间高达 64 位的加密算法进行，只有通过相应的认证之后才能够启动和操作车辆，如果没有智能卡，则不能启动汽车的电子系统。

PKE 的主要组成部分为车内收发器、电子钥匙、天线等。车内收发器是系统的关键，负责与电子钥匙的通信及与设备的互动；电子钥匙（ID device）由用户随身携带，相当于用户的身份证，用来验证用户的身份，类似 RKE 的遥控器；LF 天线为接收器与电子钥匙的通信媒介，用于接收和发送射频信号。

PKE 技术其实是从 RKE 演变而来的，也有人称 PKE 是 RKE 的第二代技术。简单地说，从 RKE 到 PKE 其实就是从“需按键”发展到“免按键”、从“安全”到“更安全”的过程。图 3-15 为 PKE 系统原理图。

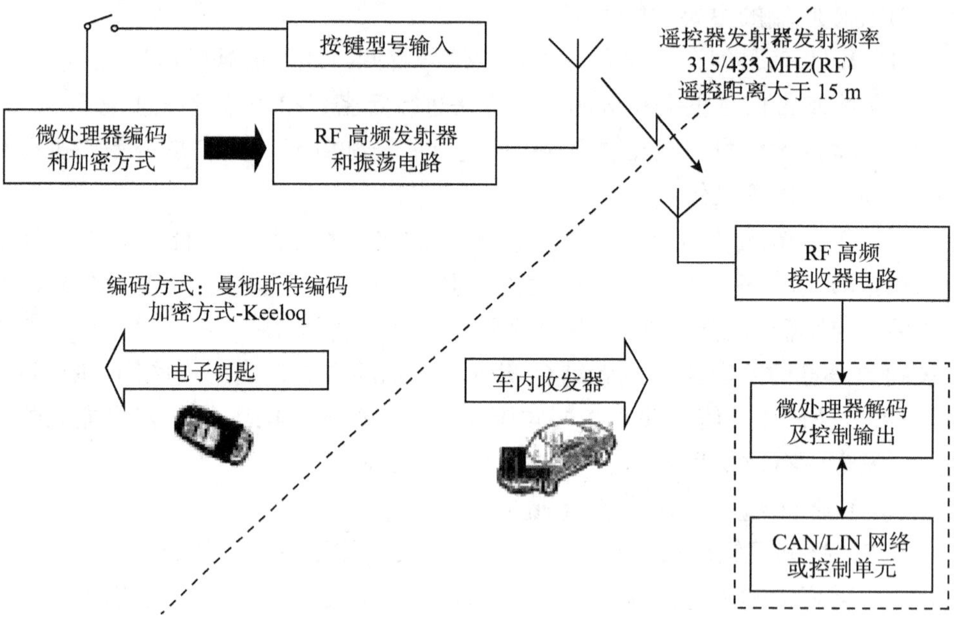

图 3-15　PKE 系统原理图

PKE 系统的工作过程可以分为唤醒和验证两个过程。

（1）唤醒。当用户携带电子钥匙出现在接收器的检测范围内并拉动门把手时，电子钥匙会收到一个来自车内收发器的低频信号，如果这个信号与钥匙内存储的数据相匹配，钥匙就会被唤醒。唤醒模式的设计可以保证其他无关信号不会干扰车内收发器的工作，并可以延长电池的使用时间。另外，PKE 使用的三维天线可以确保钥匙收到唤醒信号，不用担心障碍物的阻碍。

（2）验证。钥匙被唤醒后，会分析从车内收发器发送过来的“口令”，计算出对应的数据并加密发送回车内收发器，主机分析从钥匙收到的数据，并与自己所计算出的数据进行比较，如果两者匹配成功，就会开启门锁。

从唤醒到开启门锁只需几毫秒的时间，因此从接触门把手到开门，用户感觉不到任何延时。

相比于 RKE，PKE 存在以下优势：从功能实现方式和用户体验方面来看，PKE 比 RKE 拥有绝对的优势，使用 RKE 的用户每次开锁和上锁前都需要按一下遥控器，而 PKE 则完全不需要任何操作；从工作原理来看，在安全性方面，PKE 的双向通信认证方式显然更安全，这种方式大大降低了被截码、破解的可能性，特别是在抗干扰方面，RKE 很容易因为受到同频干扰而无法正常工作，而 PKE 在受到同频干扰时，车门会一直处于上锁状态。当然，PKE 也存在不足之处，如 PKE 系统的制造成本相对于 RKE 高一些，由于 PKE 是被动式的工作原理，系统的功耗相对较大，电子钥匙的电池寿命比 RKE 短。

（三）RKE/PKE 攻击技术分析

1.RKE/PKE 系统安全技术

RKE/PKE 系统运用了很多技术保证通信数据的安全，主要有 MicroShip 公司的基于 KeeLoq 算法的滚动码技术、NXP 公司的基于 Hitag2 加密算法的身份认证技术以及 TI 公司的基于 AES 加密算法的安全技术。

（1）基于 KeeLoq 算法的安全策略。

① KeeLoq 算法简介：KeeLoq 算法最初是由南非的威廉·斯密特（Willem Smit）设计的分组密码算法，1995 年由 Microchip 公司购买并以此推出了系列专用编解码芯片。目前仍有很多汽车的 RKE/PKE 系统应用了该算法。KeeLoq 的结构属于广义 Feistel 结构，但是只是取其中几位进行轮函数操作，其分组长度为 32 位，其密钥长度为 64 位，需要通过 528 轮的运算，并且每轮运算使用密钥的其中 1 位，因而可以等价于一个非线性反馈移位寄存器的重复迭代操作。KeeLoq 算法的核心思想就是用 64 位密钥加密 32 位明文，从而得到 32 位密文，即使明文中只有 1 位数据发生变化，用 KeeLoq 算法得到的密文也会有 50% 以上的数据位发生变化。KeeLoq 加密算法示意图（图 3-16），其需要 1 个 32 位的移位寄存器并附加 5 个固定的抽头，另外需要 1 个 64 位的移位寄存器并附加 1 个固定的抽头，同时再加上一个 32 位的查表模块（或者由逻辑运算 NLF 的代数关系式代替）。

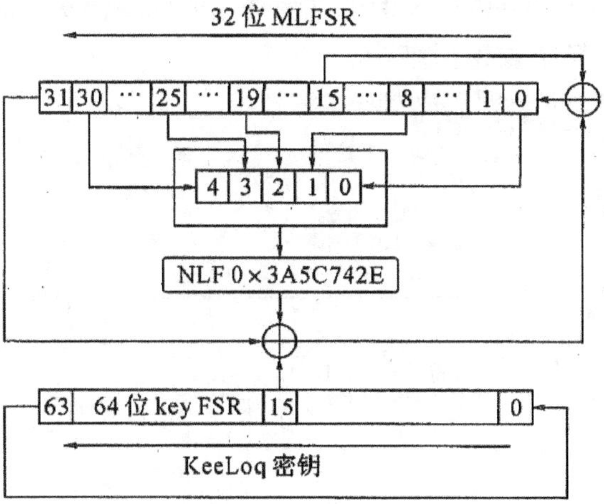

图 3-16　KeeLoq 加密算法示意图

② RKE 系统的 KeeLoq 跳码结构：RKE 系统大多使用 KeeLoq 跳码（滚码或者滚动码）作为 KeeLoq 加密的输入变量，发射端和接收端分别集成了编码器和解码器，并且共用一个密钥以及一组固定的 10 ～ 12 位标识码（序列号），用以区别不同的 RKE 系统；同时有一组 32 位的同步码（计数器或者滚码），其在每次成功发送信号后（用户每次按键触发后）加一位，用以区别每次发送的信息；最后是 4 位的功能按键信息。编码器通过输入 32 位同步码的信号与事先存储好的 64 位密钥信息进行 KeeLoq 加密运算，最后得到跳码信息。图 3-17 为 KeeLoq 加密 RKE 信息的示意图。

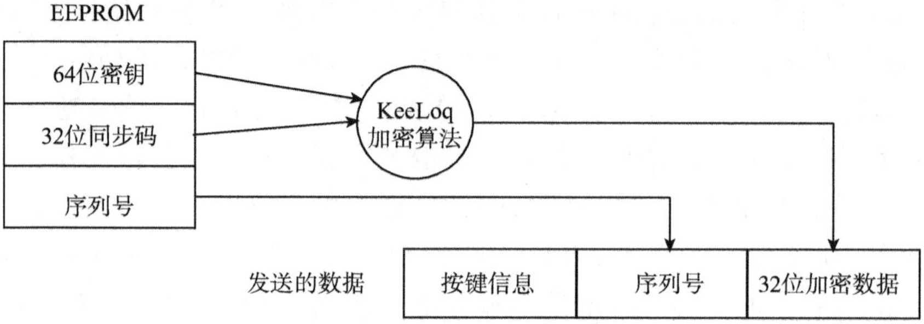

图 3-17　KeeLoq 加密 RKE 信息的示意图

跳码基带信号经过 ASK 调制转化成射频信号发出，接收端通过同样事先存储好的共用密钥进行解密以获取同步码。接着判断其标识码是否同其事先存储好的标识码一致，如果一致，再判断同步码的范围是否在规定的范围内（一般认定发射的同步码必须大于接收端存储的同步码）。图 3-18 所示为基于 KeeLoq 的 RKE 系统滑动窗口结构。

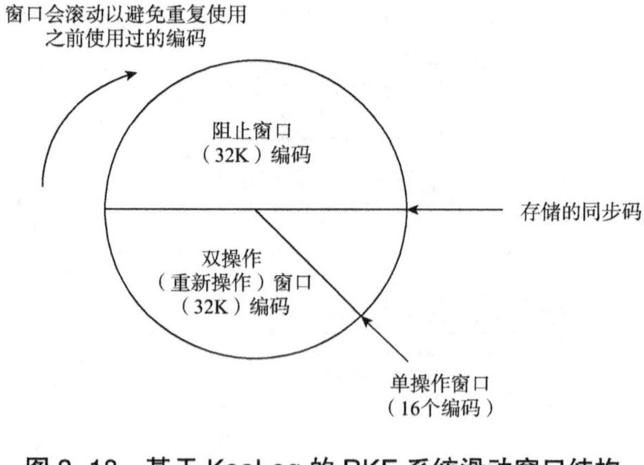

图 3-18　基于 KeeLoq 的 RKE 系统滑动窗口结构

这里会用到三个“同步”窗口来进行判断。一是有效同步窗口，如果收到的同步码落在规定范围内（假设在 +16 个编码内），则功能信息所对应的需要执行的操作会被立即执行。二是重新同步窗口，如果收到的信号超出了规定的同步窗口，但是落在重同步窗口以内，则接收端会先预存发射端的同步码，等待判断下次发射端发送的同步码是否落在同步窗口，如果是，则执行操作，如果不是，则再预存发射端的同步码，等待再下一次的判断。也就是说，用户至少需要按两次键才能成功得到对应的响应操作。三是非法同步窗口，任何接收到的同步码如果落在此窗口，则所有的操作都会被忽略，以防止窃听者利用重复播放先前的信号进行任何攻击。图 3-19 为 KeeLoq 解密 RKE 信息的示意图。

③ PKE 系统使用问答形式的 KeeLoq IFF 双向验证：由于 PKE 系统采用的是双向通信方式，因而其对应的加密算法大多会采用 Challenge-Response 的验证方式。问答形式安全验证技术被广泛用于汽车发动机防盗装置系统，其最早出现于军事航空领域，用于雷达，功能是进行敌我识别。问答形式安全验证技术使用双向通信链路。图 3-20 所示为问答形式的验证流程，在这种技术中，车辆和钥匙共享一个加密密钥（固定密码）。当用户拉动车门把手时，车辆会向用户的钥匙发送一个随机数（随机密码），此方式又称为随机询问。然后钥匙使用存储其中的加密算法将固定密码和随机密码进行计算，之后钥匙将计算结果发送回车辆，而车辆一直在等待钥匙的响应，同时自己使用和钥匙一样的加密算法计算自己的固定密码同随机数的运算结果。车辆在接到回应后会比较钥匙发送的数值与它自己计算出的结果。如果两者匹配，则车辆识别钥匙为一个有效的合法设备，并执行相应的操作。

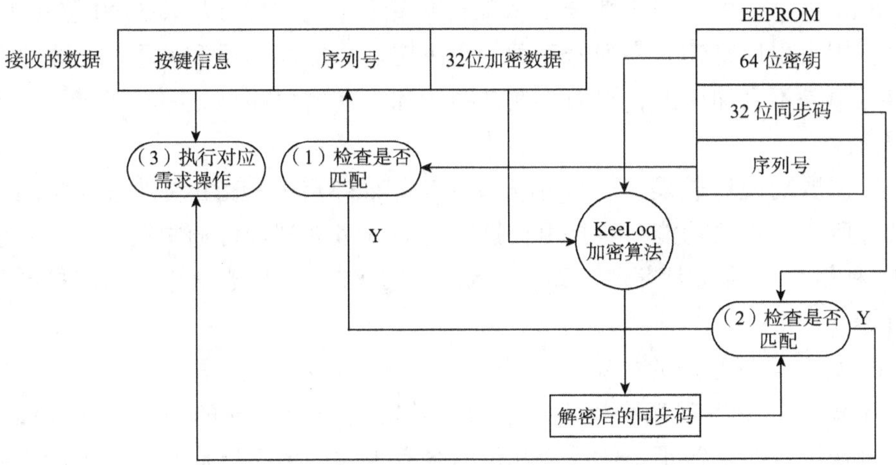

图 3-19　KeeLoq 解密 RKE 信息的示意图

对于 PKE 系统的问答验证方式的应用，一般采用两种通信频段进行通信：LF 频段（315 kHz）用于短距离（1 ～ 2 m）的通信，主要用来检测钥匙是在车内还是在车外；UHF 频段（315 MHz/433 MHz）用于远距离通信（10 ～ 100 m），主要用来发送验证消息。其工作模式可以分为正常工作模式和备份工作模式。在正常工作模式下，PKE 系统可以由电池提供；在备份工作模式下，则不需要电池支持（考虑电池耗尽情况）。

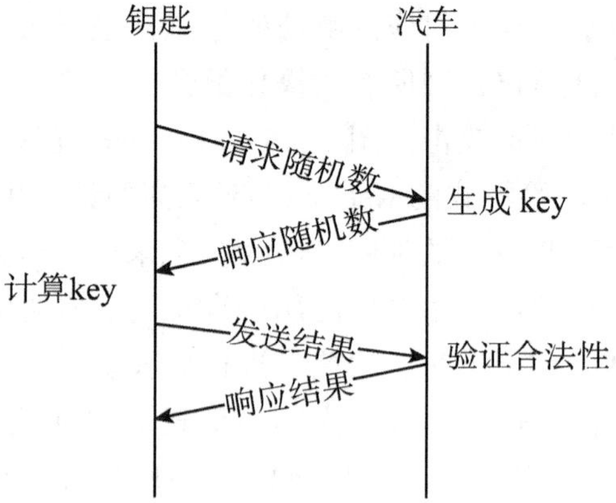

图 3-20　问答形式的验证流程

④ KeeLoq 算法的弊端：

a.KeeLoq 算法的密钥长度为 64 位，分组长度为 32 位，在当今的密码系统中属于比较短的密钥。通过多台高性能的计算机并行计算，可以快速地计算出对应的密钥。

b.Keeloq 算法的安全性全部依赖出厂密钥的设置。以 HCS300 芯片为例，加密密钥由出厂密钥、序列号和种子码决定。一般序列号和种子码在发送数据的过程中是不会加密的，因而存在被窃听和截获的可能性，一旦外泄，后果就很严重。

c. 扩展功能比较弱，升级不方便。KeeLoq 算法一般由硬件芯片实现，而其芯片所能实现的功能一般是由按键决定的，考虑到按键通常有 4 个，最多只有 16 种组合，因而对发送方而言，无法附加汽车的其他信息，功能扩展几乎不可能。

d. 无按键功能码的检错和纠错功能。在环境噪声较高，存在干扰的情况下，无线传输中出现误码概率比较大，功能码所要实现的功能，如开锁、解锁、报警等，如果错了 1 位或者几位，会有很大的概率造成其功能上的错误判断，比如，发送的数据0010对应闭锁车门，而0001对应的是解锁车门，那么在同时错了2位后，其功能出错的后果是非常严重的。

e. 信息传输效率较低。在发送的数据中，其有用的信息（如序列号、按键功能码）全部在固定码中且位数较少，而加密码作为一种加密用的附加数据，占用的位数较多。

（2）基于AES的密码通信安全技术。

AES是一个迭代的、对称密钥分组的密码，它可以使用128位、192位和256位长度的密钥，并且用128位分组长度加密和解密数据。该算法输入分组、输出分组、状态长度均为128 bit。

AES算法的运算是在一个称为状态的二维字节数组上进行的。一个状态由四行组成，每一行包括 N_b 个字节（N_b 等于分组长度除以32）。AES分组长度为128位，因此 $N_b=4$，该值反映了状态中32位字的个数（列数）。密钥长度128位、192位和256位可分别表示为 $N_k=4$、$N_k=6$，$N_k=8$，反映了密钥中32位字的个数（列数）。而AES算法的轮数 N_r 仅依赖密钥长度 N_k。轮数和密钥长度的关系可以表示为 $N_r=6+N_k$。密钥长度—分组长度—轮数的关系如表3-3所示。

表3-3 密钥长度—分组长度—轮数的关系

密钥长度（N_k/字）	分组长度（N_b/字）	轮数（N_r）
4	4	10
6	4	12
8	4	14

对于加密和解密变换，AES算法使用的轮函数由4个不同的以字节为基本单位的变换复合而成，该过程由四个不同的阶段组成：S盒变换，用一个S盒完成分组中的按字节代替；行移位变换，一个简单的置换；列混淆变换，利用在域GF（2^8）上的算术性的代替；轮密钥加变换，利用当前分组和扩展密钥的一部分进行按位异或。

AES对数据的加密过程是通过把输入的明文和密钥由轮函数经 N_r 轮迭代来实现的，结尾轮与前 N_r-1 轮不同。前 N_r-1 轮依次进行S盒变换、行移位变换、列混淆变换和轮密钥加变换；结尾轮与前 N_r-1 轮相比去掉了列混淆变换。

而解密过程与加密过程相反，通过把输入的密文和密钥由轮函数经轮迭代来实现，结尾轮与前 N_r-1 轮不同。前 N_r-1 轮依次进行逆行移位变换、逆S盒变换、轮密钥加变换和逆列混淆变换；结尾轮与前 N_r-1 轮相比去掉了逆列混淆变换。

AES 算法的加密解密过程如图 3-21 所示。

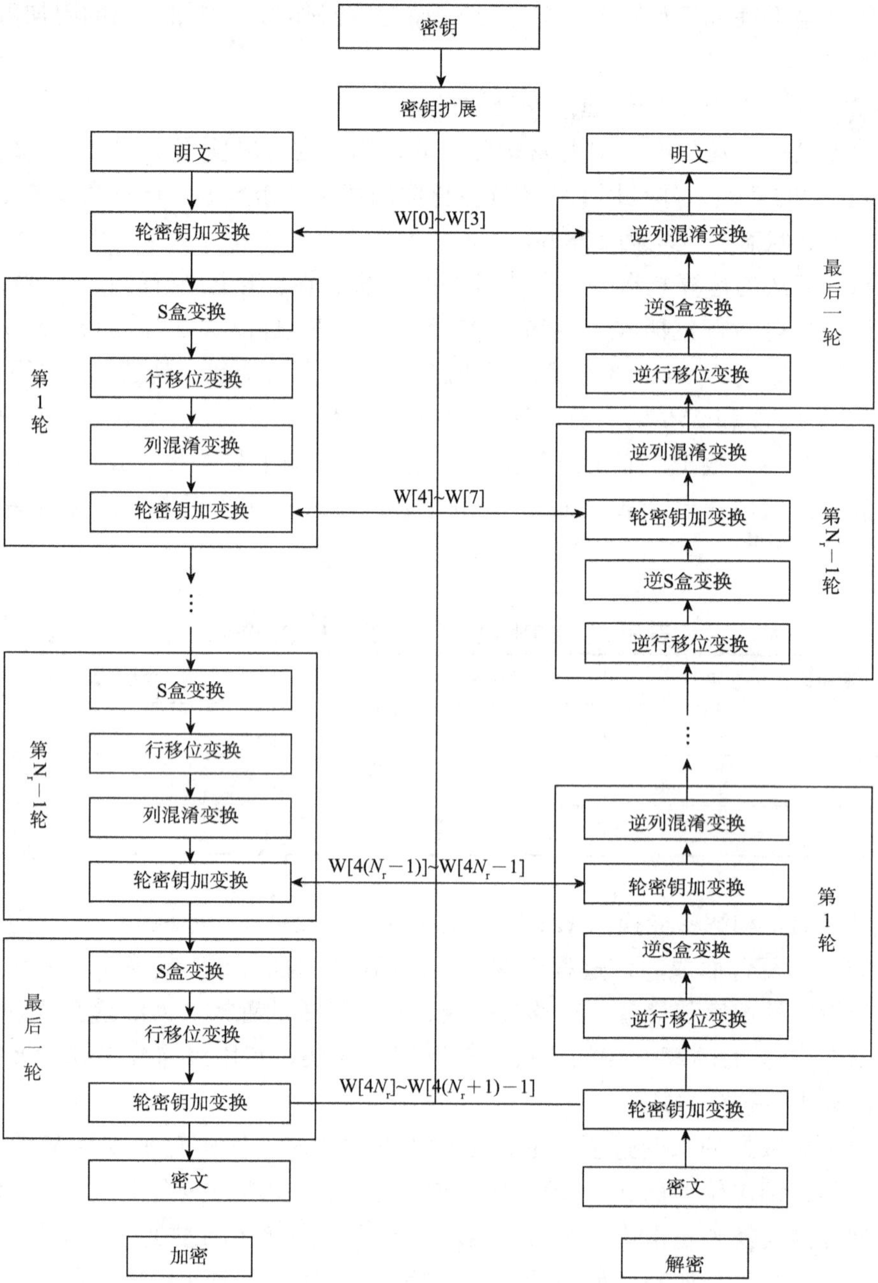

图 3-21　AES 加密解密流程

2.RKE/PKE 系统常见攻击方法总结

目前，针对 RKE/PKE 系统的主要攻击手段有暴力扫描攻击、重放攻击、中继攻击、前向预测代码攻击、字典预测攻击和密码分析攻击等，且分别针对 RKE 系统和 PKE 系统的攻击方法有所不同。下面对主要攻击方法进行简要介绍。

（1）暴力扫描攻击：针对 RKE 系统的滚动代码技术，暴力扫描攻击通过不断对系统发送不同的攻击代码来进行攻击，攻击者会不断尝试，直到代码相匹配。针对 PKE 系统，暴力扫描攻击略微有些不同，攻击者会试图通过多次拉动门把手获得车辆访问。每一次攻击者会传回给车辆一个固定的代码，主要目的是让车辆发送对应的询问代码可以匹配发送的固定码。暴力扫描攻击从攻击者的角度来看是非常简单的，因为攻击者并不需要知道关于该系统的任何技术信息。暴力扫描攻击的成功概率取决于车辆随机询问的比特数、随机询问的加密算法以及攻击者进行的试验数量。暴力扫描攻击是一种最基本的攻击方法，对抗暴力扫描攻击的主要方法：增加密钥的位长度以增加攻击所需要的时间，在明文或密文中增加随机的冗余信息，等等。

（2）重放攻击：重放攻击又被称为信号录制攻击。攻击者会尝试当合法用户发起与车辆通信的时候将其发送的消息录制下来，当用户离开后，攻击者试图通过回放录制的消息访问车辆。或者再将此攻击推广，结合窃听和干扰的方式，如当用户使用 RKE 系统锁车时，监听发送的同频信号并且发送干扰的同频信号，此时 RKE 接收器可能无法收到用户发送的有效信号，则车辆还是会处于解锁状态，且攻击者拥有暂时有效的代码信息。此类型的攻击仅可能对每次传输验证的信息不变的系统有效，当采用滚码技术或者 Challenge-Response 的验证方法后，这种攻击就无法实施了。比如，如果接收信号只要收到一次有效的信号（一般 RKE 系统按一次按钮后会至少发送 4 ～ 5 帧同样的信号），则窃听者监听的信号就会被视为之前的信号，被判定为无效信号。

（3）中继攻击：中继攻击需要两个攻击者相互配合，并利用合适的电子设备建立车辆和车辆钥匙之间的中继，第一个攻击者站在车辆旁边，第二个攻击者站在车主附近。步骤如下：第一个攻击者在车旁拉门接收由车辆发送的信号，然后将其放大发送给第二个攻击者；第二个攻击者接收到信号后将其发送到车主的钥匙，之后钥匙会做出回应，第二个攻击者接收到该钥匙的响应，将其发送给第一个攻击者，最后第一个攻击者将此钥匙发送的信号发送给车辆。只要攻击者有合适的电子设备，就可以利用这种类型的攻击打开车门。

（4）前向预测代码攻击：针对 PKE 系统，通过简单地拉几次门把手后，攻击者可以多次获得随机询问的代码。如果攻击者可以通过适当的方法预测到下一次的随机询问代码，就可以去车主钥匙附近，生成一个预测的随机访问代码，然后记录相应的钥匙响应。之后，攻击者返回车辆旁并拉门把手以触发系统，将从钥匙中记录的消息重新播放给车辆即可完成车辆解锁解防。因此，只要攻击者可以成功预测车辆的随机询问代码，攻击实验就能成功。

（5）字典预测攻击：针对 PKE 系统，攻击者记录车辆的询问回答对，并以此建立一个字典，字典中的每个条目都包含一个有效的（问题—回答）对。攻击者可以简单地在车主钥匙附近发送入侵者预先编辑好的随机代码，之后捕获每条随机代码所对应的钥匙响应，并将随机代码和钥匙响应相应地存储在“字典”中。一旦攻击者成功建立了字典，就可以通过不断拉车门把手触发系统，如果车辆正好产生了一个其字典中对应的随机代码，就可以通过字典查询到对应的钥匙响应并播放，之后车辆就可以成功解锁解防。

（6）拥塞攻击：针对智能车钥匙系统的另一个攻击方式是利用简单的无线电干扰设备进行信号拥塞攻击。当用户离开汽车的时候，会按下钥匙上的按键关闭汽车门锁，如果这个信号被阻塞了，汽车就不会收到锁门信号，车门就会处于打开状态。当然这种攻击方式只适用于完全手动控制门锁的方案，如果门锁可以自动关闭，拥塞攻击就无效了。

（7）其他有效攻击方式：比如，利用社会工程学的方式，从整车厂、钥匙方案提供商、汽车修理厂、零部件供应商等获取内部消息或关键信息，进而复制钥匙或破解钥匙等。

第三节　车联网安全

一、车联网系统概述

（一）车联网概念

车联网是智能交通系统快速发展阶段必要的智能管理技术，车联网融合了新一代信息通信技术，以行驶中的车辆为信息感知对象，综合应用了智能传感器、无线通信、分布式数据库、信息处理与互联网等技术，实现车内、车与人、车与车、车与路、车与服务平台全方位网络连接。车联网对交通系统内的实体进行智能管控，并实现实体互联和高效的信息共享，从而提高交通效率，改善交通状况，为用户提供智能、安全、高效的综合服务。

随着车载设备的性能越来越强，计算资源和存储资源逐渐丰富，趋向智能化发展，根据云计算的思想，研究人员提出将大量车载设备上闲置的计算资源和存储资源经过组织利用起来，可以为车联网提供更多的服务。最早的车联网云计算设计构想是“一群车辆将自己的计算、传感、通信和物理资源组织起来，动态地分配给授权用户”。通过这种形式，利用集结起来的车辆闲散资源参与交通管理，为车联网提供更多的计算资源，同时能为客户提供更多的服务，车载云是未来车联网发展的主要形式。

（二）车联网结构

车联网主要是由行驶在道路上的车辆和路边智能设施构成的一种新型自组织网络，这些行驶在道路上的车辆搭载了大量的传感器，并且具有无线通信能力。车联网通过将搭载了 GPRS 模块的汽车连入网络，实现了交通的智能化管理，交通的智能化不仅需要车辆智能化，还需要路边智能设施的支持，同时对车辆的娱乐功能进行了丰富，使汽车不再是单纯的交通工具，让传统的汽车产业焕发出新的活力。如图 3–22 所示，车联网中最主要的通信实体由路边单元、搭载车载单元的车辆以及可信任权威机构构成。快速行驶在道路上的汽车相互之间通过无线短距离通信进行信息交互，这种通信方式称为车—车通信 V2V（vehicle-to-vehicle，V2V）。车辆还可以与路边具有通信能力的智能设施单元（road side units，RSU）进行通信，这些具有通信功能的路边智能设施一般都位于道路两旁或交通路口的基站、交通信号灯上，这种通信方式统称为车—路通信 V2R（vehicle-to-road side units，V2R）。

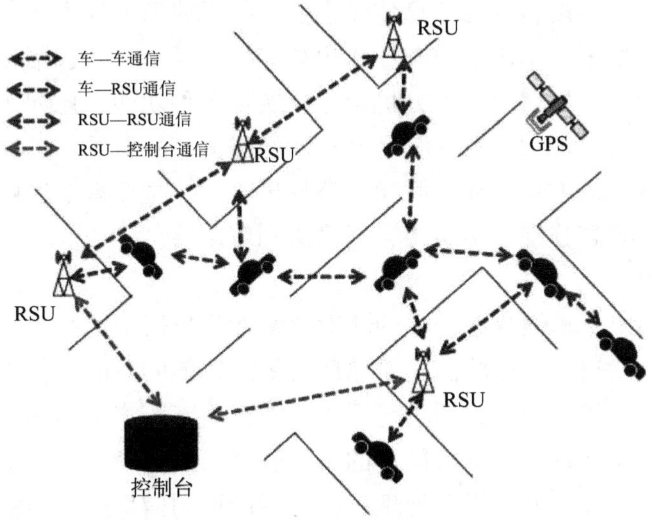

图 3–22　车联网基本结构

车联网由传统的无线网络发展而来，但是也有和传统无线网络不同之处，车联网中节点资源不受限是其显著的特性。因为车联网中的通信节点是由行驶在道路上的汽车搭建的，计算能力和存储能力受到的资源制约与传统无线网络相比较小。在车联网中，节点的计算能力与数据处理能力不再是车联网关注的重点，从而实现更大范围内更稳定、更有效率的通信。

车—车之间的通信即 V2V 通信，由于组成节点是移动的车辆，所以 V2V 的通信模式组网相当灵活，不再需要额外的基础设施的协调，具有良好的可扩展性。但是，由于车联网中车辆作为无线通信网络的节点，节点是处于移动状态的，而且车辆移动速度不定，两辆或者多辆车之间的距离变化较大，车—车的网络通信连通性和传统无线通信网络相比较差。并且当车流稀少时，某些车辆可能会出现“孤岛效应”，而当周围车流密度较大时有可能会造成信号间相互干扰，影响传输效率。

车—基站通信需要路边智能设施的支持，但是路边智能设施作为网络节点是固定的，而车辆作为网络节点处于移动状态，因此这种通信模式的网络规模的可扩展性较 V2V 差。但是，随着 2019 年 6 月 5G 牌照的陆续发放，5G 通信的高可靠性和低延迟性成为以汽车为节点的车联网发展的新拐点。

（三）车联网信息传输

车联网是移动自组织网络的一种，在车联网中信息传输主要包括车—车、车—路边智能设施、车—云端服务器、路边智能设施—云端服务器以及车辆内部的通信。除车辆内部的通信外，由于车辆作为车联网组成节点，所以车—车、车—路边智能设施等的信息传输主要依靠无线通信的方式。车联网中的信息传输不仅包括车—车通信与车—路边智能设施通信，还包括路边智能设施—第三方机构通信。可信的第三方机构主要实现各种功能，比如车辆注册、道路监控、交通事故处理和仲裁。车联网技术经过多年的发展，已经形成比较稳定的车联网信息传输方法。在车联网的信息传输中，主要有三层网络结构，网络结构层次由低到高分别为采集层、网络层和应用层。

1. 采集层

在车联网中，车辆状态信息的获取通常在采集层中进行，这些数据通常包括车辆温度、发动机运行状态、轮胎压力等。车辆实时的运行状态和周围交通环境数据主要依靠车载传感器进行采集。车辆内部会将采集到的数据通过汽车总线传输到相关计算单元进行简单的数据融合，同时通过网络层传输到后台服务器对数据进行统一的分析和处理，将车主所需的信息进行传输，为车联网提供可靠的数据支持。

2. 网络层

网络层主要提供透明的信息传输服务，实现信息的融合、处理、分析、传输，为车主提供舒适、安全、可靠的车联网服务。网络层通过网络服务器实现信息的传输，将车辆传感器采集的数据传递到后台中心，后台服务器完成更复杂的数据融合分析，为每辆车提供相应的服务，同时完成数据的联合分析，形成车与各种终端之间的相互通信，为车联网用户提供智能化的服务。

3. 应用层

车联网中通信的最高层是应用层，主要为车辆用户提供各种服务。目前使用最多的是全球定位系统，车辆实时位置数据被采集后经过网络层的处理传送到车辆终端设备，车辆终端设备对数据进行处理后为车主提供定位、导航等服务。随着车联网应用及信息技术的发展，应用层传输的信息不再局限于位置数据，道路交通信息、音乐、视频等娱乐应用信息逐渐丰富了车联网应用。

考虑到车联网实际应用中的特点，为在高速行驶状态下将信息高效地进行传输，发展出了 WAVE 协议栈，WAVE 协议栈由 DSRC 发展而来。如图 3-23 所示，WAVE 协议栈是由用于介质访问控制、物理层的 IEEE 802.11p 标准和 IEEE 1609.x 协议簇组成，WAVE 协议栈不仅支持车联网应用，还具有一定的可扩展性。WAVE 协议栈取消了接入点和站点的定义，并在车联网中使用路边智能设施作为站点，每个路边智能设施都有一定的通信范围，但是车辆每次只能和一个单元进行通信。

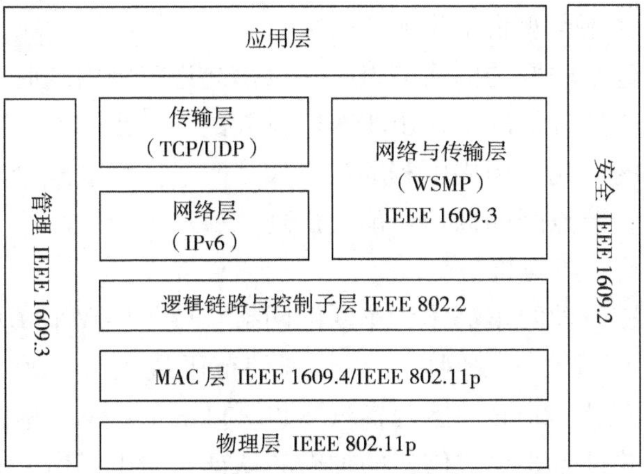

图 3-23　WAVE 协议栈

美国联邦通信委员会（Federal Communications Commission，FCC）为车与车（V2V）通信和车与路边智能设施（V2R）通信制定了专门的标准——专用短程通信技术，并且为其分配了 5.850 ～ 5.925 GHz 共 75 MHz 的通信频段。如图 3-24 所示，频段被细分为 7 个 10 MHz 的子信道和一个 5 MHz 的保护频带。子信道的编号从 172 开始，到 184 结束，其中安全类应用的消息通过编号为 178 的专用信道进行传输，称为控制信道。除了控制信道之外的其余信道主要传输服务类信息，称作服务信道。用户车辆可以随时在控制信道和服务信道之间切换。

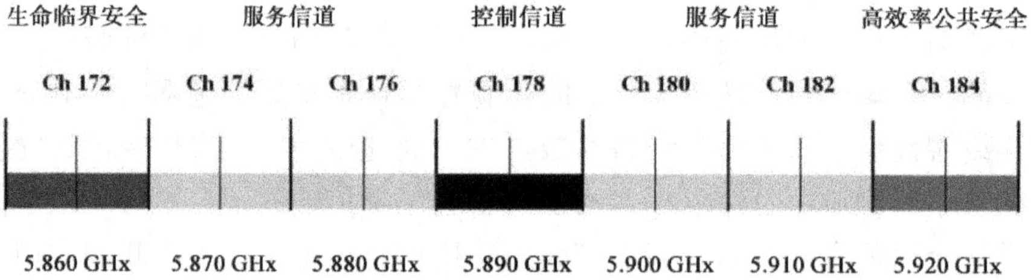

图 3-24　DSRC 频段分配

（四）车联网基本特征

车联网是移动自组织网络的一种特例，车联网和移动自组织网络的一些基本特性是一样的，包括网络拓扑结构动态变化、自组织无中心网络、多跳网络、无线传输带宽受限等。但是在车联网中，高速移动的车辆作为网络节点使得车联网拥有与传统移动自组织网络不同的特性。

1. 组网灵活，网络规模不均衡

车辆作为构建车联网的网络节点，在通信允许范围内随时都可以自组织地建立通信链路。在这种情况下，由于车辆行驶的不可预知性，网络的规模会受到道路交通环境的影响，当周围车辆数量较多时，网络规模会非常大，当周围车辆数量较少时，节点间的通信可能会出现“孤岛效应”。

2. 网络拓扑结构不均衡

在道路上高速行驶的车辆作为车联网网络节点，导致车联网网络拓扑结构变化频率较大，而且在车联网中，无线通信范围最大为 1 000 km，例如，通信广播的覆盖直径为 600 m，当两辆汽车以 80 km/h 的速度相向而行时，通信时间不足 20 s，并且需要完成信息的加密和认证，用于通信的时间更短。和传统的自组织网络相比，车联网的网络拓扑结构变化迅速很多，并且随时会有新节点的加入和旧节点的退出，每次新节点的加入都需要进行信息认证，增加了通信时间。

3.V2V 和 V2R 两种通信模式共存

通过 V2V 通信方式，两辆或多辆车辆之间的通信属于短距离的通信，可以实现交通信息共享。除了 V2V 通信，在车联网中还存在 V2R 通信，这种通信方式不仅可以实现交通道路信息的长距离分发，还可以享受到更为丰富的互联网服务。除此之外，路边智能设施在车联网中还担任着移动中的车辆访问无线信道的协调者。

4. 无线信道的传输质量差

车与车和车与路边智能设施之间使用无线通信进行信息传输，由于无线信道受周围环境和天气影响较大，并且车辆大多行驶在城市中，高层建筑的影响会对信号的传输造成“阴影效应”和“多径效应”，这影响信息传输的可靠性。

5. 感知、计算和存储能力强，能耗限制小

现代的车辆中配备了大量的传感器用于数据的采集，并且为了提高信息处理速度，车辆中装备了大量的中央处理器对信息进行简单的处理和分析。在车辆中主要采用车载电池作为传感器和中央处理器的能源，汽车行驶过程中会通过发电装置进行发电，因此车联网和传统自组织网络相比能源的限制比较小，可以使用计算能力更强的计算单元。

6. 节点的感知和通信能力更强

车辆作为车联网的网络节点，具有能源供应能力，并且随着车辆产业的发展，车辆上安装了大量的传感器用于改善驾驶人员的驾驶体验，例如，宝马车辆仅发动机就存在至少 30 个传感器，大量传感器的使用使得车辆具有传统无线自组织网络所不具有的感知能力。

在研究车联网信息安全传输方法时，充分考虑并利用了车联网上述的部分特征，使用信息隐藏设计了适用于车联网通信的信息安全传输方法，实现了车联网中信息的安全传输。

车联网可以使道路交通更安全、更便捷、更智能化，并且可以为驾驶人员提供更广泛的服务，为乘车人员提供丰富的多媒体服务。车联网的安全性和隐私性是保障服务质量的前提，但是车联网会遭受各种各样的攻击。

车辆作为车联网的组成节点，其攻击入口多种多样，按照攻击距离分为近场攻击和远程攻击两种。黑客可以近距离分别通过车辆内搭载的智能通信设备（T-BOX）、控制器局域网络（CAN）总线、车载自动诊断系统（OBD）接口等方式对车辆发动攻击。除此之外，车辆通过远程网络受到攻击的方式也是多种多样：通过破解车辆云服务获取相关信息，通过建立伪基站进行攻击，攻击车内 Wi-Fi 或蓝牙网络，攻击车内智能操作系统，等等。

将车辆受到攻击造成的危害从低到高可以分为 4 个等级：

（1）影响舒适性：例如，通过攻击车辆的空调或者音乐系统影响驾驶人员和乘坐人员的舒适性，不会造成人身和财产的损失。

（2）拒绝服务：例如，攻击车辆无线钥匙系统，通过篡改系统数据拒绝开启车门服务，给驾驶人员造成困扰。或者攻击车辆启动系统，使得车辆拒绝启动服务。

（3）财产损失：例如，控制车辆报警系统，阻止安全报警行为，在小偷偷车或者撬锁时不发出安全警报，造成财产损失。

（4）人身安全：例如，攻击车辆速度控制系统或者刹车系统。现代的车辆多采用电子刹车系统，正在高速行驶的车辆被攻击者强行刹车或者突然加速，车辆行驶状态突然发生改变，会严重威胁驾驶人员和乘车人员的生命安全，造成巨大损失。

在车联网中进行信息传输，需要保障信息的安全。一方面，车辆可能会接收到没有经过认证的节点传来的信息，另一方面，信息在传递过程中可能会被拦截或者篡改。因此车联网中对信息安全的需求主要包含身份认证、保证数据的完整性、保证数据的机密性、保证数据的不可抵赖性和保证数据的隐私性。对车联网中信息安全要求的分析对后续使用信息隐藏的方式进行车联网中信息安全的保护具有一定的指导意义，同时对信息隐藏算法的选择也提出了一定的要求。

（1）身份认证：身份认证是指通过一定的技术手段完成对用户身份的确认。在车联网中，新节点加入通信链路前需要经过可信的第三方机构完成身份认证，通过身份认证后才可以在车联网中发送和接收信息。车辆在成为网络节点前会先向第三方机构提供身份信息，获取第三方机构的认证证书，将认证证书作为通信的凭证。通过身份认证的方式可以拒绝虚假节点的通信，保护车联网通信安全。

（2）数据的完整性：数据传输过程中不允许被其他节点改变，这称为数据的完整性。在车联网中恶意节点会通过拦截数据并且对数据修改进行攻击，修改后的数据会传给接收节点错误的信息，造成恶劣的后果。目前，保证数据完整性主要通过数字签名，接收方接收到的消息中包含数字签名，一旦信息被篡改，数字签名就会发生变化，接收方数字签名验证会失败，接收方认定消息被恶意篡改。

（3）数据机密性：数据机密性是指数据传输过程中，未授权的节点不会获取数据的真实内容。恶意节点通过拦截数据，对数据中的用户隐私数据进行窃取，甚至对数据进行破坏。现在的主流做法是通过数据加密的方法保证数据机密性。通过对数据的加密，恶意节点即使截获数据，但是在没有密钥的情况下也没有办法得知数据的真实内容，因此数据机密性主要依靠加密方式的安全性。

（4）数据不可抵赖性：数据不可抵赖性是指在通信过程中，通信双方的任意一方都不可否认自己曾经做出的行为，也不能否认接收或者发送过信息。通信结束后，通信的一方或者非法节点想要否认曾经发送过信息的情况，这就对数据的不可抵赖性有一定要求，一般使用数字签名保证数据的不可抵赖性。数据的不可抵赖性确保了数据发送内容的安全，对数据的接收方形成了保护。

（5）数据隐私性：数据隐私性是指节点间传输的数据中含有用户隐私信息，不能让接收者以外的节点获知。在车联网中身份信息和位置行程信息等隐私信息也会传输给其他车辆，窃取者通过窃取这些信息会直接或者间接推测出用户的行为习惯和消费等，造成用户隐私泄露，给用户造成潜在威胁。在对数据的隐私保护上，不仅要求非法恶意节点不能获取数据中的隐私信息，还要求未经用户允许的合法节点也不能通过接收到的数据获取用户隐私信息。

由于车联网的开放性以及节点间通过无线通信进行信息传输，车联网会遭受各种攻击，常见的攻击方式有女巫攻击、信息篡改攻击、重放攻击、拒绝服务攻击和中间人攻击。

（1）女巫攻击：在女巫攻击中，攻击节点通过模仿多种身份进行攻击，通过多种虚假身份对网络中的数据进行欺骗，从而控制网络，对系统资源进行破坏。通过女巫攻击的方式，节点在系统中会存在多种虚假身份，由于车联网中通信链路是动态的，车辆总是快速、不稳定地访问系统资源，使得攻击节点很容易找到机会进行攻击，窃取用户隐私数据，每辆汽车都具有唯一的身份认证证书，攻击节点通过其他合法节点接入被攻击节点，获取非法的数据信息，降低数据的机密性。

（2）信息篡改攻击：信息篡改攻击通过将窃取的信息进行篡改，发送给被攻击节点，使被攻击节点接收错误的信息并根据错误的信息进行判断，对信息的完整性造成严重破坏，接收节点还会将接收到的信息发送给其他节点，造成更严重的后果。例如，攻击节点将接收到的原始警告信息“不安全”更改为“安全”，并且将更改的信息发送给网络其他节点。接收者接收攻击者发送的错误信息，误以为前方道路是安全的，没有减速或者对道路更加关注，这会对车主及行人的生命造成威胁。

（3）重放攻击：黑客最常见的攻击手段就是重放攻击，重放攻击可以在任意网络中实现。在重放攻击中，攻击节点通过将数据包反复发送给被攻击节点，使被攻击节点的资源受到限制，大部分计算资源会被消耗在处理这些重复无用的信息中，对其他信息的处理能力变弱甚至丧失对其他信息的处理能力。例如，通信节点 Alice 需要和通信节点 Bob 进行通信，节点 Alice 向节点 Bob 发送通信请求，同时 Alice 为了实现身份认证需要向 Bob 提供认证证书，攻击节点 Carol 截获了 Alice 的证书。在 Alice 和 Bob 通信完成后，Carol 伪装成 Alice 与 Bob 通信。当 Bob 进行身份认证要求 Carol 提供证书时，Carol 将截获的 Alice 的证书发送给 Bob，Bob 认为是与 Alice 进行通信，并且 Carol 会将大量垃圾数据包向 Bob 发送，使 Bob 的信息处理能力减弱，得以入侵 Bob 获取信息，降低了数据的机密性。

（4）拒绝服务攻击：拒绝服务（denial of service，DoS）攻击是车辆节点间频繁面临的攻击之一。拒绝服务攻击是让被攻击节点停止提供服务或者资源访问，让正常的节点无法进行通信，只要能使目标节点死机的攻击方式都属于拒绝服务攻击。由于网络协议的缺陷，拒绝服务攻击一直得不到合理的解决方案。

在车联网中，当攻击节点对目标车辆发起连续的 DoS 攻击时，被攻击的节点会因为处理攻击节点发送的无用消息陷入瘫痪，对其他合法节点发送的关键信息无法及时处理，占用无线传输带宽，导致节点资源匮乏，降低可用性。

（5）中间人攻击：中间人攻击（man-in-the-middle attack，MITM）是黑客常用的“间接”攻击车联网的方式，它可以控制相互连接的车辆节点间传输的数据，其核心是通过各种技术手段将受到侵入者攻击的汽车节点虚拟放在相互连接的汽车之间，可以截获、嗅探、篡改或替换目标受害者的通信数据，受到控制的汽车称为“中间人”，这使 MITM 区别于简单的窃听攻击。

MITM 攻击可以在不同的通信信道中实施，主要包括两个被攻击节点和一个攻击节点。攻击节点通过控制两个被攻击节点之间的通信信道，控制信道中传输的信息。例如，节点 A 和节点 B 需要进行通信，但是两个节点并不是直接进行通信，节点 A 通过攻击节点 C 将信息传输给节点 B，攻击节点 C 控制了节点 A 和节点 B 之间的通信信息，但是节点 A 和节点 B 并不知道节点 C 的存在。两个被攻击节点误以为信道是安全的，事实上攻击节点可以随时获取两个节点之间的通信信息。中间人攻击通过窃取信息破坏数据的机密性，通过修改传输的信息破坏数据完整性。

车联网根据用户的需要，进行各种各样的信息共享，如交通状况、交通事故信息、天气信息、娱乐信息等，这些信息是交通控制管理和娱乐信息服务的基础。但是由于车联网通信方式的限制，节点之间的相互通信面临着各种各样的威胁，用户隐私信息的泄露、重要信息的篡改造成重大通信数据泄漏或通信过程被窃听等威胁。

二、车联网系统安全技术分析

车联网系统面临的安全威胁归根到底是由构成车联网系统的软硬件存在的安全漏洞引起的，如何挖掘、利用、修复这些安全漏洞，如何突破新的车联网安全攻防技术，就成了车联网安全研究者关注的核心问题。本节主要介绍硬件安全测试技术以及构成车联网系统的主要组成部分（T-BOX、IVI、TSP 平台）的安全测试技术。

（一）硬件安全测试技术分析

硬件是计算和通信的根本，能使全部软件、算法和通信协议发挥作用，车联网系统的相关硬件也不例外。如今，硬件已经成为安全系统的执法者，因为它将用来确保只有经过验证的用户和软件可以访问处理器。然而当前的硬件设计流程没有将安全性作为关键的设计目标，因此硬件成为安全系统中的最薄弱的一环。

1. 硬件设备攻击面分析

硬件设备是物理世界的接口体现，也是虚拟数字世界的通信媒介，相关的数据转换会首先经过硬件设备。硬件设备存在的攻击面可能有存储介质、硬件通信接口、网络通信接口等。

（1）存储介质：

① RAM（随机存取存储器）。RAM 是与 CPU 直接交换数据的内部存储器，可以随时读写且速度很快。RAM 一般作为操作系统或其他正在运行的程序的临时数据存储媒介。RAM 有易失性、随机存取、访问速度快、对静电敏感、再生的特点。根据存储单元的工作原理不同，RAM 分为静态随机存储器和动态随机存储器。

静态随机存储器：静态存储单元是在静态触发器的基础上附加门控管构成的，因此它是靠触发器的自保功能存储数据的。

动态随机存储器：动态 RAM 的存储矩阵由动态 MOS 存储单元组成。动态 MOS 存储单元利用 MOS 管的栅极电容来存储信息，但由于栅极电容的容量很小，而漏电流不可能绝对等于零，所以电荷保存的时间有限。为了避免存储信息的丢失，必须定时地给电容补充漏掉的电荷。通常把这种操作称为“刷新”或“再生”，因此 DRAM 内部要有刷新控制电路，其操作比静态 RAM 复杂。

尽管如此，由于DRAM存储单元的结构能做得非常简单，所用元件少，功耗低，其已成为大容量RAM的主流产品。

② ROM（只读存储器）。ROM是一种只能读出事先所存数据的固态半导体存储器。其特性是一旦储存资料，就无法再将其改变或删除，ROM通常用在不需要经常变更资料的电子或终端系统中，并且资料不会因为电源关闭而消失。

（2）硬件通信接口：电路板上的不同硬件之间以及电路板与外部世界之间都需要进行相互通信，这些通信都基于定义好的标准硬件通信协议和接口。攻击者可以通过嗅探或恶意数据注入等方式来刺探通信过程。可以从以下描述的通用接口中具体分析一些安全隐患。

① UART（通用异步收发传输器）：UART是一种硬件外设之间的异步通信收发器，可用于同一电路板上不同器件间的通信（如单片机与电机或LED屏幕通信）或两个不同设备（如单片机与PC）之间的通信。这是一个危险的攻击面，在许多设备中，电路板上的UART端口是开放的，攻击者可以利用该端口入侵设备，以获得某种类型的shell控制权、自定义命令行控制端、日志输出等。

②单片机调试端口：单片机在运行时都能利用特定的引脚进行调试，这些引脚（端口）是为开发者和设计者预留的，开发者和设计者利用它们可以进行设备调试、固件内存读写、后期引脚控制测试等。然而对攻击者来说，这类调试端口可能会成为最致命的攻击面。

③ JTAG接口：随着电路板的设计越来越小，成型产品的后期测试变得非常困难，为了对电路板执行高效的后期测试，多家主要电子制造商联合成立了一个组织，并确定了一系列电路板后期测试方法标准，后者称为IEEE 1149.1，也称为JTAG测试协议。该协议具体定义了单片机调试的标准接口和命令。标准的JTAG接口包括4个引脚接口和1个额外可选的TRST引脚接口：

a.TMS——测试模式选择。

b.TCK——测试时钟。

c.TDI——测试数据输入。

d.TDO——测试数据输出。

e.TRST——测试复位（可选）。

除了芯片调试之外，调试器还能利用这些引脚与单片机上的测试访问端口（TAP）进行通信。从安全角度来看，识别JTAG端口并与其连接，攻击者可以实现固件提取、逻辑逆向、恶意固件植入等非法目的。

④ JTAG（紧凑型 JTAG）：这是一种新的 JTAG 测试协议，它不是对 JTAG 的替代，而是在其基础上的一个向后兼容扩展测试协议，它定义了 TCK 和 TMS 两个引脚接口和 TAP 的一些实现特性。

⑤ SWD（串行线调试）：这是单片机调试的另一种方法，它定义了 SWDIO（双向）和 SWCLK（时钟）引脚接口，是基于 ARM 技术的 ARMCPU 双向线标准调试协议，来源于 V5 版本的 ARM 调试接口定义，其中说明了 SWD 是一种比 JTAG 更高效的调试方法。

⑥ I^2C（内置集成电路）：I^2C 是飞利浦公司发明的，是用于同块电路板上芯片之间进行短距离通信的协议。它具备主从架构和以下两种总线：SDA（串行数据信号线）和 SCL（串行时钟信号线）。I^2C 的典型应用就是在 EEPROM 芯片上连接 I^2C 引脚并进行数据和代码存储。对这种协议的攻击包括数据嗅探、敏感信息提取、数据破坏等。可以对 EEPROM 芯片进行静态数据分析，也可对 I^2C 通信进行动态嗅探来分析其行为和安全问题。

⑦ SPI（串行外设接口）：SPI 也是芯片间的一种短距离通信协议，由摩托罗拉公司发明。它具备全双工和主从架构特点，比 I^2C 吞吐量更高，并使用了以下四种串口总线：SCLK（串行时钟信号线 SCL）、MOSI（串行数据输出信号线）、MISO（串行数据输入信号线）和 SS（从选择信号线）。SPI 应用于多种外设间的通信。闪存和 EEPROM 同样使用 SPI，其测试分析方法类似 I^2C，只是总线接口不同。

⑧ USB：USB 接口一般用于充电和数据通信，后期出于方便，也用于问题调试，可进行动态数据嗅探和静态数据模糊测试，以分析其中的安全问题。

⑨ HMI（交互接口）：与传感器接口类似，HMI 不局限于工控系统应用，它也被定义为 IoT 以及车联网架构中用户与设备之间的通信接口，用户可以通过它来直接对设备进行操控，如触屏、按下按钮、触摸板等。HMI 也会存在一些绕过机制的问题和安全设置的问题。

⑩其他硬件通信接口：还存在其他与硬件设备的通信方式，测试人员要积极分析并擅于发现接口的一些安全绕过和设置错误问题。其他硬件通信接口包括（但不限于）以下几类：D-Subminiature（显 7K 器 VGA 类）接口、Recommended Standards（RS232、RS485 等推荐性标准）接口及 OBD 接口等。

（3）网络通信接口：网络通信接口允许设备与传感器网络、云端和移动设备等其他数字设备进行网络通信，而负责网络通信的硬件接口可能包含自主独立的单片机 / 固件等，所以这种情况的攻击面可能为底层通信实现的固件或驱动程序代码。

①无线网络通信接口：无线网络通信接口存在一些已知的安全问题，攻击者可对无线芯片进行物理破坏、拒绝服务、安全验证绕过或代码执行等攻击。

②以太网接口：以太网设备接口都存在一些底层 TCP/IP 通信漏洞、硬件实现漏洞和其他攻击向量。

③无线电通信接口：由于很多车联网产品都集成或转向无线电通信方式，无线电通信接口将会是一个关键的攻击面，在很多情况下，无线通信比有线通信更加高效。之所以把无线电通信单独列出，是为了把它给你需要网关设备的无线网络通信和有线通信区分开，无线电通信与它们完全不同。

2. 固件安全分析

固件是一般存储于设备中的电可擦除只读存储器 EEPROM 或 FLASH 芯片中，可由用户通过特定的刷新程序进行升级的程序。一般来说，承担一个电子产品最基础、最底层工作的软件才可以称为固件，如计算机主板上的基本输入 / 输出系统 BIOS。

通常这些硬件内保存的程序是无法被用户直接读出或修改的。在以前，一般情况下是没有必要对固件进行升级操作的，即使在固件内发现了严重的漏洞，也必须由专业人员带着写好程序的芯片把原来机器上的芯片更换下来。早期固件芯片一般采用 ROM 设计，它的固件代码是在生产过程中固化的，用任何手段都无法修改。随着技术的不断发展，修改固件以适应不断更新的硬件环境成了用户的迫切要求，所以可重复写入的可编程可擦除只读存储器 EPROM、EEPROM 和 Flash 芯片出现了，这些芯片是可以重复刷写的，让固件得以修改和升级。

设备固件的安全是构建设备安全的基础，它的安全问题将影响到整个系统。在真实的攻击场景中，常常需要提取固件，将其解压缩，以便对操作系统和应用程序进行逆向和安全审计。下面着重介绍如何提取固件和分析固件。

（1）识别元器件。在介绍哪些元器件可用于存储固件之前，首先来讨论一下如何识别 PCB 上的元器件。在对电路进行分析之前，需要对 PCB 电路图和电子元器件知识有简单的了解。PCB 的中文名称为印制电路板，又称印刷线路板，是电子元器件的支撑体，是电子元器件电气连接的载体。最明显的信息是芯片上的标签，标签中可能包含制造商名称、型号和芯片描述。

电子元器件有着不同的封装类型，不同类的元件可能外形一样，但内部结构及用途是大不一样的，比如，TO220 封装的元件可能是三极管、可控硅、场效应管或双二极管；TO-3 封装的元件有三极管、集成电路等。二极管也有几种封装，如玻璃封装、塑料封装及螺栓封装。二极管品种有稳压二极管、整流二极管、隧道二极管、快恢复二极管、微波二极管、肖特基二极管等，这些二极管都用一种或几种材料封装。贴片元件由于元件微小，有的干脆不印字，常用尺寸大多只有几种，所以没有经验的人很难区分。但贴片二极管及有极性贴片电容与其他贴片很容易区分，有极性贴片元件有一个共同的特点，就是极性标志。识别元件时，可以看印字型号来区别，对于元件上没有字符的器件可分析电路原理或用万用表测量元件参数进行判断。

（2）固件的存储位置。一块 PCB 上可能有很多地方可以用于存储固件。事实上，在某些终端设备中，固件确实被存储在多个位置。假如有能力找出并识别电路板上的存储芯片，那么下一步就需要了解这些存储芯片可以被分为哪些不同类型，以及它们各自常见的用途。

在大部分硬件产品中多采用 Flash 芯片作为存储器，提取固件主要也是通过读取 Flash 芯片进行的。

（3）常见固件获取方式。常见的固件获取方式主要有四种：官网提供固件下载，抓包分析固件更新 URL，调试串口获取，暴力读取固件存储芯片数据。官方提供固件下载的获取方式多用于手机、路由器、相机等设备（车载终端设备也存在，但比较少）的固件获取。但大多数终端设备的官网没有直接提供下载链接。通常可以通过分析 App 端是否有固件更新功能或者直接抓取终端设备的网络数据包，提取固件更新 URL，然后下载固件。当然，还有很多厂商的硬件设备不提供固件更新，或者网络数据强加密使我们不能获取有效固件 URL 数据。在这种情况下，可以通过拆卸终端设备，观察硬件布局和硬件型号，推测固件存储设备，采用暴力读取固件存储芯片数据的方式获取固件。

（4）从 Flash 芯片中获取固件的基本流程。先辨别 Flash 芯片，再使用吹焊机拆解芯片，最后使用编程器获取二进制数据。

①辨别 Flash 芯片。通常使用目测法就能很快辨别出 Flash 芯片，亦可通过放大镜，观看芯片表面型号、电路板标志以及针脚辨别 Flash 芯片。

②使用吹焊机拆解芯片。在确认 Flash 芯片后，使用吹焊机和镊子拆卸芯片。吹焊机一般调节在 400 ℃左右，吹的时候应尽量对准焊接处，避免损坏电路板。读取完固件以后应还能把 Flash 芯片焊接回电路板，正常使用硬件。

③使用编程器获取二进制数据。把 Flash 芯片放入编程器中，再把编程器的 USB 口插入电脑，用 CH341A 编程器软件读取。使用编程器软件之前，应先安装驱动程序。一切就绪以后，编程器软件右下角显示“设备连接状态：已连接”。

（二）T-BOX 安全测试技术分析

1.T-BOX 简介

T-BOX 是车联网系统的重要组成部分，有的 T-BOX 作为独立终端模块安装在车上，有的 T-BOX 集成在车载网关上，有的 T-BOX 集成在 IVI 上。

当用户通过手机端 App 发送控制命令后，TSP 后台会发出监控请求指令到车载 T-BOX，车辆在获取控制命令后，通过 CAN 总线发送控制报文并实现对车辆的控制，最后反馈操作结果到用户的手机端 App 上。这个功能可以帮助用户远程启动车辆、打开空调、调整座椅至合适位置等。

车载 T-BOX 也可读取汽车 CAN 总线数据和私有协议。T-BOX 终端一般具有双核处理的 OBD 模块、双核处理的 CPU 构架，分别采集与汽车总线相关的总线数据和私有协议反向控制信息，通过 GPRS 网络将数据传输到云服务器，提供车况报告、行车报告、油耗统计、故障提醒、违章查询、位置轨迹、驾驶行为、安全防盗、预约服务、远程找车、利用手机控制汽车（门、窗、灯、锁、喇叭、双闪、反光镜折叠、天窗等）、监听中控警告和安全气囊状态等功能。

2.T-BOX 硬件架构

T-BOX 的一般硬件体系架构如图 3-25 所示。T-BOX 的核心为主 MCU，集成了 GSM 内置天线和 GPS 外置天线，提供通信功能；UART 等串口提供给开发者 DEBUG 功能；高速 CAN、低速 CAN 模块提供车辆电子控制功能；Flash Memory、SRAM Memory 等存储芯片提供数据存储功能；电池监控提供电池管理和唤醒功能。此外，还有蓝牙模块、Wi-Fi 模块、蜂窝网模块等。

3.T-BOX 软件架构

针对远程基本服务进行需求分析，对 T-BOX 系统进行横向的功能性的模块划分与设计。系统应具备以下几个模块：车辆配置、车辆诊断、车辆定位 / 导航、车辆报警、车辆远程控制等。

从 T-BOX 的 RTOS 系统特性以及远程服务的核心内容出发，T-BOX 需要实现实时数据的传输和通信、基于实时数据的数据处理与数据反馈。对于 T-BOX 系统架构设计而言，实时数据的处理部分由各个模块进行功能性的实现，但对实时数据的传输与通信需要解决三个问题：车辆的外部通信问题，即车辆接入网络作为客户端与网络服务器端的通信问题；系统内部数据通信问题，即车载 T-BOX 系统中各个模块之间的通信问题；整车网络通信与控制的问题，即 T-BOX 系统与车辆其他 ECU 之间的通信问题。

针对以上三个问题，T-BOX 系统从数据通信角度，需要以下三个主要模块：与服务供应商通信的通信模块、操作系统支持的模块间消息通信模块、整车网络通信模块。

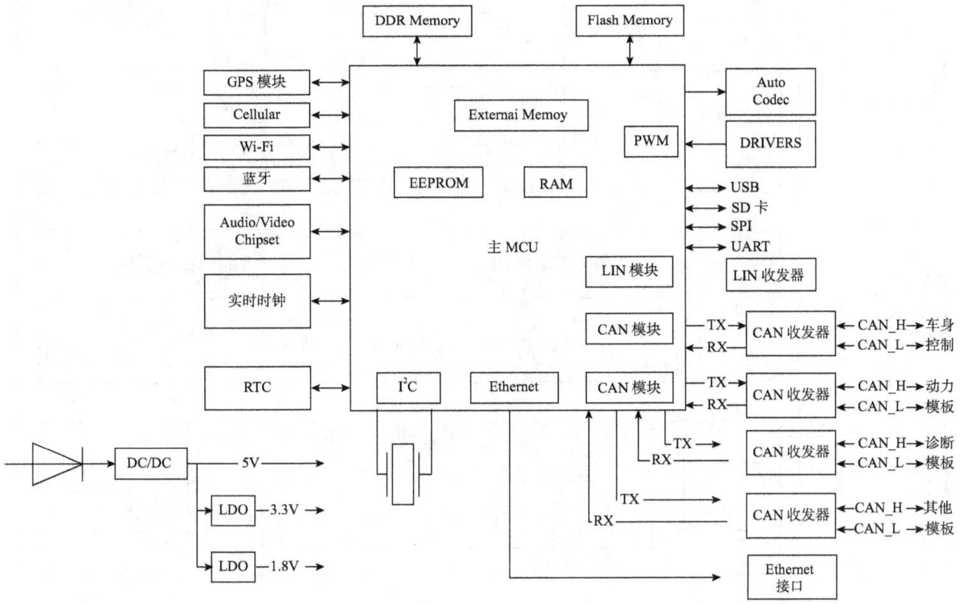

图 3-25　T-BOX 的一般硬件体系架构

从 T-BOX 系统基本通信模块可知：首先，系统要通信，必然需要硬件支持，T-BOX 系统由于经由无线网络接入互联网，必然通过 GPRS 或 WCDMA 等网络通信协议进行通信，因此带有 SIM 卡的 Modem 不可或缺，Modem 模块是 T-BOX 系统与外界通信的基础；其次，整车网络中 ECU 间的通信需要通过 CAN 总线以及 I^2C 等总线将数据传输至控制单元，因此底层 BSP 应封装 CAN 总线、SPI 总线、I^2C 总线等驱动，为 T-BOX 与其他 ECU 通信打下基础；最后，操作系统层提供 IPC，使上层应用各个模块间可以正常通信。由此，概括出一般的 T-BOX 系统的软件体系架构图（并非所有的 T-BOX 都采用该结构，各个厂商有所不同），如图 3-26 所示。

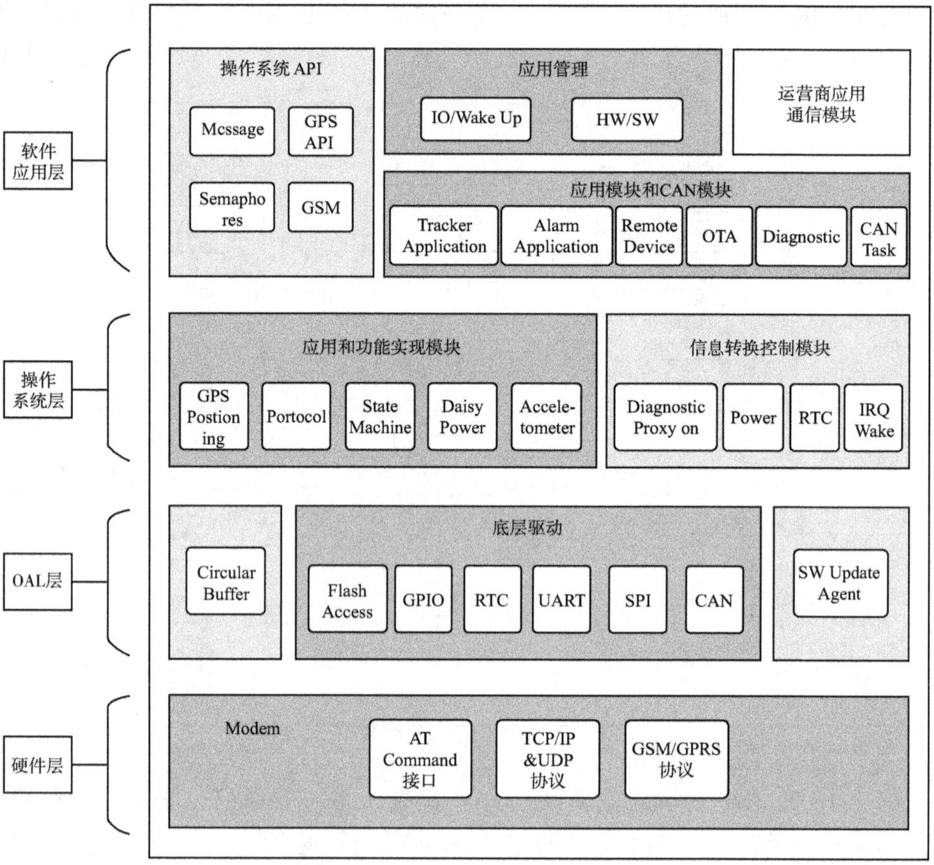

图 3-26　T-BOX 系统软件基础架构

由图 3-26 可知，T-BOX 系统大体可以分为硬件层、OAL 层（OEM adaptation layer）、操作系统层、软件应用层。无线数据的传输是由底层 Modem 模块进行通信支持的。Modem 模块包括 AT Command 接口、TCP/IP 协议、GSM/GPRS 协议等，用于传输网络以及车辆实时数据。OAL 层属于 BSP 的一部分，用于引导系统核心映像和初始化、管理硬件，在图 3-26 中对应各类底层驱动以及软件升级模块。操作系统层为应用层各个模块提供 IPC 通信机制、信号互斥等操作系统 API，同时对系统模块进行管理。应用层包含软件模块的各类应用。从系统角度，应用层又分为上层应用以及为上层应用提供接口支持的服务模块。

4.T-BOX 安全测试技术

T-BOX 作为汽车内部与外部通信的枢纽，其面临的安全威胁不容小觑。

与以往的软件漏洞、网站漏洞、无线攻击等传统的互联网安全问题研究不同，近几年，研究人员通过更加全面的技术对 T-BOX 进行了安全分析并成功破解，实现了对车辆的本地控制及远程控制。为破解 T-BOX，研究人员分析了 T-BOX 的硬件结构、调试引脚、通信模块、固件代码、总线数据、指纹特征等，成功劫持了 ARM 和 MCU 之间的串口协议数据，篡改了协议传输数据，修改了用户的指令，并发送伪造命令到 CAN 控制器中。

2015 年 2 月，通过对 ConnectedDrive 模块安全漏洞事件的持续跟踪，德国研究机构 ADAC 的研究人员公布了宝马汽车的 ConnectedDrive 系统存在安全漏洞。研究人员拆解了 ConnectedDrive 系统的控制单元——ComBOX，也即 T-BOX，发现了六个主要漏洞：

（1）宝马在所有的车型中使用了相同的对称密钥。

（2）有些服务没有对车辆及宝马后端服务器中传输的信息进行加密。

（3）ConnectedDrive 配置数据没有验证发送源的身份信息。

（4）ComBOX 发送的 NGTP 信息披露了 VIN。

（5）通过会话消息发送的 NGTP 信息通过不安全的 DES 方法进行加密。

（6）ComBOX 没有针对重放攻击实行防护。

下面简要分析一下 ADAC 研究人员对 ComBOX 的研究步骤。

（1）定位目标。ComBOX 将宝马的 ConnectedDrive 服务与远程服务器连接在一起，人们可从电路板右上方看到它的 SIM 卡模块。ComBOX 的 CPU 是 SH-4A，这是一款 Renesas 生产的 32 位 RISC 处理器；调制解调器使用了 Cinterion（先前的西门子）生产的 GSM/GPRS/EDGE 模块；这款设备还使用了 Renesas 制造的 V850ES 微控制器。

为了研究 ComBOX 和 ConnectedDrive 服务器之间传输的会话消息指令，研究人员使用 OpenBSC 项目模拟了一个基站网络，记录了 ComBOX 的移动网络流量。

研究人员分析之后发现消息指令是在 ComBOX 内部生成的，并且使用了 ComBOX 中的蜂窝网络调制解调器的扩展模块进行加密。由于是在传输层面加密的，所以无法得到消息会话的内容。攻击的方法就是通过分析固件代码，找到加密方法和密钥，最终获取消息会话的内容，所以需要对 ComBOX 进行进一步拆解。

（2）拆解分析。ComBOX 的主板没有包含不标准的测试接口，只能通过拆下闪存模块主板，通过适配器来读取固件信息。

为了分析固件，需要将 ComBOX 的闪存芯片用吹焊机“吹”下来。研究人员利用该芯片的接口特性和电压特性，将其连接至一个 STM32 适配板上，写几行 C 代码就将闪存芯片中的内容移植到计算机上。为了分析固件代码，研究人员使用的工具是 Hex-Rays 的 IDA Pro，该工具可用来检查汇编代码，并且支持调制解调器的 ARM CPU。利用 IDA Pro 很快识别出了固件中的加密算法及哈希算法。

（3）寻找密钥。研究人员起初认为每辆车的 ComBOX 都会生成一个独特的密钥，且存储在 V850ES 微控制器中，但从固件分析出的某些字符串很快得出结论：密钥与 NGTP 协议有着密切的联系。NGTP 协议包含更新密钥的函数，这让研究人员再次认为密钥被存储在某个地方。经过长时间的探索，研究人员分析了固件中随机的数据块，并尝试将其中的某些数据当作解密紧急文本信息的密钥，经过一些匹配分析之后，最终确认所有车辆用的都是相同密钥。

研究人员确认 ComBOX 使用了 DES（带有 56 位密钥）或者 AES128（带有 128 位密钥）加密方式，此外，还使用了三种散列算法：DESCBC-MAC、HMAC-SHA1 以及 HMAC-SHA256。宝马还在使用 DES 加密的原因不得而知，这个算法早就被曝出存在高危漏洞。

（4）协议分析。研究人员分析了远程解锁功能。现实生活中，车主为了使用这个功能，首先必须在宝马的官方网站上创建一个账户并且启用远程服务，随后才可利用 App 发送命令打开车门。为了弄清楚工作原理，研究人员记录了控制车辆的上行和下行数据流量，由于前面已经分析了加密算法及密钥表，可以轻易地解析这些数据流量。

车辆接收到一条文本信息之后，会用约 1 min 的时间将主处理器连接到系统并启动。随后，ComBOX 通过基站网络启动与宝马后端服务器的数据连接，并尝试访问数据，此时由于 ComBOX 没有收到任何数据，随后连接被终止，并且什么也没发生。这意味着只有命令消息不足以打开车门，而且系统要求从后端获得更多的数据。但令人惊讶的是，车辆及宝马服务器之间的蜂窝连接数据可以在研究人员的模拟网络中被记录，而没有任何告警信息。研究人员对这辆车发送了一个简单的 HTTP 请求，且传输中并不存在 SSL 或 TLS 加密。

为了弄清楚车辆想从宝马后端获取什么数据，不得不在开启车门的命令消息的重放攻击之前，从 App 触发解锁序列，这样服务器便会记录并存储控制车辆所需的信息。

（5）突破障碍。通过分析整个解锁功能的协议，研究人员伪造了允许打开车门的数据。需要的设备是无线基站、伪造的 ConnectedDrive 后端服务器、笔记本电脑。但如果 ConnectedDrive 车辆的远程服务被禁用，就无法实施远程打开车门的攻击。远程服务器发送至车辆的信息与具体的车辆会进行验证操作，这一验证操作通过信息中的 VIN（车辆识别号码）实现。如果 VIN 没有匹配上当前车辆，就不会执行命令信息，命令信息通过一个简单的 HTTP GET 请求进行加载，且被格式化成加密的 XML。这对攻击者而言根本不是问题，因为 ComBOX 在这一点上帮了大忙：如果没有收到一个合法的 VIN，会返回一个包含 VIN 的错误提示信息，以此来识别信息的发送者。

在研究的较新款的宝马车型中，一些车型的 ComBOX 已被其他控制模块取代。

（6）攻击实验。攻击实验所需的设备要能装入背包内，模拟基站覆盖范围为 100 m 左右。IMSI 捕捉器在这个区域中会提供比实际移动网络更强的信号，导致手机（安装有远程解锁功能的 App）会选择接入虚假网络。一旦接入网络，会分配移动设备使用的 TMSI（临时移动用户识别码），如果目标车辆使用了 TCB 模块，攻击者将屏蔽该区域现有的 UMTS 信号来强制控制单元退回 GSM 模式。

由于不是只有 ConnectedDrive 车辆可能会加入虚假网络，所以要通过查看 IMEI 码（分配给所有的移动设备和蜂窝调制解调器的唯一序列号）来过滤联网设备。这个号码的前 8 个字符对设备（型号分配码 TAC）进行识别，这使得攻击者可以区别 ComBOX 和 TCB。

知道某辆车装载有 ComBOX 之后，攻击者可以识别出所描述的 VIN，开始激活远程服务并打开车门。如果一辆车包含 TCB，那么 VIN 必须通过另外的方式获得，按照车辆销售的地区，VIN 可在挡风玻璃或者车门框的饰板上找到。最后，攻击者远程打开车门且不会留下任何痕迹，即使在熙熙攘攘的街道上也不会引起注意。

（三）IVI 安全测试技术分析

每个车企都会给旗下汽车配备专有的 IVI 系统，其命名都不一样，导致市面上 IVI 产品种类繁多，但是功能大同小异。IVI 主要都是围绕导航定位、车辆信息、安全防护、智能操作、影音娱乐及商旅资讯等功能进行设计的，只是功能的广度和深度不一样而已。

1.IVI 系统功能

随着汽车电子技术的快速发展以及汽车零部件供应商和汽车制造商的不断创新，越来越多的科技被运用到 IVI 系统中，集成化、智能化、网联化及全图形化成为 IVI 系统的标签和代名词。如今，IVI 系统凭借其多样化的功能已发展成智能网联汽车中不可或缺的重要元素。

概括来讲，IVI 系统的功能主要包括以下 7 个方面。

（1）仪表显示。在传统仪表盘显示的基础上增加了对来自传感器和 CAN 总线的信号显示，以高清液晶屏作为 IVI 系统的显示终端，需要的信息能够以图形化方式准确、灵活地显示在信息娱乐大屏上，使得驾驶员能够对车况数据有直观了解。高亮度显示、高实时性响应是车载大屏系统对仪表显示的基本要求。

（2）导航与定位。通过 GPS、北斗或其他导航系统，无论用户身处何处，都能实现连续导航和即时定位。此外，有些 IVI 还包含自主导航、最佳行车路线规划、信息查询、轨迹记录和回放、交通堵塞预测及实时更新等功能。

（3）无线上网。通过内嵌的通信模块，借助运营商覆盖全国的 3G/4G 等信号，可实现无线上网功能，如浏览网页、在线音乐、移动办公等。

（4）远程故障诊断及车辆监控。通过对车辆的各种性能和状况进行智能监控，将收集的车辆数据借助 IVI 系统内置的无线通信模块传送到后台云服务中心进行存储、分析与诊断，可及时给予用户提示和有效改善措施，实现远程故障诊断的目的。借助车辆搭载的 GPS 或其他导航定位模块，可对车辆进行实时监控及有效跟踪。

（5）辅助安全驾驶。借助雷达、摄像头等传感器感知周围环境，运用人工智能、模式识别等技术进行智能决策，可自动调整车辆运行状态或向用户告警，从而辅助驾驶员安全行驶，如自适应巡航、碰撞预警等。

（6）车载娱乐。车载娱乐系统已经由以前的收音机或 CD 机进化成拥有多种娱乐和信息的系统。IVI 一般支持以 USB、蓝牙等方式播放其他设备上的音 / 视频，支持多种格式的音 / 视频文件，且可利用 Wi-Fi 连接互联网在线播放音 / 视频文件，也支持本地下载，显示屏和车载音响可为驾乘者提供视听享受。

（7）车载电话。市场上主要有两种车载电话产品：车载蓝牙免提电话与车载电话。前者主要利用蓝牙技术将手机与 IVI 配对成功后，实现免提式通话，目前已在大部分车型上得到应用；后者则需要借助 SIM 卡，目前尚未完全普及。

2.IVI 硬件结构

IVI 系统多元化的功能离不开功能硬件模块的配合，图 3-27 展示了 IVI 系统的一般硬件结构，主要包括主 MCU、系统 MCU、存储器、音 / 视频处理模块、调试接口、液晶触摸屏、蜂窝网模块、GPS 模块、蓝牙模块等。

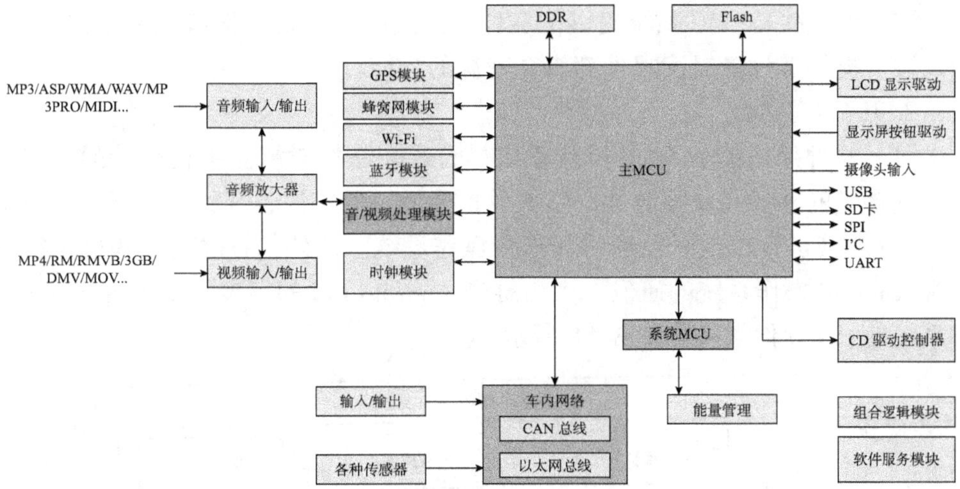

图 3-27　IVI 系统的一般硬件结构

（1）处理器：处理器是一块超大规模的集成电路，是运算核心和控制核心，它的功能主要是解释指令并进行数据运算。目前应用于 IVI 系统的常见处理器类型有 ARM Cortex A8/A9 双核等。

（2）MCU：微控制器，其主要功能为电源控制、Radio 控制、按键检测、常见信号检查（如倒车、车灯、刹车）、与 CAN 总线模块通信、进出碟控制、翻转马达系统、屏幕驱动等。

（3）存储器：有 RAM 和 ROM 两种，用于存储数据，如 DDR、闪存等。

（4）音 / 视频模块：主要用于接收并处理不同格式的音 / 视频数据。

音频模块处理的数据格式一般为 MP3、ASF、WMA、WAV、MP3PRO、MIDI 等。

视频模块处理的数据格式一般为 MP4、RM、RMVB、3GB、DMV、MOV 等。

（5）调试接口：通常在进行系统测试时可以用引线的方式借助调试接口测试系统性能，也可以利用该接口进行固件提取、程序定位等关键工作。IVI 上常用的调试接口有 SPI、UART 及 I^2C 等。

（6）通信模块。现代智能网联汽车与外部网络的主要通信方式如下：蜂窝网通信，内置有 SIM 卡的 IVI 系统可以通过 2G/3G/4G 的方式与远程服务提供商直接通信；Wi-Fi，通过连接 Wi-Fi 热点，IVI 系统能够以无线的方式接入互联网；GPS，通过全球卫星定位系统，实时定位车辆位置以及行驶轨迹；蓝牙，通过蓝牙连接，可实现近距离文件传输；射频通信，用于收听无线广播。

（7）外接接口：IVI 系统提供了多种外接接口，如 USB 接口、SD 卡接口等，为驾驶员提供多种随时读写外部媒介资源的功能。

3.IVI 软件架构

（1）软件架构。Android 操作系统尽管最初是针对智能手机设计的，但是由于其自身的移动互联网属性，强大的扩展性、兼容性、开放性，吸引了众多 IVI 厂商对其进行二次开发后将其作为操作系统。此外，谷歌正在积极进行汽车版 Android 操作系统的研发，大力推进 Android IVI 的发展。基于 Android 操作系统的 IVI 软件架构如图 3-28 所示。

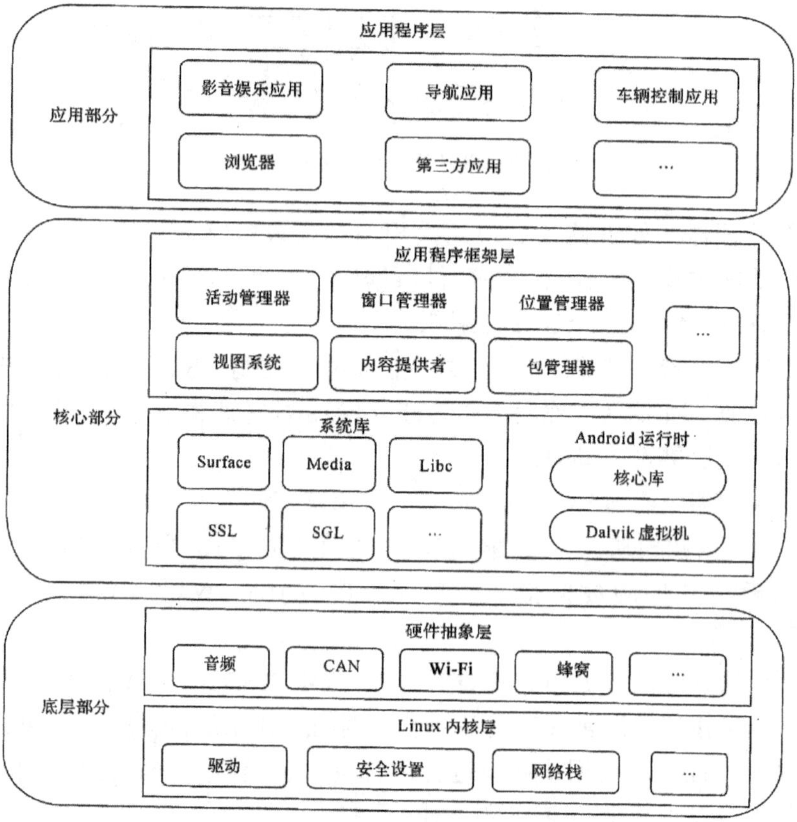

图 3-28　基于 Android 的 IVI 系统软件架构

基于 Android 操作系统的 IVI 软件架构自下而上主要分为如下几部分：

① Linux 内核层。Android 操作系统是基于 Linux 内核的，而 Linux 是完全开源的项目，Google 对 Linux 二次开发之后形成自己的开源系统。该层主要为 IVI 设备的各种硬件提供底层驱动，如音频、蓝牙等。

②硬件抽象层。该层主要对 Linux 内核层的驱动程序进行封装，向上层提供统一的接口。与手机版 Android 软件架构相比，该层多了一些与汽车局域网交互的接口，如 CAN 接口、以太网接口等。其中的 Wi-Fi 模块和蜂窝模块满足 IVI 本身联网需求。

③系统运行库层。该层包含系统库和 Android 运行时。系统库部分包含很多由 C/C++ 实现的成熟算法库，它们是应用程序框架的支撑，如 Media 为系统多媒体库，支持音视频文件的录放，SSL 库为各种应用协议提供通信支持。Android 运行时包括核心库和 Dalvik 虚拟机，允许开发人员基于 Java 语言进行应用软件开发。

④应用程序框架层。该层由许多类、接口和包组成，如活动管理器、位置管理器、包管理器等。它提供一种简单、连续的方式管理图形化用户接口、访问资源内存等，并为上层应用程序的构建提供统一的 API。通过调用该层提供的 API 接口，开发人员可以开发出与汽车各个模块交互的应用程序，如升降车窗、开关车门、获取汽车状态信息等。

⑤应用程序层。该层主要实现 IVI 系统的信息娱乐功能及汽车管理功能，如收音机、音乐、浏览器、车况数据显示、车辆控制等，包括厂商预安装的安全可靠的应用程序及用户自己安装的第三方市场的应用程序。

（2）IVI 系统的应用程序。可以把 IVI 应用程序大致分为两大类：前装应用和后装应用。

前装应用是随着 IVI 系统一起发布的，由 IVI 研发厂商根据汽车本身各个模块进行研发，并在 IVI 出厂前预安装在 IVI 系统上。此类应用一般与车身 CAN 总线网络有交互，主要功能是控制汽车各个模块的功能，如升降车窗、开闭车灯、鸣笛等，以及获取汽车的状态信息，如车速、油耗等关键信息显示等。此类应用的性能能得到很好的保证，且其安全系数较高，不容易被攻击者破解，从而保证了车身的安全。

后装应用即第三方应用市场的应用程序，是由第三方研发人员开发的，旨在吸引流量，从而赢利。由于 Android 的开源特性，此类应用种类繁多，但由于原车厂私有协议的保护，很难与汽车硬件模块建立通信，因此其功能以娱乐休闲为主，能够为驾乘者带来舒适的乘车体验。但是此类应用安全系数较低，存在较多漏洞，容易被攻击者利用，安装病毒木马入侵汽车，给驾乘人员带来威胁。

4.IVI 威胁分析

IVI 一旦被黑客利用，除了给车辆本身带来安全隐患外，还可能造成车主财产损失、隐私泄露，甚至造成交通事故。基于前面对 IVI 系统功能、硬件结构及软件架构的全面分析，此处给出了针对 IVI 系统的常见攻击面，如图 3-29 所示。其中，接触式攻击能轻易破坏车载信息娱乐系统，通过蓝牙、Wi-Fi、蜂窝网等非接触方式进行近场攻击，而移动 App 等第三方应用软件的普及加速了 IVI 系统的破解。

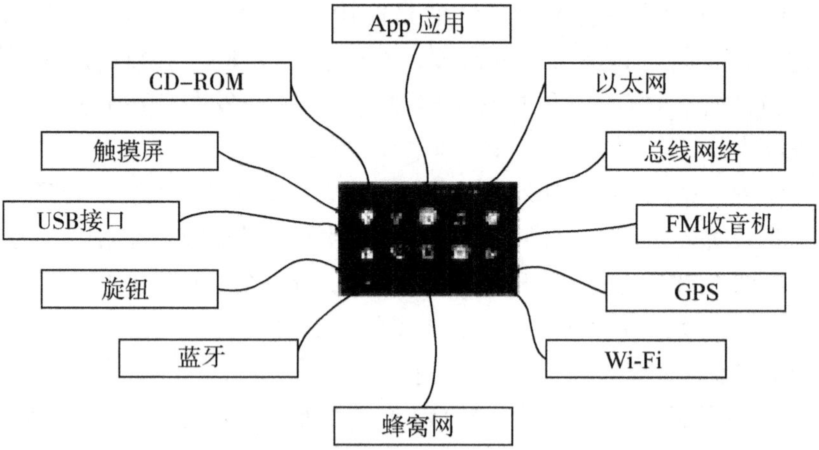

图 3-29　IVI 系统攻击面

（1）IVI 硬件威胁分析。分析 IVI 系统硬件首先要将硬件从目标车辆上拆解下来，然后对系统内部的电路板进行分析。电路板由多个功能单元连接而成，首先拆分各独立单元，然后分析每个独立单元的电路、芯片和接口。虽然电路板上印刷的文字难以理解，但还是能够发现很多引脚都有标注，便于读懂每个引脚的功能。通常还会在电路板上发现某些未连接的或者在生产过程中使用过的遗留连接器，它们就是攻击者入侵 IVI 单元的入口。

综上所述，硬件攻击的思路或过程：寻找电路板上未消除的调试接口，飞线接入电脑并借助专门的软件进行静态 / 动态测试，进而挖掘出隐藏的漏洞。还可以寻找主控芯片，然后通过烧录程序触点，利用专门的工具导出固件信息，经过 IDA Pro 反编译获取源码，分析固件中的字符段、通信协议及关键函数的功能，进一步确定攻击方案。

（2）IVI 软件威胁分析。对 IVI 系统软件的攻击分为两种：系统级代码漏洞挖掘和对 App 的漏洞利用。

①系统级代码漏洞挖掘。经过深度定制开发的 Android 完美满足了车载电子的特性需求，但其内核、系统及框架方面的漏洞依然存在。利用系统的漏洞提升权限，如通过 adb 可将 IVI 系统底层（native 层）的共享库导出到本地，

再使用 IDA Pro 等工具对此共享库进行逆向分析，能够获取 IVI 系统与车身的一些控制接口。利用这些接口可实现物理接触式控制汽车，危害极大。另外，还可通过 adb 将 IVI 系统中的 Framework 文件导出到本地，利用 JEB 反编译器等工具对该核心框架进行深入分析，挖掘敏感信息，进而开发脚本，利用该敏感信息控制汽车。

②对 App 的漏洞利用。市面上的 App 大多不具备基础的软件防护和安全保障功能，不加甄别地下载可能会把攻击者的恶意应用程序安装到 IVI 系统，为攻击者提供入侵 IVI 系统的入口，带来安全隐患。图 3-30 描述了第三方 App 存在的漏洞或面临的威胁。

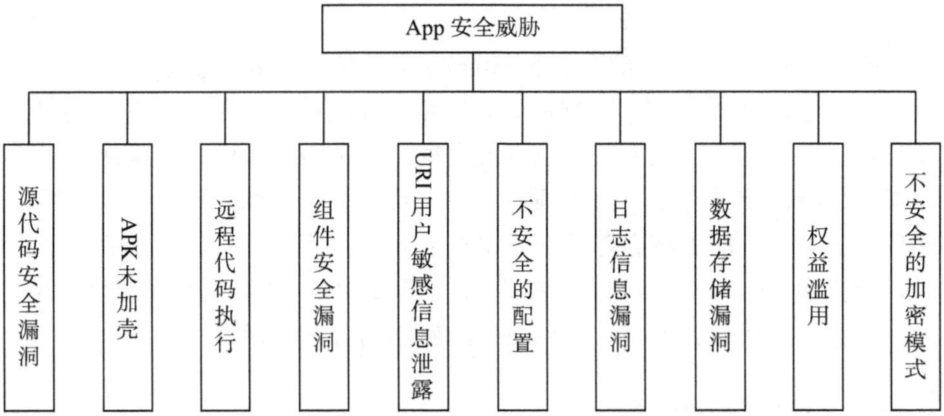

图 3-30　第三方 App 安全威胁

攻击者可通过诱导用户下载并安装恶意程序，获取 IVI 系统 root 权限，从而获取车主隐私并控制汽车，给驾乘者带来威胁，也可以通过恶意软件进行覆盖攻击，在用户启动 App 时伪造登录界面，从而窃取用户个人信息。此外，市场上有很多 App 没有进行混淆和加壳，这样的应用程序可通过 APK 逆向获取其源代码。有的虽然进行了混淆，但是壳的安全强度还不够。

第四章　汽车危险驾驶智能监控

第一节　酒驾智能监控技术

研究表明，饮酒后酒精先通过肠道被吸收，在 5 min 内就会进入人的血液系统，2.5 h 内就可以经人体循环系统渗透到各个部位，使人产生困倦现象，头晕目眩，同时空间视觉差，视线变得模糊，辨色能力降低，甚至视力暂时受损，视野边缘影响被忽略。由于酒精对神经系统有一定麻痹作用，人的手、脚等感知器官的触觉能力将会降低。酒精在人体内的代谢是比较缓慢的，平均每小时仅能代谢 10 ～ 15 g 酒精。很多人前一天喝酒第二天感觉生理没什么反应，以为没有什么事而驾驶上路，结果被检测出酒精含量超标。

一、酒精传感理论

酒后驾车的智能监控系统结构如图 4-1 所示。其中，最关键的技术是酒精传感及其信号处理，因为必须对驾驶员所含酒精量进行实时、准确的测试，才能确保监控技术的有效性。

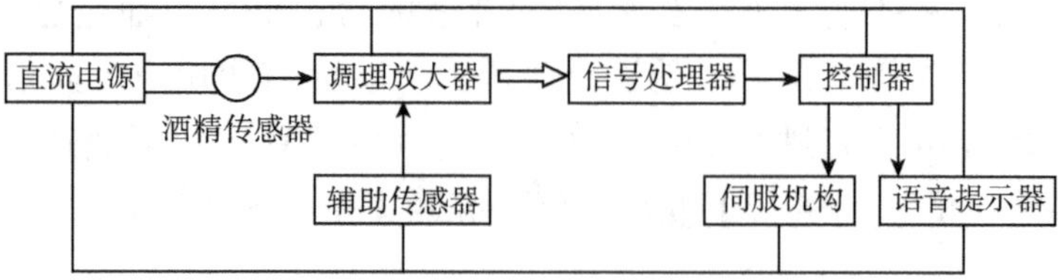

图 4-1　酒驾监控系统框图

酒精传感属于气体传感技术的一种。气体传感器是传感器领域的一个重要分支，它是识别气体种类并将其转变为电信号的器件，是气体定量或半定量检测，泄漏报警、控制等的理想探头。半导体气体传感器从构成材料上进行分类，有金属氧化物半导体气体传感器和有机半导体气体传感器。金属氧化物半导体气体传感器按其信号输出模式可分为电阻式和非电阻式两种。

酒精传感器就是一种金属氧化物半导体传感器。对酒精（C_2H_5OH）敏感的半导体材料有$Pd-La_2O_3-SnO_2$与$Pd-La_2O_3-WO$等。

这里所说的酒精传感及其传感器均是指酒精气体传感及其传感器，简称酒精传感及其传感器。

（一）酒精传感器的气敏机理

半导体气体传感器工作时，首先通过基体材料表面对周围气体的吸附作用产生界面电势变化，再通过氧化、还原反应而形成气敏材料的电导率变化，将化学信号转变为电信号，从而达到检测的目的。

当氧化物半导体表面吸附某种气体时，由于被吸附气体在半导体表面所形成的表面能级与半导体本身的费米能级不在同一水平，所以在表面附近形成空间电荷层。该空间电荷区的宽度和载流子浓度分布及电导率随被吸附气体的性质和浓度的变化而变化，因而能定性甚至定量地反映出被测气体的存在及其含量。这里所说的“半导体本身的费米能级”是指暴露于大气中的一种氧化物半导体，如$Pd-La_2O_3-SnO_2$等，其表面总是吸附着一定量的电子施主（如氢原子）或电子受主（如氧氢原子），由此形成空间表面电荷量的大小。由于形成的表面能级不同，其间便形成势垒，从而与半导体内部形成位于表面附近的空间电荷层。该表面能级相对于半导体本身费米能级的位置取决于被吸附气体的亲电性。如果其亲电性低（还原性气体），产生的表面能级将位于费米能级下方，被吸附分子向空间电荷区域提供电子而成为正离子吸附在半导体表面；空间电荷层内由于电子浓度增加，使电荷层的电导率相应增大。反之，如果被吸附气体的亲电性高（氧化性气体），产生的表面能级将位于费米能级上方，被吸附分子从空间电荷区域内吸取电子而成为负离子吸附在半导体表面；空间电荷层内由于电子浓度降低，使电荷层的电导率相应减小。因此，当气体浓度在半导体表面发生变化时，空间电荷区域的电导率就发生变化。这就是说，空间电荷区的电导率受气体类型和浓度影响。

具体地说，$Pd-La_2O_3-SnO_2$等半导体的导电载流子为电子，其表面电导率的变化Δg可由式（4–1）给出

$$\Delta g = \mathrm{e}\mu\Delta n \tag{4-1}$$

式中，e为电子电量；μ为表面电子迁移率；Δn为表面载流子密度变化量。

在厚度为h的空间电荷层内，Δn可通过积分来求得

$$\Delta n=\int_0^h\left(n(z)-n_b\right)dz \tag{4-2}$$

式中，n_b为半导体内部载流子浓度；$n(z)$为空间电荷层内载流子浓度。

对规则长方体的空间电荷层，其表面电导的变化为

$$\Delta G=\frac{\Delta gA}{L} \tag{4-3}$$

式中，ΔG为空间电荷层表面电导变化量；A为半导体元件的截面积；L为半导体元件的长度。

假设构成元件的敏感材料为连续的厚膜，则对规则长方体的氧化物半导体元件，其内部电导G_b为

$$G_b=en_b\mu_b A\frac{H}{L} \tag{4-4}$$

式中，μ_b为半导体内部电子迁移率；H为半导体总厚度。

如果电子迁移率受氧化物半导体表面状态的影响极小，即$\mu_b\approx\mu$，则氧化物半导体的相对电导变化可由式（4–1）、式（4–3）和式（4–4）得出

$$\frac{\Delta G}{G_b}=\frac{\Delta n}{n_b H} \tag{4-5}$$

氧化物半导体气敏元件的相对电导变化$\frac{\Delta G}{G_b}$正是该元件的检测灵敏度。因此，由式(4–5)可知，若要提高气敏元件的灵敏度，必须选用半导体内部载流子浓度n_b低的氧化物材料，而且应该尽量降低元件厚度H。而对已选定材料及构造的气敏传感器，其灵敏度取决于单位浓度气体所能引入的氧化物半导体表面载流子浓度的变化量Δn。

（二）酒精传感器结构

酒精传感器的结构由$Pd-La_2O_3-SnO_2$半导体（简称二氧化锡半导体）、加热丝、金属外壳、不锈钢网罩、基座、加热电极和传感输出端头组成。其中，核心部件是敏感元件二氧化锡半导体和激活敏感元件的加热丝。

图 4–2 为酒精传感器的结构示意图。

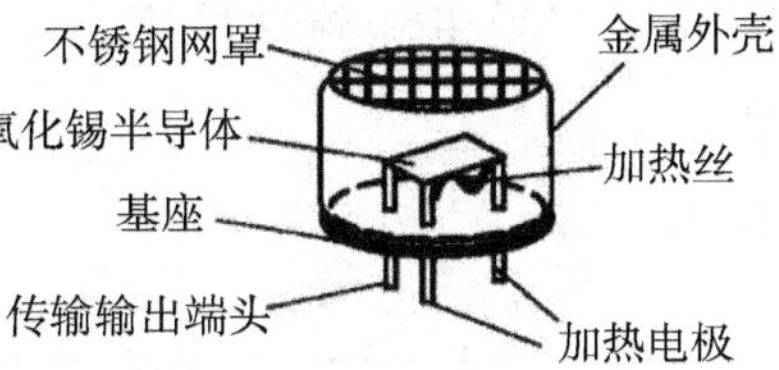

图 4-2　酒精传感器结构示意图

酒精传感器中二氧化锡半导体敏感元件必须在被加热的条件下，才能被激活，此时只要有酒精蒸汽散播在二氧化锡半导体周围，二氧化锡半导体就产生燃料效应，就会在连接二氧化锡半导体的传感输出端头上形成高电位输出。

（三）酒精传感的信号生成原理

当前常用的二氧化锡半导体酒精传感器是一种 N+N 组合结构半导体气体传感器。二氧化锡半导体酒精传感器的物化特性由其材料与结构特点决定。

1. 材料电阻率与气体浓度的关系

对于 N 型半导体，表面为电子积累时，晶粒表面电导率可用

$$g = \mathrm{e}\mu n \tag{4-6}$$

来描述，这里忽略了空穴的作用。

由于粉体材料存在大量晶界，将这些因素考虑进去，材料的总电导率g_Σ为

$$g_\Sigma = \alpha \exp\left(-\frac{\mathrm{e}V_S}{kT}\right) \tag{4-7}$$

式中，a为一个与晶粒接触面积、晶粒直径等因素有关的影响因子，将式（4-7）换为电阻率表示，则有

$$\rho = \rho_0 \exp\left(\frac{\mathrm{e}V_S}{kT}\right) \tag{4-8}$$

式中，$\rho = \dfrac{1}{g_\Sigma}$；$\rho_0 = \dfrac{1}{\alpha}$；$V_S$为半导体表面吸附平衡时的势垒高度；$k$为玻耳兹曼（Boltzmann）常数；$T$为热力学温度。

令Q_s为半导体表面单位面积上吸附的电荷量，则有

$$Q_S^2 = 2\mathrm{e}\varepsilon\left\{\left(N_D - N_A\right)V_S + \frac{kT}{\mathrm{e}}\left(n_b + P_b\right)\left[\exp\left(\frac{\mathrm{e}V(x)}{kT}\right) - 1\right]\right\} \tag{4-9}$$

式中，N_A、N_D分别为电离受主和施主浓度；P_b为半导体内气压；$V(x)$为表面层势垒高度；ε为修正系数。

将式（4-9）变形后得

$$\frac{Q_S^2}{2\varepsilon kT\left(N_D-N_A\right)}=\frac{eV_S}{kT}+\frac{n_b+P_b}{N_D-N_A}\left[\exp\left(\frac{eV(x)}{kT}\right)-1\right] \tag{4-10}$$

这就是半导体表面电荷与表面势垒的关系方程式。

考虑到，当$x\to 0$时，$V(x)=0$，式（4-10）为

$$\frac{eV_S}{kT}=\frac{Q_S^2}{2\varepsilon kT\left(N_D-N_A\right)} \tag{4-11}$$

将式（4-11）代入式（4-8）得

$$\rho=\rho_0\exp\left(\frac{Q_S^2}{2\varepsilon kT\left(N_D-N_A\right)}\right) \tag{4-12}$$

即

$$\ln\rho=\ln\rho_0+\frac{Q_S^2}{2\varepsilon kT\left(N_D-N_A\right)} \tag{4-13}$$

Q_S^2实际上是各种位置上吸附质产生的电荷总和，即

$$Q_S=\sum_{i=1}^{M}N_{S,i}q_iQ_i \tag{4-14}$$

式中，$N_{S,i}$为半导体表面第i个位置密度；q_i为吸附离子带有的单位电荷数；Q_i为表面覆盖度，是气体分压（浓度）的函数。因此，式（4-13）又可以写成

$$\ln\rho=\ln\rho_0+\frac{\left(\sum_{i=1}^{M}N_{S,i}q_iQ_i\right)^2}{2\varepsilon kT\left(N_D-N_A\right)} \tag{4-15}$$

式（4-15）表示酒精敏感材料电阻率与气体浓度的关系。

2. 酒精传感器等效电路

酒精传感器的等效电路图如图 4-3 所示。图 4-3 中，有两个 N 型半导体气敏元件，相当于两个等效电阻 R_a 与 R_b。在研制过程中，两者的掺杂材料与比例不同，使得对应 R_a 的半导体 A 对特定气体（酒精）特别敏感，而对应 R_b 的半导体 B 对特定气体（酒精）不敏感，因此在加热环境下，当含有酒精的气体附着在传感器半导体材料周围时，半导体 A 的电阻率会按照式（4-15）

随着气体浓度的变化而变化，相对而言，半导体 B 的电阻率受气体浓度的影响较小，呈现出几近不变的状态。

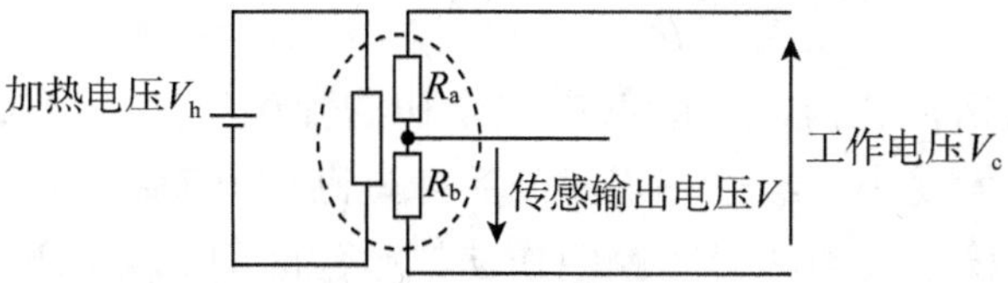

图 4-3 酒精传感器等效电路图

从图 4-3 中可以看出，传感器在洁净的气体环境下，其输出电压V表达式为

$$V_0 = \frac{R_b}{R_a + R_b} V_C \qquad (4-16)$$

式中，V_C为气敏元件的工作电压。

传感器在有酒精气体存在的环境下，其输出电压为

$$V' = \frac{R_b'}{R_a' + R_b'} V_C \qquad (4-17)$$

定义：半导体 A 的灵敏度β_a为

$$\beta_a = \frac{R_a}{R_a'} \qquad (4-18)$$

半导体 B 的灵敏度β_b为

$$\beta_b = \frac{R_b}{R_b'} \qquad (4-19)$$

酒精传感器的灵敏度β为

$$\beta = \frac{V'}{V_0} \qquad (4-20)$$

将式（4-16）和式（4-17）代入式（4-20）得

$$\beta = \frac{1 + \frac{R_b}{R_a}}{\frac{\beta_b}{\beta_a} + \frac{R_b}{R_a}} \qquad (4-21)$$

由此可见，当传感器接触待测气体时，若$\beta_a > \beta_b, \dfrac{\beta_b}{\beta_a} < 1$，则$\beta > 1$；当传感器接触干扰气体时，若$\beta_a < \beta_b, \dfrac{\beta_b}{\beta_a} > 1$，则$\beta < 1$。

对于现有酒精传感器，一般都有一个初期弛豫时间，当接通加热电压时，半导体电阻会由大变小，经过一定时间后才逐渐回升而趋于一稳定值。由通电加热开始到电阻稳定所需的时间就叫作初期弛豫时间，又称初期稳定时间。初期弛豫时间的存在给应用带来诸多不便。对于N+N组合型气敏元件，当选取的构成整体气敏元件的两种敏感体A和B的初期弛豫特性相近时，则由它们构成的整体气敏元件的输出信号电压就可较快地稳定，从而可有效地缩短元件的初期弛豫时间，提高元件的初期稳定性。

必须指出，经过多年的研究和改进，当前酒精传感器在结构上已经十分精细和微小，而且在实际信号处理电路中半导体气敏元件也无须另加工作电压V_C就能在加热激活状态下，通过对附着气体的敏感产生高电位输出，其等效电路图如图4-4所示。

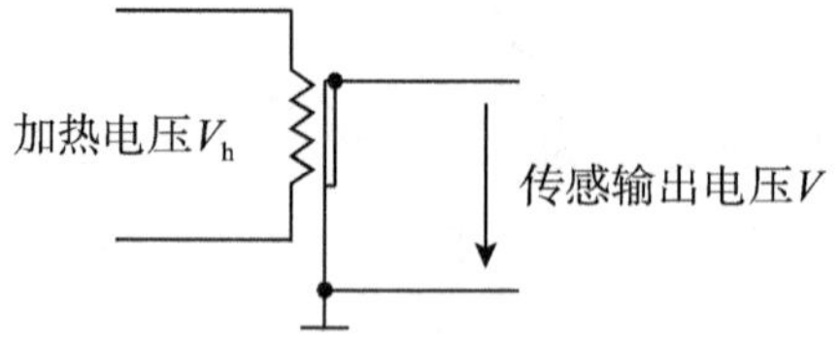

图4-4　现代气体传感器等效电路图

二、酒精检测技术原理

人饮酒后，人血液中酒精浓度的含量是动态变化的，饮酒后半小时至一个半小时内血液酒精浓度会达到峰值，20%～80%的酒精经人的胃、小肠的毛细血管吸收，随之进入人的血液循环系统。[①]90%的酒精进入人体后，经过肝脏器官代谢为醋酸，5%通过肺的呼吸作用排出体外，剩余的5%随着汗液或者尿液排出体外。有关研究表明，酒驾者的血液酒精浓度与汗液、尿液和呼气

① 韩桂玲、杨海英：《酒精的代谢与饮酒对人体的影响》，《山西医药杂志》2012年第11期。

中酒精浓度有一定的比例关系，因此各国酒驾监管部门用的酒驾检测仪器多是通过检测驾驶员血液、唾液、呼气和尿液进行酒精含量检测。

（一）血液酒精含量检测方法分析

血液酒精含量检测是对当事人直接进行采血取证，并由相关执法部门医院或者指定医学鉴定机构进行血液酒精浓度化验。血液化验利用的是气相色谱分析技术理论，检测进度可靠，结果权威。气相色谱的原理是，相同气压下，不同物质的物理特征不同，如沸点、极性或者对同一物质的吸附性不同，从而分离出复杂混合物中相应物质，并且可以分析其浓度指标。进行血液检测，先将血样在待测器皿中汽化，载体气体将检测样品带入色谱柱，随后一组分流出检测样品被送往检测装置，检测装置将浓度信息输出。血液检测法流程如图 4–5 所示。

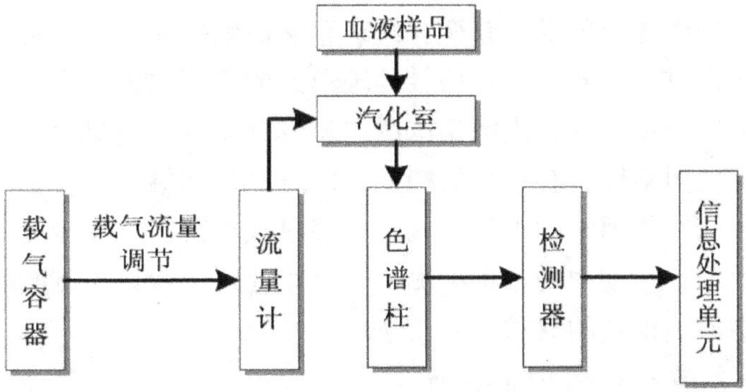

图 4–5　酒精浓度血液检测法原理

在我国交警执法过程中，一般对驾驶人员采用呼气检测法，在有异议需要进一步确认结果的情况下，才会进行下一步的采血，检验血液酒精浓度。显而易见，血液酒精浓度检测方法操作复杂，交警执法人员无法现场采集血样，只能到医疗机构执行，且需要等待结果，不适用于车载检测系统。

（二）激光酒精检测法分析

激光检测的原理是利用气体不同物质分子能够吸收光谱中对应波长的光，并且在吸收峰值外的波段，吸收量非常小，通过分析激光照射待测气体前后的强度变化，计算出待测气体浓度，激光酒精检测法原理如图 4–6 所示。

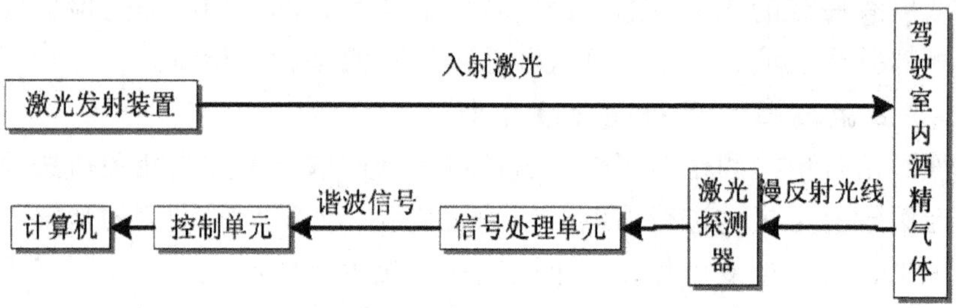

图 4-6　酒精浓度激光检测法原理

酒精气体（C_2H_5OH）在波长区域 1.3998 μm 和 1.3928 μm 处吸收峰值明显，因此酒精检测时一般将激光器中心波长设为 1.3928 ～ 1.3998 μm。一定波段的激光经过正选信号调制后，通过扫描车室内空气，部分激光能量被气体酒精分子吸收，激光强度发生改变。经过车室内物体对激光反射，探测器对其进行接收并转换成电信号，经过信号处理单元的锁相放大，将谐波信号传送至控制单元，由控制单元计算出酒精浓度信息，并由计算机显示、记录和分析。

激光酒精检测系统具有很高的精度，而且其检测结果不受温度、压力、大气污染和汽车尾气等因素的干扰，属于非接触式检测。然而激光酒精检测系统造价高昂，适用于运动中的车辆检测，一旦车速运动快，检测时间极短，对系统响应时间提出了很高的要求。

（三）呼气酒精检测方法分析

气体酒精检测通过间接手段来获得血液酒精含量。利用酒精气体传感器，对呼出气体进行检测，根据一定的换算关系，得出驾驶员血液酒精含量。

药物代谢动力学研究表明：肺部毛细血管血液与肺泡气能很快达到动力平衡，因此呼出气体中的酒精浓度（breath alcohol concentration，BrAC）与血液酒精浓度（BAC）紧密相关。通常检测驾驶员呼气酒精浓度时，要先检测驾驶员呼气中酒精浓度值，再将呼出气体酒精浓度值按一定比例系数转化为血液酒精浓度（BAC）值，按 BAC 的标准评定驾驶员饮酒状况。血液中酒精含量（BAC）与呼气中酒精含量有如下对应关系：

$$V_B(\mathrm{mg/mL}) = V_H(\mathrm{mg/L}) \times K \tag{4-22}$$

其中，V_B表示血液酒精浓度；V_H表示呼气酒精浓度；mg/L 表示每升中含酒精毫克量，即血液酒精浓度在数值上相当于呼气酒精浓度乘上系数 K。BAC 值大于或等于 20 mg/100 mL（呼出气体中酒精浓度 47.43 ppm），小于 80 mg/100 mL（呼出气体中酒精浓度 189.72 ppm）的驾驶行为构成饮酒驾车；

驾驶员血液酒精浓度指标大于或等于 80 mg/100 mL 的驾驶行为即判定为醉酒驾驶。吹气式酒精检测装置的 K 值各国选取不同，美国为 2 000，欧洲国家为 2 100，我国规定取值为 2 200。而车载非接触式酒精检测装置要检测驾驶员呼出气体酒含量则要考虑酒精气体在车室内扩散程度和传感器与人的距离。①

呼气酒精检测先由酒精气体传感器检测出呼出气体中酒精气体，然后转化成电流或者电压这种可以测量的信号，传递给处理器，再由输出装置显示酒精含量，如图 4–7 所示。

图 4–7　气体酒精检测系统结构

该系统有三个主要组成部分，分别是信息采集模块、中间处理模块和输出模块。信息采集部分就是气敏传感器及其调理电路，对酒精浓度进行采集，并将气体浓度信号转化为电信号；中间处理模块将采集模块传送过来的信号进行 A/D 转换并处理后，传递给输出模块；输出模块显示检测结果，还有存储记录或语音提示等其他功能。

三、酒精传感器信号处理方法

考虑到气体传感器工作时需要对气敏半导体进行加热，而气敏半导体材料在加热状态下的寿命会明显缩短，酒精传感器也不例外，因此在保证酒精传感器能够正常、有效工作的前提下，还应该采取技术措施将敏感材料被加热的时间缩短到最低限度。

（一）酒精传感信号处理系统

酒精传感信号处理系统即监控酒后驾驶的智能系统，其结构如图 4–8 所示，包括被动式红外传感器、酒精传感器、调理放大器 1、调理放大器 2、信号处理器、控制器、电子启动开关器、语音提示器、车速操控机构、电源适配器 1、电源适配器 2。

① 徐畅、孙鹏程、钟一虓：《呼出气体酒精含量探测器坚定细节的研究》，《计量测试与检定》2011 年第 3 期。

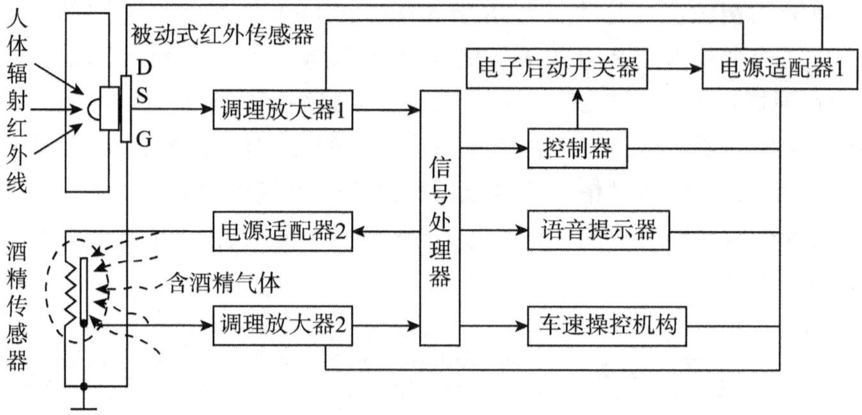

图 4-8　酒精传感信号处理系统结构框图

其中，被动式红外传感器用于传感人们辐射的红外线，具有被动接收人体（或其他能够向外辐射红外线的物体）辐射出的红外线的功能，并将其转换成电气信号输出。被动式红外传感器具有 D、S、G 三个电极，D 接电源正极，G 接地，S 为电信号输出极。在未加装任何导波装置的情况下，被动式红外传感器具有较宽的红外波接收立体角度。

调理放大器 1 包括两级电压放大器。当调理放大器的输入端接收到红外传感器输出的红外电信号时，第一级电压放大器将原始信号进行放大，放大后的信号经阻容耦合至第二级电压放大器继续进行放大，经第二级放大后的信号输入信号处理器输入端。调理放大器 2 的电路结构与调理放大器 1 相同，只是两者的静态工作点有所不同，调理放大器 2 专门用于放大酒精传感器输出的电信号。

信号处理器包括两路模拟信号输入通道、两个模数转换模块、运算模块和输出接口。两路模拟信号输入通道分别与上述两个调理放大器的输出端相连接，将来自红外和气体（酒精）传感器的输出信号分别经两个模数转换模块后转换为相应的数字信号。代表两个传感信息的数字信号经过运算模块的运算与决策后，形成相应的控制指令经输出接口并行输出至控制器和数字语音存储器。

语音提示器包括数字指令输入接口、开关信号输入接口、译码器、数字语音模块、数模转换器、功率放大模块、扬声器。其中，数字语音模块由语音单元组成，每个语音单元存放数字语音编码，通过信号处理器经内部数据总线的调用以实现数字语音编码的合成而组成具有完整语义的数字语音信号输出至语音提示器的输入端，供语音提示器最终输出。当语音提示器数字指令输入接口接收到信号处理器输出的控制指令后，经过译码器的解释，链接数字语音模块中的语音单元，将链接后的语音单元序列依次输至数模转换器转换为语音模拟信号，再将语音模拟信号输至功率放大模块经功率放大后驱动扬声器发出相应的语音警示。

电源适配器 1 是为被动式红外传感器、两个调理放大器、信号处理器、控制器、数字语音存储器、语音播放器和车速操控机构设置的，能够根据不同的电路工作要求提供相应的工作电压。电源适配器 1 受电子启动开关器控制，电子启动开关器受到控制器的控制。

电源适配器 2 是专门为酒精传感器的加热电路设置的，而且其开关方式只接受信号处理器的控制。

电子启动开关器包括第一挡机械 / 电气开关模块、第二挡酒精传感控制开关模块、第三挡发动机启动开关模块。电子启动开关器的挡次转换由汽车启动钥匙的机械转动来实现。电子启动开关器每一挡次功能：顺时针转动第一挡，机械开关器开通第一电源适配器，向被动式红外传感器、两个调理放大器、信号处理器、控制器、语音提示器、电子启动开关器等车载监控系统设备提供工作电源；继续顺时针转至第二挡，酒精传感控制开关模块的主通道导通；第三挡即进入准备启动发动机的工作状态。第一挡机械 / 电气开关模块与第三挡发动机启动开关模块均为原有汽车电气开关模块。第二挡酒精传感控制开关模块，由双向晶闸管构成，双向晶闸管的源、漏两极串接于第三挡发动机启动回路中，双向晶闸管的控制极端口与控制器的输出接口连接，当信号处理器判定当前驾驶室充满一定浓度的酒精蒸汽时，控制器低电平输出，致使双向晶闸管处于截止（不导通）状态，禁止第三挡的汽车发动机启动，否则，控制器高电平输出，确保双向晶闸管处于导通状态，能够执行第三挡的汽车发动机正常启动。

也就是说，当电子启动开关器开启第一挡开关时，车载监控系统开始处于工作状态，第一电源适配器向相应设备供电；接着，电子启动开关器开启第二挡开关时，就要受到酒精传感信号的控制：只要是酒后驾驶者，装置系统输出的指令就会禁止电子启动开关器第三挡的开关启动，使启动马达及其辅助电路没有工作电源。

车速操控机构包括输入接口、第一数模转换器、功率放大器、电磁阀和电动刹车推杆。当车辆正常行驶时，车速操控机构的电磁阀处于全开状态，即开度为 100%。一旦通过检测发现驾驶室中的酒精浓度超过核定阈值，即使车辆已经被启动，在信号处理器控制指令的作用下，电磁阀会实时产生相应磁力拉动阀门减小其原有开度，因此减小了燃料的流量，迫使车辆减速。同时，电动刹车推杆线圈在输入电压信号的作用下，对推杆产生轴向推力，通过杆机构的力矩传递带动脚刹车迫使车辆逐渐减速并最终停下来。

如果出现驾驶员找人代为吹气启动或中途更换饮酒者驾驶的舞弊行为，上述技术系统也不会让此类舞弊行为得逞。因为其中的酒精传感器始终处于监控工作状态，汽车启动后，该装置系统一旦继续检测到驾驶室里的酒精超出核定阈值，通过与红外传感辅助信息融合计算并确认后，信号处理器会实时地向语音提示器和车速操控机构发送控制指令。在控制指令的作用下，警示驾驶者禁止驾驶，并自动对车辆实施减速直至刹车。

（二）传感器设置方法

1. 红外传感器设置

一般情况下，可以将被动式红外传感器设置于驾驶室上方正对着驾驶员的头部，用以接收人体头部向外辐射的红外线。

通过调整红外传感器前端的聚光凸透片（树脂凸透片），可以改变红外线接收角度的大小。即变换不同焦距的树脂凸透片，就可以改变红外传感器能够感应到的来自周边人体向其辐射的红外线范围大小。根据驾驶室顶部高低，控制红外线接收角度在 30° ～ 40° 为宜。

2. 酒精传感器设置

一般情况下，酒精传感器设置于方向盘的中心区域附近较为合适。其优点：①最靠近驾驶员的面部，很容易感应到驾驶员呼出的气体；②安装与维护方便；③与信号处理器及电子启动开关器的单接路径简单。

酒精传感器对气体酒精浓度的感应阈值可以通过调理放大器的放大增益和信号处理器运算数学模型来确定。

3. 系统控制原理

当电子启动开关器处于第一挡开关“开”的位置时，智能监控酒后驾驶系统进入工作状态。该系统工作过程具体如下：

（1）初始化工作状态，即电源适配器 1 被开启，红外传感器、调理放大器（含调理放大器 1、2）、信号处理器、控制器、车速操控机构和语音播放器等处于工作状态。

（2）信号处理器根据红外传感器接收到的人体辐射红外线确认有人坐入驾驶位。

（3）信号处理器向电源适配器 2 发送第一个控制指令，控制电源适配器 2

中的电子开关开通大电流快速加热通道，使酒精传感器的加热丝在大电流的作用下迅速对酒精（气体）敏感元件进行加热。

（4）经过一定的延时t_1（如t_1为 0.5 ～ 2 s），信号处理器向电源适配器 2 发送第二个控制指令，关断大电流通道上的电子开关，同时开通小电流（额定维持加热电流）通道上的电子开关，使酒精传感器的加热丝在小电流下继续对酒精（气体）敏感元件进行加热，并维持工作温度环境稳定，称为正常加热酒精传感器。

（5）酒精传感器开始对附着在敏感元件周围的气体成分进行鉴别，即如果被吸附的气体酒精浓度超过灵敏度，则在其电信号输出极有高电位输出，高电位对“地”形成的电压信号经调理放大器后，被送入信号处理器的第一路模拟信号输入通道。

（6）信号处理器对接收到的酒精传感信号进行计算后，根据判定阈值确定当前被检测者散发的气体的酒精含量是否“超标”，若是，则生成第三个控制指令并行输出至控制器和数字语音存储器，执行步骤（7），否则，信号处理器在延时一定时间t_2（如t_2 =2 s）后，系统执行步骤（9）。

（7）在控制指令的作用下，控制器闭锁电子启动开关器的第二挡开关，使其无法进入发动机启动的预备工作，有效禁止了酒后驾驶。同时，数字语音存储器进行语音合成并通过语音播放器向驾驶员告知，如“请您不要酒后开车”。

（8）信号处理器根据红外传感器接收到的人体辐射红外线确认喝酒者是否离开驾驶位，如果没有离开，信号处理器的运算程序继续步骤（7），直至“酒驾者”离开驾驶室为止。否则，信号处理器中断第三个控制指令的输出，即电子启动开关器第二挡开关的闭锁被解除，控制语音提示器停止播放警示，系统回到初始化工作状态。

（9）信号处理器中断第三个控制指令的输出，即电子启动开关器第二挡开关的闭锁被解除，控制语音提示器不播放警示，允许电子启动开关器进入第二挡，进行汽车发动机的启动工作，并继续对驾车者所散发的气体进行测试。如果此时驾驶室内的酒精浓度继续存在超标现象，即酒精浓度超出标定阈值，则信号处理器向车速操控机构发送第四个控制指令，在该控制指令的作用下，车辆开始关闭油门，自动减速直至刹车，并使监控系统中心回到初始化工作状态，因此能够有效防止驾驶员找人代为启动或中途换人让饮酒者（或醉酒者）重新驾驶等舞弊行为的发生。

上述整个过程还可以参见图 4-9 所示的系统程序流程。

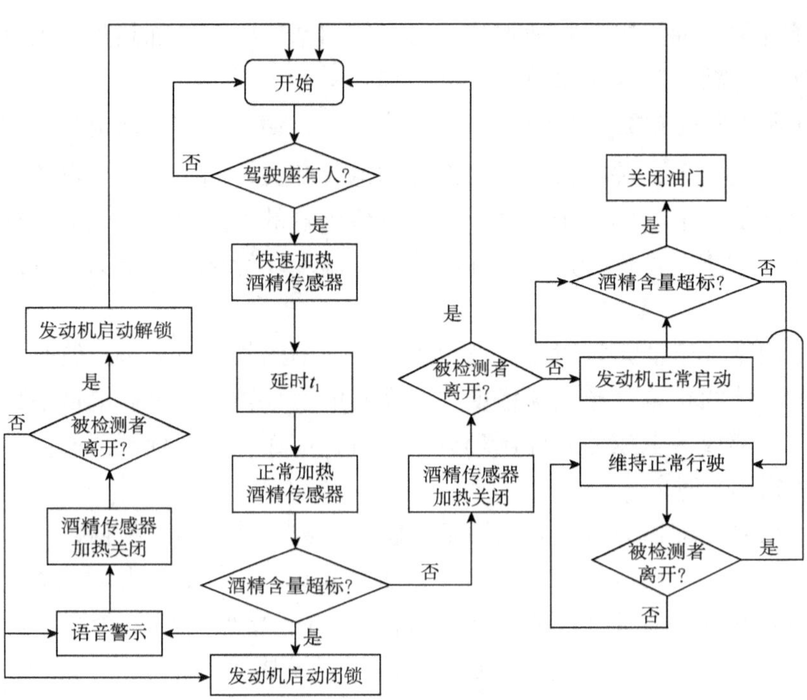

图 4-9　智能监控酒后驾驶运算程序流程框图

第二节　驾驶疲劳智能监控技术

一、驾驶疲劳概述

（一）驾驶疲劳定义

疲劳是指生物机体在一定的环境条件下，因进行了过度的体力劳动或脑力劳动而造成的身体机能和心理机能的失调，从而造成劳动效率下降的状态。

驾驶疲劳是疲劳的一种从属情况，也是一种复杂的生理、心理表现。驾驶疲劳的产生过程如图 4-10 所示，驾驶员的驾驶过程其实就是一种不断感知信息、加工信息、处理信息并进行相应判断和输出的过程，因此驾驶员在驾驶过程中不断消耗着体力和脑力，最终将进入疲劳状态，这种疲劳状态可以划分为生理疲劳和心理疲劳。生理疲劳是指驾驶员驾驶过程中过度消耗体力而导致的全身肌肉酸痛或肌肉乏力。心理疲劳是指驾驶员在驾驶时需要精神持续保持高度紧张，或者长时间从事单调、枯燥的驾驶工作，最后将出现精神厌烦或麻木等现象。

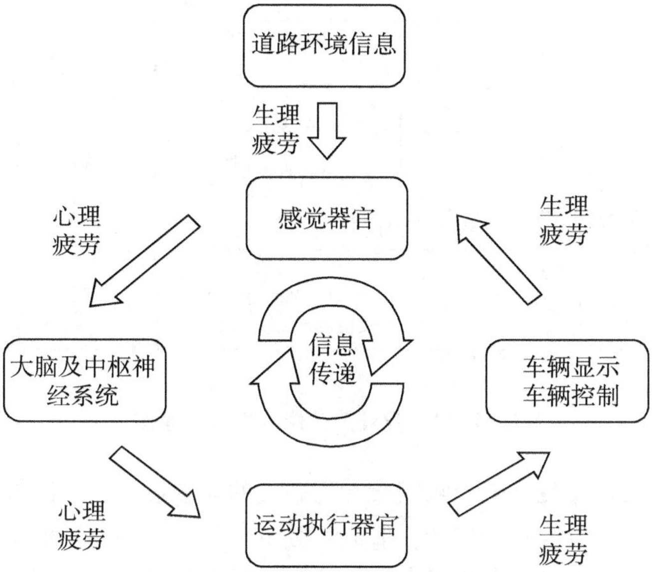

图 4-10　驾驶疲劳产生过程示意图

（二）驾驶疲劳影响因素和表征指标

驾驶疲劳是一种多方面的影响因素共同作用而产生的特殊疲劳现象。国内外许多的相关研究结果表明，驾驶疲劳现象的产生不仅跟驾驶员的年龄、性别、驾驶能力、个人身体素质、个人生理节律以及个人睡眠质量等个人自身的内在因素有关，还很大程度上受驾驶时长、驾驶任务负荷、天气、道路环境等影响①。这里将这些影响因素分为四大类：①包含驾驶员年龄、性别、驾龄（驾驶能力）、身体素质等的自身内在因素；②包含最近一段时间睡眠情况、最近一次睡眠情况和睡眠相关生理节律等的睡眠质量因素；③包含驾驶时长、道路环境等的驾驶负荷；④包含天气、驾驶空间气氛的外在环境因素（图 4-11）。在后续的驾驶员疲劳状态模拟实验设计中，根据这四大类影响因素对实验对象进行实验前的相关情况调查，进行影响因素的先验统一控制，防止不同影响因素的干扰，确保实验对象的相似性。

---

① Q. Zhang, C. Wu, H. Zhang, Driving fatigue prediction model considering schedule and circadian rhythm, *Journal of Advanced Transportation* 1（2020）:1-10.

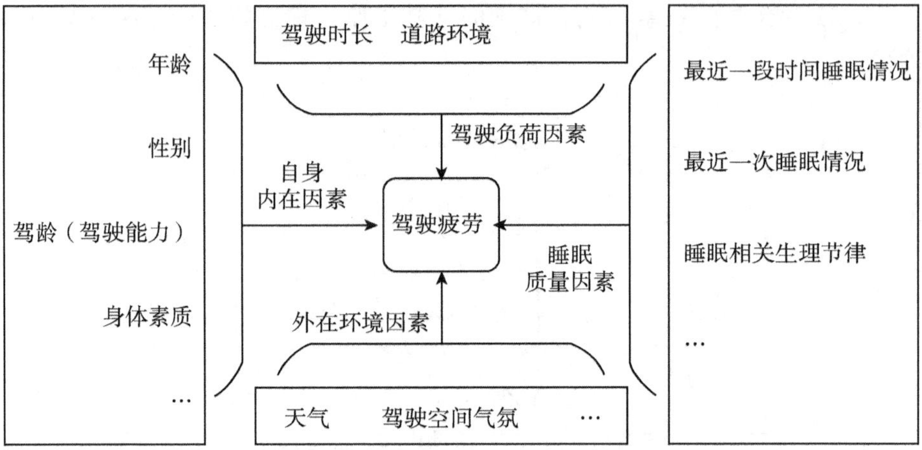

图 4-11　驾驶疲劳影响因素示意图

以上这四大类驾驶疲劳影响因素在驾驶员的驾驶过程中不断发挥着作用，使驾驶员产生生理疲劳或心理疲劳，造成驾驶员部分感觉器官功能降低，感知能力下降，思维能力和判断能力降低，间歇性的驾驶操作动作不灵活、不协调等。驾驶疲劳通过一些特征指标或行为状态表征出来，如图 4-12 所示。

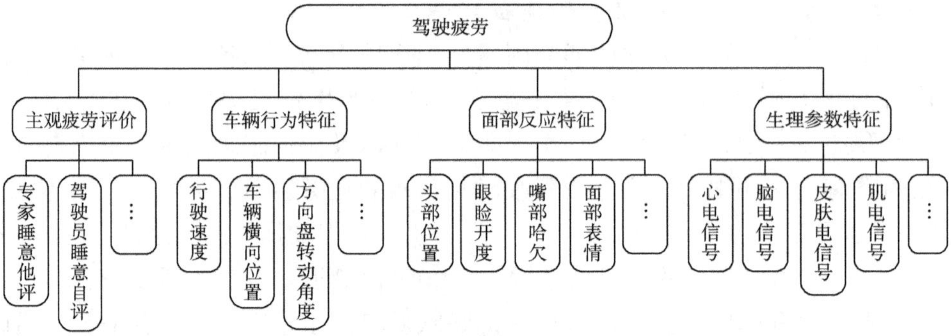

图 4-12　驾驶疲劳主要表征指标示意图

目前，国内外主要有 4 种驾驶员疲劳状态识别方法：基于主观评价、基于面部特征、基于生理特征和基于操作行为及车辆状态特征。结合驾驶疲劳智能监测技术的现状及发展趋势可知：一方面，需要利用心率特征弥补面部早期疲劳特征难以检测，无法及时预警的缺陷，提高驾驶员疲劳状态识别的准确性和可靠性；另一方面，需要考虑保留其低侵扰性、高接受度的特点。

二、驾驶疲劳检测方法

目前常用的驾驶疲劳检测方法主要有三类：基于生理信号的检测方法、基于驾驶行为的检测方法以及基于计算机视觉的检测方法。

（一）基于生理信号的检测方法

研究表明，相比正常状态，人体在疲劳状态时的生理指标会发生明显的变化，并且已经证明生理指标与人体疲劳之间有着密切的关系，基于生理信号检测驾驶员疲劳水平的方法已经被学界和工业界广泛研究。常用的生理信号包括脑电信号、心电信号、肌电信号等。

1. 脑电信号

研究表明，脑电信号能够十分显著地反映人体的疲劳程度，且随着疲劳程度的加深，脑电信号的 δ 波和 θ 波的能量会提升，而 α 波和 β 波的能量会降低。悉尼大学健康研究中心使用人工神经网络对不同驾驶员的脑电信号进行特征提取并分类，识别驾驶员的疲劳状态。王炳浩等通过 KT98-2000A 动态脑电仪记录驾驶员清醒状态和驾驶时的动态脑电波，对比判断驾驶员是否处于疲劳状态。[①] 牛清宁等采集驾驶员在模拟驾驶实验中的脑电信号，通过分析验证了脑电信号的微分熵与疲劳程度的相关性，且识别准确率达到 90% 以上。

2. 心电信号

常用于表征疲劳的心电指标主要有心率（heart rate，HR）和心率变异性（heart rate variability，HRV）。心率指的是心脏在一分钟内跳动的次数，表示心脏向身体供应血液的频度，受自主神经系统调节，反映了人的警觉性。心率变异性是心电图的 RRI（RR interval，心电图中相邻两个 R 波之间的时间间隔）波动，是除了脑电信号之外另一种与疲劳显著相关的生物学指标。HRV 受交感神经系统（sympathetic nervous system，SNS）和副交感神经系统（parasympathetic nervous system，PNS）调节，可用于估计自主神经系统（autonomic nervous system，ANS）活性。Patel 等将 HRV 作为检测疲劳驾驶的特征参数时，准确率达到 90%。

3. 肌电信号

研究发现，肌电信号能够反映脑力疲劳的程度，当疲劳产生且疲劳程度加

① 王炳浩、魏建勤、吴永红：《汽车驾驶员瞌睡状态脑电波特征的初步探索》，《汽车工程》2004 年第 1 期。

深时，肌电图的幅值会逐渐上升，而频率呈下降趋势。观察驾驶员的肌电信号发现随着驾驶时长的增加，其腰部表面肌电的绝对积分值会明显上升。

基于生理信号的疲劳检测方法通常具有较高的可靠性，但是需要专门的设备来测量信号，设备成本高，并且通常采用接触式的信号采集方式，监测不方便。移动智能终端（手环、智能手表等）嵌入了心率传感器，有效解决了生理信号监测困难的问题。但是，所引发的问题也较为突出。由于商用设备 API 较为封闭，监测只能获取心率信息，而表征人体疲劳程度的重要生物学指标 HRV 特征无法直接测量。这将严重影响检测精度。

（二）基于驾驶行为的检测方法

通常在驾驶途中，司机需要根据路况对车辆进行相应的操作。而司机疲劳时会出现注意力分散、操作失误等情况，从而影响了对车辆的控制能力，因此驾驶员疲劳状态也可根据司机的驾驶行为和车辆的行驶情况进行检测，常用的检测指标有方向盘运动、车辆行驶方向、车速和车道交叉情况等。

1. 方向盘运动

研究表明，当驾驶员正常驾驶时，调整方向盘的频率会非常高，调整的幅度较小；当驾驶员疲劳驾驶时，反应能力和控制能力都会下降，对方向盘的操作频率和操作幅度都会发生明显的变化。美国电子安全产品公司开发的 SAM 可以检测方向盘的转动情况来判断驾驶员是否疲劳，若方向盘连续 4 s 不动，SAM 就会发出报警声，判定为疲劳驾驶。

2. 车辆行驶方向（车道偏移量）

当司机疲劳驾驶时，由于注意力不集中，反应迟缓，车身可能偏离行驶车道。美国 Iteris 公司研制的 AutoVue 系统在摄像头检测到车辆非正常偏离车道时（如未开转向灯），会发出警告。[①] 此外，也有研究者使用机器视觉检测技术实时检测车道标志线，当车辆异常偏离中线位置时，系统会发出警报。

基于驾驶行为的检测方法具有非接触式检测算法简单的优点。然而某些情况下道路状态变化导致的车辆运动与驾驶员的疲劳与否并不相关，采集的信号不可避免地受到车辆运动的干扰，因此将其单独作为司机驾驶疲劳检测的特征时，可靠性令人质疑。

智能手表中的加速度计、陀螺仪等可以跟踪驾驶员对车辆方向盘的操作情况，将车辆方向盘的运动特征与 HRV 特征共同用于检测驾驶员的疲劳状态，可以避免单独基于驾驶行为的疲劳检测方法存在环境适应性差的问题，因为心

① 李贞、冯晓毅：《基于传感器技术的驾驶疲劳检测方法综述》，《测控技术》2007 年第 4 期。

电信号是人体的生理表征，能够真实准确地反映驾驶员的疲劳水平。同时，将方向盘运动特征作为心电信号的辅助特征，可以提高疲劳检测结果的可靠性。然而采用加速度计和陀螺仪跟踪驾驶员的手部运动，提取方向盘的运动特征时依然存在车辆运动的干扰，如果不能有效地消除或减少这种干扰，检测结果的可靠性将会受到极大的影响。因此在将方向盘运动特征作为驾驶员疲劳检测特征时，如何减少车辆运动对方向盘运动特征提取的干扰是我们需要解决的一个问题。

在驾驶途中，驾驶员除了发生操控车辆的驾驶行为，在疲劳时也会表现出一些生理上的行为，如频繁眨眼睛、打哈欠等。这些生理行为与驾驶员的疲劳状态有着极强的关联，常用于驾驶疲劳检测。然而传统的生理行为检测方法是利用图像处理技术，不仅对图像质量要求高，还涉及个人隐私。通过个人移动设备采集非敏感信号来检测时可以避免这些问题，然而如何从非敏感数据中挖掘出驾驶员个体疲劳生理行为以及设计科学有效的检测方法是我们需要解决的另一个问题。

（三）基于计算机视觉的检测方法

基于计算机视觉的检测方法是利用图像处理技术来检测驾驶员个体特征的变化，从而监测司机的警觉性，常用的个体特征包括眼动信号、打哈欠、头部运动和面部表情等。

1. 眼动信号

目前，大多数研究机构都采用 PERCLOS（percent eyelid closure，眼睛闭合时间百分比）作为人体疲劳水平的检测指标。PERCLOS 是一种基于视频的实时驾驶员疲劳监测技术，通过测量缓慢的眼睑闭合和估计闭眼时间超过 1 min 间隔、3 min 间隔或 5 min 间隔的比例来评估驾驶员疲劳。人在疲劳打盹时，眨眼频率较高，闭眼时间较长。另一种常用的方法是使用瞳孔计测量眼睛的瞳孔大小变化来评估疲劳程度。人在清醒和疲倦时瞳孔直径的大小变化不同，人在清醒时瞳孔大小变化很小，趋于稳定，而在疲倦时瞳孔明显缩小。

2. 头部运动

在行驶过程中，驾驶员的头部姿势或头部位移情况反映了驾驶员的疲劳状态。三维空间中的头部姿势可以通过绕彼此正交的三个轴的三个欧拉旋转角确定。通过计算三个欧拉角（点头、摇动和倾斜）相对于其正常驾驶位置有较大偏差的视频段数来计算驾驶员的头部运动。ASCl（Advanced Safety Concepts Inc.）研发的头部位置感应器可以实时测量司机头部位置，观察各个时间段的头部位置变化，判断司机是否处于困睡状态。头部姿态和头部位移提供了有关注意力不集中的有用信息，特别是在头部剧烈运动导致驾驶员的眼睛信号难以提取时。

3. 面部表情

基于面部表情的驾驶疲劳检测方法是通过观察驾驶员面部部位多次微小变化在早期阶段发现驾驶员疲劳的迹象。在脑神经科学领域，人们认识到面神经核包含在脑干中，脑干被定义为嗜睡的器官，面部表情包括眼睛、眉毛、脸颊和嘴巴。因此，许多研究采用面部表情作为嗜睡的指标，作为脑电波的替代物。面部表情与脑电波的相关性很高（相关系数 = 0.90），并且比其他指标更早地检测到嗜睡，这也表明面部表情是早期检测驾驶员嗜睡最合适的指标。

打哈欠是面部表情中除了眼睛特征外常用于检测驾驶员疲劳状态的一个特征。阿德里安（Adrian）等人评估了用户打哈欠前脑电信号中的 θ 和 δ 功率作为困睡状态的标志以及打哈欠后脑电图中的 α 功率和平均 α 频率作为唤醒水平的标志，证明了哈欠由于困倦而产生。现有的哈欠检测方法大多利用图像处理技术检测用户嘴巴张开和闭合状态来进行判断，但这种方法存在错误检测的情况，因为需要张口的情况有很多，如说话或受惊吓等。

基于计算机视觉的驾驶疲劳检测技术不仅精度高，还具有非接触检测的优点。但是，此类方法需要采集用户的面部影像，且对图片的质量要求苛刻，因此存在一定的局限性：①需要采集驾驶员的面部信息，严重涉及用户个人隐私；②相机视觉往往受光线、遮挡物（眼镜、口罩等）、车辆运动等客观因素的影响较大，使得检测精度在不同环境下差异较大，鲁棒性低。因此，本书基于个人移动终端采集非敏感数据，并根据相关数据挖掘出个体疲劳生理反应特征。数据采集、处理于驾驶员个人移动终端，保护了个人隐私数据，同时检测方法结合驾驶车辆所处物理空间环境的运动信息，确保了疲劳检测算法在不同场景的鲁棒性。但是在该方法中，由于采集与计算平台都是基于功耗受限的移动终端，低功耗设计尤为重要。嵌入式心率传感器进行心率监测时，使用反射式光电测量的原理，通过测量 LED 底部的血流来测量心率，这是一个非常耗电的过程。所以，如果不能有效解决心率数据采集功耗较大的问题，系统的工作时长会缩减，不能满足驾驶员全天候的驾驶疲劳检测需求。如何科学设计一种适用于所有的驾驶员的低功耗心率控制算法是本书需要解决的一个问题。

三、疲劳检测算法

根据疲劳状态检测不同的需求层次以及数据样本的特点选择了两种疲

劳检测算法：基于多元统计过程控制（multivariate statistical process control，MSPC）的疲劳检测算法能够简单地区分疲劳状态和正常清醒状态；基于支持向量机（support vector machine，SVM）的疲劳检测算法可以识别不同的疲劳状态，比前者的检测结果更加细粒度。

（一）基于 MSPC 的疲劳检测算法

MSPC 作为一种多元过程监控技术，常用于故障检测，通过独立监测每个变量，可以检测到普通检测难以检测到的故障。其采用主成分分析（principal component analysis，PCA）建模变量之间的相关性，并用两个监测指标定义正常运行条件（normal operating conditions，NOC）：T^2 和 Q 统计量。如果 T^2 和 Q 两个统计量中有一个超过阈值，则认为样本异常。将 MSPC 用于司机疲劳状态检测时，将正常驾驶时的样本作为建模数据。如果当前检测样本偏离值超过 T^2 和 Q 的阈值，就认为司机当前处于疲劳驾驶状态。

设X表示正常数据集，n 和 m 分别表示样本数和变量数。需要构造基于X的 PCA 模型，并利用变量之间的相关性将多变量数据投影到由几个隐藏变量定义的低维特征空间中。首先，X的奇异值分解被记录为

$$\begin{aligned} X &= U\Sigma V^T \\ &= \begin{bmatrix} U_R & U_0 \end{bmatrix} \begin{bmatrix} \Sigma_R & 0 \\ 0 & \Sigma_0 \end{bmatrix} \begin{bmatrix} \boldsymbol{V}_R & V_0 \end{bmatrix} \end{aligned} \tag{4-23}$$

在主成分分析中，$\boldsymbol{V_R}$是右奇异矩阵，$\boldsymbol{V_R}$的列空间是主成分跨越的子空间，R（$\leqslant m$）表示 PCA 模型中保留的主成分的个数。T_R是X在主分量所跨越的子空间上的投影，其数学表达如下：

$$T_R = X\boldsymbol{V}_R \tag{4-24}$$

X可以通过$\boldsymbol{V}_R$的线性变换从T_R中重建或估计出来，如式（4-25）所示：

$$\hat{X} = T_R V_R^T = X\boldsymbol{V}_R V_R^T \tag{4-25}$$

由维度压缩引起的信息丢失（误差）可写为

$$E = X - \hat{X} = X\left(I - \boldsymbol{V}_R V_R^T\right) \tag{4-26}$$

根据误差，Q统计量被定义为

$$Q = \sum_{m=1}^{M}\left(x_m - \hat{x}_m\right)^2 = x\left(I - \boldsymbol{V}_R V_R^T\right)x^T \tag{4-27}$$

其中，x是一个新测量的样本；Q统计量是样本与主成分组成的子空间之间的距离平方。

此外，霍特林（Hotelling）的 T^2 统计量用于监测由主成分组成的子空间中的异常，其定义如下：

$$T^2 = \sum_{r=1}^{R} \frac{t_r^2}{\sigma_{tr}^2} = xV_R \sum_R^{-2} V_R^T x^T \tag{4-28}$$

其中，σ_{tr}^2表示第 r 个分数t_r的标准差。在由主成分组成的子空间中，T^2统计量表示与原点的马氏距离（Mahalanobis distance）。T^2统计量较小时，表明样本接近建模数据的平均值。驾驶疲劳检测时，使用正常状态下的数据样本构建 MSPC 模型，T^2或Q统计量超过相应的阈值时，表示当前样本异常，用户处于驾驶疲劳状态。

（二）基于 SVM 的疲劳检测算法

SVM 是万普尼克（Vapnik）等人在 20 世纪 90 年代提出的，其在模型的复杂性和识别准确度之间寻求最佳折中方案，以期获得最好的泛化能力。与传统机器学习方法相比，SVM 有效解决了小样本、非线性及高维数等问题，广泛应用于机器学习等领域。其通常分为线性和非线性两种。

（1）线性支持向量机。如果数据样本能够用一个线性函数分开，称这些数据样本是线性可分的。线性函数在二维空间中是一条直线，在三维空间中是一个平面，不考虑空间维数时统称为超平面。图 4-13 展示了一个简单的二维空间例子，图中小正方形和小三角形分别代表两类线性可分的样本，$\boldsymbol{H}$ 是样本的分类线，$\boldsymbol{H}_1$ 和 $\boldsymbol{H}_2$ 称为决策线，是经过两类样本中离分类线 $\boldsymbol{H}$ 最近的点且平行于分类线的直线，$\boldsymbol{H}_1$ 和 $\boldsymbol{H}_2$ 间的距离叫分类间隔。在二维空间中，线性可分支持向量机是能将数据正确划分且分类间隔最大的直线。

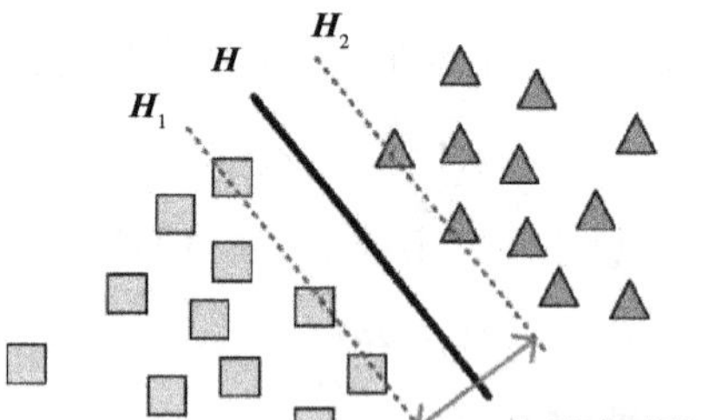

图 4-13　线性可分情况下最优分类面示意图

对于训练样本(x_i, y_i)，$i=1,2,3,\cdots, x_i \in \boldsymbol{R}^d$表示一组包含多维特征的空间向量，$y \in \{+1,-1\}$是类别标签，超平面 $\boldsymbol{H}$ 的数学表示为

$$f(x)=\omega x+b=0 \tag{4-29}$$

$y_i=+1$和$y_i=-1$的样本x_i需要满足下面的条件才能准确分开：

$$\begin{cases}\omega x_i+b\geqslant 1, & y_i=+1\\ \omega x_i+b\leqslant -1, & y_i=-1\end{cases} \tag{4-30}$$

样本空间中的任意一点x_i到超平面的距离为

$$d_i=\frac{\left|f\left(x_i\right)\right|}{\|\omega\|} \tag{4-31}$$

则τ为超平面$f(x)=\omega x+b=0$的余量，表示样本点与超平面之间的最小距离，τ越大（$\|\omega\|$越小）表示该超平面的分类效果越好。对超平面的求解可以转化为二次优化问题。

对样本（x_i，y_i），求式（4-32）最小值的ω，b：

$$\min\left[\frac{1}{2}\|\omega\|^2\right] \quad \text{s.t. } y_i\cdot\left[\omega x_i+b\right]\geqslant 1 \tag{4-32}$$

原问题可以转换成拉格朗日对偶问题进行优化，其拉格朗日函数为

$$\boldsymbol{L}(\alpha,\omega,b)=\frac{1}{2}\|\omega\|^2-\sum_{i=1}^{l}\alpha_i\left[\mathrm{y}_i\cdot\left(\omega x_i+b\right)-1\right] \tag{4-33}$$

$\alpha_i\geqslant 0$为拉格朗日乘子，式（4-33）分别对ω和b求偏导得到

$$\begin{aligned}&\frac{\partial \boldsymbol{L}(\alpha,\omega,b)}{\partial \omega}=0\rightarrow \omega=\sum_{i=1}^{l}\alpha_i y_i x_i\\ &\frac{\partial \boldsymbol{L}(\alpha,\omega,b)}{\partial b}=0\rightarrow \sum_{i=1}^{l}\alpha_i y_i=0\end{aligned} \tag{4-34}$$

此时，原问题转化为对偶规划问题：

$$\max \boldsymbol{L}(\alpha)=\sum_{i=1}^{l}\alpha_i-\frac{1}{2}\sum_{i=1}^{l}\sum_{j=1}^{l}\alpha_i\alpha_j y_i y_j\left(x_i x_j\right)\text{s.t.}\sum_{i=1}^{l}\alpha_i y_i=0,\alpha_i\geqslant 0 \tag{4-35}$$

当α_i最优解确定，ω就能确定，最优判别函数为：

$$f(x)=\operatorname{sgn}\left\{\sum_{i=1}^{l}\alpha_i y_i\left(x_i x\right)+b\right\} \tag{4-36}$$

（2）非线性支持向量机。对于非线性问题，可以利用内积运算（也叫核函数）将原始输入空间的非线性问题变换为高维特征空间的线性问题。核函数公式为

$$\boldsymbol{K}\left(x_i,x_j\right)=\phi\left(x_i\right)\cdot\phi\left(x_j\right) \tag{4-37}$$

则对偶二次规划问题变为

$$\max \boldsymbol{L}(\alpha)=\sum_{i=1}^{l}\alpha_i-\frac{1}{2}\sum_{i=1}^{l}\sum_{j=1}^{l}\alpha_i\alpha_j y_i y_j \boldsymbol{K}\left(x_i,x_j\right)$$

$$\text{s.t.} \sum\nolimits_{i=1}^{l}\alpha_i \mathrm{y}_i=0, C\geqslant\alpha_i\geqslant 0 \tag{4-38}$$

在采用支持向量机作为驾驶员疲劳检测算法时，使用(S_i,L_i)表示训练样本，其中$\boldsymbol{S}_i = <\text{mean}\, NN,\ SDNN, rMSSD,\ LF, HF, LF/HF, \boldsymbol{T}_{yawn}, \boldsymbol{T}_{ad}, \boldsymbol{A}_{turn}>$表示第$i$个特征向量。其中，$\boldsymbol{T}_{\text{yawn}}$是哈欠数；$\boldsymbol{T}_{\text{ad}}$是方向盘调整数；$\boldsymbol{A}_{\text{turn}}$表示方向盘转动角度；$\boldsymbol{L}_i$表示疲劳程度；如表 4-1 所示，$\boldsymbol{L}$ 有五个等级，从 1 到 5。在数据线性可分的情况下，支持向量的超平面如下：

$$f(\boldsymbol{S})=\sum\nolimits_{i=1}^{n}a_i L_i S_i S(i)+b \tag{4-39}$$

表 4-1　疲劳水平量表

序号	症状	疲劳水平
1	非常清醒	L_1
2	相当清醒	L_2
3	有点疲倦	L_3
4	困倦但能努力保持清醒	L_4
5	极度困倦，难以保持清醒	L_5

其中，$\boldsymbol{L}_i$表示样本点$\boldsymbol{S}_i$的类别；$\boldsymbol{S}(i)$表示支持向量机；$a_i(i=1,l)$是拉格朗日乘子。如果数据不是线性可分的，首先将其映射到另一个由核函数线性可分的特征空间，式（4-39）变为

$$f(\boldsymbol{S})=\sum\nolimits_{i=1}^{n}a_i \boldsymbol{L}_i v\left(\boldsymbol{S}_i,\boldsymbol{S}(i)\right)+b \tag{4-40}$$

$v(\cdot)$表示核函数，SVM 分类器使用高斯径向基函数将数据映射到另一个特征空间。

第三节　方向盘智能监控技术

驾驶汽车要求驾驶员双手应该握住方向盘，绝对不允许车辆行驶过程中将双手脱离方向盘。这是因为车辆行驶过程中驾驶员双手脱离方向盘，一旦遇到路面不平整甚至出现深坑或障碍物的时候，就非常有可能使车辆在震动之中冲出车道而发生与其他车辆相撞等严重的交通事故。当前，无人驾驶汽车尚未进入实用阶段，防止驾驶员双手脱离方向盘驾驶的智能监控系统显然是车辆应该配置的。

一、方向盘传感器

（一）传感结构与前置处理

防止驾驶员行驶过程中出现双手脱离方向盘技术的核心硬件是传感器。

1. 传感器结构

核心传感在于方向盘的内部构造。传感器结构如图 4-14 所示，方向盘的圆环内芯含一软磁铁氧体圆环，在软磁铁氧体圆环上同向绕制三组线圈，并首尾相接，形成串联式电感器，串联后总电感的两个端点通过导线引出与其他电气元件连接，构成一个 LC 振荡回路；最外层包敷外壳，该外壳可以采用合成塑料或木质材料制作。

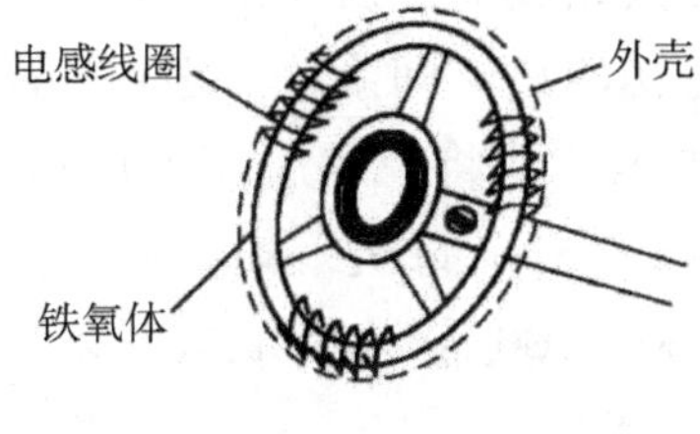

图 4-14　方向盘传感器结构

上述方向盘传感结构被称为方向盘握手传感器，简称“方向盘传感器”。

2. 前置信号处理电路

方向盘传感器的信号输出需要先经过前置电路的先期处理。该前置处理电路由 LC 振荡、高频放大、限幅、检波等电路组成（图 4-15）。

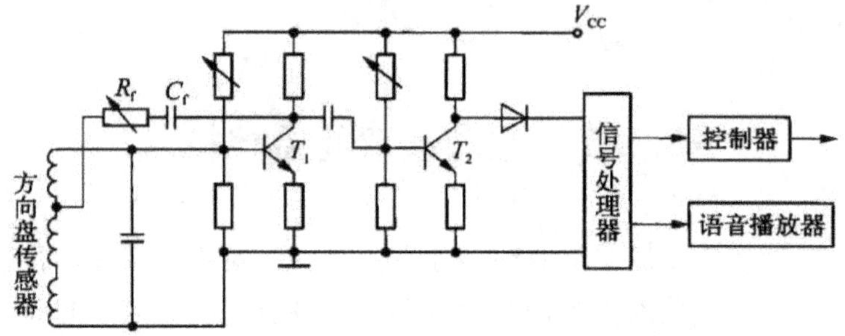

图 4–15　传感信号处理电路

图 4–15 中，T_1与 LC 回路构成振荡电路的同时承担高频信号放大，R_f，C_f为振荡回路的正反馈电阻与电容，通过对R_f的微调，能够确保振荡回路工作稳定，T_2通过正确的静态工作点设置确保了对高频信号的限幅作用。

（二）传感与控制原理

绕制于方向盘软磁铁氧体表层上的三组线圈串接后构成一个电磁感应器。当双手或单手握住方向盘时，电磁感应器都会因为人们的静电效应使其电感系数发生变化。

事先调试，使系统处于谐振工作状态，也就是说，当双手（或单手）没有握住方向盘时，振荡回路处于谐振状态，高频振荡信号经高频放大后达到限幅器的最高电平值。设计时已经考虑工作电压的波动，谐振回路具有一定的带宽。

1.初始化

鉴于汽车电瓶电压的衰减和波动以及周围环境干扰因素的随机性，在正式运行该系统之前必须先进行初始化，即系统“学习”。初始化的步骤如下：

（1）语音播放器自动提示“请将双手脱离方向盘”，延时 2 s 后，每间隔 10 ms，信号处理器采集一次信号，每次采集到的直流电压经模数转换后存放于第一数组单元，采集 10 次，100 ms 内完成数据采集，形成第一个采样电压向量 $\boldsymbol{V}^{(1)}$，即

$$\boldsymbol{V}^{(1)}=\left[V_1^{(1)}\quad V_2^{(1)}\quad \cdots\quad V_M^{(1)}\right] \tag{4–41}$$

式中，M 为采样数，如 M=10。

（2）语音播放器自动提示“请将左手握住方向盘”，延时 2 s 后，每间隔 10 ms，信号处理器采集一次信号，每次采集到的直流电压经模数转换后存放于第二数组单元，采集 10 次，100 ms 内完成数据采集，形成第二个采样电压向量 $\boldsymbol{V}^{(2)}$，即

$$V^{(2)}=\begin{bmatrix}V_1^{(2)} & V_2^{(2)} & \cdots & V_L^{(2)}\end{bmatrix} \tag{4-42}$$

式中，L为采样数，如$L=10$。

（3）语音播放器自动提示“请将右手握住方向盘”，延时 2 s 后，每间隔 10 ms，信号处理器采集一次信号，每次采集到的直流电压经模数转换后存放于第三数组单元，采集 10 次，100 ms 内完成数据采集，形成第三个采样电压向量 $\boldsymbol{V}^{(3)}$，即

$$V^{(3)}=\begin{bmatrix}V_1^{(3)} & V_2^{(3)} & \cdots & V_R^{(3)}\end{bmatrix} \tag{4-43}$$

式中，R 为采样数，如 $R=10$。

（4）求取第一个采样电压向量 $\boldsymbol{V}^{(1)}$元素的数学均值$\bar{V}^{(1)}$：

$$\bar{V}^{(1)}=\frac{1}{M}\sum_{i=1}^{M}V_i^{(1)} \tag{4-44}$$

（5）求取第二、第三个采样电压向量 $\boldsymbol{V}^{(2)}$与 $\boldsymbol{V}^{(3)}$元素的数学均值$\bar{V}^{(2+3)}$：

$$\bar{V}^{(2+3)}=\frac{\sum_{j=1}^{L}V_j^{(2)}+\sum_{k=1}^{R}V_k^{(3)}}{L+R} \tag{4-45}$$

（6）判定阈值δ_1和δ_2：

$$\delta_1=\max\left|V_i^{(1)}-\bar{V}^{(1)}\right| \tag{4-46}$$

$$i=1,2,\cdots,M$$

$$\delta_2=\max\left[\max\left|V_j^{(2)}-\bar{V}^{(2+3)}\right|,\max\left|V_k^{(3)}-\bar{V}^{(2+3)}\right|\right] \tag{4-47}$$

$$j=1,2,\cdots,L;\ k=1,2,\cdots,R$$

2. 在线实时监测

经过初始化（学习）的系统随着车辆行驶进入在线实时检测工作状态：

（1）当信号处理器接收到某一时刻t的信号电压V_t时，如果$\left|V_t-\bar{V}^{(2+3)}\right|>\delta_2$，则说明驾驶员正常驾驶，即双手或单手握住方向盘进行驾驶操作。这是因为此时的振荡回路远离谐振点，使得V_t的数值较小，即偏离$\bar{V}$较远，所以该系统不会对驾驶操作进行干预。

（2）当信号处理器接收到某一时刻t的信号电压V_t时，如果$\left|V_t-\bar{V}^{(2+3)}\right|\leqslant\delta_2$且$\left|V_t-\bar{V}^{(1)}\right|>\delta_1$，则说明驾驶员单手握方向盘较松弛，该系统处于警惕状态，会提示“请握住方向盘”。

（3）当信号处理器接收到某一时刻t的信号电压V_t时，如果$\left|V_t-\bar{V}^{(2+3)}\right|\leqslant\delta_2$且

$\left|V_t-\bar{V}^{(1)}\right|\leqslant\delta_1$，则说明驾驶员双手已经脱离方向盘，即“双脱把”，该系统立即通过语音播放器发出警示：“请握住方向盘，千万不可双脱手！”同时，该系统通过控制器执行强制干预，如减速或刹车。

二、驾驶员转向力矩建模

（一）驾驶员转向力矩建模方法概述

本小节针对的是横向辅助避障工况，在这种危险工况下，驾驶员的转向行为和普通驾驶时的转向行为有所区别，所以危险工况下的驾驶员转向行为建模是保证模型准确性的关键。驾驶员的转向力矩主要用于带动手臂和转向系统转动，并在期望的时间内达到相应的转角，从而跟随其期望的轨迹。

驾驶员的转向力矩源于手臂的神经肌肉系统，可分为两部分，一部分带动自身的手臂转动，为T_A，其余力矩T_F传递到方向盘上。

$$T_D=T_A+T_F \tag{4-48}$$

计算出带动手臂的力矩需要建立驾驶员在握住方向盘时的手臂的动态特征模型。将驾驶员的手臂视为一个单自由度的线性惯性—阻尼—刚度系统，通过驾驶员力矩—方向盘转角采集系统收集驾驶员在不同工况下的数据，从而拟合出系统系数建立完整手臂动态特征模型。作用在方向盘上的力矩根据作用分为前馈力矩T_{Ff}和反馈力矩T_{Fb}。

$$T_D=T_A+T_{Ff}+T_{Fb} \tag{4-49}$$

驾驶员前馈力矩的主要作用是跟踪驾驶员所期望的行驶轨迹。基于驾驶员预瞄理论对其进行建模。驾驶员通过视觉获得期望车道的信息，并通过车辆与期望轨迹上预瞄点的航向角偏差以及车辆与期望轨迹的横向误差提供前馈力矩。建立驾驶员的前馈力矩模型，并分析单车危险工况对前馈力矩的影响，设计用于采集的单车行驶工况，并建立驾驶模拟器，采集驾驶员转向行驶数据，最终建立前馈力矩模型。驾驶员反馈力矩主要用于抵抗转向系统阻力与轮胎阻力。基于运动学建模建立系统模型，计算驾驶员反馈力矩。

（二）手臂建模及机械特征辨识

1．驾驶员手臂模型

驾驶员的手臂系统在正常尺寸和功能下，可以被描述为一个输入为驱动力、输出为动态变化的生物机械系统，即

$$A_{mod}(j\omega)=\frac{\theta(j\omega)}{T_A(j\omega)} \tag{4-50}$$

复杂度较低的单自由度惯性—阻尼—刚度机械系统用于描述手臂机械系统的动态特征是较为合适的，图 4-16 是其简化示意图。

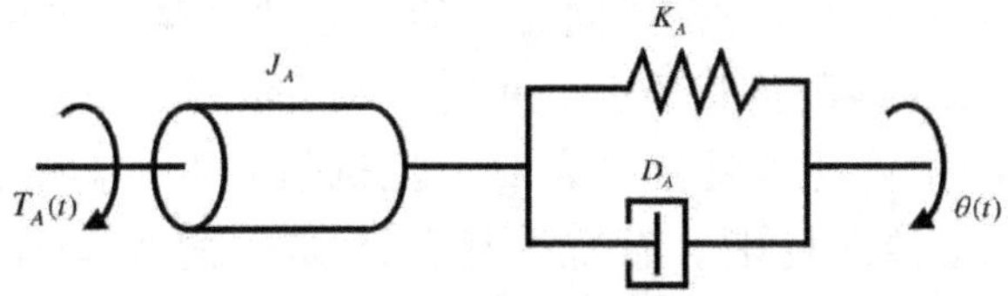

图 4-16　手臂单自由度惯性—阻尼—刚度机械系统

根据图 4-16，式（4-50）可以表示为

$$A_{\text{mod}}(j\omega)=\frac{\theta(j\omega)}{T_{\text{A}}(j\omega)}=\frac{1}{-J_{\text{A}}\omega^2+D_{\text{A}}j\omega+K_{\text{A}}} \tag{4-51}$$

其中，D_{A}和K_{A}为驾驶员握住方向盘时的扭转阻尼和扭转刚度；J_{A}理论上为驾驶员手臂的转动惯量，但是在实际的测量和辨识中，其包含整个系统的转动惯量。为了得到准确的转动惯量，需要减去除手臂之外的转动惯量，其余系统的阻尼和刚度可以忽略不计。

2. 机械特征辨识

（1）驾驶员力矩—方向盘转角采集系统。不同驾驶员的手臂动态特性是不同的。为了更好地辨识不同驾驶员的手臂机械系统，搭建了驾驶员力矩—方向盘转角采集系统，该系统硬件结构如图 4-17 所示。

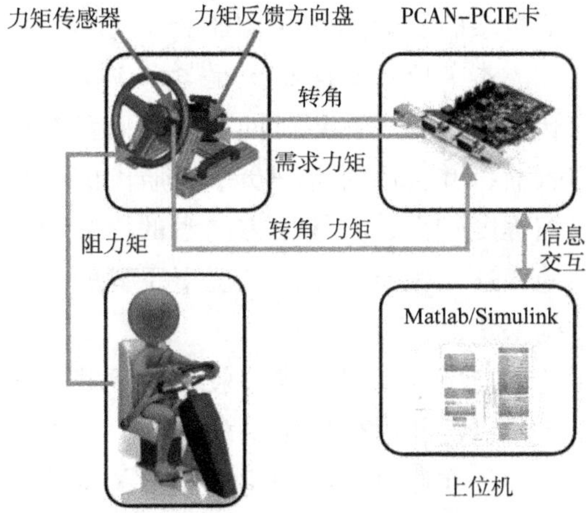

图 4-17　采集系统硬件结构示意图

根据图 4-17 所示，采集系统的硬件主要包括力矩传感器、力矩反馈方向盘、PCAN-PCIE 卡及上位机。力矩传感器主要用于采集实验过程中的瞬时力

矩、瞬时转角以及角速度。系统采用的是KISTLER公司的力矩传感器，其作为采集压电传感器，可以测量力、扭矩、应变、压力、加速度等信号，使用之前需要安装到转向柱上，与方向盘同侧，随后通过按键标定零初始位置进行初始化。系统通过CAN线与传感器进行通信，便于信号的采集。

力矩方向盘的主要功能是接受来回上位机信号发生器的需求力矩，并通过控制电机施加在转向柱上。系统采用的力矩方向盘是SensoDrive公司的Senso-Wheel产品，硬件部分主要包括方向盘（包括转向柱）、驱动电机和驱动单元三个部分。为了便于使用，将驱动电机和驱动单元分开布置，减轻方向盘架承载的重量。通信方式是利用CAN通信收发信息，其有多种工作模式，本小节主要利用Normal工作模式，需要设置力矩反馈方向盘的阻尼、刚度、摩擦和期望力矩。本系统为了测量驾驶员的手臂动态特征，将其各项指标设置为需求值，期望力矩为上位机发出的需求力矩。虽然方向盘力矩也可以输出转角，但是本书主要采用力矩传感器的转角量，因为两个设备的采样周期不同，数据量大小不同。

PCAN-PCIE卡的主要功能是为上位机提供CAN通信功能，常规的电脑并不带有此项功能。系统采用的是PEAK公司的PCAN-PCIE卡，其有两路CAN，分别接通力矩传感器和力矩反馈方向盘进行通信，PCIE接到上位机主板上进行信息交互。上位机主要是运行上位机软件MATLAB/Simulink。

本系统的软件系统主要利用Simulink的实时功能，包括系统初始化、信号生成、信号发送、信号接收和数据储存功能。

（2）采集工况设计。本节所针对的状况是紧急工况，在这种工况下驾驶员在驾驶车辆进行紧急转弯时，为了达到所期望的方向盘转角，需要控制自身手臂的肌肉进行适当的收缩，并且此时驾驶员手臂肌肉的收缩程度相较普通的转弯工况时手臂肌肉收缩程度较大，其握住方向盘的松紧程度较普通驾驶时也会较大。为了更加准确地描述驾驶员在紧急工况下手臂的动态特征，本节设计三种不同的工况进行数据采集。

①手臂肌肉放松随动工况。工况要求驾驶员的手臂完全放松，肌肉尽量不收缩，只提供手臂和方向盘的相对位置不动的力即可。在这种情况下，手臂会随着方向盘的转动而转动。在测试过程中将驾驶员的手臂当作被测对象，力矩传感器监测的是方向盘处的力矩，即驾驶员的手臂所承受的力矩，实验过程中驾驶员手臂不产生力矩，所以需要力矩方向盘提供干扰力矩带动驾驶员手臂以测试其动态变化。本节所选用的干扰信号为伪随机二进制序列信号，其对动态特性辨识度较高。

因为干扰信号是周期性的，所以将重复序列的测量取平均值能够降低误差。设置工况为将信号周期运行四次，放弃第一次的信号，以消除信号在启动过程中瞬变的影响，将后三轮数据进行平均。

②手臂肌肉收缩随动工况。工况要求驾驶员手臂肌肉收缩，紧握住方向盘，当方向盘转动时同时保证手臂和方向盘的相对位置不动，不抵抗方向盘转动所带来的运动。本工况所选用的干扰力矩信号与第一种工况相同。

③方向盘固定位置工况。为了研究驾驶员手臂在紧张状态下不同阻力矩的阻尼和刚度变化情况，要求在不同阻力矩的作用下，测试驾驶员手臂的动态特征。为了便于提供阻力矩，将力矩方向盘设置为一个刚度为 1/6 N · m/rad 的系统，所以通过驾驶员手臂固定方向盘不同位置提供不同的阻力矩，同时为了保证准确性，每个位置信号运行六个周期。

上述三种工况具体信息如表 4-2 所示，在紧急避障工况下，方向盘的转角在 -60° 到 60° 内变化，所以取以下度数进行研究。

（3）数据采集及分析。根据上述工况，采集六个年龄在 21 ～ 30 岁不等、BMI 值在正常范围（18.5 ～ 24）内的驾驶员进行数据采集，BMI 值能够保证驾驶员的手臂强壮程度在正常人的范围内，防止驾驶员过瘦或过胖对模型参数的影响，其具体信息如表 4-3 所示。

表 4-2　采集工况具体信息

静态位置 /°	电机干扰信号幅值 /（N · m）	肌肉状态
0	± 4	放松
0	± 6	放松
0	± 4	紧缩
0	± 6	紧缩
0、20、40、60	± 4	紧缩
-20、-40、-60	± 4	紧缩

表 4-3　被测驾驶员身体信息

实验对象	年龄 / 岁	身高 /cm	体重 /kg	BMI
1	24	180	72	22.23
2	23	175	62	20.24
3	30	172	70	23.66

续表 4-3

实验对象	年龄 / 岁	身高 /cm	体重 /kg	BMI
4	21	165	60	22.03
5	25	188	82	23.20
6	23	170	69	23.87

采用多元回归最小二乘法对驾驶员手臂的动态特征参数进行辨识。手臂动态特征可以写为

$$T_A = J_A\ddot{\theta} + D_A\dot{\theta} + K_A\theta + \varepsilon \tag{4-52}$$

式中，ε为随机误差。所以，多元回归最小二乘问题即转化为求下述损失函数达到最小时各项系数值：

$$CF = \sum_{j=1}^{n}\left[T_{Aj} - \left(J_A\ddot{\theta}_j + D_A\dot{\theta}_j + K_A\theta_j + \varepsilon\right)\right]^2 \tag{4-53}$$

式中，CF 为损失函数；n为样本数量。根据最小二乘法的原理，极值问题转化为求下列方程组解：

$$\begin{cases} \dfrac{\partial CF}{\partial J_A} = -2\sum\limits_{j=1}^{n}\ddot{\theta}_j\left[T_{Aj} - \left(J_A\ddot{\theta}_j + D_A\dot{\theta}_j + K_A\theta_j + \varepsilon\right)\right] = 0 \\ \dfrac{\partial CF}{\partial D_A} = -2\sum\limits_{j=1}^{n}\dot{\theta}_j\left[T_{Aj} - \left(J_A\ddot{\theta}_j + D_A\dot{\theta}_j + K_A\theta_j + \varepsilon\right)\right] = 0 \\ \dfrac{\partial CF}{\partial K_A} = -2\sum\limits_{j=1}^{n}\theta_j\left[T_{Aj} - \left(J_A\ddot{\theta}_j + D_A\dot{\theta}_j + K_A\theta_j + \varepsilon\right)\right] = 0 \\ \dfrac{\partial CF}{\partial \varepsilon} = -2\sum\limits_{j=1}^{n}\left[T_{Aj} - \left(J_A\ddot{\theta}_j + D_A\dot{\theta}_j + K_A\theta_j + \varepsilon\right)\right] = 0 \end{cases} \tag{4-54}$$

上述方程组的求解通过 MATLAB 编程实现。利用拟合优度来评价辨识结果的拟合程度，其计算公式为：

$$R^2 = \frac{SSR}{SST} = 1 - \frac{SSE}{SST} = \frac{\sum\limits_{j=1}^{n}\left(\hat{y}_j - \overline{y}\right)^2}{\sum\limits_{j=1}^{n}\left(y_j - \overline{y}\right)^2} \tag{4-55}$$

式中，R^2为拟合优度；SST 为总平方和；SSR 为回归平方和；SSE 残差平方和，；$\overline{y}$为待拟合数值的均值；$\hat{y}_j$为拟合值。

①手臂肌肉放松随动工况。根据上述辨识方法针对六个驾驶员在工况一

下的手臂动态特征进行辨识，两种不同幅值的辨识结果如表 4–4 和表 4–5 所示。根据表中拟合优度数据能够看出数据的拟合程度相对较高（接近于 1），表明该线性模型对于描述手臂的动态特征是合适的。对比上述两表能够看出，手臂惯量的变化量相对较小，因为在整个实验过程中，被测对象都坐在相同的位置，双手与方向盘的相对位置几乎不变。所以，为了更好地观察手臂阻尼和刚度的动态变化，将其余工况下的手臂惯量固化，主要分析阻尼、刚度的变化过程，如表 4–6 和表 4–7 所示。

表 4–4　工况一幅值 4 下的辨识结果

实验对象	J_A/（kg·m²）	D_A/（N·m·rad⁻¹）	K_A/（N·m·rad⁻¹）	R^2
1	0.070 9	0.361	2.070	0.769
2	0.087 6	0.433	2.618	0.696
3	0.122 5	0.477	2.575	0.720
4	0.089 0	0.316	4.229	0.935
5	0.092 0	0.233	1.456	0.796
6	0.092 7	0.368	1.857	0.613

表 4–5 工况一幅值 6 下的辨识结果

实验对象	J_A/（kg·m²）	D_A/（N·m·rad⁻¹）	K_A/（N·m·rad⁻¹）	R^2
1	0.070 9	0.439	2.264	0.664
2	0.087 6	0.523	2.896	0.763
3	0.122 5	0.586	2.731	0.722
4	0.089 0	0.629	4.281	0.899
5	0.092 0	0.346	1.746	0.747
6	0.092 7	0.490	2.322	0.642

②手臂肌肉收缩随动工况。工况二的处理方式与工况一相同，得到如下辨识结果，如表 4–6 所示。

表 4-6 工况二幅值 4 下的辨识结果

实验对象	J_A/(kg·m²)	D_A/(N·m·rad⁻¹)	K_A/(N·m·rad⁻¹)	R^2
1	0.070 9	0.979	6.539	0.854
2	0.087 6	1.551	13.421	0.837
3	0.122 5	1.627	15.988	0.910
4	0.089 0	1.244	20.215	0.898
5	0.092 0	0.867	7.617	0.923
6	0.092 7	1.422	14.136	0.769

工况二的拟合程度也相对较高，能够反映驾驶员在紧张状态下的手臂动态特征。通过对比工况一和工况二在相同幅值下的数据，可以看出在工况二手臂紧张状态下，驾驶员手臂的阻尼和刚度明显增大，如实验对象 2，其相同幅值下阻尼大小增加量约为 1，刚度增加量约为 10。这说明肌肉纤维的收缩会增加驾驶员手臂的阻尼和刚度，也说明采集驾驶员手臂收紧状态下的手臂动态特征也是必要的。但对比在同一工况下的不同幅值数据可以发现，阻尼和刚度的数据比较接近，差值在 20% 的范围内，可以认为在不同的幅值下采集驾驶员数据不会影响驾驶员手臂动态特征的辨识结果，如表 4-7 所示。

表 4-7　工况二幅值 6 下的辨识结果

实验对象	J_A/(kg·m²)	D_A/(N·m·rad⁻¹)	K_A/(N·m·rad⁻¹)	R^2
1	0.070 9	1.024	8.016	0.945
2	0.087 6	1.596	14.545	0.973
3	0.122 5	1.707	16.802	0.938
4	0.089 0	1.328	22.215	0.937
5	0.092 0	0.972	8.436	0.940
6	0.092 7	1.497	15.198	0.762

③方向盘固定位置工况。工况三主要是为了辨别驾驶员在紧张状态下手臂的动态特征随阻力矩变化关系，所以采集多角度工况。为了更好地表现驾驶员手臂阻尼和刚度以及位置的变化关系，针对六名驾驶员分别将阻尼和刚度的变化及角度以拟合曲线的形式进行表达，如图 4-18 和图 4-19 所示。

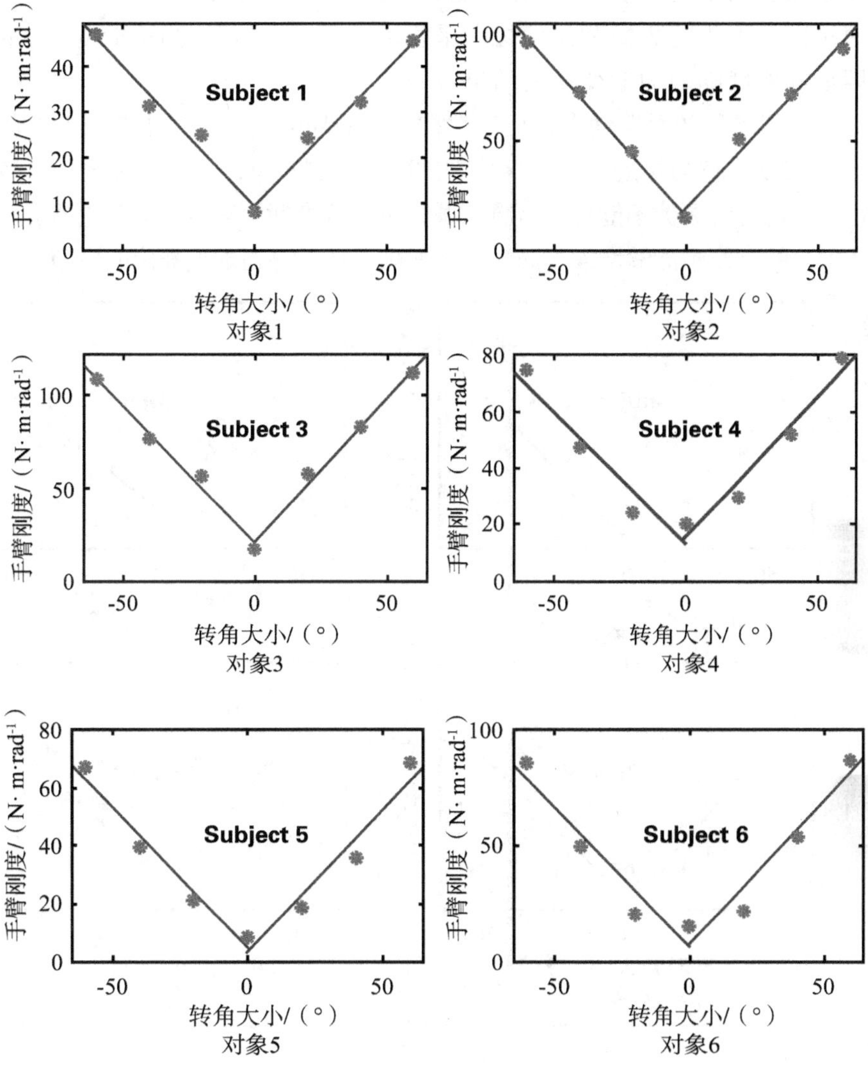

图 4–18　六名驾驶员刚度识别结果

图 4–18 中横坐标纵坐标分别为方向盘转角和驾驶员的手臂刚度，图 4–19 中横坐标纵坐标分别为转角和驾驶员的手臂阻尼，均为经过辨识后的结果。根据结果图能够看出驾驶员手臂的阻尼和刚度随着转向位置的变化而变化，趋势为线性，并且正负角度是呈现对称的，但是不同驾驶员的拟合曲线斜率不同，变化的范围也不相同。为了能够得到一个具有普适性的曲线，将上述六名驾驶员在不同位置的刚度和阻尼相加取平均值进行拟合得到图 4–20 和图 4–21。

根据拟合结果能够看出平均阻尼和刚度与角度也呈现线性关系，正负角度也是对称的，因为阻力矩和角度之间呈线性关系，所以将平均结果定为本书驾驶员阻尼和刚度随阻力矩变化的结果。

但是，驾驶员的手臂动态特征还存在一定的局限性，因为本节所针对的六名驾驶员的 *BMI* 值较为接近，不包含特殊体型的被测对象，并且本节的样本数量也不是很多，得到的参数不能代表所有人群，所以本模型参数只作为理论研究模型参数，在未来的工作中能够增加不同人群数据量，从而得到更加准确的模型参数。

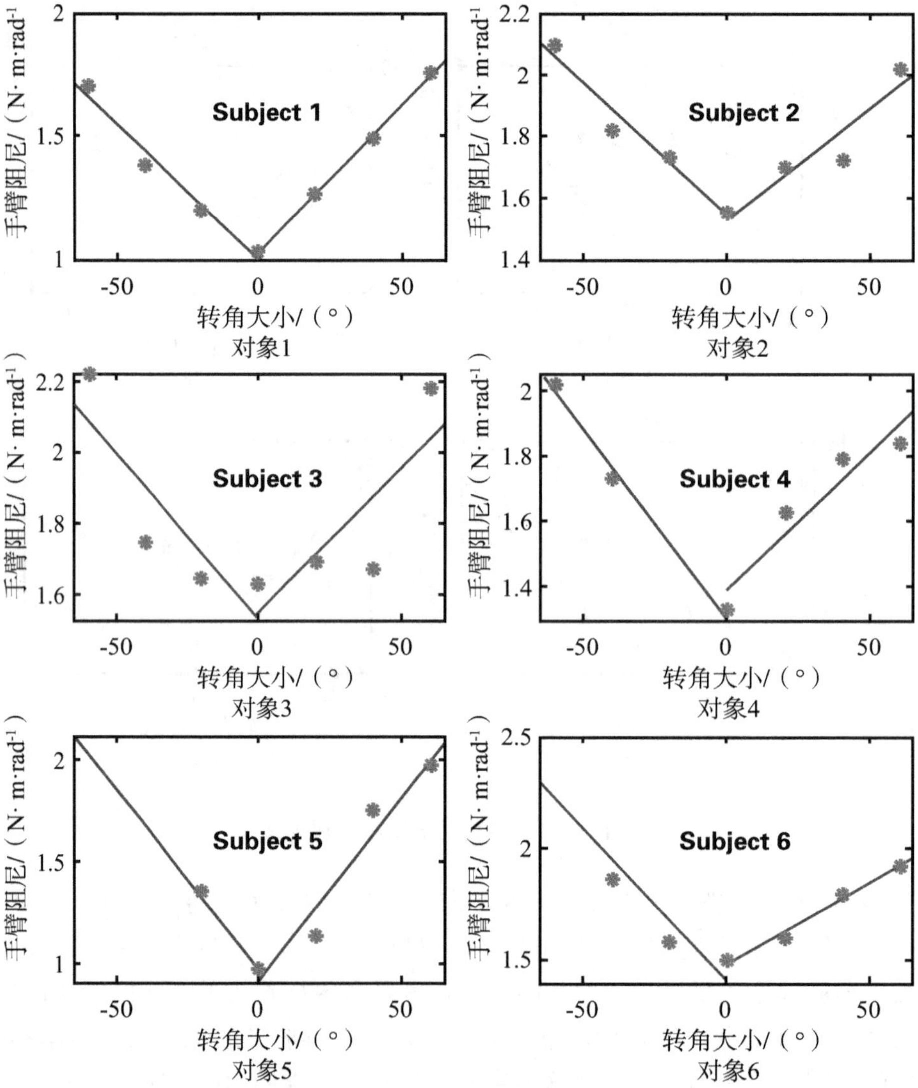

图 4-19　六名驾驶员阻尼识别结果

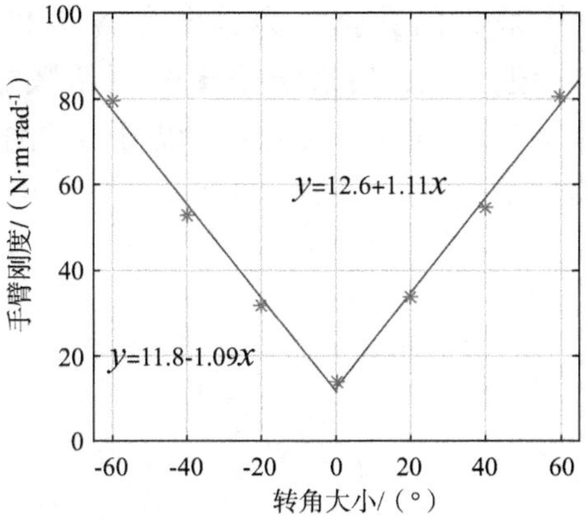

图 4-20 六名驾驶员手臂刚度平均值

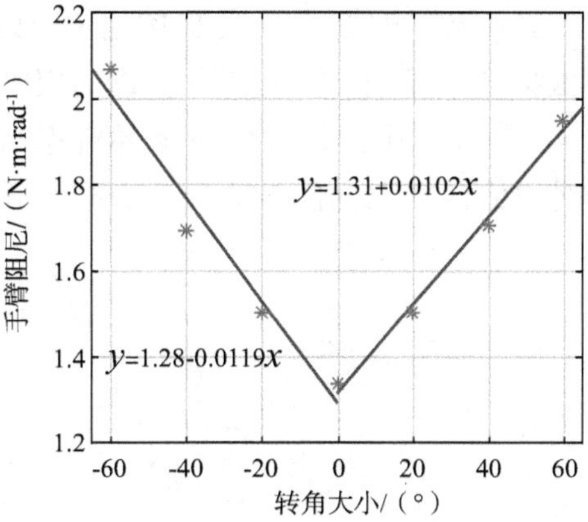

图 4-21 六名驾驶员手臂阻尼平均值

3. 手臂模型验证

为了能够证明上述模型的可使用性，针对上述模型进行进一步验证。选取上述六个被测对象之外的一名体型相对接近的被测对象进行测试，得到图 4-22 所示结果。

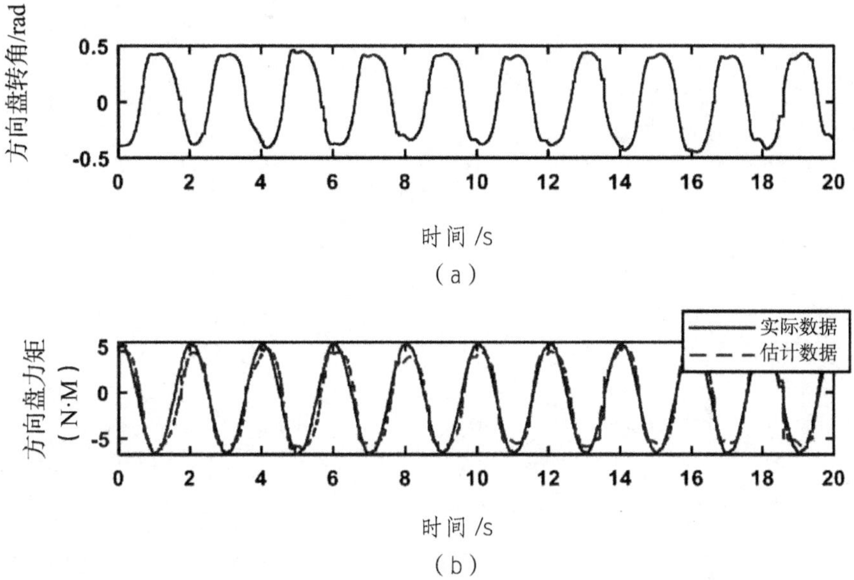

图 4-22 驾驶员手臂机械特征参数辨识结果验证（未滤波）

图 4-22 中实线为实验中直接或间接采集的数据，为方向盘转角和方向盘力矩，其中的数据均未进行滤波处理，是采集系统采集的原始数据。图 4-22（b）中虚线为使用上述辨识结果估计的力矩。从图中可以看出，测量数据和估计的数据值较为接近，拟合程度较高。

第五章 环境感知技术与视觉传感器

第一节 环境感知概述

一、环境感知的基本内容

（一）定义

环境感知、智能决策和控制执行是智能网联汽车的关键技术，环境感知是智能网联汽车其他技术的数据基础，为智能决策和控制执行提供依据，是智能网联汽车实施自动驾驶的关键。

环境感知通过安装在智能网联汽车上的智能传感器或V2X通信技术获取道路、车辆、行人、交通标志和交通信号灯等信息，并将这些信息传输给车载控制中心，应用于先进驾驶辅助系统或自动驾驶系统，保障智能网联汽车安全、准确到达目的地。

环境感知相当于智能网联汽车的“眼睛和耳朵”，它的性能优劣将决定智能网联汽车能否适应复杂多变的交通环境。自动驾驶程度越高，对环境感知要求越高。无人驾驶汽车对环境感知的要求最高，其次是自动驾驶汽车、智能网联汽车和智能汽车。

（二）环境感知的对象

智能网联汽车环境感知的对象就是智能传感器检测的对象和V2X通信技术传递的信息，主要包括车辆的行驶路径、车辆周围的交通参与者、驾驶状态和驾驶环境等。

1. 行驶路径

行驶道路分为结构化道路和非结构化道路。结构化道路的行驶路径主要检测行驶车辆的两侧车道线和各种车道标线；非结构化道路的行驶路径主要检测车辆的可行驶区域。

2. 车辆周围的交通参与者

车辆周围的交通参与者主要包括行驶车辆周围的其他车辆、行人，地面上可能影响车辆通过和安全行驶的其他各种移动或静止物体，各种交通标志和交通信号灯等。

3. 驾驶状态

驾驶状态主要包括驾驶员自身状态、车辆自身行驶状态和车辆周围其他车辆行驶状态。

4. 驾驶环境

驾驶环境主要包括路面状况、道路交通拥堵情况和天气状况等。智能网联汽车最主要的感知对象有车辆、行人、交通标志、交通信号灯和车道标线，其中车辆和行人既有运动状态，也有静止状态。对于运动的对象，除了要进行识别以外，一般还要进行跟踪。

环境感知的对象有静止的，如道路、静止的障碍物、交通标志和交通信号灯；也有移动的，如车辆、行人和移动的障碍物。对于移动的目标，不仅要进行检测，还要对其轨迹（位置）进行追踪，并根据追踪结果预测该目标下一步的轨迹（位置）。

二、环境感知的传感器类型、特点和要求

（一）环境感知传感器的类型

智能网联汽车环境感知传感器的类型主要有视觉传感器和雷达传感器。

视觉传感器一般进行短程目标探测，多用于特征感知和交通检测。

雷达传感器又包括超声波雷达、毫米波雷达和激光雷达。毫米波雷达分为远程毫米波雷达、中程毫米波雷达和短程毫米波雷达，它们安装在汽车的不同位置，能够对车辆周围360° 全覆盖检测。超声波雷达主要对近距离目标进行检测，适用于泊车；远程毫米波雷达的信号能够透过雨、雾、灰尘等视线障碍物对远距离目标进行检测，适用于前向避险；中程毫米波雷达和短程毫米波雷达主要对中、短程目标进行检测，适用于侧向和后向避险；激光雷达多用于三维环境建立和目标检测。

（二）环境感知传感器的特点

环境感知传感器分为无源传感器和有源传感器。其中，视觉传感器属于无源传感器，雷达传感器属于有源传感器。

无源传感器能够探测环境中物体反射的现有能量，如光、辐射等。但在弱

光环境下，由于没有自己的传播源，因此无源传感器的性能将有所下降。在产生的数据量方面，对比有源传感器，无源传感器产生的数据量更多。

无源传感器具有以下主要特点。

（1）涵盖整个视野宽度的高分辨率的像素和颜色。

（2）在视野中保持恒定的帧频。

（3）两个摄像头可以生成一个 3D 立体视图。

（4）没有发射源，减少了来自其他车辆的干扰的可能性。

（5）技术成熟，成本低。

（6）系统生成的图像便于用户理解和交互。

如果在智能网联汽车上使用无源摄像头传感器套件，需要覆盖汽车周边的各个环境，可以通过使用在特定时间间隔拍摄图像的旋转摄像头来实现，或者通过软件将 4 ～ 6 个摄像头的图像拼接在一起。此外，这些传感器需要一个超过 100 dB 的高动态范围，使它们能够在各种光照条件下工作，并区分不同的对象。

有源传感器具有信号传输源，依靠飞行时间原理感知环境，飞行时间能够通过等待信号的反射返回来，测量信号从传输源到目标的传播时间、信号的频率决定了系统所使用的能量及其准确性。因此，确定正确的波长在选择系统时起着关键的作用。

（三）环境感知传感器的要求

智能网联汽车需要从技术上对环境感知传感器进行判断和选择，其筛选主要有以下要求。

（1）扫描范围，决定了传感器对被感知的目标做出反应的时间。

（2）分辨率，传感器可以为智能网联汽车提供的环境细节。

（3）视场角分辨率，决定智能网联汽车需要多少传感器来覆盖感知的区域。

（4）感知目标数量，能够区分 3D 环境中的静态目标和动态目标的数量，并且确定需要跟踪的目标数量。

（5）刷新率，决定传感器信息更新的频率。

（6）可靠性和准确性，传感器在不同环境条件下的总体可靠性和准确性。

（7）成本、尺寸和软件兼容性，这是环境感知传感器量产的技术条件之一。

（8）生成的数据量，它决定了车载计算单元的计算量，现在传感器偏向智能传感器，不仅能感知，还会分辨信息，把对车辆行驶影像最重要的数据传输给车载计算单元，从而减少其计算负荷。

三、环境感知传感器的配置

环境感知传感器在智能网联汽车上的配置与自动驾驶级别有关，自动驾驶级别越高，配置的传感器越多，传感器的要求也越高。

（一）自动驾驶分级

美国机动车工程师学会把自动驾驶分为L0级（无自动化）、L1级（驾驶支持）、L2级（部分自动化）、L3级（有条件自动化）、L4级（高度自动化）和L5级（完全自动化）。

1. L0级

驾驶员完全掌控车辆。

2. L1级

自动系统有时能够辅助驾驶员完成某些驾驶任务，驾驶员的脚会“解放”出来。

3. L2级

自动系统能够完成某些驾驶任务，但驾驶员需要监控驾驶环境，完成剩余部分，同时保证出现问题时，随时进行接管。在这个层级，自动系统的错误感知和判断由驾驶员随时纠正。

4. L3级

自动系统既能完成某些驾驶任务，也能在某些情况下监控驾驶环境，但驾驶员必须准备好重新取得驾驶控制权（自动系统发出请求时）。因此，在该层级下，驾驶员在车辆行驶过程中仍无法进行深度的休息或睡眠。

5. L4级

自动系统在某些环境和特定条件下，能够完成驾驶任务并监控驾驶环境。这个层级下，在自动驾驶可以运行的范围内，和驾驶相关的所有任务与驾驶员已经没关系了，感知外界的责任全在自动驾驶系统。

6. L5级

自动系统在所有条件下都能完成所有驾驶任务。

对应美国机动车工程师学会分级标准，无人驾驶专指L4级和L5级，汽车能够在限定环境乃至全部环境下完成全部的驾驶任务；自动驾驶则覆盖L1级到L5级整个阶段，在L1级、L2级阶段，汽车的自动驾驶系统只作为驾驶员的辅助，但能够持续地承担汽车横向或纵向某一方面的自主控制，完成感知、认知、决策、控制、执行这一完整过程，其他如预警提示、短暂干预的驾驶技术不能完成这一完整的流程，不在自动驾驶技术范围之内；智能驾驶则包括自动驾驶以及其他辅助驾驶技术。

（二）国内外环境感知传感器的配置发展

1.国外环境感知传感器的配置发展

1977 年，日本的筑波工程研究实验室开发了第一辆基于摄像头来检测导航信息的自动驾驶汽车，这辆车配备了两个摄像头，并且运用模拟计算机技术进行信号处理，在高架轨道的辅助下，最高时速达到 30 km/h。

1984 年，为了通过摄像头来检测地形，并且通过计算机系统计算出导航和行驶路线，美国国防部高级研究计划局（DARPA）启动了“ALV 自主式地面车辆”计划。

1987 年，德国军方科研机构开始和奔驰合作开发无人驾驶车辆，采用摄像头以及计算机图像处理系统对道路进行识别，这种技术甚至比 DARPA 的 ALV 计划更加成熟。

2006 年，斯坦福大学与大众公司共同研发了一款 Junior 自动驾驶汽车，如图 5-1 所示。[①] 这辆车主要利用雷达与测量单元连接卫星系统进行车辆环境的感知，车辆两边安装了两个传感器，并利用激光雷达对车辆前方情况进行感知，最终形成车辆和周围环境的 3D 结构，除此之外在车顶、车尾和保险杆的位置都安装了激光雷达，从而实现对车辆周围障碍物的感知。

① 孙志国：《无人驾驶汽车环境感知技术综述》，《南方农机》2019 年第 3 期。

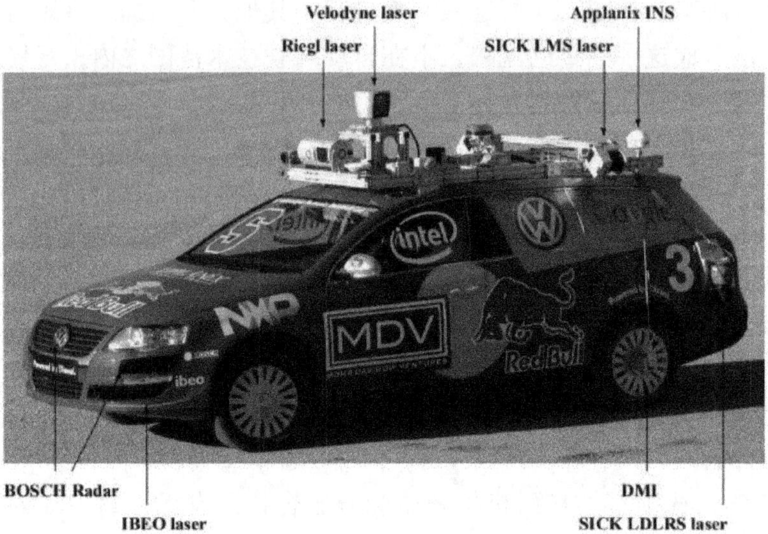

图 5-1　Junior 自动驾驶车传感器示意图

2007 年，卡耐基梅隆大学开发了一辆“BOSS”自动驾驶车，其环境感知技术主要通过 IBEO、激光雷达以及相机构成。“BOSS”周身布置了包括激光雷达、摄像头、毫米波雷达、组合惯导在内的十几个传感器，使用多传感器组合提供冗余设计和全方位覆盖设计，以确保在城市环境中安全行驶。具体传感器参数配置如表 5-1 所示，该车通过运用激光雷达能够对静止的障碍物进行检测，并从激光传感器数据中提取障碍物特征，通过关联不同时刻的激光传感器数据对动态障碍物进行检测跟踪。

表 5-1　“BOSS”自动驾驶车传感器参数配置表

传感器	数量 / 个	作用	*FOV*	角度分辨率	最大测量范围 /m
SICK LMS 291-S05/S14 LIDAR（LMS）	8	近程环境测量	180/90 × 0.9°	1/0.5°	80
HDL-64 LIDAR（HDL）	1	中程环境测量	360 × 26°	0.1°	70
Continental ISF 172 LIDAR（ISF）	2	远程环境测量	12 × 3.2°		150
IBEO Alasca XT LIDAR（XT）	2	远程环境测量	240 × 3.2°		300
Continental ARS 300 Radar（ARS）	5	远程环境测量	60/17 × 3.2°		60/200

续表 5-1

传感器	数量 / 个	作用	*FOV*	角度分辨率	最大测量范围 /m
Point Grey Firefly（PGF）	1	环境图像获取	45°		
Applanix POS-LV 220/420GPS/ IMU（APLX）	1	姿态估计		亚米级精度	

2014 年，Google 公司推出一款自动驾驶汽车。这辆车配置了激光雷达、毫米波雷达与红外线相机多种传感器，利用安装在车顶的激光雷达检测出车辆与障碍物的距离，同时将采集的数据传回系统实现 3D 地图创建。利用毫米波雷达对激光雷达检测不到的地方以及车辆附近障碍物进行检测，当毫米波雷达检测到激光雷达盲区内的障碍物时，会发出警报。对于车辆的行驶路线则利用相机进行判别，如果车辆偏离道路会发生预警，同时红外线相机还能对夜晚行驶车辆进行目标检测，并且可以将障碍物显示在仪表盘上。

意大利 Parma 大学研制了一款 ARGO 智能车，该车是由福特轿车改制而成，配置了视觉系统与多种控制设备来实现自动驾驶环境感知。该车利用立体视觉对车辆前方障碍物进行检测和定位，并且通过单目图像来得到车辆前方道路的几何参数，通过 v0 板来获得车辆的速度及其他数据。2000 年，意大利举办了汽车百年行活动，对 ARGO 智能车进行了 2000 km 的道路试验，并完成了自动驾驶总里程的 94%。

2019 年，奥迪（Audi）公司推出奥迪 A8L3 级别自动驾驶汽车，该车环境感知系统由激光雷达、前置摄像头、长距离毫米波雷达、中距离毫米波雷达、环视摄像头以及超声波雷达组成，利用前向摄像头以及处理芯片 EyeQ3，实现多车道线识别；利用长距离、中距离毫米波雷达实现车辆以及护栏的检测；激相比于毫米波雷达，光雷达传入自动驾驶系统的信息是由多条线段组成的一个面。有了面状信息，系统就可精确地判断汽车及周围障碍物的位置关系，进而进行精确的控制。

2. 国内环境感知传感器的配置发展

20 世纪 80 年代末，我国开始对自动驾驶技术进行研究，相比于欧美国家起步较晚，但是我们可以借鉴其先前的研发经验，并对其加以改进和提高，同时可以避免在研发过程中犯同样的错误。

2003 年，在中国第一汽车集团有限公司的赞助下，国防科技大学完成了红旗旗舰 CA7460 自动驾驶平台试验，这标志着我国第一辆自动驾驶汽车的诞生[①]。2011 年，国防科技大学研制了红旗 HQ3 自动驾驶汽车，该车配置了摄像头以及雷达等传感器来实现车辆的环境感知，将大型硬件设备进行改进，变为小型设备，在技术方面取得巨大突破，并且在 2011 年实现了从长沙至武汉 286 km 的自主驾驶，最高时速达到 170 km/h。[②]

中国人民解放军陆军军事交通学院研发出一款自动驾驶车辆“军交猛狮Ⅲ号”，该车配置了 5 个雷达、3 个摄像头和 1 个 GPS 传感器组成车辆环境感知系统，能够辅助自动驾驶车辆进行路况识别，并且准确判断障碍物距离。2012 年 12 月，该车进行了高速公路测试，从北京台湖收费站启程，用一个小时左右的时间到达天津东丽收费站，全程行驶 114 km，其成为我国第一辆官方认证完成高速公路测试的自动驾驶汽车。[③]

清华大学是最早进行智能车研究的高校，致力于对导航定位和防碰撞方面的研究，并且研发出了 THMR-V 自动驾驶车辆，该车采用基于视觉的环境感知系统，实现对复杂道路的识别，其通过摄像头进行图像采集，对图像进行处理，从而实现车道线跟踪和复杂道路自主避障、导航等功能。[④]

浙江大学研发出一款 ALVLAB 自动驾驶车辆，该车具有跟踪道路、避障越野及岔路选择等功能，并且支持临场遥控驾驶。

2017 年 11 月，西安交通大学研发的“发现号”和“夸父一号”智能车在中国智能车未来挑战赛中取得佳绩，两辆车搭载了可见光传感器、激光雷达、毫米波雷达、惯性导航等多种传感器，采用不同技术路线完成车辆自主感知、智能决策与规划、运动控制等功能，集成验证了西安交通大学人工智能与机器人研究所在的认知计算、机器学习、计算机视觉、定位与导航等领域的研究成果，其技术水平处于国内外领先地位。

中国重型汽车集团有限公司在 2019 年发布的 L2 量产级智能驾驶商用车和 10.5 m 纯电动自动驾驶公交车使国内的自动驾驶环境感知技术有了更大的提高。

这款 L2 量产级智能驾驶商用车配备了摄像头和毫米波雷达传感器，利用前置摄像头可以获取两侧车道线的位置信息，并且实时计算出本车在车道内的相对位置，同时结合自身的行驶状态对转向系统发送控制指令，实现车辆自动转

① 戴斌、聂一鸣、孙振平等:《地面无人驾驶技术现状及应用》,《汽车与安全》2012 年第 3 期。
② 陈治光:《红旗 HQ3: 智能与安全的结合》,《科技潮》2007 年第 11 期。
③ 穆康乐:《无人驾驶汽车发展现状及未来展望》,《电子技术与软件工程》2017 年第 21 期。
④ 王亚飞:《THMR-V 平台上的智能交通监控系统设计与实现》,《计算机测量与控制》2017 年第 7 期。

向的同时保证车辆始终保持居中行驶。10.5 m 纯电动自动驾驶公交车配备了激光雷达、高清摄像头、组合导航定位以及智能计算单元等电子设备，组成车辆环境感知系统，这些设备实现对环境的360° 环绕覆盖，并且在夜间、大雾、雨雪等复杂情况下，仍使车辆保持良好的工作状态，确保车辆全天候安全运行。①

从国内的研究现状可以看出，在各种条件的制约下，我国自动驾驶车辆的环境感知技术与国际先进水平仍然有不小的差距，还需要进行深入的研究。随着人工智能、控制技术和计算机技术的迅速发展，自动驾驶环境感知技术的研究呈现出良好的前景，自动泊车系统、车道保持系统、智能巡航控制系统以及车辆防撞系统等技术在车辆环境感知系统中已经开始得到应用，这些技术不仅提高了自动驾驶车辆的智能化水平与安全性能，还具有良好的社会经济效益。

第二节　视觉传感器概述

一、视觉传感器的基本内容

（一）定义

视觉传感器是指通过对摄像头拍摄到的图像进行图像处理，对目标进行检测，并输出数据和判断结果的传感器。

视觉传感器具有广泛的用途，如多媒体手机、网络摄像、数码相机、机器人视觉导航、汽车安全系统、生物医学像素分析、人机界面、虚拟现实、监控、工业检测、无线远距离传感、显微镜技术、天文观察、海洋自主导航、科学仪器等。这些不同的应用均是基于视觉图像传感器技术。

视觉传感器在智能网联汽车或无人驾驶汽车上的应用是以摄像头（机）形式出现的，搭载先进的人工智能算法，便于目标检测和图像处理。

（二）视觉传感器的组成

视觉传感器主要由光源、镜头、图像传感器、模数转换器、图像处理器、图像存储器等组成，如图 5-2 所示，其主要功能是获取足够的机器视觉系统要处理的最原始图像。

① 赛迪智库工业经济研究所：《汽车“新三化”趋势技术追踪及展望》，《中国计算机报》2019 年 8 月 26 日第 8 版。

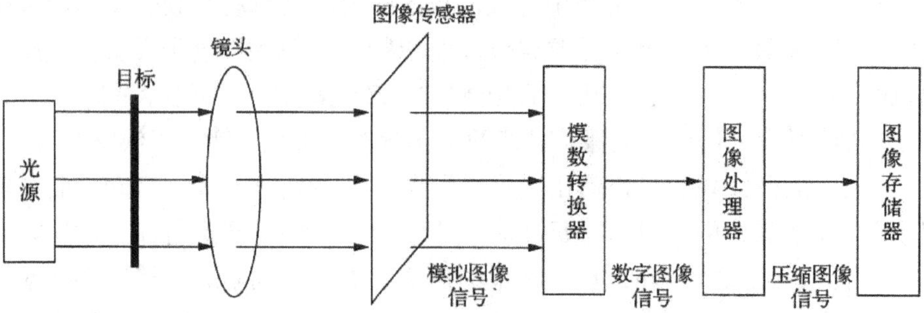

图 5-2　视觉传感器的组成

图像传感器的作用是将镜头所成的图像转变为数字或模拟信号输出，是视觉检测的核心部件，主要有 CCD 图像传感器和 CMOS 图像传感器两种，CCD 是"电荷耦合器件"（charge coupled device）的简称，CMOS 是"互补金属氧化物半导体"（complementary metal oxide semiconductor）的缩写。

CCD 成像原理是当光线与图像从镜头透过投射到 CCD 表面时，CCD 就会产生电流，将感应到的内容转换成数码资料储存起来。CCD 像素数目越多，单一像素尺寸越大，收集到的图像就会越清晰。

CMOS 成像原理是利用硅和锗这两种元素做成的半导体，使其在 CMOS 上共存着带负电的 N 级半导体和带正电的 P 级半导体，这两个互补效应产生的电流即可被处理芯片记录和解读成影像。

CCD 和 CMOS 的主要差异如下：CCD 传感器的每一行的每一个像素的电荷数据都会依次传送到下一个像素中，由最底端部分输出，再经由传感器边缘的放大器进行放大输出；在 CMOS 传感器中，每个像素都会邻接一个放大器及 A/D 转换电路，用类似内存电路的方式将数据输出。

造成这种差异的原因在于 CCD 的特殊工艺可保证数据在传送时不会失真，因此各个像素的数据可汇聚至边缘再进行放大处理；CMOS 工艺的数据在传送距离较长时会产生噪声，因此必须先放大再整合各个像素的数据。

相比于 CCD，CMOS 虽然成像质量不如 CCD，但是 CMOS 因为耗电少（仅为 CCD 芯片的 1/10 左右）、体积小、质量轻、集成度高、价格低而迅速得到各大厂商的青睐。目前除了专业摄像机，大部分带有摄像头的设备使用的都是 CMOS。

（三）视觉传感器的特点

视觉传感器具有以下特点。

（1）视觉图像的信息量极为丰富，尤其是彩色图像，不仅包含视野内目标的距离信息，还有该目标的颜色、纹理、深度和形状等信息。

（2）在视野范围内可同时实现车道线检测、车辆检测、行人检测、交通标志检测、交通信号灯检测等，信息获取量大。视觉传感器可实现多目标检测，当多辆智能网联汽车同时工作时，不会出现相互干扰的现象。

（3）视觉传感器集成度高，其通过将图像采集单元、图像处理单元、图像处理软件和网络通信设备的集成，实现了机器视觉采集的一站式服务和较高的效率与稳定性。

（4）视觉信息获取的是实时的场景图像，提供的信息不依赖先验知识，有较强的适应环境的能力。

（5）视觉传感器与机器学习、深度学习等人工智能相融合，可以获得更佳的检测效果，必将扩大视觉传感器在智能网联汽车和无人驾驶汽车上的应用范围。

（四）视觉传感器的类型

根据镜头和布置方式的不同，视觉传感器主要有以下四种。

1. 单目摄像头

单目摄像头如图 5–3 所示，一般安装在前挡风玻璃上部，用于探测车辆前方环境，识别道路、车辆、行人等。

图 5–3　单目摄像头

单目摄像头的算法思路是先识别后测距，先通过图像匹配进行目标识别（各种车型、行人、物体等），再通过目标在图像中的大小去估算目标距离。

在识别和估算阶段，都需要与建立的样本库进行比较。想要识别各种车型，就要建立车型数据库。

单目摄像头的优点是成本低廉，能够识别具体障碍物的种类，算法成熟度高，识别准确。

单目摄像头的缺点是它的视野完全取决于镜头，焦距短的镜头视野广，但缺失远处的信息，单目测距的精度较低，无法识别没有明显轮廓的障碍物，工作准确率与外部光线条件有关，并且受限于数据库，缺乏自学习功能。

视觉传感器的成像图是透视图，即越远的物体成像越小。近处的物体需要用几百甚至上千个像素点描述；处于远处的同一物体，可能只需要几个像素点即可描述出来。这种特性会导致越远的地方，一个像素点代表的距离越大。因此，对单目摄像头来说，物体越远，测距的精度越低。

2. 双目摄像头

图 5-4 所示是罗伯特 · 博世有限公司公司生产的双目摄像头，两个摄像头之间距离为 12 cm，像素数为 1 080 × 960，水平视场角为 45°，垂直视场角为 25°，最大探测距离为 50 m，不仅可以用于自动制动系统，也可以用于车道偏离预警系统和交通标志识别系统等。

图 5-4　双目摄像头

双目摄像头的算法思路是先测距后识别，首先利用视差直接测量目标与本车的距离，然后在识别阶段，双目仍然要利用与单目相同的特征提取和深度学习等算法，进一步识别目标是什么。

双目摄像头是通过对两幅图像视差的计算，直接对前方目标（图像所能拍摄到的范围）进行距离测量，而无须判断前方出现的是什么类型的目标。依靠两个平行布置的摄像头产生的视差，找到同一个目标所有的点，依赖精确的三角测距就能够算出摄像头与前方目标的距离，实现更高的识别精度和更大的探测范围。

根据双目测距原理应用在图像上每一个像素点时，即可得到图像的深度信息。深度信息的加入不仅便于障碍物的分类，更能提高高精度地图定位匹配的精度。

双目摄像头需要两个摄像头有较高的同步率和采样率，技术难点在于双目标定及双目定位。相比单目摄像头，双目摄像头没有识别率的限制，无须先识别，可直接进行测量，直接利用视差计算距离精度更高，无须维护样本数据库。

3. 三目摄像头

三目摄像头如图 5–5 所示，它实质上是三个不同焦距单目摄像头的组合。三目摄像头感知范围更大，但需要同时标定三个摄像头，工作量大。

图 5–5　三目摄像头

三目摄像头的感知范围由远及近，分别为前视窄视野摄像头，最远感知 250 m；前视主视野摄像头，最远感知 150 m；前视宽视野摄像头，最远感知 60 m。

由于三目摄像头每个相机的视野不同，因此近处的测距交给宽视野摄像头，中距离的测距交给主视野摄像头，更远的测距交给窄视野摄像头。这样，每个摄像头都能发挥其最大优势。

三目摄像头的缺点是需要同时标定三个摄像头，因此工作量更大一些。另外，软件部分需要关联三个摄像头的数据，对算法要求也很高。

4. 环视摄像头

环视摄像头一般至少包括四个鱼眼摄像头，而且安装位置是朝向地面的，能够实现 360° 环境感知。

环视摄像头的感知范围并不大，主要用于车身 5 ～ 10 m 内障碍物检测、自主泊车时的库位线识别等。鱼眼摄像头为了获取足够大的视野，代价是图像的畸变严重。

摄像头有红外摄像头和普通摄像头。红外摄像头既适合白天工作，也适合黑夜工作；普通摄像头只适合白天工作，不适合黑夜工作。目前车辆使用的主要是红外摄像头。

二、视觉传感器的技术参数

（一）图像传感器的技术指标

图像传感器的技术指标主要有像素、帧率、靶面尺寸、感光度和信噪比等。

1. 像素

像素是图像传感器的最小感光单位，即构成影像的最小单位。一帧影像画面由许多密集的亮暗、色彩不同的点组成，这些小点称为像素。像素的多少由CCD/CMOS上的光敏元件数目决定，一个光敏元件对应一个像素。因此，像素越大，意味着光敏元件越多，相应的成本就越大。像素用两个数字来表示，如720×480，720表示在图像长度方向上所含的像素点数，480表示在图像宽度方向上所含的像素点数，两者的乘积就是该相机的像素数。

2. 帧率

帧率代表单位时间内记录或播放的图片的数量，连续播放一系列图片就会产生动画效果。根据人的视觉系统，当图片的播放速度大于15幅/秒的时候，人眼就基本看不出来图片的跳跃了；在达到24～30幅/秒时就基本觉察不到闪烁现象了。每秒的帧数或者帧率表示图像传感器在工作时每秒能够更新的次数。高的帧率可以得到更流畅、更逼真的视觉体验。

3. 靶面尺寸

靶面尺寸也就是图像传感器感光部分的大小。一般用英寸（1 in ≈ 25.4 mm）来表示，通常这个数据指的是这个图像传感器的对角线长度，如常见的有1/3 in。靶面越大，意味着通光量越好；靶面越小，则比较容易获得更大的景深。例如，1/2 in可以有较大的通光量，而1/4 in可以比较容易获得较大的景深。

4. 感光度

感光度代表通过CCD或CMOS以及相关的电子线路感应入射光线的强弱。感光度越高，感光面对光的敏感度就越强，快门速度就越高，这在拍摄运动车辆、夜间监控的时候显得尤其重要。

5. 信噪比

信噪比是指信号电压与噪声电压的比值，单位为dB。一般摄像机给出的信噪比值均是AGC（自动增益控制）关闭时的值。当AGC接通时，会对小信号进行提升，使噪声电平也相应提高。信噪比的典型值为45～55 dB。若信噪比为 50 dB，则图像有少量噪声，但图像质量良好；若信噪比为 60 dB，则图像质量优良，不出现噪声。信噪比越大，说明对噪声的控制越好。

（二）相机的内部参数

相机的内部参数是与相机自身特性相关的参数，主要有焦距、光学中心、图像尺寸和畸变系数等。

1. 焦距

焦距是指镜头的光学中心到图像传感器的距离，相机的焦距如图 5-6 所示。

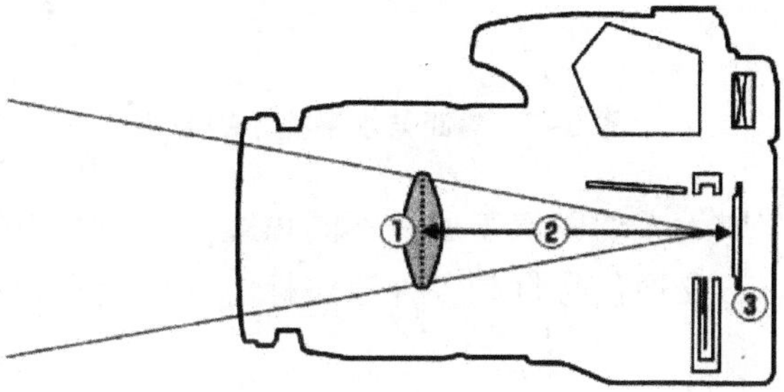

①光学中心；②焦距；③图像传感器

图 5-6　相机的焦距

焦距一般用 mm 表示，如 18 ～ 135 mm 代表焦距可以从 18 mm 到 135 mm 进行变化，说明该摄像机的焦距是可变的；50 mm 代表摄像头的焦距只有 50 mm，说明该摄像头的焦距是不可变的。焦距不同，拍摄的目标图像效果是不一样的。

焦距与水平视角、图像大小密切相关。焦距越小，光学中心就越靠近图像传感器，水平视角越大，拍摄到的图像越大；焦距越大，光学中心就越远离图像传感器，水平视角越小，拍摄到的图像越小。因此，焦距与水平视角成反比。焦距与水平视角的关系如图 5-7 所示。

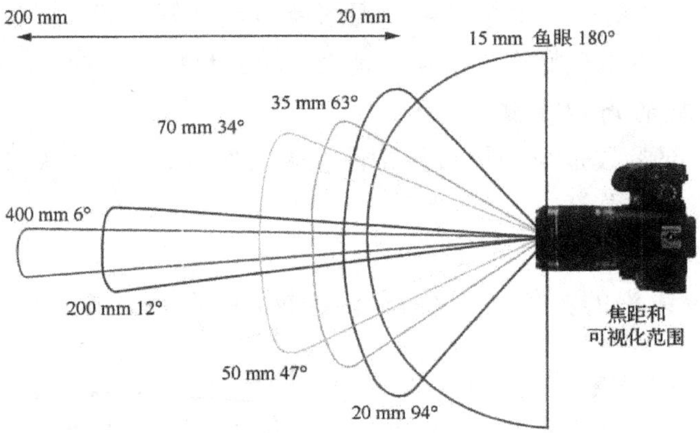

图 5-7　焦距与水平视角的关系

智能网联汽车或无人驾驶汽车通过不同焦距和视角的摄像头，可以获得不同位置的交通标志、交通信号灯和各种道路标志的检测和识别能力。

2. 光学中心

相机的镜头是由多个镜片构成的复杂光学系统。光学系统的功能等价于一个薄透镜，实际上薄透镜是不存在的。光学中心是这一等价薄透镜的中心，如图 5-8 所示。不同结构的镜头，其光学中心位置也不一样，大部分在镜头内的某一位置，但也有在镜头前方或镜头后方的。

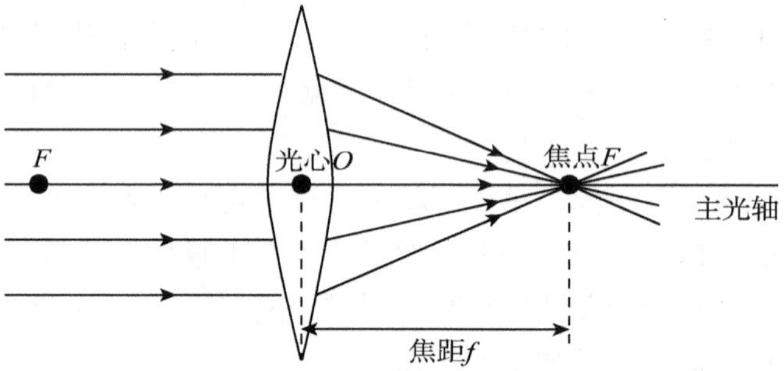

图 5-8　光学中心

3. 图像尺寸

图像尺寸是指构成图像的长度和宽度，可以用像素作为单位，也可以用 cm 作为单位。

图像尺寸与分辨率有关。分辨率是指单位长度中所表达或截取的像素数目，即表示每英寸图像内的像素点数，单位是像素 / 英寸。图像分辨率越高，像素的点密度越高，图像越清晰。

图像的像素、尺寸和分辨率具有以下关系。

（1）像素相同的情况下，图像尺寸越小，单位面积内像素点越多，分辨率越大，画面看起来越清晰。这也就是为什么同一张图片，尺寸越大，画面越模糊。

（2）图像的分辨率越高，画面看起来越清晰。

（3）图像的分辨率取决于图像的像素和尺寸，像素高且尺寸小的图片分辨率高，画面看起来清晰。

（4）图像的像素越高，并不意味着画面越清晰，但是在同等分辨率的情况下能够显示更大尺寸的图片。

4. 畸变系数

畸变系数分为径向畸变系数和切向畸变系数。径向畸变发生在相机坐标系转向物理坐标系的过程中；切向畸变产生的原因是透镜不完全平行于图像。

径向畸变就是沿着透镜半径方向分布的畸变，产生原因是光线在远离透镜中心的地方比靠近中心的地方更加弯曲，这种畸变在普通廉价的镜头中表现得更加明显。径向畸变主要包括枕形畸变和桶形畸变两种，如图 5-9 所示。

（a）正常图像　（b）枕形畸变　（c）桶形畸变

图 5-9　径向畸变

实际情况中，常用$r=0$处的泰勒级数展开的前几项来近似描述径向畸变，用参数表示的径向畸变模型为

$$\begin{cases} x_d = x\left(1+k_1r^2+k_2r^4+k_3r^6\right) \\ y_d = y\left(1+k_1r^2+k_2r^4+k_3r^6\right) \end{cases} \tag{5-1}$$

式中，k_1、k_2和k_3分别为径向畸变系数；x、y分别为畸变前的坐标；x_d、y_d分别为畸变后的坐标。

切向畸变是因透镜本身与摄像头传感器平面（成像平面）或图像平面不平行而产生的，这种情况多是透镜被粘贴到镜头模组上的安装偏差导致的。切向畸变模型为

$$\begin{cases} x_d = x + 2p_1xy + p_2\left(r^2 + 2x^2\right) \\ y_d = y + 2p_2xy + p_1\left(r^2 + 2y^2\right) \end{cases} \tag{5-2}$$

式中，p_1和p_2分别为切向畸变系数。

（三）相机的外部参数

外部参数是指相机的安装位置，即相机离地高度以及相机相对于车辆坐标系的旋转角度。

1. 离地高度

离地高度是指从地面到相机焦点的垂直高度。

2. 旋转角度

相机相对于车辆坐标系的旋转角度有俯仰角、偏航角和横滚角。

俯仰运动（pitch）是指相机绕车辆坐标系y_v轴的转动；偏航运动（yaw）是指相机绕车辆坐标系z_v轴的转动；横滚运动（roll）是指相机绕车辆坐标系x_v轴的转动。摄像头的旋转运动如图 5-10 所示。

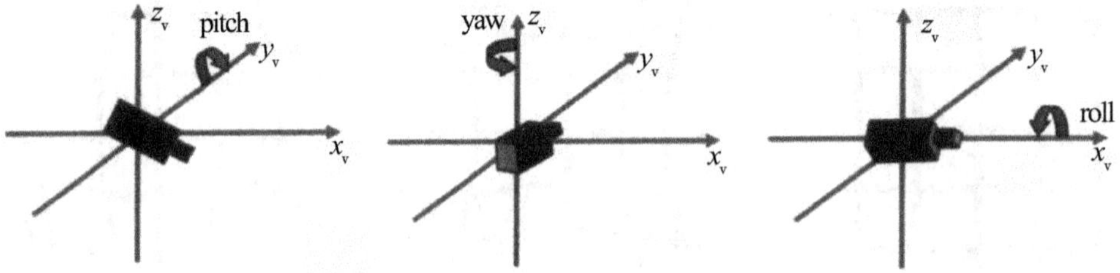

（a）俯仰运动　（b）偏航运动　（c）横滚运动

图 5-10　摄像头的旋转运动

俯仰角是指车辆的水平面与相机光轴之间的夹角；偏航角是指车辆的x_v轴与相机光轴之间的夹角；横滚角是指相机绕光轴的转角。

外部参数可以通过棋盘格标定获得，但要注意标准镜头和鱼眼镜头的差别。

三、视觉传感器的标定

（一）视觉传感器的坐标系

视觉传感器以其低廉的价格和丰富的图像信息而成为智能网联汽车必不可少的传感器。视觉传感器的作用是把三维世界中的形状、颜色信息压缩到一张二维图像上。基于视觉传感器的感知算法则是从二维图像中提取并还原三维世界中的元素和信息，如车道线、车辆、行人等，并计算它们与自己的相对位置。

相机投影相关坐标系有世界坐标系、相机坐标系、图像坐标系、像素坐标系，如图 5-11 所示。

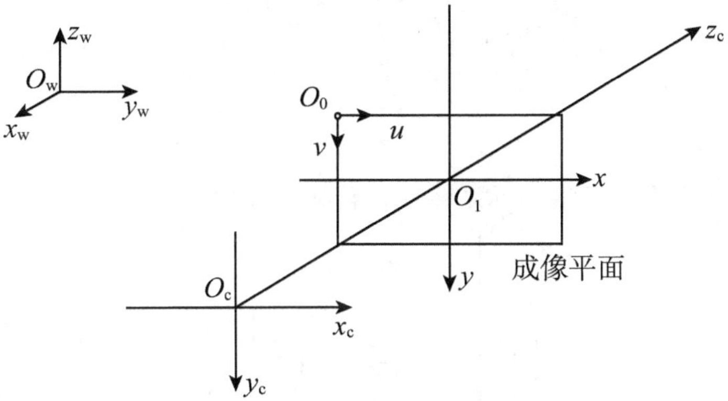

图 5-11　相机投影相关坐标系

1. 世界坐标系

世界坐标系为符合右手系的三维直角坐标系，为用户自定义坐标系，可描述物体相对空间位置关系和相机的相对位置。图 5-11 中的$O_wx_wy_wz_w$为世界坐标系，用于描述视觉传感器的位置，单位是 m。

2. 相机坐标系

以相机光心为原点，过原点垂直于成像平面的光轴为z_c，建立相机坐标系$O_cx_cy_cz_c$，单位为 m。

3. 图像坐标系

以光轴与成像平面的交点为原点，建立图像坐标系O_1xy，单位为 mm。

4. 像素坐标系

以成像平面左上角为原点，建立像素坐标系O_0uv，单位为像素。从世界坐

标系到相机坐标系，涉及旋转运动和平移运动。世界坐标系向相机坐标系转换可以用旋转矩阵和平移矩阵来表示，即

$$\begin{bmatrix} x_c \\ y_c \\ z_c \\ 1 \end{bmatrix} = \begin{bmatrix} \boldsymbol{R} & \boldsymbol{T} \\ \boldsymbol{0} & 1 \end{bmatrix} \begin{bmatrix} x_w \\ y_w \\ z_w \\ 1 \end{bmatrix} = \boldsymbol{L}_W \begin{bmatrix} x_w \\ y_w \\ z_w \\ 1 \end{bmatrix} \tag{5-3}$$

式中，$\boldsymbol{R}$为 3×3 旋转矩阵；$\boldsymbol{T}$为 3×1 平移矩阵；$\boldsymbol{0}$ 为 4×4 矩阵。

从相机坐标系向图像坐标系转换，是从 3D 转换到 2D，属于透视投影关系，用矩阵表示为

$$\boldsymbol{Z}_c = \begin{bmatrix} x \\ y \\ 1 \end{bmatrix} = \begin{bmatrix} f & 0 & 0 & 0 \\ 0 & f & 0 & 0 \\ 0 & 0 & 1 & 0 \end{bmatrix} \begin{bmatrix} x_c \\ y_c \\ z_c \\ 1 \end{bmatrix} \tag{5-4}$$

式中，f为焦距。

从图像坐标系向像素坐标系转换，转换矩阵为

$$\begin{bmatrix} u \\ v \\ 1 \end{bmatrix} = \begin{bmatrix} \frac{1}{dx} & 0 & u_0 \\ 0 & \frac{1}{dy} & v_0 \\ 0 & 0 & 1 \end{bmatrix} \begin{bmatrix} x \\ y \\ 1 \end{bmatrix} \tag{5-5}$$

式中，u_0、v_0为图像坐标系原点在像素坐标系中的坐标值；dx和dy表示每一列和每一行分别代表多少毫米。

任意一点从世界坐标系转到像素坐标系为

$$\boldsymbol{Z}_c \begin{bmatrix} u \\ v \\ 1 \end{bmatrix} = \begin{bmatrix} \frac{1}{dx} & 0 & u_0 \\ 0 & \frac{1}{dy} & v_0 \\ 0 & 0 & 1 \end{bmatrix} \begin{bmatrix} f & 0 & 0 & 0 \\ 0 & f & 0 & 0 \\ 0 & 0 & q & 0 \end{bmatrix} \begin{bmatrix} \boldsymbol{R} & \boldsymbol{T} \\ \boldsymbol{0} & 1 \end{bmatrix} \begin{bmatrix} x_w \\ y_w \\ z_w \\ 1 \end{bmatrix} = \begin{bmatrix} f_x & 0 & u_0 & 0 \\ 0 & f_y & v_0 & 0 \\ 0 & 0 & 1 & 0 \end{bmatrix} \begin{bmatrix} \boldsymbol{R} & \boldsymbol{T} \\ \boldsymbol{0} & 1 \end{bmatrix} \begin{bmatrix} x_w \\ y_w \\ z_w \\ 1 \end{bmatrix} \tag{5-6}$$

最右边等式的第一个矩阵是相机的内部参数，第二个矩阵是相机的外部参数，它们可以通过标定获取。

（二）利用棋盘格进行相机标定

在使用视觉传感器之前，必须对它进行标定。在机器视觉领域，相机的标

定是一个关键的环节，它决定了机器视觉系统能否有效地定位、能否有效地计算目标物。

相机标定可以利用像棋盘一样的标定图像估计摄像头的内部参数和外部参数，以便配置相机的模型。

相机的外部参数是指相机的安装位置，即相机离地高度以及相机相对于车辆坐标系的旋转角度。

棋盘坐标系主要用于摄像头的标定，如图 5–12 所示。在棋盘坐标系中，x_p轴指向右方，y_p轴指向下方。棋盘坐标系原点是棋盘左上角棋盘格的右下角。每个棋盘角代表坐标系中的另一点。例如，原点右侧的角为（1，0），原点下方的角为（0，1）。棋盘格的尺寸（高度，宽度）用格数表示。

车辆坐标系如图 5–13 所示，x_v轴指向车辆前方，y_v轴指向上方。从正面看，原点位于道路表面，直接位于摄像头焦点下方。当放置棋盘格时，x_p轴和y_p轴必须与车辆的x_v轴和y_v轴对齐。

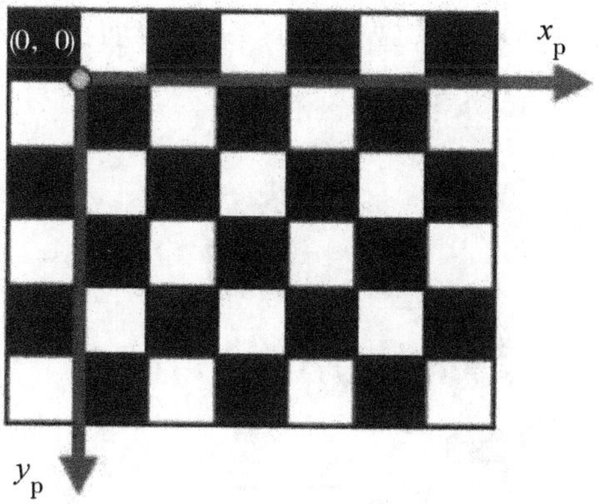

图 5–12　棋盘坐标系

图 5–13 车辆坐标系

1. 水平方向标定

在水平方向上，棋盘格放在地面上或平行于地面，可以将棋盘格放在车辆的前面、后面、左面或右面，如图 5–14 所示。

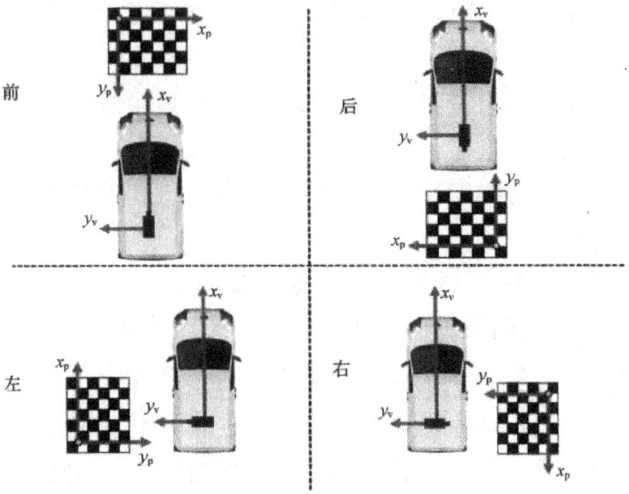

图 5-14　水平方向标定

2. 垂直方向标定

在垂直方向上，棋盘格垂直于地面，可以将棋盘格放置在车辆前面、后面、左面或右面，如图 5-15 所示。

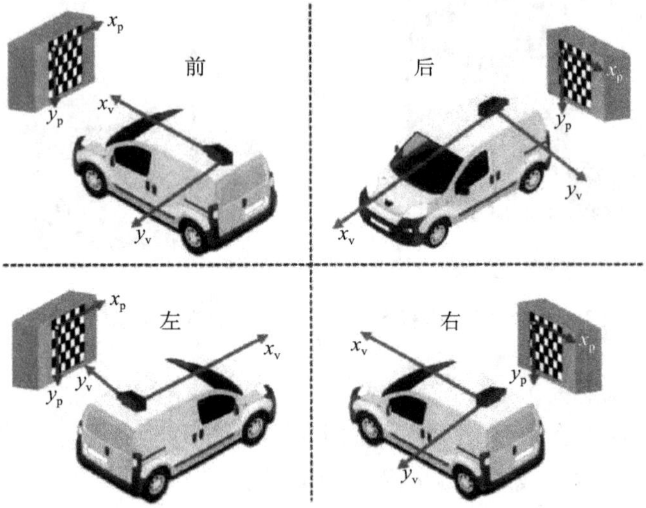

图 5-15　垂直方向标定

第三节　环境传感器的目标识别

一、行人识别

（一）行人识别的方法

行人识别可以采用视觉传感器、毫米波雷达和激光雷达，其中最常用的是视觉传感器。

安装在车辆上的视觉传感器采集前方场景的图像信息。也可以采用视觉传感器和毫米波雷达相融合的方式识别行人。

（二）行人识别的目的

智能网联汽车的行人识别主要有两种应用场景：一种是城市工况下车辆外的行人识别；一种是驾驶室内的驾驶员脸部识别。

城市工况下车辆外的行人识别系统是搜索车辆前方的行人，发现后对其标记并跟踪，提醒驾驶员或自动驾驶系统车辆前方有行人，保障城市道路交通安全运行。

驾驶员疲劳检测与驾驶行为识别预警系统能够实时监测驾驶员状态并在确认其疲劳和行为不规范时发出提示信息。

（三）行人检测

1. 行人检测方法

目前，在行人检测领域，国内比较突出的是百度公司，百度无人驾驶系统包含各种目标检测技术。国外的包括谷歌、特斯拉在内的许多公司同样在行人检测领域投入大量资金进行研究，并且取得不错的效果。行人检测方法主要分为两种。

第一种是传统方法，通过候选框算法在图片中生成多个候选框区域，然后通过单个特征或多个特征融合配合传统分类器的结构进行行人分类。单个特征中的特征主要由人为设计提出，包括 HEAR 特征、HOG 特征、CENTRIST 特征等，分类器包括 SVM 分类器、Logit Boost 分类器等，通过多个特征融合加分类器的行人检测结构在初期取得了不错的效果。

第二种是目前比较流行的方式，基于深度学习的行人检测。卷积神经网络在图像分类上对比第一种方法有着非常大的优势，自 AlexNet 在 ImageNet 挑战赛上取得图像分类任务冠军后，越来越多的 CNN 经典网络结构被提出，包括 VGGNet、GoogleNet、ResNet、DenseNet 等，随着网络层数不断增加，特征提取的种类也越来越多，图像分类也更加准确。此后的行人检测主要由两种类型组成：一种是以 R-CNN 系列为代表的 two-stage 结构，第一步通过 SS（selective search）或者 RPN 等候选框生成算法或者网络，对目标图片预测候选框，第二步使用 CNN 对框中图像进行分类；另一种是以 YOLO、SSD 为代表的 one-stage 方式，相对于前一种方法，这种方法虽然在准确性上稍微有点下降，但在实时性上有大幅度的提升。

2. 行人检测函数

MATLAB 提供了多种行人检测函数，用于行人识别。

peopleDetectorACF 为基于聚合通道特性（ACF）的行人检测函数，其调用格式如下：

```
detector=peopleDetectorACF
detector=peopleDetectorACF(name)
```

其中，name 为模型名称，detector 为 ACF 行人检测器。

vision.PeopleDetector 为基于 HOG 特征的行人检测函数，其调用格式如下：

```
peopleDetector=vision.PeopleDetector
peopleDetector=vision.PeopleDetector(model)
peopleDetector=vision.PeopleDetector(Name,Value)
```

其中，model 为模型名称，name 和 value 用于设置属性，peopleDetector 为行人检测器。

与 vision.PeopleDetector 函数配套使用的命令格式如下

```
bboxes=peopleDetector(I)
[bboxes,scores]=peopleDetector(I)
[___]=peopleDetector(I,roi)
```

其中，I 为输入图像，roi 为图像检测感兴趣区域，bboxes 为检测到的目标位置，scores 为检测置信度分数。

另外，MATLAB 软件也提供了人脸检测函数，格式如下：

```
faceDetector=vision.CascadeObjectDetector;
bboxes=faceDetector(I);
```

二、车辆识别

在智能车辆辅助驾驶的应用中，机器视觉主要负责道路和车辆识别等环境感知任务。道路识别可检测到车辆前方车道线等信息，车辆识别则负责识别车辆前方的机动车辆信息及距离标注。

车辆识别是现代智能交通系统中重要的一部分，具有重要研究意义。在进行车辆识别和测距后，能够为车辆安全驾驶提供必要信息，其识别的输出可用于自动跟车、自动刹车辅助等应用。

许多国内外的学者针对车辆识别技术进行了深入的研究，主要的研究方法有基于视频序列的方法、基于建模和模板匹配的方法和基于机器学习的方法等。其中，基于视频序列的方法利用帧间的相关信息进行检测，能够有效改善识别效果，但是在自动导航、停车场调度等领域使用较少；基于建模和模板匹配的方法使用车底阴影等信息，然后通过模板匹配检测车辆，算法容易受到阴影等的干扰，鲁棒性差；基于机器学习的方法又包含支持向量机（support vector machine，SVM）和深度神经网络等方法，算法较为复杂，但识别效果好，识别率高。

（一）车辆识别的方法

智能网联汽车在高速公路行驶，车辆识别是非常重要的。车辆识别可以使用视觉传感器、毫米波雷达和激光雷达。

1.基于视觉传感器的车辆识别

基于视觉传感器的车辆识别是指利用摄像头获取主车周围的环境信息，利用图像处理或人工智能等技术检测和识别获取环境信息中的车辆。识别的车辆可以是运动的，也可以是静止的。

基于视觉传感器的车辆识别优点是获取的信息量大，可以对视觉范围内的所有车辆进行识别；缺点是数据量较大，实际应用要求算法较高，受天气影响较大。

2.基于毫米波雷达的车辆识别

基于毫米波雷达的车辆识别是指利用毫米波雷达探测主车周围的车辆，获取车辆的距离和速度信息。

基于毫米波雷达的车辆识别优点是可以精确检测车辆的位置和速度，弥补视觉传感器的不足，在阴天、雨天和雾天，在摄像头敏感度下降时表现出色，夜间行车则可以侦测到大灯照射之外的车辆；缺点是视场角小，覆盖范围比视觉传感器小。

3.基于视觉传感器和毫米波雷达相融合的车辆识别

由于汽车在高速公路行驶时车速较高，车辆的识别直接关系到汽车的行驶安全性。因此，为了提高识别车辆的可靠性和安全性，采用视觉传感器和毫米波雷达相融合的方式识别车辆是发展的必然趋势。

视觉传感器与毫米波雷达相融合，取长补短，覆盖从低速到高速、从白天到黑夜、从晴天到雨天的全路段状况，时时刻刻监测危险目标，确保探测范围的广度和车辆识别的精度，保障智能网联汽车的安全行驶。

4.基于激光雷达的车辆识别

多线束激光雷达通过扫描主车周围环境的3D模型，运用相关算法比对上一帧和下一帧环境的变化，可以较为容易地探测出周围的车辆，并和其他传感器配合，可以对车辆进行精确定位。

由于激光雷达价格昂贵，自动驾驶级别较低的智能网联汽车不需要使用激光雷达，因此基于激光雷达的车辆识别主要用于无人驾驶汽车。

（二）车辆识别的目的

基于视觉传感器和毫米波雷达的车辆识别的目的主要是应用于ADAS，保障车辆安全行驶，基于激光雷达的车辆识别的目的是确定可行驶区域。下面主要介绍ADAS的应用。

1.前向碰撞预警系统

前向碰撞预警系统能够实时监测主车前方行驶的车辆，并在可能发生前向碰撞危险时发出警告信息。

2.后向碰撞预警系统

后向碰撞预警系统能够实时监测主车后方的车辆，并在可能受到后方碰撞危险时发出警告信息。

3.变道碰撞预警系统

变道碰撞预警系统能够在主车变道过程中实时监测相邻车道，并在主车侧方出现可能与主车发生碰撞危险的其他道路车辆时发出警告信息。

4.盲区监测系统

盲区监测系统能够实时监测驾驶员视野盲区，并在其盲区内出现其他车辆时发出提示或警告信息。

5.自动紧急制动系统

自动紧急制动系统能够实时监测主车前方行驶车辆，并在可能发生碰撞危险时自动启动车辆制动系统使车辆减速，以避免碰撞或减轻碰撞后果。

6.自适应巡航控制系统

自适应巡航控制系统能够实时监测主车前方行驶环境，在设定的速度范围内自动调整行驶速度，以适应前方车辆或道路条件等引起的驾驶环境变化。

7. 交通拥堵辅助系统

交通拥堵辅助系统能够在车辆低速通过交通拥堵路段时实时监测车辆前方及相邻车道行驶环境，并自动对车辆进行横向和纵向控制。

（三）车辆检测器函数

MATLAB 提供了车辆检测器及检测函数，用于车辆识别。

1.ACF 车辆检测器

vehicleDetectorACF 为基于聚合通道特性（ACF）的车辆检测器函数，其调用格式如下：

```
detector=vehicleDetectorACF
detector=vehicleDetectorACF(modelName)
```

其中，modelName 为模型名称，detector 为 AFC 车辆检测器。

模型名称分为全视图模型和前后视图模型。全视图模型使用的训练图像是车辆的前、后、左、右侧的图像，前后视图模型仅使用车辆前后侧的图像进行训练。

2.RCNN 车辆检测器

RCNN（region-based convolutional neural networks）是一种结合区域提名和卷积神经网络的目标检测方法。

vehicleDetectorFasterRCNN 为基于 RCNN 的车辆检测器函数，其调用格式如下：

```
detector=vehicleDetectorFasterRCNN
detector=vehicleDetectorFasterRCNN(modelName)
```

其中，modelName 为模型名称，模型名称为全视图模型，即使用的训练图像是车辆的前、后、左、右侧的图像，detector 为 RCNN 车辆检测器。

三、道路识别

（一）道路识别的方法

道路识别可使用视觉传感器和激光雷达，通过视觉传感器检测出车道线，提供车辆在当前车道中的位置，帮助智能网联汽车提高行驶的安全性。

激光雷达对道路的识别就是把真实的道路转换成汽车认识的道路，供自动驾驶汽车行驶。

（二）道路识别的目的

基于视觉传感器的车道线识别主要用于车道偏离预警系统和车道保持辅助系统。

1. 车道偏离预警系统

车道偏离预警系统能够实时监测车辆在本车道的行驶状态，并在出现或即将出现非驾驶意愿的车道偏离时发出警告信息。

2. 车道保持辅助系统

车道保持辅助系统能够实时监测车辆与车道边线的相对位置，持续或在必要情况下控制车辆横向运动，使车辆保持在原车道内行驶。

（三）道路检测函数

MATLAB 为道路识别提供了多个检测函数。

1. 检测灰度图像中车道

SegmentLaneMarkerRidge 为检测灰度图像中车道的函数，其调用格式如下：

```
birdsEyeBW=segmentLaneMarkerRidge(birdsEyeImage,birdsEyeConfig,aMarkerWidth)
birdsEyeBW=segmentLaneMarkerRidge(___,Name,Value)
```

其中，birdsEyeImage 为鸟瞰灰度图像，birdsEyeConfig 为将车道点从车辆坐标转换为图像坐标，aMarkerWidth 为车道近似宽度，Name 和 Value 为设置感兴趣区域（ROI）和灵敏度因子，birdsEyeBW 为检测的车道。

2. 抛物线车道边界模型

parabolicLaneBoundary 为创建抛物线车道边界模型的函数，其调用格式如下：

```
boundaries=parabolicLaneBoundary(parabolicParameters)
```

其中，parabolicParameters 为抛物线模型的系数，boundaries 为抛物线车道边界模型。

抛物线模型为$y = Ax^2 + Bx + C$，抛物线模型系数为 A、B、C。

3. 使用抛物线模型寻找车道边界

findParabolicLaneBoundaries 为使用抛物线模型寻找车道边界的函数，其调用格式如下：

```
boundaries=findParabolicLaneBoundaries(xyBoundaryPoints,approxBoundaryWidth)
[boundaries,boundaryPoints]=findParabolicLaneBoundaries(xyBoundaryPoints,approxBoundaryWidth)
[___]=findParabolicLaneBoundaries(___,Name,Value)
```

其中，xyBoundaryPoints 为候选车道边界点，approxBoundaryWidth 为车道近似宽度，Name 和 Value 为设置车道边界检测属性，boundaries 为车道边界模型，boundaryPoints 为车道边界点。

4. 三次方车道边界模型

cubicLaneBoundaryModel 为创建三次方车道边界模型的函数，其调用格式如下：

```
boundaries=cubicLaneBoundary(cubicParameters)
```

其中，cubicParameters 为三次方模型的系数，boundaries 为三次方车道边界模型。

三次方模型为$y = Ax^3 + Bx^2 + Cx + D$，三次方模型系数为 A，B，C，D。

5. 用三次方模型寻找车道边界

findCubicLaneBoundaries 为用三次方模型寻找车道边界的函数，其调用格式如下：

```
boundaries=findCubicLaneBoundaries(xyBoundaryPoints,approxBoundaryWidth)
[boundaries,boundaryPoints]=findCubicLaneBoundaries(xyBoundaryPoints,approxBound
aryWidth)
[___]=findCubicLaneBoundaries(___,Name,Value)
```

其中，xyBoundaryPoints 为候选车道边界点，approxBoundaryWidth 为车道近似宽度，Name 和 Value 为设置车道边界检测属性，boundaries 为车道边界模型，boundaryPoints 为车道边界点。

6. 求车道边界坐标值

computeBoundaryModel 为已知车道边界 x 坐标求 y 坐标的函数，其调用格式如下：

```
yWorld=computeBoundaryModel(boundaries,xWorld)
```

其中，boundaries 为车道边界模型，xWorld 为车道边界的 x 坐标，yWorld 为车道边界的 y 坐标。

7. 在图像中插入车道边界

insertLaneBoundary 为在图像中插入车道边界的函数，其调用格式如下：

```
rgb=insertLaneBoundary(I,boundaries,sensor,xVehicle)
rgb=insertLaneBoundary(___,Name,Value)
```

其中，I 为输入图像，boundaries 为车道边界模型，sensor 为采集图像的传感器，xVehicle 为车道边界 x 轴位置，Name 和 Value 为设置车道边界的颜色和线宽，rgb 为带有边界线的图像。

四、交通标志识别

为了保障汽车安全行驶，道路上有各种交通标志。交通标志具有鲜明的色彩特征，因此要实现对交通标志图像的有效识别，颜色是一个重要信息，选择合适的颜色空间对其加以分析和提取，将有助于系统检测的实时性和准确性。

交通标志识别主要使用视觉传感器，对于无人驾驶汽车，也可以利用激光雷达。

（一）交通标志识别方法

交通标志识别常用的方法有模板匹配方法、传统机器学习方法和深度学习方法。

1. 模板匹配方法

因为交通标志的形状比较固定并且交通标志类别的数量有限，一些研究者通过模板匹配的方式来识别交通标志。蒋刚毅①将经过形态学处理后提取的交通标志区域使用一种模板匹配算子对交通标志区域进行分类，该方法在鲁棒性和识别率方面都取得了不错的效果，但是仅仅对 10 类警告标志进行了识别分类。刘鑫等人②在 HSI 颜色空间上寻找交通标志可能存在的区域，然后计算候选区域与预先准备的各类交通标志模板之间的相似度，从而对交通标志进行识别。这些基于模板匹配的方法虽然在交通标志识别时在一定程度上考虑了待识别交通标志形变的影响，对于平移、旋转等情况有一定鲁棒性，但这类方法只能在待识别交通标志与和模板很好的对齐的情况下有效，整体识别精度不是很高。

2. 传统机器学习方法

传统机器学习方法是使用相应的机器学习分类器来区分交通标志的类别。这类方法主要利用一些旋转不变形、平移不变形、初度缩放不变形的特征（如 Harr、HOG 特征等），再结合特定的机器学习分类器对特征进行分类，从而达到交通标志分类的目的，因此这类方法有更好的适用性。在这类方法中最常用的分类器就是 SVM，因为在进行分类任务时它具有速度快和分类准确度高的优势。基于传统机器学习的交通标志识别方法中，将 HOG 特征与 SVM 相结合对交通标志进行识别是使用最多的一种方式。塞巴斯蒂安·胡本（Sebastian Houben）等人最先使用这种方法对感兴趣区域的 HOG 特征进行提取，然后将提取到的 HOG 特征送入 SVM 分类器，得到了交通标志图像的识别结果。波格丹·斯坦希尔列斯库（Bogdan Stanciulescu）等人在将 HOG 特征与基于随机森

① 蒋刚毅、郑义：《形态骨架匹配算法及其在交通标志识别中的应用》，《电路与系统学报》1996 年第 3 期。

② 刘鑫、杨立敬、朱双东：《快速交通标志检测预处理方法》，《计算机工程与应用》2010 年第 29 期。

林的分类方法相结合后，保证了交通标志图像分类较高的准确率。赖敏等人使用了一种基于 Adaboost 分类器迭代学习的识别算法，并使用多个弱分类器通过一定的方式组合成一个强分类器，然后使用组合的强分类器对交通标志进行分类，达到了很高的识别准确率。罗塔（Ruta）等人在传统 Adaboost 分类器算法的基础上提出了一种改进后的 Adaboost 分类器算法。王楠等使用基于二叉树 SVM 对交通标志进行分类①，在距离变换图上提取了不同大小的 HOG 特征，并使用了 kd-tree 和 RandomForest 提取到的 HOG 特征进行分类。

3. 深度学习方法

随着图像识别技术理论的不断完善和计算机计算能力的提高，越来越多的研究者使用深度学习的方法进行交通标志的识别。其中最常用的深度学习方法就是使用卷积神经网络模型（CNN）对交通标志进行识别。和传统机器学习方法相比较，深度学习方法能够在大量的数据集上通过自动学习获得一种提取特征的模式，不再需要人为设计特征，可以达到很高的识别准确率。爱尼·侯赛因（Aini Hussain）等人使用一种融合多尺度的卷积神经网络在 GTSRB（german traffic sign recognition benchmark）交通标志数据集上对交通标志进行分类，在识别准确率上可以达到 98.31%。丹·克雷森（Dan Ciresan）等人提出了一种多列深度卷积神经网络（multi-column deep neural network，MCDNN）对交通标志进行分类，在 GTSRB 数据集上获得 99.46% 的识别准确率。汪贵平等人②对传统的 LeNet-5 卷积神经网络进行改进，将传统的卷积层使用 Inception 卷积模块组进行替换，并增加了网络的深度。改进的 LeNet-5 网络在 BelgiumTSC 交通标志数据集上的识别准确率为 98.51%。

（二）交通标志识别的目的

道路交通标志作为重要的道路交通安全附属设施，可向驾驶员提供各种引导和约束信息。驾驶员实时正确地获取交通标志信息，可保障行车更安全。

目前，交通标志识别的典型应用是限速识别预警系统，该系统可帮助驾驶员观察道路限速标志，利用视觉传感器探测行驶道路上或道路旁的限速标志，在组合仪表上向驾驶员显示限制车速。

（三）交通标志检测方法

交通标志检测的目的主要是将交通标志和图像中的其他物体以及背景区域

① 王楠、刘威、陈雪：《基于多线索混合的交通标志检测与跟踪》，《控制与决策》2010 年第 8 期。

② 汪贵平、盛广峰、黄鹤等：《基于改进 Le Net-5 网络的交通标志识别方法》，《科学技术与工程》2018 年第 34 期。

分离开来，在图像中找到可能是交通标识的区域。交通标志的检测一直以来都是国内研究者研究的一个热点，研究者提出了许多行之有效的交通标志检测方法，包括基于颜色、形状的交通标志检测方法和基于机器学习的交通标志检测方法。

1.基于颜色的交通标志检测方法

基于颜色的交通标志检测方法将颜色作为关键因素，根据目标图像的颜色来减小搜索范围并采用颜色分割的方法在图像中确定交通标志的大概位置。该类方法在不同的颜色模型上根据图像颜色进行颜色分割和阈值处理将交通标志从背景中分割出来。在这些基于颜色的交通标志检测方法中，最直接的方法就是在 RGB 颜色空间中对交通标志特定颜色进行颜色分割。然而，在 RGB 颜色空间中由于图像的颜色和光照强度有关，容易受到光照强度因素的影响，所以一些研究者试图在对光照因素不敏感的颜色空间上对交通标志进行颜色分割。然而在一些复杂的交通场景中很多背景物体的颜色也有可能与交通标志的颜色相近，因此许多研究者都只是利用颜色信息在图像中初步筛选可能是交通标志的区域，然后使用其他方法对交通标志进行准确定位。

2.基于形状的符号交通标志检测方法

由于交通标识具有特殊的形状（通常为圆形、正三角形、矩形和正八边形这几种固定的形状），因此很多研究者也使用形状信息将图像中的交通标志与其他物体进行区分。为此，研究者根据交通标志的形状特征也提出了一系列的交通标志检测方法。采用霍夫变换（Hough Transform）的方式来定位图像中存在的直线和圆，根据图像中线条形成的闭合区间形状推断出可能存在交通标志的位置。然而，霍夫变换的方法计算复杂，需要花费大量的时间，在实时性方面不适用于交通标志检测，在霍夫变换理论的基础上，提出了一种霍夫变换的改进方法，即快速径向对称变换，该方法可以快速检测出图像中存在的圆形交通标志。

单独使用颜色特征或形状特征的交通标志检测方法非常容易受到复杂环境的影响，交通标志的颜色常常因为光照条件而变化，而交通标志的形状也常常因为图像采集设备拍摄角度的变化而发生形变，甚至有的时候交通标志会被其他物体遮挡，因此基于单一特征的检测方法不具备鲁棒性。此外，基于形状的交通标志检测方法往往计算复杂，不能满足实时性要求。为了提高检测效率和准确率，很多研究者采用将颜色特征和形状特征相结合的方式对交通标志进行检测。形状和颜色相结合的交通标志检测方法一般情况下是先通过颜色对图像进行分割，根据交通标志特定的颜色找到可能存在交通标志的候选区域，然后对这些候选区域再进行基于形状的检测。因为交通标志的颜色、形状相对固定，也有一部分研究者通过距离变换用感兴趣的像素点作为特征去定义形状，并用多个特定形状的模糊模板与感兴趣像素点定义的形状进行匹配，从而寻找图像中的交通标志区域。虽然颜色和形状相结合的交通标志检测方法在一定程度上提高了交通标志的检测准确性，但依然没有从根本上解决使用颜色和形状特征检测交通标志时遇到的关键问题。如对于自然场景光照变化或交通标志褪色造成的交通标志颜色的变化，交通标识存在形变，交通标志遮挡等问题依然没有解决，而且边缘算法的精度和时间复杂度也与图像场景的复杂度有关。因此，基于颜色和形状的交通标志检测方法存在很大的局限性。

3. 基于机器学习的交通标志检测方法

除了传统的基于颜色和形状的检测方法外，还有一些方法不直接通过颜色和形状特征，而是使用机器学习的方式将分类器与图像特征相结合对交通标志进行检测。通常使用这几种分类器与图像特征相结合的方法：Harr 特征和 Adaboost 分类器相结合的方法、HOG 特征和支持向量机分类器[①]相结合的方法。陈龙等提出了一种基于 HOG 特征和 LBP 特征自适应特征融合的禁止类交通标志检测方法，在该方法中将图像中提取到的 HOG 特征和 LBP 特征进行加权融合，将融合后的特征使用 SVM 进行检测。雷纳・林哈特（Rainer Linehart）等在经典 Harr 特征的基础上，提出了一种改进的非对称 Harr 特征，然后使用这种 Harr 特征结合 Adaboost 分类器，通过滑动窗口的方式在图像上进行扫描，在图像上寻找交通标志。王东东等人提出了一种基于视觉显著性模型和 HOG 特征相结合的交通标志检测方法，该方法首先通过视觉显著性模型在图像中获得交通标志感兴趣区域，然后提取这些区域的 HOG 特征，最后使用 SVM 分类器对 HOG 特征进行分类，在构建的数据集上取得了较高的检测准确率。传统的基于机器学习的交通标志检测方法虽然比基于颜色和形状的交通标志检测方法取得了更好的效果，但这些方法都先要提取 HOG 特征或 Harr 特征，计算过程复杂，而且这些特征的表达能力有限，对自然场景的各种复杂情况不够鲁棒。

4. 检测函数

交通标志没有专门的检测函数，而是通过训练目标检测器进行各种交通标志的检测。

① 陈亦欣、叶锋、肖锋等：《基于 HSV 空间和形状特征的交通标志检测识别研究》，《江汉大学学报（自然科学版）》2016 年第 2 期。

（四）交通标志 ACF 目标检测器

1. 目标检测器函数

trainACFObjectDetector 为训练 ACF 目标检测器的函数，其调用格式如下：

```
detector=trainACFObjectDetector(trainingData)
detector=trainACFObjectDetector(trainingData,Name,Value)
```

其中，trainingData 为地面真实训练数据（图像），Name 和 Value 为指定的附加选项，detector 为 ACF 目标检测器。

2.RCNN 目标检测器

trainFastRCNNObjectDetector 为训练快速的 RCNN 目标检测器的函数，其调用格式如下：

```
trainedDetector=trainFastRCNNObjectDetector(trainingData,network,options)
trainedDetector=trainFastRCNNObjectDetector(trainingData,checkpoint,options)
trainedDetector=trainFastRCNNObjectDetector(trainingData,detector,options)
trainedDetector=trainFastRCNNObjectDetector(___,'RegionProposalFcn',proposalFcn)
trainedDetector=trainFastRCNNObjectDetector(___,Name,Value)
[trainedDetector,info]=trainFastRCNNObjectDetector(___)
```

其中，trainingData 为地面真实训练数据，network 为网络名称，options 为训练选项，checkpoint 为保存检测器检查点，detector 为训练快速的 RCNN 检测器，proposalFcn 为区域建议函数，Name 和 Value 为指定的附加选项，trainedDetector 为训练快速的 RCNN 目标检测器，info 为训练信息。

3. 目标检测器训练数据

objectDetectorTrainingData 为目标检测器创建训练数据的函数，其调用格式如下：

```
[imds,blds]=objectDetectorTrainingData(gTruth)
trainingDataTable=objectDetectorTrainingData(gTruth)
___=objectDetectorTrainingData(gTruth,Name,Value)
```

其中，gTruth 为地面真实数据，imds 为图像数据存储的训练数据，blds 为盒式标签数据存储的训练数据，trainingDataTable 为训练数据表，Name 和 Value 为指定的附加选项。

第六章　智能汽车紧急控制策略

第一节　汽车临界距离智能分析

在制定自动驾驶紧急避撞控制策略时，需要对制动和转向所需的最短纵向距离进行准确的定量分析，以确定在特定的工况下某种避撞方式是否可行，以及某种避撞方式是否相对于另一种避撞方式更有优势，这些分析结果是危险估计的基础。因此，本节将对制动和转向避撞所需的最短纵向距离进行定量分析。

一、制动避撞所需的最短纵向距离

实际危险工况下驾驶员的制动行为产生的车辆减速度如图 6-1 所示，设车辆初始减速度为a_0，驾驶员开始制动后，由于制动器的延迟，在时间t_d后车辆的制动减速度才开始发生变化，减速度以梯度j_{max}达到最大制动减速度a_{max}并保持a_{max}不变直到车辆停止或成功避免碰撞。

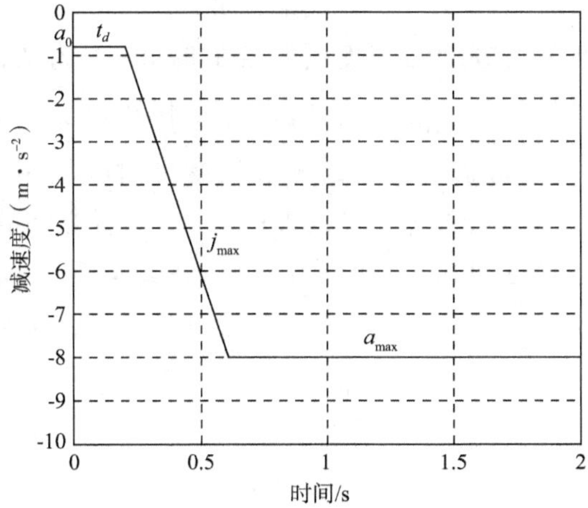

图 6-1　驾驶员制动减速度示意图

根据驾驶员制动行为的分析结果，虽然大部分驾驶员不能充分利用车辆的制动潜能，但驾驶员的最大制动减速度绝对值的 90% 在 0.8 m/s² 左右，说明仍然有部分驾驶员达到了车辆的最大制动减速度。为了避免误作用，这里设定驾驶员制动能够达到的最大制动减速度与车辆能够达到的最大制动减速度一致。而 95% 的驾驶员的制动减速度梯度小于 20.82 m/s³，因此设定减速度梯度 $j_{\max}=21\ \mathrm{m/s^3}$。

制动器延迟时间t_d随着车辆的不同而不同，但很多制动辅助系统在驾驶员未开始制动时就已经进行了蓄压，可以将t_d减小到 0，因此这里设定$t_d=0$。同时，假设目标车静止，本车制动停止后与目标车的安全裕量 SM=0.1 m，道路摩擦系数$\mu=0.8$，本车能够达到的最大制动减速度绝对值$a_{\max}=\mu g$，初始制动减速度$a_0=0$，本车初始速度为v_0。

当车速很低时（小于 5.3 km/h），车辆还未达到最大制动减速度就已经停止，这种情况下本车危险性较低，因此不做考虑，则

$$t_1=\frac{a_{\max}-a_0}{j_{\max}} \tag{6-1}$$

$$t_2=\frac{v_0-j_{\max}t_1^2/2}{a_{\max}} \tag{6-2}$$

$$s=v_0t_1+\frac{1}{6}j_{\max}t_1^3+\frac{1}{2}a_{\max}t_2^2 \tag{6-3}$$

$$s_{\text{critical}}=s+SM \tag{6-4}$$

$$TTC_{\text{critical}}=s_{\text{critical}}/v_0 \tag{6-5}$$

式中，t_1为达到最大制动减速度所需要的时间；t_2为从达到最大制动减速度到车辆停止的时间；TTC_{critical}为TTC临界值。图 6-2 为不同车辆初速度下的临界距离值，由此可见考虑和不考虑减速度梯度时临界制动距离的差异随着车速的升高而增大，在本车车速为 100 km/h 时，两者之间的差异达到 5.51 m，响应的TTC临界值差异达到 0.20 s（图 6-3），在紧急工况下这 0.20 s 的差异会带来很大的不同。

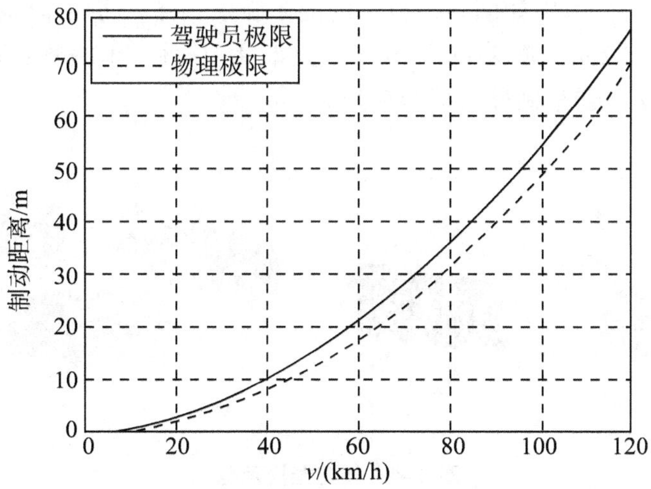

图 6-2　临界制动距离图

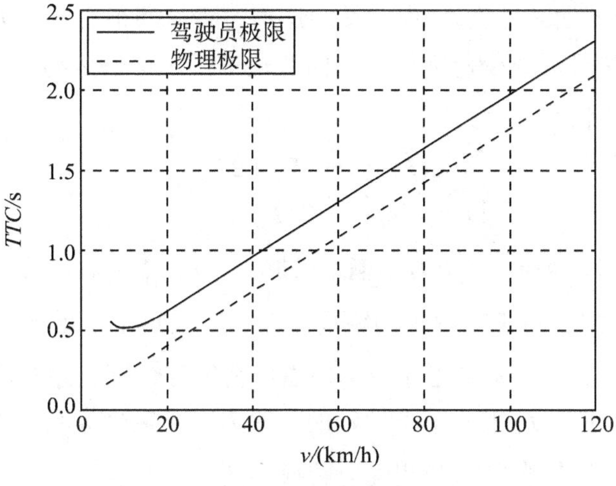

图 6-3　制动避撞的*TTC*临界值

二、转向避撞所需的最短纵向距离

弗朗西斯科（Francesco）等人的研究结果表明，驾驶员在规划转向路径时大致可用最优控制进行描述，即遵循“最大方向盘转速最小”的原则，让驾驶过程尽量平滑。因此，本书采用最优控制方法模拟驾驶员的转向避撞行为，分析驾驶员转向避撞所需的最短纵向距离，同时作为转向避撞路径规划的基础。

不失一般性，考虑如图 6-4 所示的前车静止工况，将两车都视作相同大小的矩形，长为 5.2 m，宽 2.0 m，两车重叠率为 100%。车辆质心到车辆最前端的距离为 2.5 m，到车辆最后端距离为 2.7 m。

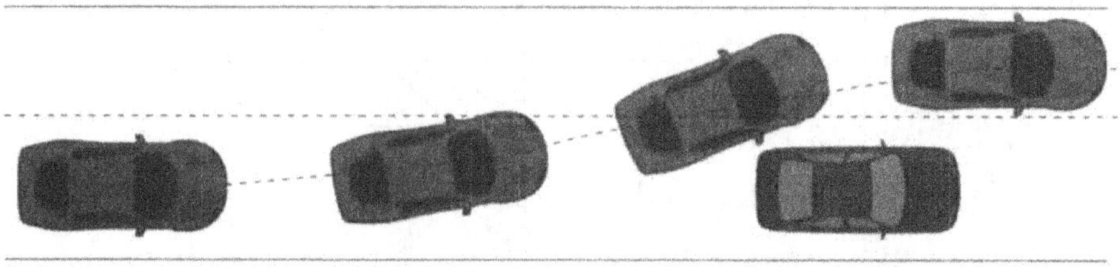

图 6-4　转向避撞示意图

（一）车辆模型

为了获得更为准确的结果，这里采用二自由度单轨车辆模型，状态变量为质心侧偏角β和横摆角速度γ。由于转向避撞过程时间很短，且为了保持车辆避撞后的机动性需尽量减少速度损失，因此这里设车速恒定为u_0，即不考虑制动的影响。车辆的状态方程为

$$\begin{cases} mu_0(\dot{\beta}+\gamma)=2F_{yf}+2F_{yr} \\ I_z\dot{\gamma}=2l_fF_{yf}-2l_rF_{yr} \end{cases} \tag{6-6}$$

式中，m为车辆质量；I_z为车辆绕z轴的转动惯量；l_f表示车辆质心到前轴的距离；l_r表示质心到车辆后轴的距离。F_{xf}、F_{yf}表示单个前轮的轮胎力在车辆坐标系下的分量。由于不考虑车轮的左右载荷转移，因此左右两个车轮的轮胎力相等。同理，F_{xr}、F_{yr}表示单个后轮的轮胎力在车辆坐标系下的分量。

F_{yf}、F_{yr}根据车轮纵向力和侧向力转换得到

$$F_{yi}=f_{xi}\sin\delta_i+f_{yi}\cos\delta_i \tag{6-7}$$

式中，$i\in\{f,r\}$，分别表示前轮和后轮；δ_i表示车轮i的转向角，本书中假设车辆只有前轮转向，因此$\delta_r=0$。同时，由于δ_f很小，上式可简化为

$$F_{yf}=f_{yf}\cos\delta_f=f_{yr} \tag{6-8}$$

根据 Pacejka 轮胎模型，轮胎侧向f_{yi}可以看作轮胎侧偏角、道路摩擦系数以及轮胎法向力的函数，即轮胎侧向力f_{yi}可以写成如下形式：

$$f_{yi} = f_c\left(\alpha_i, \mu_i, F_{zi}\right) \tag{6-9}$$

式中，$i \in \{f, r\}$；α_i表示轮胎i的侧偏角；u_i是轮胎i处的道路摩擦系数；F_{zi}表示轮胎i的法向力。

假设左右两侧轮胎侧偏角相等，则前后轮的轮胎侧偏角为

$$\begin{cases} \alpha_f = \beta + \dfrac{l_f \gamma}{u_0} - \delta_f \\ \alpha_r = \beta - \dfrac{l_r \gamma}{u_0} \end{cases} \tag{6-10}$$

轮胎的法向力F_{zi}受到车辆质量分布和车辆加速度等的影响，简单起见，这里假设轮胎法向力恒定，只由车辆的稳态质量分布属性决定，即

$$\begin{cases} F_{zf} = mg\dfrac{l_r}{l_f + l_r} \\ F_{zr} = mg\dfrac{l_f}{l_f + l_r} \end{cases} \tag{6-11}$$

将车辆坐标系变量转换到大地坐标系：

$$\begin{cases} \dot{X} = \dot{x}\cos\psi - \dot{y}\sin\psi = u_0[\cos\psi - \beta\sin\psi] \\ \dot{Y} = \dot{x}\sin\psi + \dot{y}\cos\psi = u_0[\sin\psi + \beta\cos\psi] \\ \dot{\psi} = \gamma \end{cases} \tag{6-12}$$

式中，X、Y、ψ为车辆在大地坐标系中沿X轴的位置、沿Y轴的位置以及航向角。同时，为了引入转向角速度$\dot{\delta}_f$的约束，此处将δ_f视作状态变量，得到车辆的状态方程：

$$\dot{\xi}(t) = f^{2w}[\xi(t), u(t)] \tag{6-13}$$

式中，$\xi = \left[\beta, \gamma, \psi, X, Y, \delta_f\right]$，输入$u = \dot{\delta}_f$，假设道路摩擦系数为已知的外部参数。

（二）安全约束

如图 6-5 所示，车辆质心在大地坐标系中的坐标为（X，Y），航向角为ψ，车辆质心到车辆最前端距离为L_f，到车辆最后端距离为L_r，车辆宽度为W，则车辆四个角点的坐标为

$$
\begin{aligned}
X_{lf} &= X + L_f \cos\psi - \frac{W}{2}\sin\psi \\
Y_{lf} &= Y + L_f \sin\psi + \frac{W}{2}\cos\psi \\
X_{rf} &= X + L_f \cos\psi + \frac{W}{2}\sin\psi \\
Y_{rf} &= Y + L_f \sin\psi - \frac{W}{2}\cos\psi \\
X_{lr} &= X - L_r \cos\psi - \frac{W}{2}\sin\psi \\
Y_{lr} &= Y - L_r \sin\psi + \frac{W}{2}\cos\psi \\
X_{rr} &= X - L_r \cos\psi + \frac{W}{2}\sin\psi \\
Y_{rr} &= Y - L_r \sin\psi - \frac{W}{2}\cos\psi
\end{aligned} \tag{6-14}
$$

式中，lf, rf, lr, rr分别代表左前、右前、左后、右后四个角点。

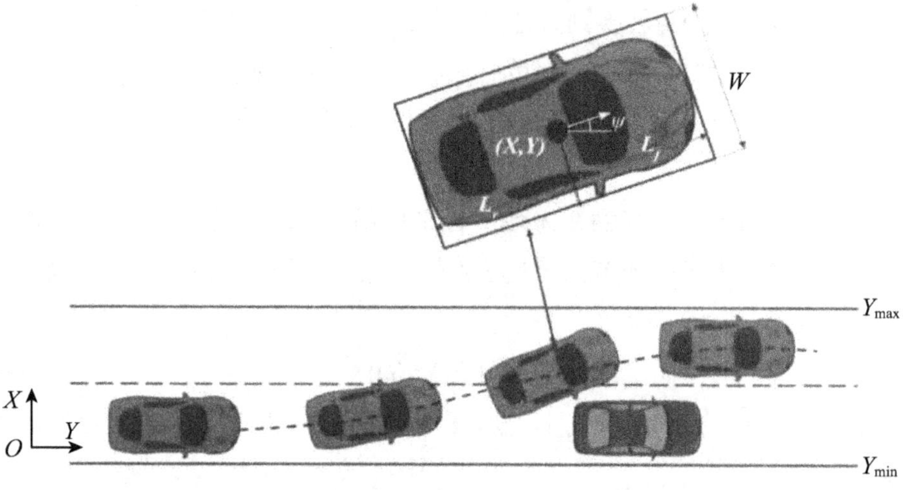

图 6–5　安全约束示意图

在转向避撞时，车辆必须保持在规定的道路上，则必须满足：

$$
\begin{aligned}
\max\left(Y_{lf}, Y_{lr}\right) &< Y_{max} \\
\min\left(Y_{rf}, Y_{rr}\right) &> Y_{min}
\end{aligned} \tag{6-15}
$$

式中，Y_{max}、Y_{min}为道路的上下边界，由道路边缘、路肩、护栏等决定。

驾驶员在转向避撞时车辆的侧向加速度不能超过一定的限值，过高的侧向加速度一来会引起驾驶员的不适感，二来可能会导致车辆失稳，因此侧向加速度必须满足$\left|a_y\right|\leqslant a_{y,\max}$，即

$$\left|u_0(\dot{\beta}+\gamma)\right|\leqslant a_{y,\max} \tag{6-16}$$

$a_{y,\max}$由道路摩擦系数、车辆的抗侧翻能力、驾驶员的生理限制等决定，通常情况下$a_{y,\max}\leqslant \mu g$。

为了达到避撞的目的，以向左转向避撞为例，在本车通过目标车时，目标车左后角点$\left(X_o,Y_o\right)$到本车右侧边界的距离D必须大于一定的安全距离D_{SM}，即

$$D=\frac{kX_0-Y_o+Y_{rf}-kX_{rf}}{\sqrt{1+k^2}}\geqslant D_{SM} \tag{6-17}$$

（三）执行器约束

在通过紧急转向进行避撞时，由于车辆的结构以及驾驶员的生理能力的限制，转向角和转向角速度都不能超过一定的限值，即

$$\left|\delta_f\right|\leqslant \delta_{f,\max} \tag{6-18}$$

$$\left|\dot{\delta}_f\right|\leqslant \dot{\delta}_{f,\max} \tag{6-19}$$

将安全约束和执行器约束综合在一起，可以用下式进行表示：

$$\varphi[\xi(t),u(t),t]\leqslant 0 \tag{6-20}$$

式中，$\xi(t)$为车辆状态变量；$u(t)$为车辆输入。为了保证使计算的稳定性最优化，此处对车辆可行域约束条件进行松弛，松弛变量为ε，ε为很小的非负常数，得到

$$\varphi[\xi(t),u(t),t]\leqslant \varepsilon \tag{6-21}$$

（四）最优控制问题

最优控制问题的目标函数用下式表示：

$$J[u(*)]=S\left[\xi\left(t_f\right),t_f\right]+\int_{t_0}^{t_f}L(\xi,u,t)\mathrm{d}t \tag{6-22}$$

式中，t_0表示起始时刻；t_f表示终止时刻；等号右边第一项表示终止目标函数，目的是让终值更为接近目标集，也称为 Mayer 型目标函数。第二项表示过程目标函数，目的是让整个控制过程的状态或输入满足一定的性能指标，也称为 Lagrange 型目标函数。

本书将转向避撞过程分为两个阶段：第一个阶段起始时刻t_{01}=0，终止时刻$t_{f1}=TTC$；第二个阶段起始时刻t_{02}=TTC，终止时刻t_{f2}不加限制。

第一个阶段的目标函数为

$$\underset{\dot{\delta}_f}{J}=\omega_D D\left(t_{f1}\right)+\int_{t_{01}}^{t_{f1}}\left[\omega_\beta \beta(t)\mathrm{d}t+\omega_{\delta_f}\delta_f(t)\mathrm{d}t+\omega_{\dot{\delta}_f}\dot{\delta}_f(t)\mathrm{d}t\right] \tag{6-23}$$

式中，ω_D为终止目标函数加权系数；$D\left(t_{f1}\right)$为终止时刻目标车左后角点到本车右侧边界的距离；ω_β为质心侧偏角目标函数加权系数，该值越大表示整个转向避撞过程越平缓；ω_{δ_f}及$\omega_{\dot{\delta}_f}$分别为转向角和转向角速度的目标函数加权系数。

第一个阶段的边界条件为

$$\begin{cases}t_{01}=0\\ \beta\left(t_{01}\right)=0\\ \psi\left(t_{01}\right)=0\\ X\left(t_{01}\right)=0\\ Y\left(t_{01}\right)=0\\ \delta_f\left(t_{01}\right)=0\\ \dot{\delta}_f\left(t_{01}\right)=free\\ t_{f1}=TTC\\ \beta\left(t_{f1}\right)=free\\ \gamma\left(t_{f1}\right)=free\\ \psi\left(t_{f1}\right)=free\\ X\left(t_{f1}\right)=free\\ Y\left(t_{f1}\right)=free\\ \delta_f\left(t_{f1}\right)=free\\ \dot{\delta}_f\left(t_{f1}\right)=free\end{cases} \tag{6-24}$$

在t_{f1}时刻，除了满足安全约束、执行器约束以外，目标车辆左后角点到本车右侧边界的距离$D\left(t_{f1}\right)$要满足以下事件约束：

$$D\left(t_{f1}\right)=\frac{k_{t_{f1}}X_0-Y_o+Y_{rf}\left(t_{f1}\right)-k_{t_{f1}}X_{rf}\left(t_{f1}\right)}{\sqrt{1+k_{t_{f1}}^2}}\geqslant D_{SM} \tag{6-25}$$

式中，$k_{t_{f1}}=\tan\left[\psi\left(t_{f1}\right)\right]$。

第二个阶段的目标函数为：

$$\underset{\dot{\delta}_f}{J}=\omega_f t_{f2}+\int_{t_{02}}^{t_{f2}}\omega_\beta\beta(t)\mathrm{d}t+\omega_{\delta_f}\delta_f(t)\mathrm{d}t+\omega_{\dot{\delta}_f}\dot{\delta}_f(t)\mathrm{d}t \tag{6-26}$$

式中，ω_f为终止目标函数加权系数，值越大表示要求t_{f2}越小。

第二个阶段的初值边界条件与第一个阶段的终值边界条件相同，第二个阶段的终值边界条件为

$$\begin{cases}t_{f1}=free\\ \beta(t_{f2})=0\\ \gamma(t_{f2})=0\\ \psi(t_{f2})=0\\ X(t_{f2})=free\\ Y(t_{f2})=Y_{ref}\\ \delta_f(t_{f2})=0\\ \dot{\delta}_f(t_{f2})=0\end{cases} \tag{6-27}$$

式中，Y_{ref}为期望侧向位移。

本书采用高斯伪谱法求解该最优控制问题，将上述过程转换为以下最优控制问题：

$$\begin{cases}\min J=S[\xi(t_f),t_f]+\int_{t_0}^{t_f}L(\xi,u,t)\mathrm{d}t\\ \text{s.t.}\\ \dot{\xi}(t)=f^{2w}[\xi(t),u(t),t]\\ \varphi[\xi(t),u(t),t,\varepsilon]\leqslant 0\\ \varepsilon\geqslant 0\\ \ell[\xi(t_0),t_0,\xi(t_f),t_f]=0\\ t\in[t_0,t_f]\end{cases} \tag{6-28}$$

其中，状态变量$\xi=\{\beta,\gamma,\psi,X,Y,\delta_f\}$；控制输入$u=\dot{\delta}_f$。由于高斯伪谱法的分配点（collocation point）都分布在[−1，1]区间内，因此将时间区间$t\in[t_0,t_f]$转换成$\tau\in[-1,1]$，对时间t做如下变化：

$$\tau=\frac{2t}{t_f-t_0}-\frac{t_f+t_0}{t_f-t_0} \tag{6-29}$$

则上述最优控制问题可转换为

$$\begin{cases}\min J = S\left[\xi\left(\tau_f\right),t_f\right]+\int_{\tau_0}^{\tau_f} L\left(\xi,u,\tau;t_0,t_f\right)\mathrm{d}\tau \\ \text{s.t.} \\ \dot{\xi}(\tau)=\dfrac{t_f-t_0}{2}f^{2w}\left[\xi(\tau),u(\tau),\tau;t_0,t_f\right] \\ \varphi\left[\xi(\tau),u(\tau),\tau,\varepsilon;t_0,t_f\right]\leqslant 0 \\ \varepsilon\geqslant 0 \\ \ell\left[\xi\left(\tau_0\right),t_0,\xi\left(\tau_f\right),t_f\right]=0 \\ \tau\in[-1,1]\end{cases} \tag{6-30}$$

然后选取N个 Legendre–Gauss–Radau（LGR）点，同时取初始点 $\tau_0=-1$，总共$N+1$ 个节点构造$N+1$ 个 Lagrange 插值多项式$L_i(\tau)(i=0,1,\cdots,N)$，并以这些多项式为基函数对状态变量$\xi$进行近似计算，得到

$$\xi(\tau)\approx\Xi(\tau)=\sum_{i=0}^{N}L_i(\tau)\Xi\left(\tau_i\right) \tag{6-31}$$

其中，Lagrange 插值多项式$L_i(\tau)$为

$$L_i(\tau)=\prod_{j=0,\ j\neq i}^{N}\frac{\tau-\tau_j}{\tau_i-\tau_j} \tag{6-32}$$

同时，在节点处，状态变量近似值应与实际状态变量值相等，即满足以下表达式：

$$\xi\left(\tau_i\right)=\Xi\left(\tau_i\right),\ \ i=0,1,\cdots,N \tag{6-33}$$

同样，采用 Lagrange 插值多项式$L_i^*(\tau)(i=1,\cdots,N)$作为基函数对控制输入 U 进行近似计算，得到

$$u(\tau)\approx U(\tau)=\sum_{i=0}^{N}L_i^*(\tau)U\left(\tau_i\right) \tag{6-34}$$

式中，$L_i^*(\tau)=\prod\limits_{j=1,j\neq i}^{N}\dfrac{\tau-\tau_j}{\tau_i-\tau_j}$，$\tau_i(i=1,2,\cdots,N)$为 LGR 点。

接着对式（6–31）求导，得到状态变量的导数，从而将动力学约束微分方程转换为代数约束，即

$$\dot{\xi}(\tau)\approx\dot{\Xi}(\tau)=\sum_{i=0}^{N}\dot{L}_i(\tau)\Xi\left(\tau_i\right)=\sum_{i=0}^{N}D_{ki}\Xi\left(\tau_i\right) \tag{6-35}$$

式中，$D_{ki} \in \boldsymbol{R}^{N\times(N+1)}$为微分矩阵，在插值节点个数确定后其值为常值，即

$$D_{ki}\left(\tau_k\right)=\dot{L}\left(\tau_k\right)=\sum_{l=0}^{N}\frac{\prod\limits_{j=0,j\neq i,l}^{N}\left(\tau_k-\tau_j\right)}{\prod\limits_{j=0,j\neq i}^{N}\left(\tau_i-\tau_j\right)} \tag{6-36}$$

式中，$\tau_k(k=1,2,\cdots,N)$为集合k中的点；而$\tau_i(i=0,1,\cdots,N)$属于集合$k_0=\left\{\tau_0,\tau_1,\cdots,\tau_N\right\}$。利用式（6–35）代替式（6–30）中的车辆动力学约束方程，并在插值节点$\tau_k(1\leqslant k\leqslant N)$处进行离散，可将最优控制问题的车辆动力学微分方程转换为代数约束，对于$k=1,2,\cdots,N$，有

$$\sum_{i=0}^{N}D_{ki}\Xi\left(\tau_i\right)-\frac{t_f-t_0}{2}f\left[\Xi\left(\tau_k\right),U\left(\tau_k\right),\tau_k;t_0,t_f\right]=0 \tag{6-37}$$

式（6–37）并未对终止时刻（$\tau_f=1$）时的状态变量Ξ_f进行定义，按照车辆动力学方程，终止时刻的状态变量应满足：

$$\xi\left(\tau_f\right)=\xi\left(\tau_0\right)+\int_{-1}^{1}f[\xi(\tau),u(\tau),\tau]\mathrm{d}\tau \tag{6-38}$$

将该约束条件进行离散并用高斯积分近似表示，得到

$$\Xi\left(\tau_f\right)=\Xi\left(\tau_0\right)+\frac{t_f-t_0}{2}\sum_{k=1}^{N}\omega_k f\left[\Xi\left(\tau_k\right),U\left(\tau_k\right),\tau_k;t_0,t_f\right] \tag{6-39}$$

式中，$\omega_k=\int_{-1}^{1}L_i(\tau)\mathrm{d}\tau$为高斯权重；$\tau_k$为 LGR 点。

同理，对式（6–30）中的路径约束和边值约束在插值点进行离散，可得到

$$\begin{cases}\varphi\left[\Xi\left(\tau_k\right),U\left(\tau_k\right),\tau_k,\varepsilon;t_0,t_f\right]\leqslant 0\\ \ell\left[\xi\left(\tau_0\right),t_0,\xi\left(\tau_f\right),t_f\right]=0\end{cases} \tag{6-40}$$

经过上述变换，车辆转向避撞的最优控制问题可转换为非线性规划问题，本书中采用 GPOPS 软件进行求解。

第二节　汽车自动紧急控制

本书采用转向控制进行紧急避撞，与传统的 AEB 策略一起构成自动驾驶紧急避撞控制系统。目前国际上已经开始对紧急转向辅助控制进行研究，这些研究大致可以分为以下三类：

一、驾驶员触发型紧急转向辅助控制

以追尾危险工况为例，虽然在相对速度较高时转向避撞的效能要高于制动避撞，但由于在该类工况下转向避撞所需的侧向位移较大，通常需要占用旁车道才能完成避撞操作，出于责任和可控性的考虑，本书中采用驾驶员触发型紧急转向辅助控制，控制策略如图 6–6 所示。在检测到驾驶员有转向避撞行为时首先判定是否存在转向避撞空间以及是否可以避撞，同时检测 AEB 系统是否已经介入。

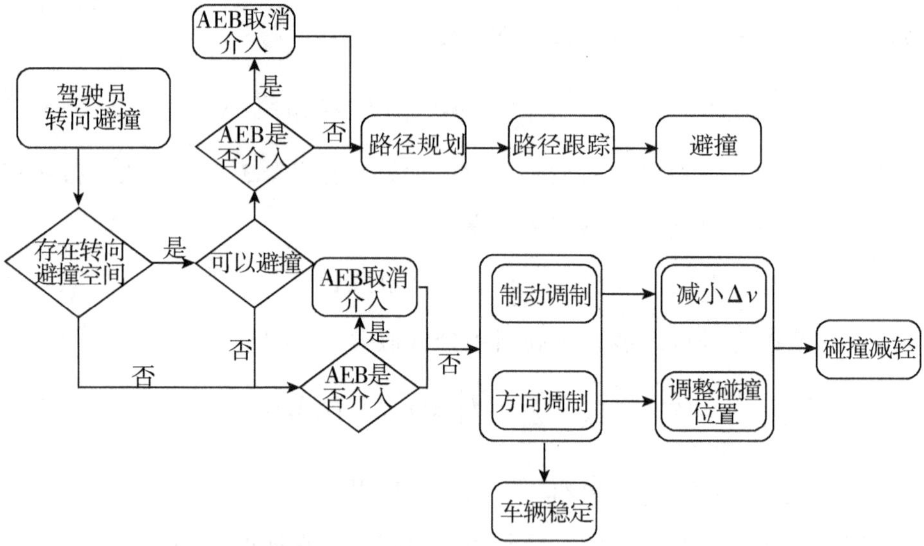

图 6–6　驾驶员触发型紧急转向辅助控制

驾驶员触发型紧急转向辅助控制需要解决以下几个问题。

（一）驾驶员转向避撞行为辨识

驾驶员转向避撞行为辨识属于驾驶员操纵层的驾驶行为估计范畴，即估计驾驶员的操作意图，目前主要通过机器学习算法来实现，如相关向量机、支持向量机等。由于隐马尔可夫模型具有良好的鲁棒性和模型框架通用性，且善于处理时间序列数据，因此得到了越来越多的应用。

上述方法需要经过烦琐的学习训练过程，训练库的完备性和准确性对算法的性能影响很大。基于方向盘中心特性，通过对驾驶员施加在方向盘上的转向力矩、方向盘转角、侧向加速度、方向盘转速以及车速五个参数进行分析，得到驾驶员转向意图系数，然后采用该系数对驾驶员的紧急转向避撞行为进行判断。

（二）避撞路径规划

避撞路径规划是紧急转向避撞控制的难点，之前提出的方法要么采用预定义轨迹，只适用于非常特定的简单工况，且无法考虑与驾驶员行为的协同；要么采用一些复杂的路径规划方法，如模型预测控制（MPC）。

为了解决车辆动力学可达性与计算效率之间的矛盾，本书提出一种新的路径规划方法用于紧急转向避撞控制。如图 6-7 所示，针对典型危险场景，首先在线下计算针对特定的几组初始条件的避撞路径簇，这些路径是通过求解最优控制问题得到的，同时考虑了车辆的动力学特征，保证了车辆动力学可达性。计算出这些路径后，将其存放到最优路径库中。

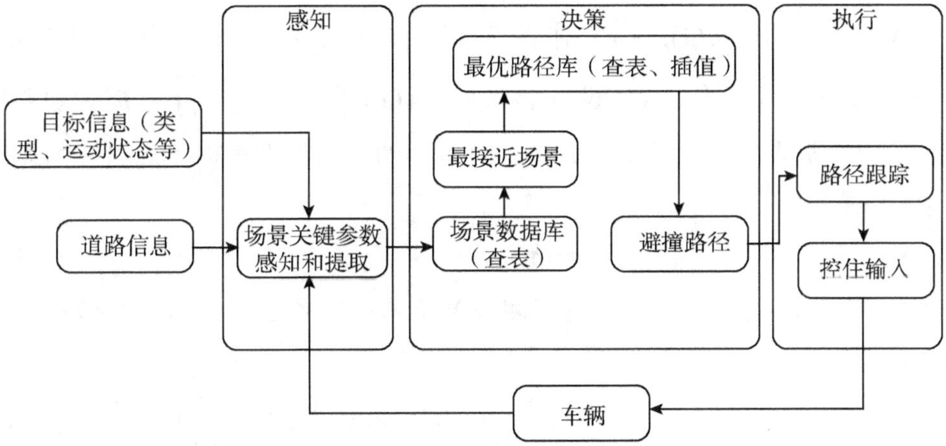

图 6-7　基于场景的路径规划方法

在特定的危险场景下，系统根据当前目标信息、道路环境信息以及车辆信息，提取出当前危险场景的特征参数，并根据这些参数通过查表的方法在危险场景数据库中找到与当前场景最为接近的场景，该场景的避撞路径已经存放在最优路径库中。由于当前场景的参数不可能与查表得到的最接近场景的参数完全一致，因此需要通过插值得到对应于当前场景的避撞路径，然后根据该路径开发路径跟踪控制算法。

本书采用统计插值法（statistical interpolation）中的克里金（Kriging）法，这种方法假设实际观测值都是在一个潜在随机过程中观察得到的，且这个随机过程是高斯过程。在使用克里金法对一个给定点的输出进行估计时，插值权重不是恒定的，与该点距离更近的点将具有更大的权重，也就是与估计点距离更近的点对估计值的影响更大。

克里金法具有以下特点：

（1）无偏，即估计误差的期望值为0。

（2）最优，误差的方差最小。

（3）精确，在已观测点进行插值得到的结果与观测结果一致。

（4）计算效率高，适合在线计算。

在使用克里金法进行插值时，考虑给定位置集合$\boldsymbol{X}=\{x_1,\cdots,x_N\}\in\boldsymbol{R}^{n\times N}$，其中$x_i\in\boldsymbol{R}^n$。对未知函数$y$：$\boldsymbol{R}^n\to\boldsymbol{R}$进行观测，假设有以下回归模型：

$$y(x)=\sum_{k=1}^{r}\beta_k f_k(x)+z=f(x)^{\mathrm{T}}\beta+z \tag{6-41}$$

式中，$f(x)=\left[f_1(x),\cdots,f_r(x)\right]^{\mathrm{T}}$为基函数；$\left[\beta_1,\cdots,\beta_r\right]^{\mathrm{T}}\in\boldsymbol{R}^r$为回归系数；$z\in\boldsymbol{R}^N$为观测误差矩阵。现在设$\boldsymbol{y}=\left[y(x_1),\cdots,y(x_N)\right]^{\mathrm{T}}=\left(y_1,\cdots,y_N\right)^{\mathrm{T}}\in\boldsymbol{R}^N$为观测矢量，给定数据点$\left(y,x_1,\cdots,x_N\right)$，式（6-41）中的回归模型可以写成以下的通用形式：

$$\boldsymbol{y}=F(X)\beta+z \tag{6-42}$$

式中，$z=\left(z_1,\cdots,z_N\right)^{\mathrm{T}}\in\boldsymbol{R}^N$为观测误差矩阵；$F(X)\in\boldsymbol{R}^{N\times r}$为回归函数矩阵，表达式为

$$F(\boldsymbol{X})=\left[f\left(x_1\right)^{\mathrm{T}},\cdots,f\left(x_N\right)^{\mathrm{T}}\right]^{\mathrm{T}}=\begin{bmatrix} f_1\left(x_1\right) & f_2\left(x_1\right) & \cdots & f_r\left(x_1\right) \\ f_1\left(x_2\right) & f_2\left(x_2\right) & \cdots & f_r\left(x_2\right) \\ \vdots & \vdots & & \vdots \\ f_1\left(x_N\right) & f_2\left(x_N\right) & \cdots & f_r\left(x_N\right) \end{bmatrix} \tag{6-43}$$

式（6-42）中的统计估计误差矩阵z可以用稳态协方差随机过程表示，它具有以下属性：

$$\begin{cases} E[z]=0 \\ \operatorname{cov}[z]=E\left[zz^{\mathrm{T}}\right]=\mathbf{C}=\sigma^2\boldsymbol{R} \end{cases} \tag{6-44}$$

式中，$\boldsymbol{C},\boldsymbol{R}\in\boldsymbol{R}^{N\times N}$分别为协方差矩阵和相关系数矩阵，这两个矩阵通过下式定义：

$$E\left[z_i z_j\right]=\boldsymbol{C}_{ij}=\sigma^2\boldsymbol{R}_{ij}\left(x_i,x_j\right),\quad i,j=1,\cdots,N \tag{6-45}$$

式中，$\boldsymbol{R}_{ij}\left(x_i,x_j\right)$为稳态相关函数，将在后面进行定义。

现在设一个新的位置$x_0 \in co(x_1, x_2, \cdots, x_N)$，需要估计该点的值$y(x_0)$，其中$co(\bullet)$表示凸包（Convex Hull）。根据式（6-41），$y(x_0)$的估计值为

$$y(x_0) = f(x_0)^{\mathrm{T}} \beta + z_0 \tag{6-46}$$

式中，标量z_0表示估计误差，考虑样本误差之间的相互依赖关系式（6-44），这里假设：

$$\begin{cases} E[z] = 0 \\ \operatorname{cov}[z_0] = E[z_0^2] = \sigma^2 \\ \operatorname{cov}[z, z_0] = \sigma^2 r(x_0) \end{cases} \tag{6-47}$$

式中，$\boldsymbol{r}(x_0) \in \boldsymbol{R}^N$，表示$z$和$z_0$之间的相关系数矢量。

现在假设式（6-46）中的最佳线性估计可以写成观测值的函数形式，得到

$$\hat{y}(\mathbf{x}_0) = \sum_{i=1}^{N} \omega_i y_i = \boldsymbol{w}^{\mathrm{T}} y \tag{6-48}$$

式中，$\boldsymbol{w} = (\omega_1, \cdots, \omega_N)^{\mathrm{T}} \in \boldsymbol{R}^N$，表示权重系数的列向量，近似残差表示为

$$\varepsilon(x_0) = \hat{y}(x_0) - y(x_0) = \sum_{i=1}^{N} \omega_i y_i - y(x_0) \tag{6-49}$$

为了确定最优的权重系数列向量$\boldsymbol{w}$，我们采取克里金法通过求解以下最优化问题来获得最佳线性无偏估计。

$$\begin{aligned} &\min_{w} \operatorname{var}[\varepsilon(x_0)] \\ &\text{s. t. } E[\varepsilon(x_0)] = 0 \end{aligned} \tag{6-50}$$

将上式写成二次规划（quadratic programming，QP）的形式，得到

$$\begin{aligned} &\min_{w} \operatorname{var}[\varepsilon(x_0)] = \min_{w} \sigma^2 [1 + \boldsymbol{w}^{\mathrm{T}} R w - 2\boldsymbol{w}^{\mathrm{T}} r(x_0)] \\ &\text{s. t. } F(X)^{\mathrm{T}} \boldsymbol{w} - f(x_0) = 0 \end{aligned} \tag{6-51}$$

根据式（6-51），可以将式（6-48）中的最佳线性无偏估计表示为

$$\hat{y}(x_0) = \boldsymbol{R}^{-1} \left\{ r(x_0) - F(X) [F(X)^{\mathrm{T}} \boldsymbol{R}^{-1} F(X)]^{-1} [F(X)^{\mathrm{T}} \boldsymbol{R}^{-1} r(x_0) - f(x_0)] \right\} y \tag{6-52}$$

然后，将式（6-52）写成如下形式：

$$\hat{y}(x_0) = f(x_0)^{\mathrm{T}} \beta^* + r(x_0) \gamma^* \tag{6-53}$$

其中：

$$\beta^* = [F(X)^{\mathrm{T}} \boldsymbol{R}^{-1} F(X)]^{-1} [F(X)^{\mathrm{T}} \boldsymbol{R}^{-1} y] \tag{6-54}$$

$$\gamma^* = \boldsymbol{R}^{-1}\left[y - F(X)\beta^*\right] \tag{6-55}$$

β^*是回归问题$y \approx F(X)\beta$的广义最小二乘解，也称为艾肯特广义最小二乘平方估计量（Aitken' s GLS Estimator）。从式（6–53）中可以看出，如果假设误差之间不相关，则$r\left(x_0\right)=0$，式（6–53）的解与广义最小二乘法的解等价。另外，对于给定的点$x_1, x_2, \cdots, x_N$和观测值y，β^*和γ^*唯一确定。

如前所述，克里金插值是精确插值，在观测点的估计值应精确等于观测值，如选择$x_0 = x_i$作为估计点，$r\left(x_i\right)$是相关系数矩阵$\boldsymbol{R}$的第i列，因此$\boldsymbol{R}^{-1} r\left(x_i\right) = \boldsymbol{e}_i$，$\boldsymbol{e}_i$是单位矩阵的第$i$列，则有

$$\begin{aligned}
\hat{y}\left(x_i\right) &= f\left(x_i\right)^{\mathrm{T}} \beta^* + r\left(x_i\right) R^{-1}\left[y - F(X)\beta^*\right] \\
&= f\left(x_i\right)^{\mathrm{T}} \beta^* + e_i\left[y - F(X)\beta^*\right] \\
&= f\left(x_i\right)^{\mathrm{T}} \beta^* + y_i - F\left(x_i\right)\beta^* \\
&= y_i
\end{aligned} \tag{6-56}$$

克里金插值的准确性高度依赖式（6–45）和式（6–47）中相关函数的选择，因为相关函数决定了观测值对周围区域的影响。这种影响不是先验可知的，必须根据数据进行估计。为了寻找近似得到相关函数的方法，通常假设相关函数可以写成如下形式：

$$R_{ij}\left(\theta; x_i, x_j\right) = \prod_{k=1}^{n} \rho\left(\theta; x_i^{(k)}, x_j^{(k)}\right) = \prod_{k=1}^{n} \rho\left(\theta; \left|x_i^{(k)} - x_j^{(k)}\right|\right) \tag{6-57}$$

式中，θ为指定参数；$x_i, x_j \in R^n$；$x^{(k)}$表示矢量$\boldsymbol{x}$的第$\boldsymbol{k}$个元素。上式将多维相关函数表达成$\boldsymbol{n}$个一维相关函数的积。一维相关函数同时依赖参数θ以及所考虑的两点之间的距离$l = \left|x_i^{(k)} - x_j^{(k)}\right|$。为了得到适当的相关函数$R_{ij}$，对于所有$l \geqslant 0$，相关函数$\rho$必须满足$0 \leqslant \rho(\theta; l) \leqslant 1$，且$\rho(\theta; 0) = 1$，$\lim_{l \to \infty} \rho(\theta; l) = 0$表示距离远的点相关性弱，同一个点之间的相关性最强。

参数θ决定了相关函数趋于0的速度，可以通过最大似然估计的方法求得，即

$$\theta^* = \arg\min_{\theta} \sigma^2 \mid \boldsymbol{R} \mid^{\frac{1}{N}} \tag{6-58}$$

其中，$|\boldsymbol{R}|$为$\boldsymbol{R}$的行列式；N为给定位置点的数目。

（三）避撞路径跟踪

在检测到驾驶员有紧急转向避撞行为并且根据当前工况参数确定了转向避撞路径后，我们需要控制车辆沿着该路径行驶，即路径跟踪。

目前有关路径跟踪的论文已经很多，最简单也最通用的是采用前馈 + 反馈的路径跟踪方法（图 6–8），首先根据参考轨迹计算出相应的转向角作为前馈输入，但由于车辆模型与实际车辆之间的偏差、外界干扰等因素的影响，由前馈输入得到的轨迹输出与理想的参考轨迹之间必然存在着差异，因此再加上一个反馈控制器，根据差异的大小确定反馈输入的值。最终前馈输入与反馈输入叠加在一起，控制车辆最大限度地跟踪参考路径。

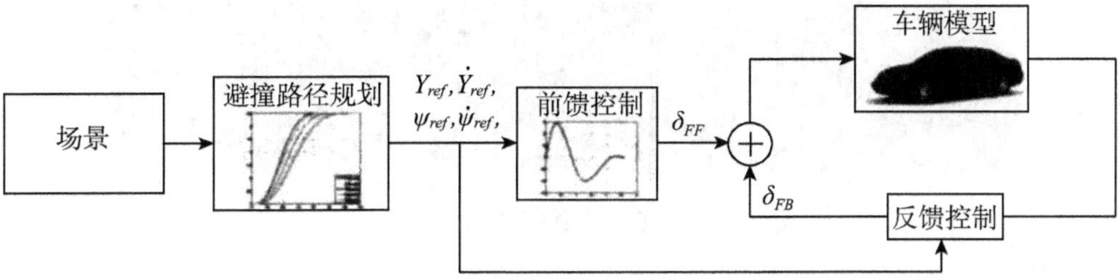

图 6–8　前馈 + 反馈的路径跟踪方法

本书也尝试用这种方法来实现避撞路径跟踪，如图 6–8 所示，前馈转向角输入直接通过路径规划得到。由于路径跟踪控制的主要目的是让车辆沿着参考路径行驶，因此最理想的情况是直接对车辆的位置进行控制。本书主要控制车辆侧向位置Y和航向角ψ两个变量，侧向位置与航向角的参考轨迹Y_{ref}及ψ_{ref}是车辆纵向位置X的函数，可以根据路径规划结果直接获得。针对侧向位置Y，本书设计了一个 PID 控制器，用以减小侧向位置误差，即

$$\delta_{FB}^{Y} = K_{PY}e_Y + K_{IY}\int e_Y \, \mathrm{d}\tau + K_{DY}e_Y \tag{6–59}$$

式中，δ_{FB}^{Y}是根据侧向位置Y偏差的反馈转向角输入；e_Y是侧向位置偏差；K_{PY}、K_{IY}以及K_{DY}分别为 PID 控制器的比例增益、积分增益以及微分增益参数，如图 6–9 所示；e_Y是侧向位置偏差的导数，e_Y和e_Y的表达式为

$$e_Y = Y_{ref} - Y \tag{6–60}$$

$$e_Y = \dot{Y}_{ref} - \dot{Y} = u_0(\sin\psi_{ref} + \beta_{ref}\cos\psi_{ref}) - (\dot{x}\sin\psi + \dot{y}\cos\psi) \tag{6–61}$$

式中，β_{ref}可根据避撞路径规划结果得到。

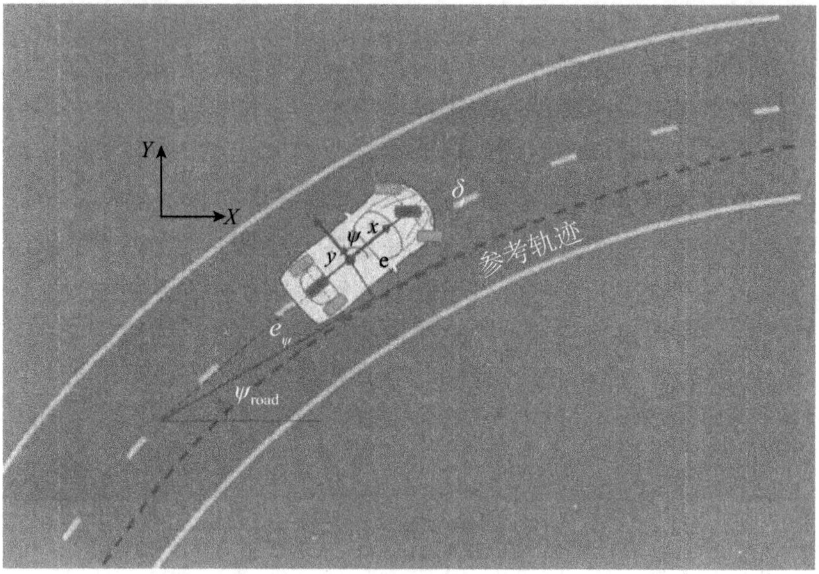

图 6-9　位置偏差示意图

另外，针对航向角ψ的偏差，本书设计了一个 PD 控制器（为了防止对横摆角速度进行二次积分引起较大误差，这里不引入积分控制），基于航向角偏差的反馈转向角输入为

$$\delta_{FB}^{\psi} = K_{P\psi} e_{\psi} + K_{D\psi} e_{\psi} \tag{6-62}$$

式中，$K_{P\psi}$和$K_{D\psi}$为 PD 控制器的比例增益和微分增益；e_{ψ}为航向角偏差；e_{ψ}为航向角偏差的导数；表达式为

$$e_{\psi} = \psi_{ref} - \psi \tag{6-63}$$

$$e_{\psi} = \dot{\psi}_{ref} - \dot{\psi} \tag{6-64}$$

$\dot{\psi}_{ref}$也可根据避撞路径规划结果直接得到，。

总的反馈输入$\delta_{FB} = \delta_{FB}^{Y} + \delta_{FB}^{\psi}$，车辆总的转向角输入为

$$\delta = \delta_{FF} + \delta_{FB} \tag{6-65}$$

由于车辆动力学的影响，转向输入的响应会有一定的延迟，这种延迟在紧急工况下可能会导致严重的后果。为了弥补延迟带来的影响，本书在反馈控制中引入预瞄信息。如图 6-10 所示，设预瞄时间为t_p，车辆当前车速为v，预瞄距离$d_P = vt_P$，则预瞄点的侧向位置偏差为

$$e_{Y,P} = \left(Y_{ref} - Y\right)_{X=X_p} = Y_{ref,P} - (Y + d_P \sin\psi) \tag{6-66}$$

式中，X_P为预瞄点在大地坐标系下的纵向位置，$X_P = X + d_P\cos(\psi)$；$Y_{ref,P}$ 为X_P处的参考侧向位置，可直接根据避撞路径规划结果查表得到。

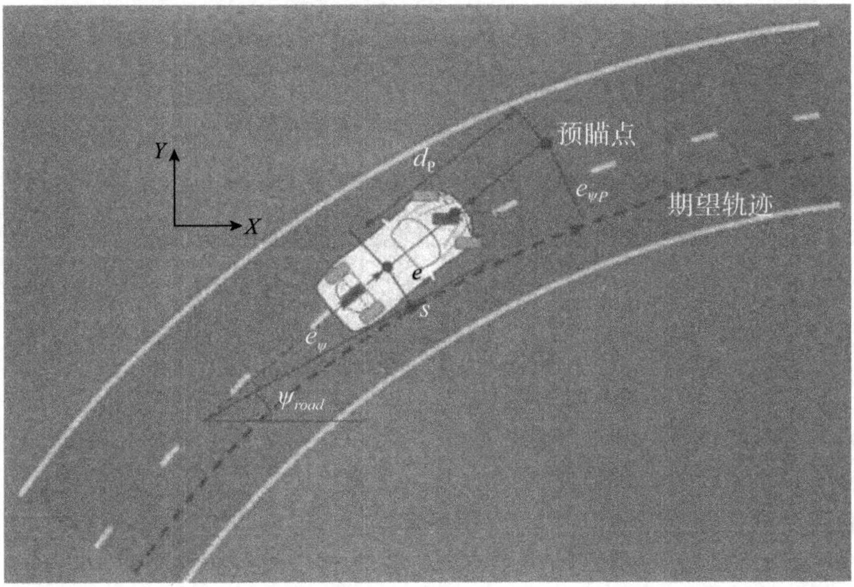

图 6-10　预瞄示意图

同理，预瞄点的侧向速度偏差、航向角偏差以及横摆角速度偏差为

$$e_{Y,P} = \left(\dot{Y}_{ref} - \dot{Y}\right)_{X=X_P} = \dot{Y}_{ref,P} - (\dot{Y} + d_P\psi\sin\psi) \quad (6\text{-}67)$$

$$= v_0(\sin\psi_{ref,P} + \beta_{rf,P}\cos\psi_{ref,P}) - [(\dot{x}\sin\psi + \dot{y}\cos\psi) + d_p\psi\sin\psi] \quad (6\text{-}68)$$

$$e_{\psi,P} = \psi_{ref,P} - \psi$$

$$e_{\psi,P} = \psi_{ref,P} - \psi \quad (6\text{-}69)$$

$\psi_{ref,P}$、$\beta_{ref,P}$直接根据避撞路径规划结果查表得到。

（四）仿真验证

虽然基于前馈和反馈的控制结构非常简单，经过 PID 参数整定后也能获得较为满意的控制效果。本书通过 PreScan 和 CarSim 联合仿真进行验证，图 6-11 是本车车速为 70 km/h 时的避撞轨迹跟踪效果，图中两条线重合。可以看到，本车侧向位置很好地跟踪了参考轨迹。

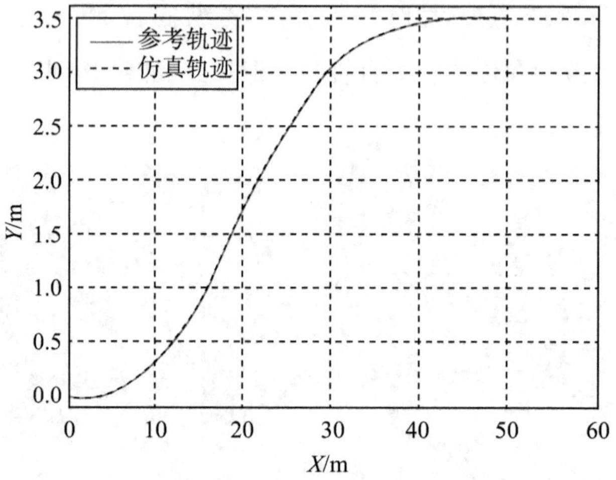

图 6-11　轨迹跟踪效果

相较于侧向位置，航向角跟踪的效果相对较差（图 6-12），航向角回到 0 的时间比参考轨迹长，避撞所需的时间比参考轨迹耗时要长。这种滞后在通常情况下并无多大影响，但如果是占用旁车道完成避撞同时该车道有对向来车，本车完成避撞后需要立刻返回原车道，那么这种滞后可能会带来严重的后果。

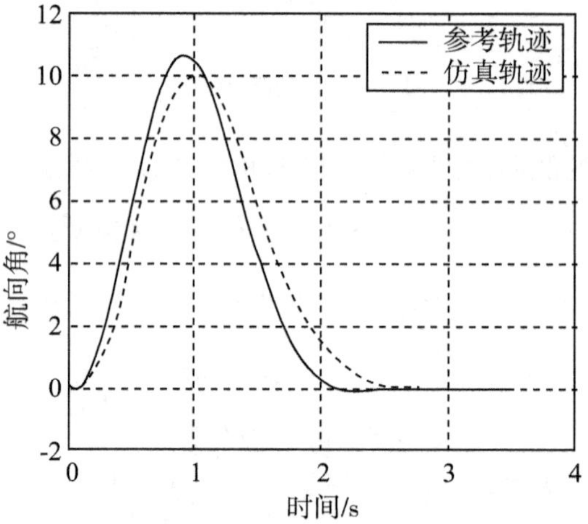

图 6-12　航向角跟踪效果

在仿真中，本车实际方向盘转角输入与参考方向盘转角输入的对比如图 6-13 所示。可见，由于车辆动力学建模的简化，实际的车辆方向盘转角输入与参考输入之间的差异较大，这进一步说明了，如果在路径规划中，为了实时性的需要采用过于简化的车辆动力学模型，得到的轨迹很可能车辆不可达。

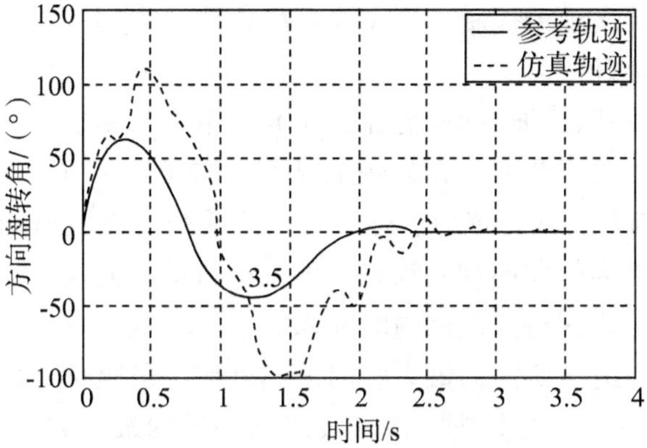

图 6-13　方向盘转角输入

二、矫正型紧急转向辅助控制

当障碍物是行人、骑车人等时，通常只占用道路宽度的很小一部分，在通过矫正型紧急转向辅助控制启动自动紧急转向进行避撞时不需要越出本车道，因此误作用导致严重后果（如与旁车道对向驶来的车辆发生碰撞）的可能性较小。由于骑车人、行人等 VRU 在我国的道路环境中构成的危险非常典型，因此本书将矫正型紧急转向辅助控制也引入自动紧急控制策略，整个控制策略如图 6-14 所示。

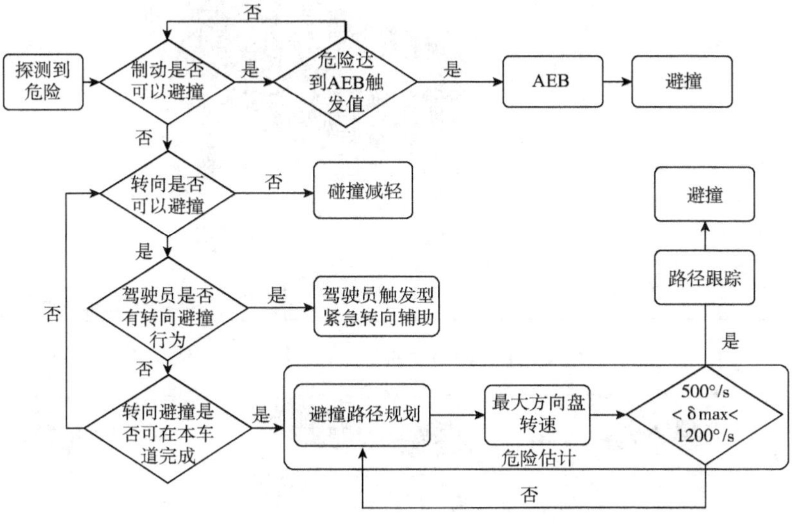

图 6-14　矫正型紧急转向辅助控制策略

矫正型紧急转向辅助控制主要需要解决以下几个问题。

（一）危险估计

当前已有的一些自动转向避撞控制研究基本上都是在完全制动无法避撞但转向还可以避撞的时候介入。在某些工况下（如高相对速度、小重叠率、低附着系数等），在制动无法避撞时，通过转向避撞也在驾驶员的能力范围内。因此，本书中采取更为保守的控制策略，即系统自动转向仅在靠驾驶员之力无法避撞但还在车辆的避撞极限范围内时介入。

本书根据转向避撞所需的最大转向角速度作为危险估计判断的指标，根据对驾驶员紧急转向行为的分析结果，设定驾驶员的最大方向盘转速为500°/s。根据路径规划结果，如果避撞路径需要的最大方向盘转速大于500°/s，则认为驾驶员无法回避碰撞，矫正型紧急转向辅助开始介入。同时，考虑到执行器的限制，最大方向盘转速不能超过1200°/s。

（二）路径规划

不失一般性，考虑如图6-15所示的行人横穿公路的工况，将车辆视作矩形，长为5.2 m，宽2.0 m，车辆质心到车辆最前端的距离为2.5 m，到车辆最后端的距离为2.7 m。将行人视作一个半径为R_P =0.4 m的圆，中心坐标为（X_0，Y_0），车道宽3.5 m。

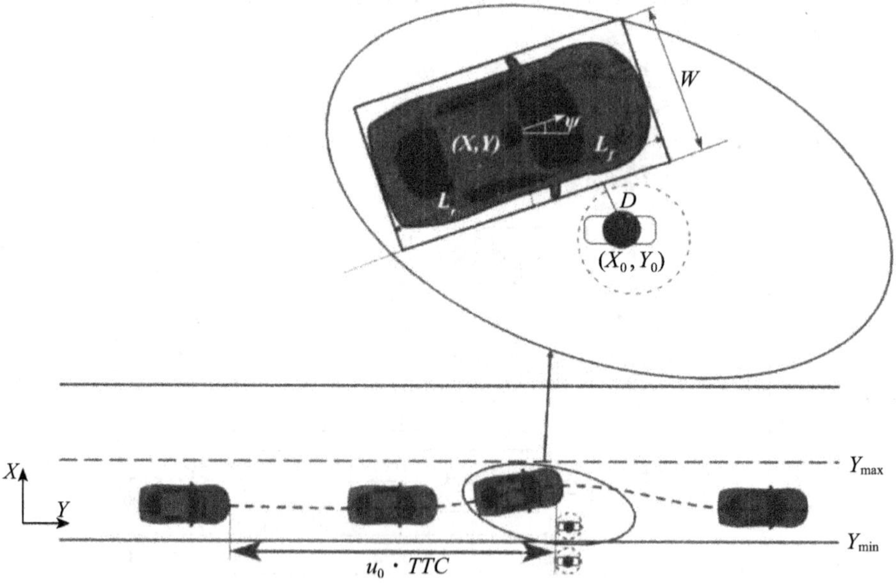

图6-15　行人避撞工况示意图

本节采用最优控制方法来计算避撞路径，但安全约束有所变化，由于车辆不能越出本车道，因此车身左侧角点最大值Y_{max} =1.75 m，右侧角点最小值Y_{min} =-1.75 m。

将避撞过程分为两个阶段：第一个阶段起始时刻t_{01} =0，终止时刻t_{f1} =TTC，第二个阶段起始时刻t_{02} =TTC，终止时刻t_{f2}不加限制。第一个阶段的目标函数为

$$\underset{\delta_f}{J} = \omega_D D\left(t_{f1}\right) + \int_{t_{01}}^{t_{f1}} \left[\omega_\beta \beta(t)\mathrm{d}t + \omega_{\delta_f} \delta_f(t)\mathrm{d}t + \omega_{\dot{\delta}_f} \dot{\delta}_f(t)\mathrm{d}t \right] \tag{6-70}$$

式中，ω_D为终止目标函数加权系数；$D\left(t_{f1}\right)$为终止时刻行人中心坐标到本车右侧边界的距离；ω_β为质心侧偏角目标函数加权系数，该值越大表示整个转向避撞过程越平缓；$\omega_{\delta f}$及$\omega_{\dot{\delta} f}$分别为转向角和转向角速度的目标函数加权系数。

第一个阶段的边界条件为

$$\begin{cases} t_{01} = 0 \\ \beta\left(t_{01}\right) = 0 \\ \gamma\left(t_{01}\right) = 0 \\ \psi\left(t_{01}\right) = 0 \\ X\left(t_{01}\right) = 0 \\ Y\left(t_{01}\right) = 0 \\ \delta_f\left(t_{01}\right) = 0 \\ \dot{\delta}_f\left(t_{01}\right) = free \\ t_{f1} = TTC \\ \beta\left(t_{f1}\right) = free \\ \gamma\left(t_{f1}\right) = free \\ \psi\left(t_{f1}\right) = free \\ X\left(t_{f1}\right) = free \\ Y\left(t_{f1}\right) = free \\ \delta_f\left(t_{f1}\right) = free \\ \dot{\delta}_f\left(t_{f1}\right) = free \end{cases} \tag{6-71}$$

在t_{f1}时刻，除满足安全约束、执行器约束外，行人中心到本车右侧边界的距离$D\left(t_{f1}\right)$要满足以下约束条件：

$$D\left(t_{f1}\right)=\frac{k_{t_{f1}}X_o-Y_o+Y_{rf}\left(t_{f1}\right)-k_{t_{f1}}X_{rf}\left(t_{f1}\right)}{\sqrt{1+k_{t_\Omega}^2}}\geqslant D_{SM}+R_P \tag{6-72}$$

式中，$k_{t_{f1}}=\tan\left[\psi\left(t_{f1}\right)\right]$；$D_{SM}$为安全距离。

第二个阶段的目标函数为

$$\underset{\dot{\delta}_f}{J}=\omega_f t_{f_2}+\int_{t_{02}}^{t_{f2}}\left[\omega_\beta\beta(t)\mathrm{d}t+\omega_{\delta_f}\delta_f(t)\mathrm{d}t+\omega_{\dot{\delta}_f}\dot{\delta}_f(t)\mathrm{d}t\right] \tag{6-73}$$

式中，ω_f为终止目标函数加权系数，值越大表示要求t_{f2}越小。

第二个阶段的初值边界条件与第一个阶段的终值边界条件相同，转向避撞完成后要求车辆回到本车车道中心，因此第二个阶段的终值边界条件为

$$\begin{cases}t_{f2}=free\\ \beta\left(t_{f2}\right)=0\\ \gamma\left(t_{f2}\right)=0\\ \psi\left(t_{f2}\right)=0\\ X\left(t_{f2}\right)=free\\ Y\left(t_{f2}\right)=0\\ \delta_f\left(t_{f2}\right)=0\\ \dot{\delta}_f\left(t_{f2}\right)=0\end{cases} \tag{6-74}$$

三、制动和转向避撞控制集成

结合 AEB 和本章中开发的紧急转向控制策略，构成了如图 6-16 所示的自动紧急控制（AEB）策略。

为简单起见，不考虑转向可行性问题。对于任何一个避撞算法所涵盖的危险场景类型，如果判断碰撞无法避免，则启动碰撞减轻控制，通过制动力调制和转向角调制减小Δv，同时调整相对碰撞位置和角度。

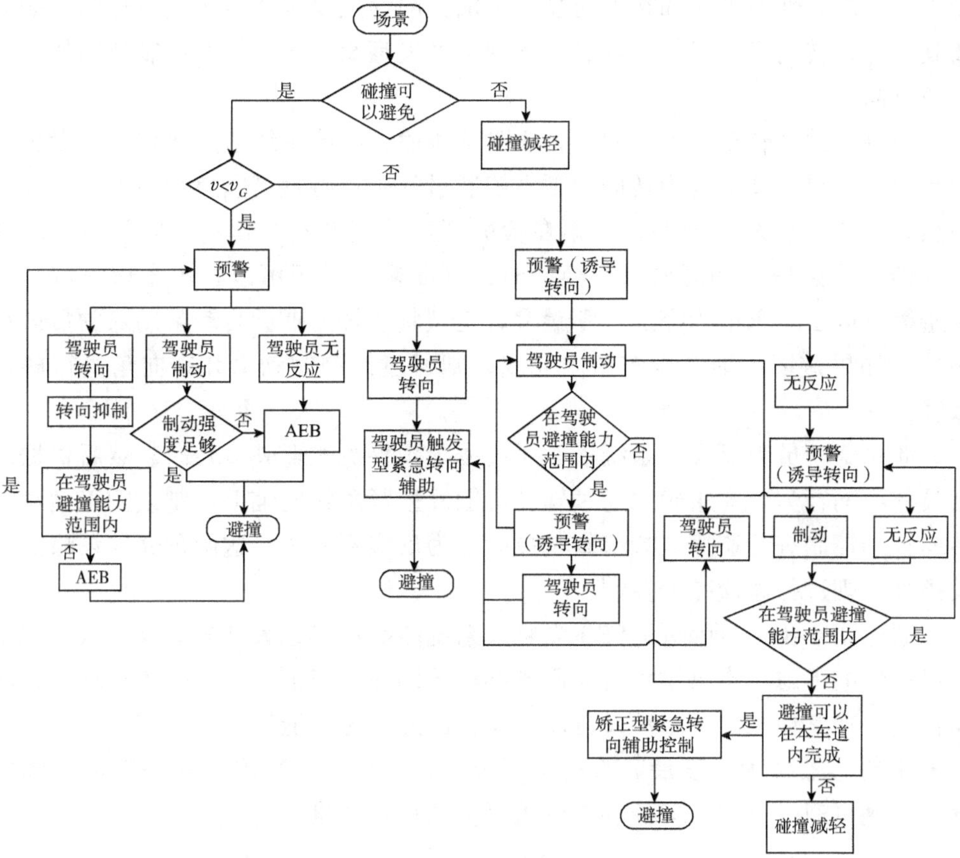

图 6–16　制动和转向避撞控制的集成

如果可以避撞，当车速低于v_G时，制动避撞具有更大的避撞潜力，因此当发生危险时，首先向驾驶员发出碰撞预警，提醒驾驶员存在的危险。如果驾驶员根据碰撞预警采取了紧急制动操作，则可以通过驾驶员自己的能力避免碰撞。如果驾驶员没有反应或者有制动行为但制动力不足以避免碰撞，则在区域Ⅰ和区域Ⅱ的切换面触发自动紧急制动策略避免碰撞。如果驾驶员有非预期行为，如转向，由于此时转向无法避免碰撞，因此系统向驾驶员施加一定的反力矩抑制驾驶员的转向行为，力矩大小在驾驶员能够克服的范围内，同时向驾驶员发出预警，尽量改变驾驶员的行为让其更为合理。当危险已经超过驾驶员的避撞能力范围时，则在区域Ⅰ和区域Ⅱ的切换面触发自动紧急控制进行避撞。

如果车速高于v_G，此时转向避撞具有更大的潜力，当进入区域Ⅲ时，向驾驶员发出诱导性预警，如在方向盘上施加方向性振动以诱导驾驶员转向。如果驾驶员开始转向避撞操作，则启动驾驶员触发型紧急转向辅助控制帮助驾驶员避免碰撞。

如果驾驶员制动，由于制动无法避免碰撞，因此系统依然向驾驶员发出诱导预警。如果驾驶员变为转向，则系统通过驾驶员触发型紧急转向控制辅助驾驶员；如果驾驶员依然制动，则在检测到当前环境不在驾驶员的能力范围内时，即到达区域Ⅰ和区域Ⅲ切换面时，判断避撞是否可以在本车道完成。如果避撞可以在本车道内完成，则触发矫正型紧急转向辅助自动帮助驾驶员避免碰撞；如果避撞不能在本车道内完成，则通过调制制动力和转向角进行碰撞减轻。

如果驾驶员无反应，系统依然通过诱导预警提醒驾驶员转向，然后根据驾驶员的不同行为反应来确定通过驾驶员触发型紧急转向辅助控制或矫正型紧急转向辅助控制进行避撞。如果驾驶员的行为反应不能满足这两种介入策略的触发条件，则进行碰撞减轻控制。

通过图 6–16 中所示的 AEB 策略，系统能够覆盖绝大部分危险场景。但出于可控性的考虑，本书中只有在避撞操作可以在本车道内完成时才自动介入转向控制，在其他工况下不涉及自动转向，因此避撞效能还存在一定的不足。随着未来传感器技术的发展、人机交互界面设计的进步以及相关法律的不断完善，车辆可通过自动转向控制来覆盖更多的危险场景。

第三节　转向避撞效能分析

一、避撞所需最短纵向距离

驾驶员避撞的方式通常有制动、转向以及制动同时转向三种，不同的避撞方式的避撞效能不一样。避撞效能的不同主要体现在避撞所需的最短纵向距离不同，如图 6–17 所示。本节将对这三种避撞方式的避撞效能进行分析，为简单起见，本节采用质点车辆模型进行分析。

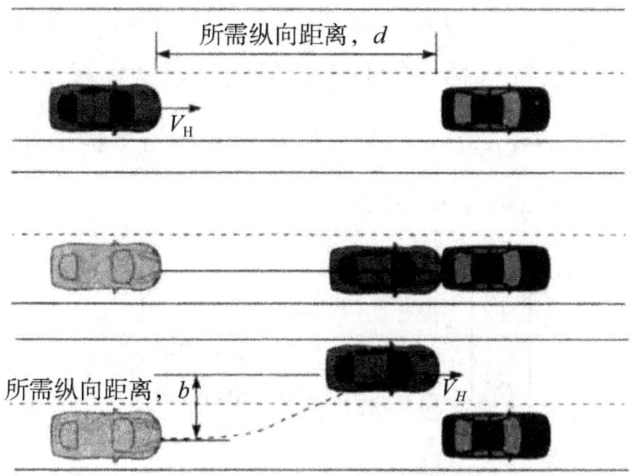

图 6-17　不同避撞方式所需的纵向避撞距离

将车辆视作一个质点（图 6-18），车辆坐标系为 X 轴沿车辆纵向指向车辆前进方向，Y 轴沿车辆侧向指向车辆左侧，车辆在世界坐标系 XOY 中具有 X、Y 两个运动自由度。

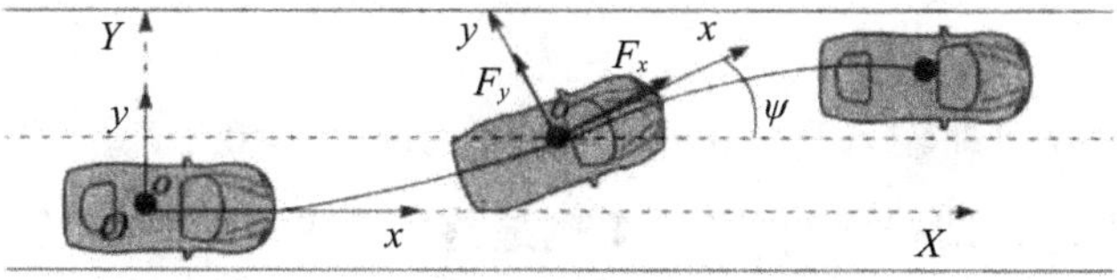

图 6-18　车辆质点模型

车辆在 XOY 坐标系下的运动微分方程为

$$\begin{cases} m\ddot{X} = F_x\cos(\psi) - F_y\sin(\psi) \\ m\ddot{Y} = F_x\sin(\psi) + F_y\cos(\psi) \end{cases} \tag{6-75}$$

式中，m为车辆质量；ψ为车辆航向角，即车辆坐标系x轴与世界坐标系 X 轴之间的夹角；F_x和F_y为实际作用在车辆上的轮胎力。

轮胎力F_x和F_y受到轮胎摩擦圆的约束，因此，车辆的加速度应满足如下关系：

$$\left(\frac{a_x}{a_{x,\max}}\right)^2 + \left(\frac{a_y}{a_{y,\max}}\right)^2 = \left(\frac{F_x/m}{a_{x,\max}}\right)^2 + \left(\frac{F_y/m}{a_{y,\max}}\right)^2 \leqslant 1 \tag{6-76}$$

式中，a_x、a_y为车辆的纵向和横向加速度；$a_{x,\max}$、$a_{y,\max}$是车辆纵向和横向能产生的最大加速度。$a_{x,\max}=\mu g$，μ为道路摩擦系数，g为重力加速度。$a_{y,\max}$受到道路摩擦系数和车辆抗侧翻性能要求的影响，通常情况下$a_{y,\max}<\mu g$。

引入状态变量z，$z=\left(X,Y,V_X,V_Y\right)^{\mathrm{T}}$，$V_X$和$V_Y$分别为车辆沿$X$轴和$Y$轴的速度，$V_X=\dot{X}$，$V_Y=\dot{Y}$。车辆的状态方程为：

$$\dot{z}=\begin{bmatrix}\dot{X}\\ \dot{Y}\\ \dot{V}_X\\ \dot{V}_Y\end{bmatrix}=\begin{bmatrix}\dot{V}_X\\ \dot{V}_Y\\ (F_x\cos\psi-F_y\sin\psi)m\\ (F_x\sin\psi+F_y\cos\psi)m\end{bmatrix} \tag{6-77}$$

系统输入$\boldsymbol{u}=\left(F_x,F_y\right)^{\mathrm{T}}$。设驾驶员开始避撞行为的时刻为0时刻，车辆的初始状态为$X(0)=X_0,Y(0)=Y_0,V_Y(0)=V_{Y0},V_X(0)=V_{X0}$。避撞结束时刻为$T$。车辆在$T$时刻的状态为$X(T)=X_T,Y(T)=Y_T,V_Y(T)=V_{YT},V_X(T)=V_{XT}$。为了求最短纵向避撞距离，即求输入$\boldsymbol{u}$使$X_T$最小，设初始时刻状态变量$Y_0=0,V_{Y0}=0$，求目标函数$\min\limits_{u}X(T)$。

考虑以下三种情况：

（1）制动避撞，即输入$F_y=0$，车辆最终状态$Y_T=0$，$V_{XT}=0$。

（2）转向避撞，即输入$F_x=0$，车辆最终状态$Y_T=b$，b为车辆避撞所需的侧向距离，$V_{YT}=0$，即车辆避撞完成后侧向速度为0。

（3）制动 + 转向避撞，$Y_T=b$，$V_{YT}=0$。

设车辆质量m =1 000 kg，道路摩擦系数μ =0.8，车辆避撞所需的侧向距离b =3.0 m，车辆最大纵向加速度$a_{x,\max}$ =0.8 m/s²，不考虑侧翻，车辆最大侧向加速度$a_{y,\max}$ =0.8 m/s²，采用 Tomlab 的 PT Pro 软件计算不同避撞方式所需的纵向距离，结果如图 6-19 所示。可以看出，在低速时，制动避撞所需的纵向距离更短，但当车速高于 69.4 km/h 时，转向避撞所需的纵向距离更短。转向的同时制动能够进一步减小纵向避撞距离，当车速高于 59.6 km/h 时，制动 + 转向的避撞方式所需纵向距离小于制动避撞距离。

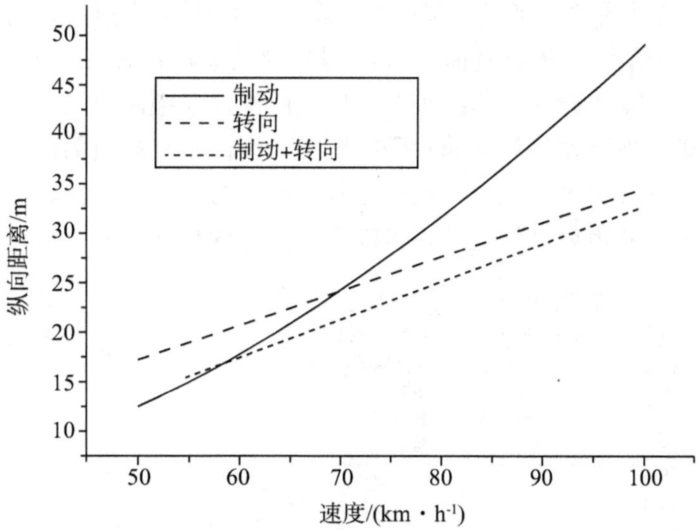

图 6-19　纵向避撞距离（μ=0.8, b=3.0 m）

保持其他条件不变，设道路摩擦系数μ=0.3，不同避撞方式所需的纵向避撞距离如图 6-20 所示，当道路摩擦系数降低时，转向避撞相对于制动避撞的优势更为明显，当车速高于 43.6 km/h 时，转向避撞所需的纵向距离比制动避撞所需的纵向距离更短，转向同时制动能够进一步减小避撞所需的纵向距离，相对于制动避撞的临界车速为 38.1 km/h。

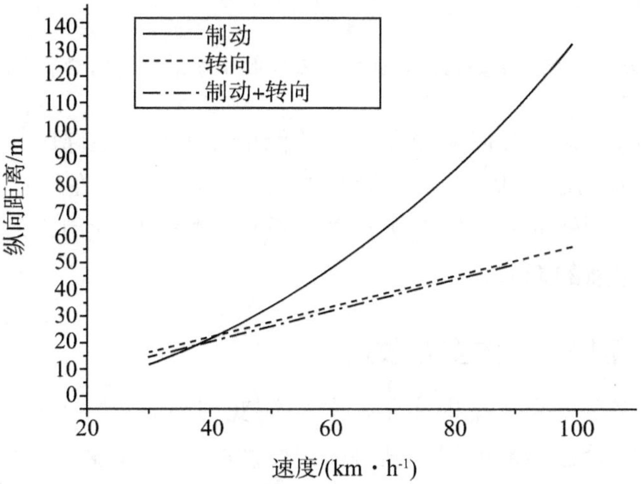

图 6-20　纵向避撞距离（μ=0.3, b=3.0 m）

保持道路摩擦系数μ=0.8，设转向避撞所需的侧向位移b分别为3 m、1.5 m和0.5 m，三种情况下转向避撞及转向同时制动避撞所需纵向距离如图6-21所示。当避撞所需的侧向位移减小时，所需的纵向避撞距离也相应减小，由于制动避撞距离与障碍物的侧向偏置距离无关，因此当避撞所需的侧向位移更小时，转向避撞具有更大的优势，这种趋势在高速时更为明显。转向同时制动能够进一步减小避撞距离，但这种趋势随着所需侧向位移的减小而减弱。

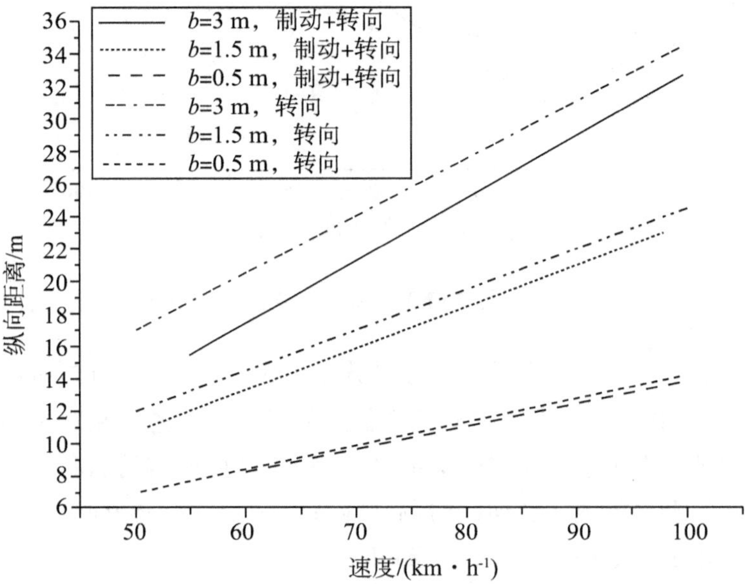

图6-21　不同侧向避撞距离时转向及转向 + 制动避撞所需的纵向距离

从以上分析可知，转向避撞在高速、低重叠率、低道路摩擦系数等工况下所需的纵向距离比制动避撞所需的纵向距离要短，往往在制动无法避免碰撞时，通过转向（或转向同时制动）还能够避免碰撞，因此引入转向控制可以进一步提高车辆避撞的能力。

二、不同避撞方式的安全收益

有无智能汽车安全系统时车辆的状态演变如图6-22所示，智能汽车安全系统一方面可以通过预警提醒驾驶员，帮助驾驶员回避碰撞；另一方面可以通过主动介入自动帮助驾驶员回避碰撞或减轻碰撞的程度。

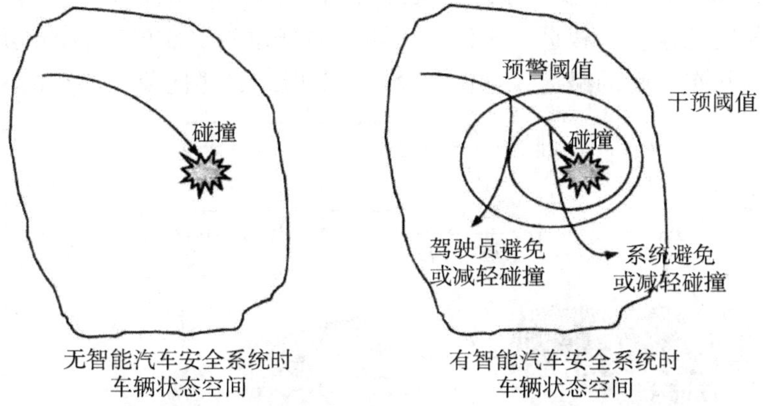

图 6-22　有无智能汽车安全系统时车辆的状态演变

因此，从事故演变的角度看，智能汽车安全技术最直接的安全收益主要来自两方面（图 6-23）：一是完全避免碰撞；二是在碰撞无法避免时减轻碰撞的程度。AEB 系统主要是通过减小碰撞前后的速度差，也就是Δv来减轻碰撞的程度。转向控制的介入使改变碰撞位置和角度成为可能，不同的碰撞位置和角度造成的伤害不一样，因此碰撞位置和角度的适当改变也可以起到碰撞减轻的效果。

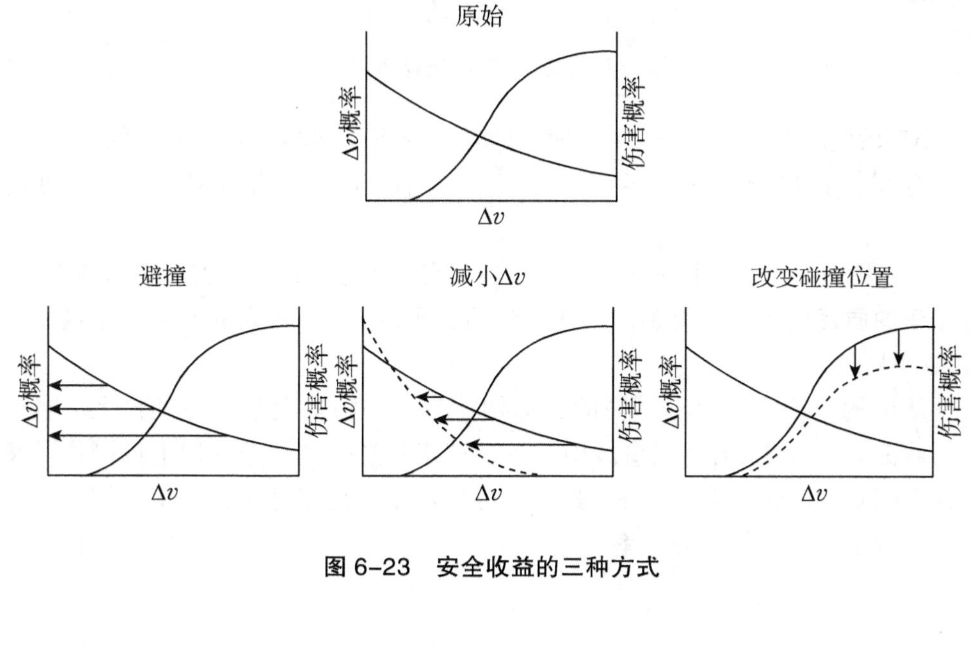

图 6-23　安全收益的三种方式

为了计算Δv，这里假设碰撞是完全塑性碰撞，即碰撞后参与碰撞的两个对象拥有相同的速度。根据动量定理，可计算任意对象碰撞前后的速度差。

对于车与车之间的碰撞，如图 6–24（a）所示，碰撞前后两车的Δv为

$$\Delta v_1 = \|\vec{v}_1 - \vec{v}\| = \frac{m_2}{m_1 + m_2}\sqrt{v_1^2 + v_2^2 - 2v_1v_2\cos\alpha} \tag{6–78}$$

$$\Delta v_2 = \|\vec{v}_2 - \vec{v}\| = \frac{m_1}{m_1 + m_2}\sqrt{v_1^2 + v_2^2 - 2v_1v_2\cos\alpha} \tag{6–79}$$

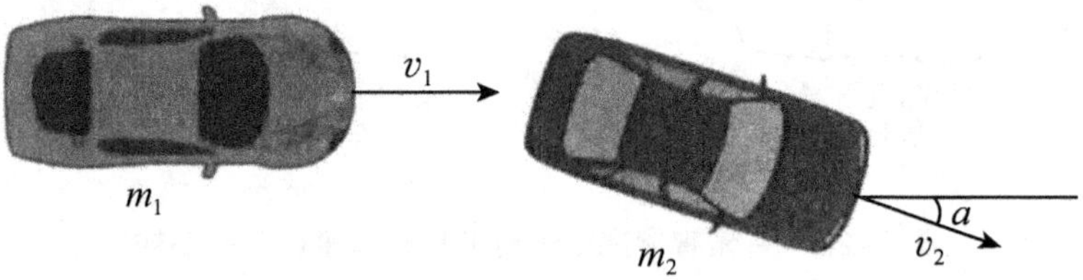

（a）车与车之间的碰撞

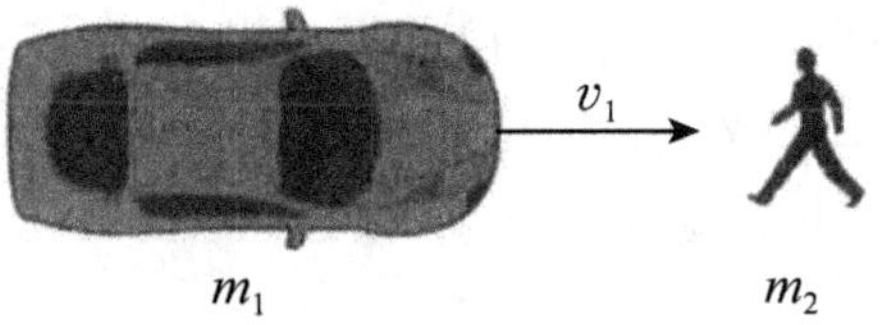

（b）车与行人的碰撞

图 6–24　碰撞示意图

AEB 系统主要是针对追尾碰撞，通常情况下车和车之间的质量相差不大，因此这里假设参与碰撞的两车质量相等，则两车的Δv均为相对碰撞速度的一半。

对于图 6–24（b）中的车与行人等道路安全弱势群体（VRU）碰撞的事故，由于车的质量比行人大得多，因此车辆的Δv可设为 0，行人的Δv等于车辆撞击行人的速度。

从Δv的角度看，对于不同的目标物，Δv减小的安全收益差别很大。对于追尾事故，图 6–25 为追尾事故中后车及前车乘员受到一个月以上挥鞭伤以及 MAIS2+ 以上伤害的概率。AEB 控制策略能够很好地降低碰撞风险，因此可以大幅度减小乘员受伤害的概率。

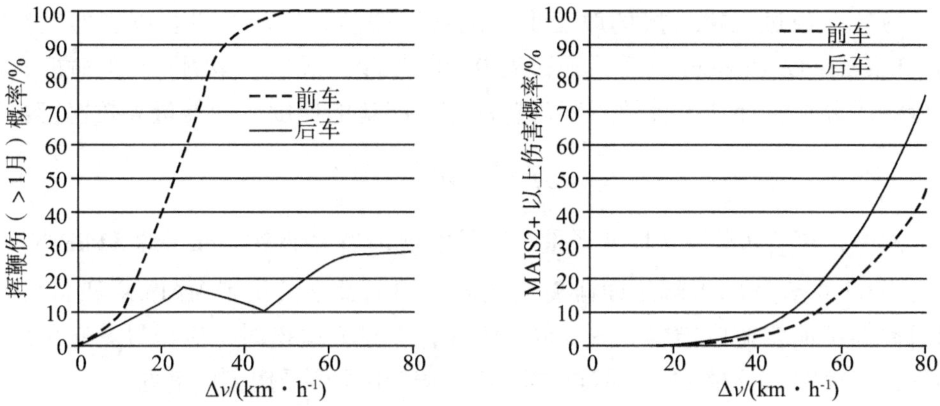

图 6-25 追尾事故中乘员的伤害概率曲线

对于行人等 VRU，如图 6-26 所示，虽然采用类似的 AEB 策略将碰撞速度降低到 40 km/h 以下时可以大幅降低行人的死亡率，但是受到 MAIS2+ 伤害的概率依然较高。

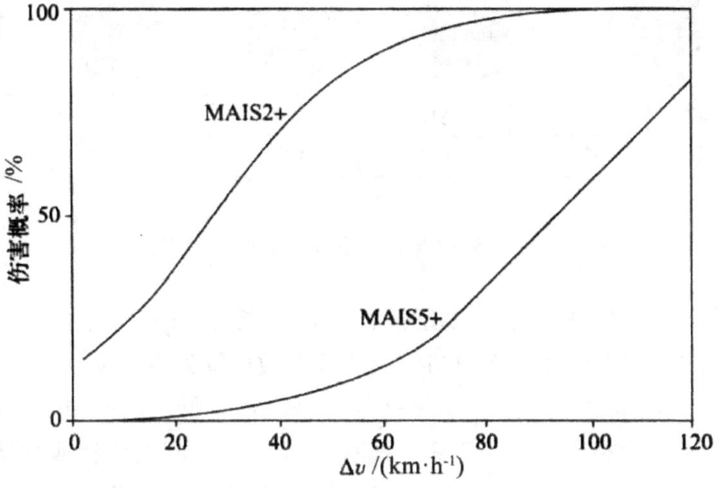

图 6-26 行人的伤害概率曲线

因此，对于车辆和 VRU 之间的碰撞，避撞应该作为主要目的，因为Δv减小带来的安全收益并不明显，而对于车辆之间的碰撞，Δv减小带来的碰撞减轻能够相当程度地降低乘员受伤害的概率。转向避撞在车速较高、所需侧向位移较小时相对于制动避撞的优势更为明显，因此转向避撞在降低 VRU 死亡及伤害的概率上具有更大的潜力。

另外，通过碰撞位置的改变也可以获得碰撞减轻的效果。以正面碰撞为例，Dagmar G. Buzemana 等人通过对 9 902 起涉及沃尔沃车辆的正面碰撞事故进行深入分析，计算了等效于车辆塑性变形能量的速度，即能量等效速度：

$$\frac{1}{2}mEES^2 = W_{Def} \tag{6-80}$$

式中，W_{Def}为车辆塑性变形量。结果发现，当大于 20 mph（约 32 km/h）伤害时，1/3 重叠率的近端正面碰撞造成的驾驶员及乘员受到 MAIS2+ 和 MAIS3+ 的概率是正面全宽碰撞的 2 ~ 3 倍。因此，在正面碰撞时，应当尽量避免发生小重叠率碰撞（图 6-27）。不同重叠正面碰撞中乘员受伤害概率见表 6-1。

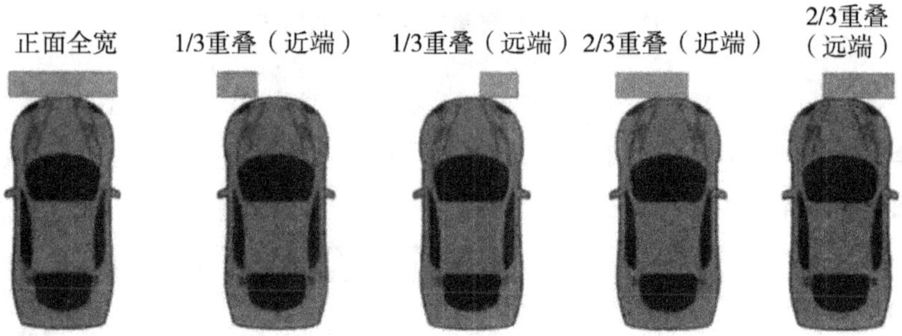

MAIS2+风险值	275	618	357	492	333
MAIS3+风险值	135	441	107	197	192

图 6-27　不同重叠率正面碰撞中乘员受伤害概率

综上可知，类似 AEB 的制动避撞控制在不能避撞时，通过减小Δv来达到减轻碰撞的目的，对于车和车之间的碰撞能够有效地降低乘员受伤害的概率，但对于车与 VRU 之间的碰撞，Δv减小带来的安全收益较低，因此应当以避撞为主要目的。行人尺寸相对于车辆小很多，转向避撞所需的侧向位移通常情况下较小，转向避撞也更为容易，因此转向避撞对降低碰撞对 VRU 的伤害具有更大的潜力。同时，在碰撞无法避免时，也可以通过转向（或差动制动）调整碰撞点的位置，避免发生小重叠率碰撞，因此转向控制为碰撞减轻也提供了新的途径。

三、不同避撞方式对环境感知能力的要求

总的来说，AEB 系统只控制车辆速度，因此只需要获得目标的位置、速度、方位等运动信息并判断目标是否在感兴趣区域内，且只需要考虑危险最高的目标。

引入转向控制后，速度控制变成了轨迹控制，根据当前车速和可能的避撞轨迹，应对一个特定空间范围内的多个相关目标进行探测和识别，包括这些目标的运动状态、尺寸等信息。同时，对路肩、车道线、道路中静态目标等构成的可行驶区域也应该通过某些合适的传感器进行探测。

总的来讲，实现转向避撞控制所需的信息量大大增加，大致可以总结如下：

（1）准确可靠的目标探测和跟踪（包括静态目标）。

（2）目标相关信息。

①距离（$<$ 150 m）。

②相对纵向速度。

③相对纵向加速度。

④相对侧向距离。

⑤相对侧向速度。

⑥目标宽度。

（3）其他重要信息。

①侧后方目标及运动状态。

②道路等级及几何信息。

③车道信息。

④本车运动状态信息。

⑤道路摩擦系数。

目前没有任何一个单一的传感器能够提供上述所有信息，因此需要多种传感器的信息融合。通过毫米波雷达和双目摄像头的信息融合能够满足自动驾驶所需的环境感知需要，自然也能够满足紧急转向控制的需要。未来高精度地图信息、V2X 信息的引入可以进一步提高环境感知的广度和精确度。

四、不同避撞方式对执行器的要求

对于 AEB 系统，通过 ESC 的制动力调制可以很容易地实现所需的车轮制动力，但在紧急转向控制中，由于引入了方向控制，需要对车辆的转向角或转向力矩进行调整，因此有如下几种执行器方案可供选择。

（一）转矩执行器

以电动助力转向系统（EPS）为代表，这类执行器可以产生一个附加转向力矩叠加在驾驶员的输入上，驾驶员可以获得直观的触觉反馈。由于快速、大转矩介入有可能会对驾驶员的手造成伤害，因此这类执行器通常只适用于长时间、低水平的介入，对驾驶员转向行为进行修正，但不适用于主动转向。

（二）转角执行器

以宝马的主动前轮转向系统（AFS）为例，这种执行器在驾驶员的方向盘转角输入上叠加一个转向角。因为没有附加力矩，因此不存在对驾驶员的手造成伤害的风险，但由于驾驶员输入与车辆的侧向运动响应之间的相关性发生了改变，驾驶员无法获得熟悉的力反馈，长时间介入时驾驶员可能会感到不适，因此只适用于短时间、高水平的介入。

（三）后轮转向

后轮转向目前还处于研究阶段，后轮可独立于前轮转向，能够减小最小转向半径。同理，由于驾驶员得不到熟悉的触觉反馈，因此也只适用于短时间、高水平的介入。

（四）制动调制

车辆通过调制单个或单边车轮的制动力可以产生横摆力矩，类似于 ESC 的控制原理。但这种执行器的介入会造成速度损失，因此也只适用于短时间的介入。

（五）驱动力矩调制

车辆通过调制左右两侧的驱动力矩也可以产生横摆力矩，可以通过主动差速器实现。这种执行器也只适用于短时间、高水平的介入。

因此，当前已经有多种执行器能够满足紧急转向避撞控制的需要。当控制的目的是对驾驶员的转向避撞行为进行矫正时，执行器输入必须给予驾驶员直观的反馈，同时作为人机交互界面向驾驶员传递转向指引，最直观的方式是通过方向盘实现，因此更适宜采用 EPS 这类转矩执行器。如果控制的目的是自动紧急转向，主动前轮转向、后轮转向、制动调制等可以产生快速且强度足够的介入，能够显著地改变车辆的运行轨迹。

第四节　制动转向协调避撞控制

虽然车辆利用制动和转向的协调控制可以使纵向避撞距离最小化，但到目前为止本书只开发了单独的制动和转向避撞控制策略，并没有考虑两者的协调控制，除了控制器设计的难度之外，其主要原因是转向避撞过程可能会占用其他车道，车辆减速带来的机动性降低，可能会影响车辆快速回到原车道，因此制动并不是一种理想的选择。但是，从对驾驶员避撞行为的分析可知，驾驶员在转向避撞时通常都伴随着制动操作，这可能会对转向避撞控制的效果造成不良的影响。因此，本书中采用的忽略驾驶员制动的转向避撞策略虽然可以保证避撞的效果，但也存在影响用户接受度的风险，因为车辆对驾驶员的制动行为没有响应。另外，在本书的转向避撞策略中，车辆沿特定的轨迹行驶，虽然在路径规划时考虑了驾驶员的转向输入特性，但不可能与驾驶员的预期轨迹完全相符。

因此，本书在此探讨将制动和转向的协调避撞控制引入自动紧急控制（AEC），由于对驾驶员转向同时制动的避撞行为很难建模，目前学术界仍然没有取得突破性的成果，因此本书在此只做理论推导，当驾驶员模型成熟后可考虑引入这种控制策略。

本节提出的制动转向协调避撞控制的介入原理是，根据驾驶员的输入并结合驾驶员模型得到车辆的预期轨迹，同时根据多传感器信息融合，构建道路环境模型，得到车辆可行域、过渡域和危险域。可行域是指车辆能够稳定到达且不会发生碰撞（或越出车道）事故的区域；过渡域是指虽然车辆不会发生事故，但安全裕量较小，稍有偏差就会发生事故的区域；危险域是指车辆发生事故的可能性非常高的区域。如图 6-28 所示，如果车辆预期轨迹进入危险域，则说明驾驶员的操作为危险驾驶行为，需要对驾驶员的行为进行纠正以避免事故的发生或减轻事故的危害。如果车辆预期轨迹在过渡域内，则驾驶员的操作为不当驾驶行为，需要对驾驶员进行预警。如果车辆预期轨迹在车辆可行域内，则驾驶员的操作是正确操作，系统无须介入。

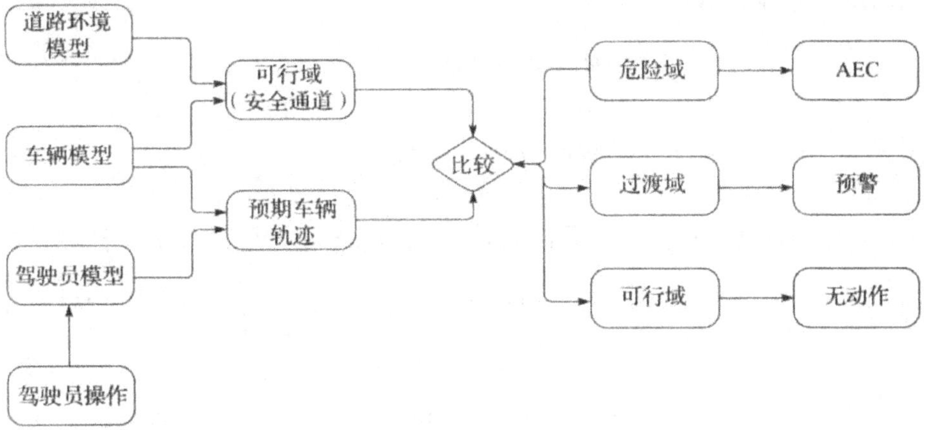

图 6-28 基于制动转向协调控制的 AEC 介入原理

在这种控制策略中，驾驶员始终在构建的环境中，系统的控制输入根据驾驶员的输入进行实时调整，并最终与驾驶员的输入叠加在一起作为车辆的总输入。整个控制系统框架如图 6–29 所示。

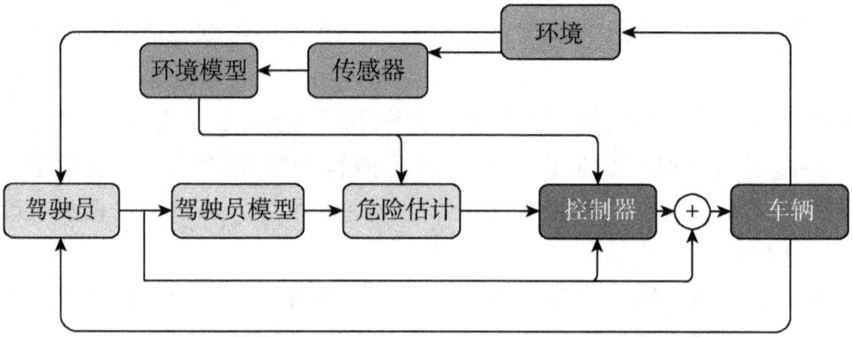

图 6–29　制动转向协调避撞控制框架

一、车辆模型

本书采用的车辆模型如图 6–30 所示，考虑了车身的纵向、横向和横摆运动三个自由度以及四个车轮的旋转自由度。另外，为了方便引入环境约束，这里还考虑侧向位置偏差、航向角偏差以及车道中心线三个自由度。车辆的运动可以用以下方程表示：

$$m\ddot{x} = m\dot{y}\psi + \sum_{i=1}^{4} F_{xi} \tag{6-81}$$

$$m\ddot{y} = -m\dot{x}\psi + \sum_{i=1}^{4} F_{yi} \tag{6-82}$$

$$I\ddot{\psi} = l_f\left(F_{y1} + F_{y2}\right) - l_r\left(F_{y3} + F_{y4}\right) + \frac{w_t}{2}\left(-F_{x1} + F_{x2} - F_{x3} + F_{x4}\right) \tag{6-83}$$

$$e_\psi = \psi - \psi_{\text{road}} \tag{6-84}$$

$$e_y = \dot{x}\sin e_\psi + \dot{y}\cos e_\psi \tag{6-85}$$

$$\dot{s} = \dot{x}\cos e_\psi - \dot{y}\sin e_\psi \tag{6-86}$$

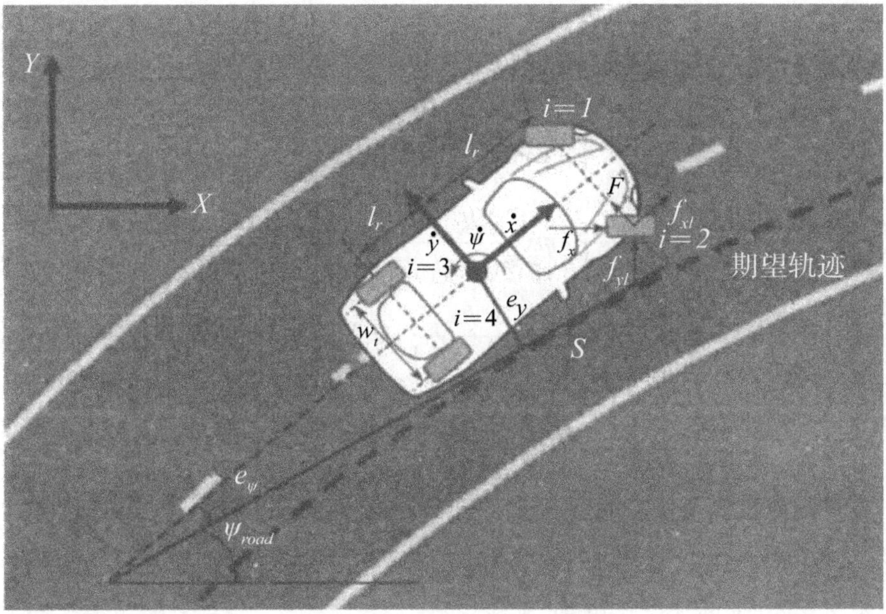

图 6-30　车辆模型示意图

式中，m为车辆质量；I为车辆绕 z 轴的转动惯量；l_f表示车辆质心到前轴的距离；l_r表示车辆质心到后轴的距离；w_t表示轮距，此处假设前后轮距相等；$\dot{x}$和$\dot{y}$分别表示车辆的纵向和横向速度；$\dot{\psi}$表示车辆的横摆角速度；$i \in \{1,2,3,4\}$，分别表示车辆的左前轮、右前轮、左后轮、右后轮。e_y为车辆质心到车道中心线的垂直距离；e_ψ为车辆航向角ψ与车道中心线切线和大地坐标系 XOY 的 X 轴之间的夹角ψ_{road}的差值；s 为车辆沿车道中心线的纵向位置；F_{xi}和F_{yi}是车轮的纵向力f_{xi}和侧向力f_{yi}在车辆坐标系的x轴与y轴上的分力。F_{xi}和F_{yi}之间的转换关系为

$$\begin{cases} F_{xi} = f_{xi}\cos\delta_i - f_{yi}\sin\delta_i \\ F_{yi} = f_{xi}\sin\delta_i + f_{yi}\cos\delta_i \end{cases} \tag{6-87}$$

式中，δ_i表示车轮i的转向角，在本书中假设车辆只有前轮转向且左右前轮的转向角相等，即$\delta_1 = \delta_2 = \delta_f, \delta_3 = \delta_4 = 0$。

根据 Pacejka 轮胎模型，轮胎的纵向力f_{xi}和侧向力f_{yi}可以写成如下形式：

$$\begin{cases} f_{xi} = f_l(\alpha_i, \sigma_i, \mu_i, F_{zi}) \\ f_{yi} = f_c(\alpha_i, \sigma_i, \mu_i, F_{zi}) \end{cases} \tag{6-88}$$

式中，$i \in \{1,2,3,4\}$；σ_i表示轮胎i的滑移率；α_i表示轮胎i的侧偏角；μ_i是道路与轮胎i处的道路摩擦系数；F_{zi}表示轮胎i的法向力。F_{zi}的表达式为

$$F_{zi} = \begin{cases} mg\dfrac{l_r}{2\left(l_f + l_r\right)} - m\ddot{x}\dfrac{h_g}{2\left(l_f + l_r\right)} - m\ddot{y}\dfrac{l_r}{l_f + l_r}\dfrac{h_g}{w_t}, & i = 1 \\ mg\dfrac{l_r}{2\left(l_f + l_r\right)} - m\ddot{x}\dfrac{h_g}{2\left(l_f + l_r\right)} + m\ddot{y}\dfrac{l_r}{l_f + l_r}\dfrac{h_k}{w_t}, & i = 2 \\ mg\dfrac{l_f}{2\left(l_f + l_r\right)} + m\ddot{x}\dfrac{h_k}{2\left(l_f + l_r\right)} - m\ddot{y}\dfrac{l_f}{l_f + l_r}\dfrac{h_g}{w_t}, & i = 3 \\ mg\dfrac{l_f}{2\left(l_f + l_r\right)} + m\ddot{x}\dfrac{h_g}{2\left(l_f + l_r\right)} + m\ddot{y}\dfrac{l_f}{l_f + l_r}\dfrac{h_g}{w_t}, & i = 4 \end{cases} \tag{6-89}$$

式中，h_g为车辆质心高度。设v_{ci}为车轮i在车辆坐标系下的侧向速度，v_{li}为车轮i在车辆坐标系下的纵向速度。车轮的速度可通过车轮在车身坐标系下的x轴向速度v_{xi}和y轴向速度v_{yi}得到

$$v_{ci} = v_{yi}\cos\delta_i - v_{xi}\sin\delta_i \tag{6-90}$$

$$v_{li} = v_{yi}\sin\delta_i + v_{xi}\cos\delta_i \tag{6-91}$$

v_{xi}和v_{yi}可根据车辆运动速度与车身的几何关系得到

$$v_{yi} = \begin{cases} \dot{y} + l_f\psi, \quad v_{xi} = \dot{x} - \dfrac{w_t}{2}\psi, & i = 1 \\ \dot{y} + l_f\psi, \quad v_{xi} = \dot{x} + \dfrac{w_t}{2}\psi, & i = 2 \\ \dot{y} - l_r\psi, \quad v_{xi} = \dot{x} - \dfrac{w_t}{2}\psi, & i = 3 \\ \dot{y} - l_r\psi, \quad v_{xi} = \dot{x} + \dfrac{w_i}{2}\psi, & i = 4 \end{cases} \tag{6-92}$$

则轮胎侧偏角为

$$\alpha_i = \begin{cases} \arctan\dfrac{v_{yi}}{v_{xi}} - \delta_f, & i = \{1,2\} \\ \alpha_i = \arctan\dfrac{v_{yi}}{v_{xi}}, & i = \{3,4\} \end{cases} \tag{6-93}$$

轮胎的滑移率为

$$\sigma_i=\begin{cases}\dfrac{r_\omega\omega_i-v_{li}}{v_{li}}\times 100\% & （制动）\\ \dfrac{r_\omega\omega_i-v_{li}}{r_\omega\omega_i}\times 100\% & （加速）\end{cases} \tag{6-94}$$

式中，r_ω为车轮的半径；ω_i为车轮i的旋转角速度；轮胎滑移率$\sigma_i\in[-1, 1]$。轮胎的旋转角速度可通过下述微分方程计算：

$$J_{wi}\dot{\omega}_i=-f_{xi}r_\omega-T_{bi}+T_{eng,i}-b\omega_i \tag{6-95}$$

式中，$J_{\omega i}$是车轮i的转动惯量；T_{bi}是作用在车轮i上的制动力矩；$T_{\mathrm{eng},i}$是发动机发出的驱动力矩在车轮i上的分量；b是阻尼系数。车辆模型可以写成以下方程形式：

$$\xi(t)=f^{4w}[\xi(t),u(t)] \tag{6-96}$$

式中，状态变量$\xi=\{\dot{x},\dot{y},\psi,e_\psi,e_y,s,\omega_i\}$；系统输入$u=\{\delta_f,\ T_i\}$；$i\in\{1,2,3,4\}$。$T_i$为作用在车轮$i$上的合力矩，$T_i=T_{\mathrm{eng},i}-T_{bi}$，由于本书只考虑制动，即$T_{eng,i}=0, T_i=-T_{bi}$。对上式进行欧拉离散化处理，得到车辆模型离散方程：

$$\xi(k+1)=f^{4w\_d}[\xi(k),u(k)] \tag{6-97}$$

二、环境模型

环境模型向控制策略提供与本车运行相关的道路环境信息，推导出车辆可以安全通过的区域，即车辆的可行域。车辆的可行域必须满足车辆的安全约束，即须满足以下三个条件。

（一）车辆不会越出车道

e_ψ, e_y表示车辆航向角以及车辆位置与车道中心线之间的偏差。车辆的外形用矩形表示，车辆质心到车身前端的距离为L_f，到后端的距离为L_r，车身宽度为W，设e_{yi}表示车身四个角点与车道中心线的垂直偏差，$i\in\{1,2,3,4\}$分别表示车身的左前、右前、左后、右后四个角点。

$$\begin{aligned} e_{y1} &= e_y + \frac{W}{2}\cos e_\psi + L_f \sin e_\psi \\ e_{y2} &= e_y - \frac{W}{2}\cos e_\psi + L_f \sin e_\psi \\ e_{y3} &= e_y + \frac{W}{2}\cos e_\psi - L_r \sin e_\psi \\ e_{y4} &= e_y - \frac{W}{2}\cos e_\psi - L_r \sin e_\psi \end{aligned} \quad (6\text{-}98)$$

为保证车辆不越出车道，车辆与车道中心线的偏差必须保持在一定的范围内，即

$$\forall i \in \{1,2,3,4\}, e_{y\min} < e_{yi} < e_{y\max} \quad (6\text{-}99)$$

$e_{y\min}$和$e_{y\max}$为道路的边界线，由道路边缘、路肩等决定。

（二）车辆保持稳定

车辆稳定性通常用β-$\dot{\beta}$相图表示，β为车辆质心侧偏角，为保证车辆稳定，质心侧偏角应满足如下关系：

$$\left|\beta + E_1\dot{\beta}\right| \leqslant E_2 \quad (6\text{-}100)$$

式中，E_1, E_2为常数。当然，更理想的情况是将轮胎力保持在线性区域内，此时普通驾驶员也有能力对车辆进行有效的控制，这可以通过限制轮胎侧偏角的大小来保证。

$$\forall i \in \{1,2,3,4\}, \alpha_{\min} \leqslant \alpha_i \leqslant \alpha_{\max} \quad (6\text{-}101)$$

（三）避撞

在保证车辆不越出道路以及车辆保持稳定的前提下，避撞是其主要的目的，因此车辆的可行域应保证车辆不会与障碍物发生碰撞。

车辆形状用矩形表示，行人、骑车人等可用椭圆表示，属于本车车身上的所有点可用仿射空间表示：

$$\boldsymbol{a}_1^{\mathrm{T}}\boldsymbol{x} + \boldsymbol{b}_1 \leqslant 0 \quad (6\text{-}102)$$

式中，$\boldsymbol{x} = \left(s, e_y\right)^{\mathrm{T}}$；$\boldsymbol{a}_1 = \begin{bmatrix} a_{11}^1 & a_{21}^1 & a_{31}^1 & a_{41}^1 \\ a_{12}^1 & a_{22}^1 & a_{32}^1 & a_{42}^1 \end{bmatrix}$；$\boldsymbol{b}_1 = \left(b_1^1, b_2^1, b_3^1, b_4^1\right)^{\mathrm{T}}$，即方程式（6-102）中包含有四个仿射方程，分别代表本车车身矩形的四条边。

为了避撞，本车车身矩形与目标车车身矩形应当无交集，即本车车身上的所有点满足

$$\boldsymbol{a}_j^{\mathrm{T}}\boldsymbol{x}+\boldsymbol{b}_j>0 \tag{6-103}$$

式中，$\boldsymbol{x}=\left(s,e_y\right)^{\mathrm{T}}$；$\boldsymbol{a}_j=\begin{bmatrix} a_{11}^j & a_{21}^j & a_{31}^j & a_{41}^j \\ a_{12}^j & a_{22}^j & a_{32}^j & a_{42}^j \end{bmatrix}$；$\boldsymbol{b}_j=\left(b_1^j,b_2^j,b_3^j,b_4^j\right)^{\mathrm{T}}$。

j表示编号为j的目标车。同理，方程式（6–103）中包含有四个仿射方程，分别代表目标车j车身矩形的四条边。

本书中用椭圆表示行人、骑车人等目标的形状，为了避免与这类目标发生碰撞，本车车身上的所有点应满足：

$$\frac{\left(s-s_k\right)^2}{a_k^2}+\frac{\left(e_y-e_{y,k}\right)^2}{b_k^2}>1 \tag{6-104}$$

式中，$\left(s_k,e_{y,k}\right)$表示目标k中心点坐标；a_k表示目标k椭圆的长轴；b_k表示目标k椭圆的短轴。

综合道路保持、车辆稳定和避撞三个方面的要求，车辆的可行域可表示为

$$\varphi[\xi(t),u(t),t]\leqslant 0 \tag{6-105}$$

由离散车辆模型可以得到时刻车辆的安全约束为

$$\varphi[\xi(k),u(k),k]\leqslant 0 \tag{6-106}$$

为了保证后续开发的自动紧急控制策略的稳定性，此处对车辆可行域约束条件进行松弛，松弛变量为ε，ε为很小的非负常数，得到

$$\varphi[\xi(k),u(k),k]\leqslant \varepsilon \tag{6-107}$$

该约束方程定义了k时刻车辆可以安全通过的区域的集合，即k时刻车辆的可行域，记为C_k。

三、驾驶员模型

此处研究驾驶员模型的目的是对驾驶员的当前操作行为进行辨识，并对驾驶员未来的操作行为进行估计，再结合车辆的动力学模型，估计得到车辆的预期轨迹。

根据车辆模型$\xi(k+1)=f^{4w_d}[\xi(k),u(k)]$，设$t$时刻车辆的状态$\xi(t)$能够通过测量或状态估计得到，驾驶员在$t$时刻的输入为$u(t)$。我们通过驾驶员模型，可以估计得到$t$时刻后$k$个采样时刻驾驶员的输入为$u_{t+k,t}$。此处需注意区分不同的符号所代表的含义，$u_{t+k,t}$表示根据$t$时刻驾驶员的输入并结合驾驶员模型估计得到$t+k$时刻驾驶员的输入，而$u(t+k)$表示驾驶员在$t+k$时刻的实际输

入。因此，驾驶员从t时刻到$t+k$时刻的估计输入序列为$U_t=\left\{u_{t,t},u_{t+1,t},\cdots,u_{t+k,t}\right\}$，其中$u_{t,t}=u(t)$。结合车辆模型，可得到车辆从$t$时刻到$t+k$时刻的预估轨迹为$T_t=\left\{\xi_{t,t},\xi_{t+1,t},\cdots,\xi_{t+k,t}\right\}$。

通常情况下驾驶员模型无法对驾驶员行为进行精确的表述，而是存在一定的误差，因此本书引入集合Ξ表示车辆轨迹的集合，即

$$\Xi=\left\{Z\subseteq \boldsymbol{R}^{n\times k}\quad p\left(T_t\in Z\right)>1-\alpha\right\} \tag{6-108}$$

取α=0.05，表示车辆的轨迹有 95% 的可能性包含在集合Ξ内。

四、避撞预测控制模型

从t时刻到$t+k$时刻车辆的可行域集合为$C=\bigcup_{t}^{t+k}C^{k'}$，如果驾驶员的预期操作正确，车辆的预期轨迹集合Ξ将保持在车辆可行域C中，即$\Xi\subset C$。如果车辆预期轨迹越出了车辆可行域，即$\Xi\cap C\neq\varnothing$，则说明驾驶员的行为存在不当之处，需要通过预警或控制介入对驾驶员的行为进行纠正，保证车辆的安全性。因此，控制输入是车辆预期轨迹和车辆可行域的函数，即控制输入为

$$u^c(t)=f_c(\Xi,C) \tag{6-109}$$

本书开发的制动转向协调避撞控制的特点是，根据驾驶员模型和环境模型估计驾驶员的操作是否会导致事故，如果发现有存在发生事故的可能性，则通过控制输入对驾驶员的操作进行纠正和补偿，保证车辆的安全性。控制问题可以转换为模型预测控制（MPC）问题，模型预测控制对处理避撞这类多约束的非线性最优化问题有其独有的优势。如图 6-31 所示，在每个采样时刻，MPC 计算一个约束有限时间的最优控制问题得到一个最优控制序列，但只将该控制序列的第一个值作为系统输入，在下一个采样时刻重复进行该过程，实现滚动优化。

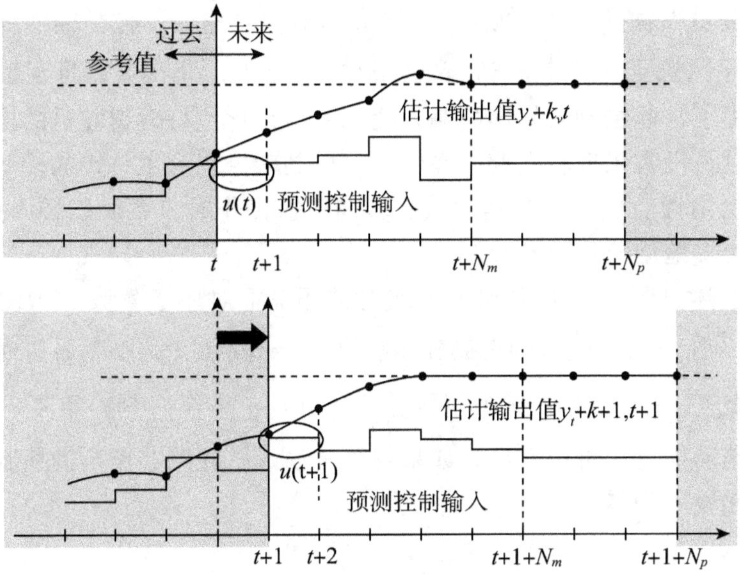

图 6-31　模型预测控制示意图

在任意采样时刻t，可构建如下最优化问题求解控制输入：

$$
\begin{aligned}
&\min_{u^c,\varepsilon} \sum_{k=t}^{k+N_p-1} \left\|u_{t+k,t}^c\right\|_R^2 + \left\|\Delta u_{t+k,t}^c\right\|_S^2 + \lambda\varepsilon \\
&\text{s. t.} \\
&\xi_{t+k+1,t} = f^{4w\_d}\left(\xi_{t+k,t}, u_{t+k,t}\right) \\
&\varphi\left(\xi_{t+k,t}, u_{t+k,t}, k\right) \leqslant 1\varepsilon \\
&\varepsilon \geqslant 0 \\
&u_{t+k,t} = u_{t+k,t}^c + u_{t+k,t}^d \\
&u_{t+k,t} \in U \\
&\Delta u_{t+k,t} \in \Delta U \\
&\forall k \in \left\{0, 1, \cdots, N_{p-1}\right\} \\
&\xi_{t,t} = \xi(t)
\end{aligned}
\tag{6-110}
$$

式中，$u_{t+k,l}^d$是在t时刻预测得到的$t+k$时刻驾驶员的输入；U表示由于执行器物理特性导致的控制输入约束；而ΔU表示控制输入快慢约束；N_P为预测区间。这里不设置参考轨迹，即将转向避撞策略中的轨迹控制转换到区间控制，降低对驾驶员驾驶的干扰。R,S,λ分别表示对控制输入、控制输入梯度以及柔性约束的惩罚权重。其中，S的权重相对于R更大，即在保证将车辆控制在可行域的前提下，使制动或转向的输入变化率最小化，符合驾驶员的操作行为特性。当驾驶员没有采取转向避撞操作时，以制动控制为主，转向控制主要用于保证车辆稳定性。反之，当驾驶员有转向避撞操作时，系统以转向控制为主，制动控制更多地用于稳定性控制。

求解上述方程，可以得到在当前驾驶环境下对应于驾驶员预测输入序列$U_k^d=\left\{u_{t,t}^d,\ u_{t+1,t}^d,\cdots,\ u_{t+k,t}^d\right\}$的控制输入序列$U_k^c=\left\{u_{t,t}^c,u_{t+1,t}^c,\cdots,u_{t+k,t}^c\right\}$，但只有控制输入序列的第一个元素$u_{t,t}^c$作为系统输入。在$t+1$采样时刻，重复进行上述过程，实现滚动优化。可以看出，如果驾驶员输入已经能够把车辆控制在安全域内，则控制输入为零。

第七章　汽车智能制造案例

第一节　智能制造汽车新工厂建设案例

与发达国家相比，我国制造业创新能力、整体素质和竞争力仍有明显差距，大而不强，新一轮产业变革蓄势待发。智能制造、网络制造、绿色制造、服务型制造日益成为生产方式变革的重要方向，跨领域、协同化、网络化的创新平台正在重组制造业创新体系。我国将以智能制造为突破口和主攻方向，实现从制造大国向制造强国的转变，这也是制造业的重大战略目标。

目前，我国制造业发展趋势与潮流趋向智能化，而我国各大整车厂及零部件普遍应用的智能化生产线、物流系统、机器人、机械手仍然依托国外，核心技术更是集中在西门子、ABB 等外资企业。长城汽车敢于打破这种“受制于人”局面，成立高端智能化装备研发团队，真正将自主智能装备的研发道路走好、走稳、走强。下面以长城汽车高端智能化工厂为例来介绍。

长城汽车高端智能化工厂是以科技为基础，打造以“智慧、智能”为主的创新工厂。通过实施智能装备自主研发与互联网的有机结合，实现高端智能装备、柔性化工艺技术、无人化智慧物流管理等核心技术的攻关与突破。该项目为我国汽车行业建立智能工厂奠定了坚实的基础，项目智能化达到国内领先水平，对加速我国汽车产业实行智能制造战略具有积极作用。

该智能化工厂年产能为 25 万辆，占地总面积 371 500 m^2，总建筑面积为 268 316 m^2，项目总投资为 378 483.27 万元，达产时年销售收入约为 50 亿元。该项目隶属长城汽车股份有限公司徐水分公司。

一、高端智能化工厂实施的重要意义

我国国民经济一直保持快速、稳定、健康的发展态势，汽车行业取得了较大发展，管理体制不断完善，逐步向科学化管理迈进，产品结构、产品技术、

工艺装备、产品产销量、新产品开发与新技术应用等均取得了很大成就。同时，由于国家财政和经济政策的拉动以及近几年国家实行扩大内需，加快基础建设和西部大开发、新农村建设等一系列方针政策，对汽车发展起到了很大的推动作用。

与此同时，随着我国劳动力成本快速上涨，人口红利逐渐消失，生产方式向柔性、智能、精细转变，构建以智能制造为根本特征的新型制造体系迫在眉睫，对智能装备的需求将呈现大幅增长。我国智能装备产业虽然已经取得了长足进步，但与工业发达国家相比，还存在较大差距。核心技术创新能力薄弱，高端产品质量可靠性低；企业“小、散、弱”问题突出，产业竞争力缺乏。长城汽车完全具备独立研发智能装备的实力，把握智能装备产业发展趋势，整合资源，实现工业智能化装备的自主研发、应用、再创新的良性发展，对我国智能装备产业发展具有十分重要的意义。

因此，传统的生产制造模式已不能适应高端智能化发展趋势，加之国家积极推行各项节能减排政策，需要通过自主创新寻求一种全新的生产模式，这对汽车制造企业而言，既是巨大的挑战又是前所未有的机遇。在此背景下，长城汽车顺应市场趋势，以“智能制造”为目标，充分对标国内外一流的规划模式和理念，运用自动化、防错等技术，利用物联网完成整个工厂的信息流、物流的协调统一；瞄准高端智能装备、智能化数据平台、柔性化生产等核心技术，推进落实智能化、信息化、模块化的智能工厂的建设。

二、5A 级智能工厂与智能装备的有机融合

（一）追求完美、匠心独具的设计理念

智能制造的核心技术是信息技术、工业网络、智能装备和自动化技术，以智能工厂为载体，通过在工厂和企业内部以及产品全生命周期形成以数据互联互通为特征的制造网络，通过应用智能化生产装备融合互联网技术实现智能制造生产。

智能装备及其控制系统主要是在传感器、PLC、机器人、机床、检测设备、物流设备等方面自主研发、集成，如通过自主研发智能装备，实现喷漆室循环风回用、车型自动识别技术、旋杯自动清洗技术、T 形滑台技术、胶条自动黏接技术、风挡玻璃自动黏接的应用；突破柔性工艺装备技术难关，实现机器人在线检测、底盘与车身自动合装、车辆信息跟踪等技术应用，进而促进整车生产过程实现高度柔性化，实现多车型、多品类车型柔性生产。

结合“工业 4.0”和“互联网 +”的理念，实现制造工厂与科技的融合创新，

打造适合本领域的智能化高端制造工厂，建设跨部门、跨地域、全产业链的协同工作研发平台。以 MES（制造执行系统）、LES（物流执行系统）、WMS（供应商门户）、SRM（供应商关系管理）为四大支柱，实现整车与零部件的研发数据交互，增强研发过程管理和协同；通过产品数据管理系统的建设，提升设计过程数据的管理能力，缩短产品开发周期，实现设计的标准化与规范化；通过实现产品数据管理系统与 BOM 管理系统、设计工具之间的集成，打通研发类系统的信息孤岛；高度融合的信息系统和 IT 基础架构，实现以生产管理中心为枢纽，以智能供应链、智能监控、智能一卡通、智能装备为依托，打造“一个中心、四根支柱”的创新模式，实现“5A 级”智能工厂架构；构建整车与零部件工厂的计划协同平台，实现运营成本降低 20%，生产效率提高 20% 以上。对 30 多项高端智能装备核心技术进行重点攻关，使空中输送及地面物流紧密结合，实现输送系统精准化，国内首创零部件与整车同厂的生产新模式。

（二）高效率、智能化生产方式实施方案

产品全生命周期管理系统主要分为研发设计、生产和服务三个环节。产品在生产环节完成生产进入服务环节。服务环节通过网络实现的功能主要有实时监测、远程诊断和远程维护，应用大数据对监测数据进行分析，形成有关的决策，指导诊断和维护工作，新的服务记录将被采集到数据系统。

通过智能装备与信息化相结合，缩短产品研发周期，同时利用信息化技术，对公司整体的设计、制造链条进行智能化、可视化、精细化管理，从而将设计与制造体系有机贯通起来。打造绿色高效的精益智能化工厂在国内处于领先地位，具备国际一流水平，不仅能够大幅提升生产效率，还能够解决现代社会存在的各种问题，如能源消耗问题。通常，工厂在生产间歇期间，为了确保生产设备处于随时可以运转状态，消耗着大量的能源。未来，可以根据工厂的实际作业情况，实时对能源供给进行调整，就能够总体上减少大量的能源消耗。

当代信息技术系统在工业中支持并控制着许多流程，从产品开发、生产规划、工程与生产直至维护保养，涵盖了整个价值链和整个产品周期。通过建立一个数字信息无缝互联的技术平台，借助该平台可实现工具或应用程序的研发，不同的参与者还可以利用这个平台，提供具有专业性和差异性的应用程序。产品生产规模越大，产品差异性越明显，其市场反应就越不确定，而通过实施 ERP 及协作数据平台，就可以实现接收以上所有信息，并将其考虑在程序和流程中。除此之外，也可以将现在的“数据山”或“数据岛”转化为一个结构严谨的数据来源。

虽然已投入使用包括PDM、CAPP、ERP、MES等信息系统，但彼此是数据孤岛，无法实现信息的互联互通，即便是通用数据库在一定条件下可以实现互相对接，但接口的维护是非常昂贵的，且容易导致整个系统的错误。利用现在使用的各相关系统接口，要想实现数据在任何形式下都自动保持一致性，其数据导入、导出过程变得相当费时，因此通过实施G-BOM系统，将各个信息系统进行数据的集成，未来实现整个价值链的完整性和无缝集成，不但可以提高企业的经济效益，而且可以提高生产力，进而提高企业的国际竞争力。

三、5A级智能工厂助推实现高效生产

高效、灵活的产业带动经济繁荣，安全可靠的工厂促进社会和谐，高效便捷的办公助力企业发展。在实现智能化同时，以节能环保为标准，网络采用工厂宽带、无线网络等方式，生产网络和办公网络分离，使数据通信保密性好、速度快、移动性强。采用统一的通信平台和统一的应用服务平台，提供统一的通信服务，节省企业在IT方面的重复建设与投入，实现资源共享，消除了数据孤岛。突破性地将ERP、MES、LES、WMS、SRM多系统进行统一集成，实现基于实时制造数据的统计，同时开发完成产品质量追溯系统，构建整车与零部件工厂的计划协同平台，实现多种车间智能装备之间的协同工作，提高生产效率、降低运营成本。通过高度融合信息系统和IT基础架构，打造出“一个中心、四根支柱”的生产工艺创新模式。

（一）一个中心规划

一个中心规划是指以生产控制为中心，包括网络系统平台、信息系统平台、自动化装备平台。网络系统平台包括网络系统、监控系统、一卡通系统；信息系统平台包括ERP系统、MES系统、WMS系统、OA系统、PDM系统等；自动化装备平台包括焊接机器人、ANDON系统、智能料架系统、AVI系统、PMC系统、AGV系统。

（二）四根支柱规划

1. 智能装备规划

具有感知、分析、推理、决策、控制功能的制造装备是先进制造技术、信息技术和智能技术的集成和深度融合，实现生产过程自动化、智能化、精密化、绿色化，带动工业整体技术水平的提升。

2. 智能供应链规划

供应链是企业的“价值链”，是企业运营的核心，通过对信息流、物流、

资金流的控制，从采购原材料开始，制成中间产品及最终产品，最后由销售网络把产品送到消费者手中。它是将供应商、制造商、分销商、零售商，直到最终用户连成一个整体的功能网链模式。所以，一条完整的供应链应包括供应商、制造商、分销商、零售商以及消费者。

供应链管理就是指对整个供应链系统进行计划、协调、操作、控制和优化的各种活动和过程，其目标是要将顾客所需的产品能够在正确的时间、按照正确的数量、正确的质量和正确的状态送到正确的地点，并使总成本达到最佳化。

3. 智能监控规划

采用图像处理、模式识别和计算机视觉技术，通过在监控系统中增加智能视频分析模块，借助计算机强大的数据处理能力过滤掉视频画面无用或干扰信息，自动识别不同物体，分析抽取视频源中关键有用信息，快速准确地定位事故现场，判断监控画面中的异常情况，并以最快和最佳的方式发出警报或触发其他动作，从而有效地进行事前预警、事中处理、事后及时取证的全自动、全天候、实时监控的智能系统。

4. 智能一卡通规划

一卡通系统是以智能卡为信息载体，集自动控制技术、计算机网络技术和数据库技术于一体的综合性信息网络平台。通过该系统可以实现员工门禁、考勤、控水、控电、控气、控暖、停车场管理、保安巡视和内部消费结算等综合应用，加强对人、财、物的有序管理，提高资源的共享利用率。

四、自主高端智能装备突破瓶颈

以精益生产为主导，以创新工艺设计为中心，以智能装备为依托，以“智能制造”为目标，利用互联网完成整个工厂的信息流、物流的协调统一；瞄准高端智能装备、自动输送技术、智能化数据平台、柔性化生产等核心技术，推进落实自动化、信息化、少人化、模块化的智能化工厂的建设。

之所以称为智能化工厂，在于智能装备与信息化的有机结合，其必须解决智能化基础管理、柔性化生产切换、高效自动化生产、信息共享、信息集成、自主控制、节能环保等多项主要技术难点。

智能化工厂整体完成冲压自动化生产效率提升、多车型共用生产线技术的研发与应用、全景天窗顶盖焊装工艺研发与应用、CMT 焊接、同步生产上位系统研发与应用、全自动喷涂、TNV 设备的应用、喷漆室循环风回用、车门胶条自动黏接、底盘模块整体举升自动合装、扭矩管理系统、整车转接吊装方式创新、风挡玻璃自动底涂和涂胶技术、玻璃自动安装技术、柔性化生产线

（C 形旋转吊具、L 形吊具、升降滑板）技术、天窗自动上线机械手、车门线 EMS 小车 + 横向存储技术、PBS（中性磷酸盐缓冲溶液）区摩擦辊床输送及空中拆车门方式研究应用、自动化物流、模块化装配等 30 项重大难题的解决与再造创新。

（一）冲压工艺

采用先进节能的连续生产模式，相比传统的断续生产模式，避免了因压力机的频繁启停造成的时间及能源浪费，综合节能达 20%，年节约用电 1.52×10^6 kW · h。同时，连续生产模式在不降低生产节拍的前提下，降低了压机滑块速度约 30%，更好地保证了冲压件质量。所有线体均采用先进的数控液压拉伸垫，相比传统的气动拉伸垫，生产过程中压力波动可控制在 10% 以内，提高了冲压件的成型质量。

为了消除废料分拣过程中废料二次转运，提高废料分拣的经济效率，节省厂房面积，降低前期建设成本，开发了由上废料分拣线、下废料输送线、废料滑料斗组成的双层废料分拣技术。

双层废料分拣系统主要由上废料分拣线、下废料输送线、废料滑料斗、废料分拣小车、废料分拣工位等组成，与一般废料分拣线相比较，双层废料分拣线在下方增加了一条废料输送线及废料滑料斗，分拣工位人员可以在分拣过程中，将分拣出来的废料放入废料滑料斗中，废料通过废料滑料斗滑落到下废料输送线上，通过下废料输送线将废料输送至指定地点。

（二）焊装工艺

焊接车间是自动化率最高的车间，机器人多达 525 台，焊接自动化率达 98.7%。门盖外板料筐输送、门盖总成输送及分总成输送采用 EMS，防飞派液采用机器人喷涂技术，VIN（车辆识别码）打刻采用机器人在线打刻技术，最大化地减少了车间人员数量。

1.T+ 形滑台自主研发辅助装备

该 T+ 形滑台（图 7–1）实现了 1 个滑台上可以安装 2+n 套不同车型的夹具以及 2+n 套车型共用一个生产线，即使不是同一平台车型也完全能够实现共线，可以先开发一款车，预留一款车，当预留车需要生产时，直接在此机构上增加即可。同时单套夹具也完全兼顾了现有技术夹具的功能，实现了多款平台车共线生产。

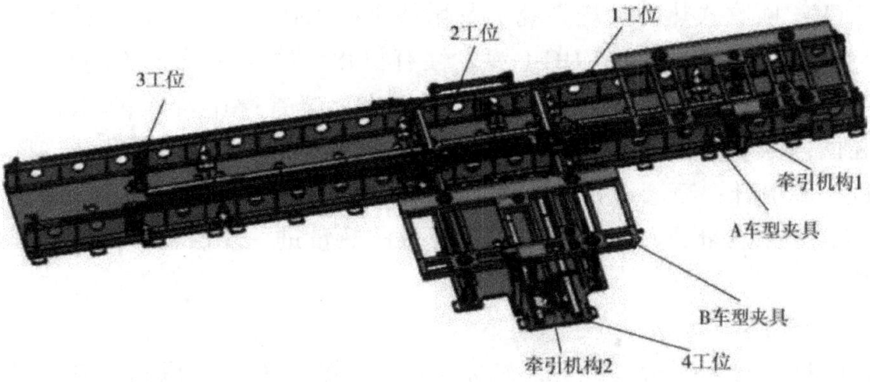

图 7-1　“T+ 形滑台装备”示意图

2. 夹具切换推进式智能装备

骨架总成合拼工位采用机器人抓手切换和平移推进结合的总拼形式，底部定位升起将车身下部总成托起定位，侧围总成滑台推进进行定位夹紧，由机器人抓取侧围夹具放置到滑台上完成车型切换，顶盖前、后横梁采用抓手定位，机器人切换抓手完成车型切换。两套独立的夹具系统分别对应两种车型，增加车型对应增加夹具系统，完全实现柔性化生产，根据现场空间大小确定车型数量。

3. 在线检测系统开发应用

激光在线检测系统是由系统硬件与计算机、测量仪和传感器等用于质量检测的配套部件组合，构成一个完整的在线检测系统。软件系统由数据采集、数据编辑、数据文件管理、统计分析以及系统管理五个功能子系统组成，具有非接触、快速、直观和精度高的优点。

在线检测系统的应用主要是对影响车身骨架精度的安装点、车身的关键尺寸、前挡风玻璃窗尺寸、车门安装处棱边位置、定位孔位置以及各分总成的位置等进行测量。测量传感器的数量是由测量点数决定的，在白车身焊接完成后进入检测通道精确定位，机器人控制激光测量传感器按照调试好的轨迹对相应的棱边、孔和表面的空间位置尺寸等进行逐点测量，测量得到的数据通过网络传递到测量控制器系统中。数据处理系统对实测数据按照工艺控制进行分析、判断，根据判断结果对生产线发出继续生产、报警或停机指令。

（三）涂装工艺

涂装工艺被定义为绿色、环保、高效的工艺。在节能减排方面，应用先进的 TNV（回收式热力焚烧系统）及循环风回用技术及中水回用技术，单车消耗标煤 74.86 kg，单车 VOC（挥发性有机化合物）排放 20.97 g/m²，达到清洁生产先进水平。应用 124 台喷涂机器人，节省操作人员 98 人，自动化程度在国内涂装行业首屈一指；内腔喷蜡采用的半自动喷蜡设备，内腔防腐能力进一步提升；喷漆设备使用最新一代的 EcoBell3 喷雾器，油漆利用率达到 80%；采用热量回收系统，对烘干释放的热量进一步回收，用于前处理槽液加热。

1. 旋杯自动清洗装备

在内板机器人喷涂过程中，旋杯会产生雾漆，有可能甩到车身上造成漆膜缺陷，大约 20 辆车喷涂完就需要停线对旋杯进行擦拭，旋杯自动清洗技术的应用实现了旋杯的在线自动清洗，不仅节省了时间，还规避了人工擦拭旋杯时残留喷漆废气对人体健康的伤害和自动设备误动作对人体的潜在安全隐患。

2. 喷漆室循环风回用技术

喷漆室集中排风系统使用大型离心风机通过喷漆设备地下排风道将喷漆废气抽入烟囱高空排放。其中，色漆人工段大部分排风通过人工段回用风排风道（并行于自动段排风道）导入循环风空调机组进风口。色漆自动段排风则通过排风道直接排放。擦净段直接回用至混风室内，混风室即涂装车间喷漆空调平台，该平台为独立空间，可将涂装车间内其他工位可回收的空气，直接回收至此空间，与新鲜空气混合后作为空调新风使用。

3. 自动涂胶智能装备

自主设计集成的自动涂胶系统包括机器人和供胶泵系统，自动涂胶的高柔性化六关节轴工业机器人具有高定位精度和高行走轨迹精度。供胶泵系统将玻璃胶输送至胶管中经定量齿轮泵稳压后，输出稳定胶压的胶料。机器人持自动旋转胶枪根据涂胶轨迹信息进行多种轨迹自动涂胶。

4. 车型自动识别智能装备

车间喷气室入口设置车型超声波自动识别系统和人工输入台，车身通过后将识别参数与数据库定义参数进行比较，验证并显示，也可以切换到手动模式输入车型。当验证不一致时，发出报警，提示操作员手动更正车型。当车身继续运行至一定点而未更正车型时，强制停链，重新输入车型后输送链才可继续运行。数据库中可设定不喷涂车型，全线各站将不对该车身进行喷涂。车辆识别系统示意图如图 7–2 所示。

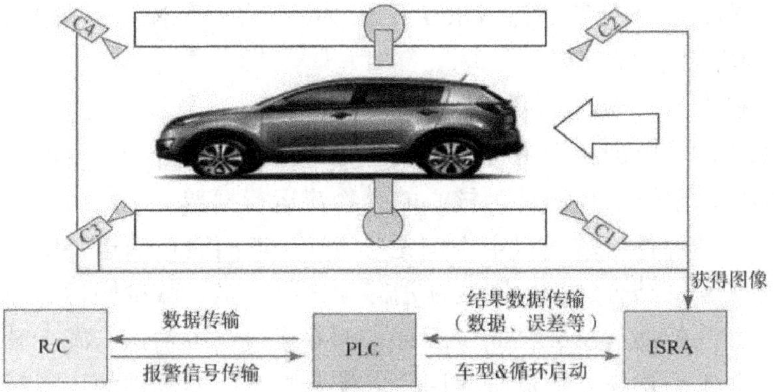

图 7-2　车辆识别系统示意图

（四）总装车间

总装车间具有高度灵活性、高效性、环保和人性化特点。车间大量采用电动和电池工具，在保障产品质量前提下降低车间噪声，减少车间尾气排放，保障人员在健康的环境下轻松工作。车间整体噪声控制在 74 dB 以下，每年减少尾气排放量 345 625 m^3。

关键部位采用自动化装配，对于部件进行模块化装配并进行空中输送，内饰线、车门线及组装线采用自动化物流配送，空中输送线大幅减少车间内物流配送，缓解地面物流压力；密封条自动黏接及前后风窗自动黏接所用设备均属自主研发、应用，实现物流自动化，减少人员错漏装和人员拆包装所用时间，以提高生产效率。

1. 底盘自动合装装备

采用高精度静音齿形链配合高精度托盘及定位机构，实现底盘模块高精度定位及整体全自动合装；取消人员干预，提升底盘合装节拍及质量。此合装系统兼容了两个不同平台底盘车型，攻克了世界级螺旋簧压缩难题，依据产品特性，A 车型采用了工装集成后螺旋簧压缩工装，B 车型因产品结构限制螺旋簧无法压缩，为保障自动合装，首创“二次顶升技术”，即合装完毕后采用顶升装置对后悬架进行“二次顶升”以完成悬架各安装点紧固。

2. 全自动车门密封胶条黏接装备

智能装备研发工程师经过 600 个日夜的潜心研究，实现密封胶条自动黏接装备的投入使用。通过机器人实现在线自动抓取车门、胶条自动供料、胶条高精度自动黏接，保证料卷切换时间≤ 5 min，且 1 mm 范围内的黏接压力均匀一致，在 X 轴和 Z 轴实现 ±10 mm 浮动结合快速切换技术，可实现 3 种不同车门的自动黏接。累计节省近 6 000 万元，可节省 6 名操作人员及对应设备，5 项核心技术获得国家专利。

3. 自主研发上中下物流成套装备

物流工艺设计以创新为主旨，以信息化为基础，整合全厂生产、装配的工艺物流，形成以整车、零部件为核心的大物流运行框架。

整车厂与零部件区域通过空中输送（上）、车间缓存输送（中）及地面物流输送（下）紧密结合，最大限度地消除地面物流量，减少搬运、库存等物流环节浪费，如内外饰与总装在同一厂区，大件通过空中输送，减少整车厂主要地面物流；各车间均设立物流缓存区，以配合整车、零部件的运行标准；物流（中心）库与总装线体在同一厂房，消除物流中心到 PC 区的中转环节（AGV），减少物流人员和输送车辆。

（1）空中物流模块化输送装备研发。模块化装配是汽车零部件供应商按照功能系统将零部件组装以模块形式供货，主机厂以模块化部件为基本件装配，减少主机厂的装配工位，提高了工作效率，车间仪表板总成、前端模块总成、前后悬总成、前后保险杠、发动机总成、座椅总成采用模块化供货，模块化率 23.4%，处于国内自主品牌领先水平。同时，仪表板模块、前端模块、前后悬总成、前后保险杠及座椅采用空中输送，有效地节省地面空间。

（2）EMS 小车 + 横向存储装备研发。车门线采用高柔性输送定位的 EMS 小车形式。存储方式设计为横向存储方式。EMS 小车输送稳定，二维码高精度定位，能够实现车门自动打开的精度要求。横向存储采用简单的反向滑橇“弹匣式”横向存储方式，规整了空中线体占用空间，减少了线体存储长度及面积。PBS 输送采用摩擦滚床输送，配合旋转滚床及移行机，实现 90° 、180° 旋转及横移的要求。

（3）AGV 自主研发及运输装备。现总装车间内饰、组装线采用 AGV+ 动力链条 + 物料小车的自动化物流形式，车门线采用 AGV+ 辊床 + 料箱自动化物流形式，有效地减少线边物流货架存放释放存储空间，并起到防错的作用。自动化物流运输零件比例为 67%，处于国内自主品牌领先水平。

4. 挡风玻璃自动底涂、涂胶技术

挡风玻璃装配采用全自动底涂工艺，将底涂轨迹重复性控制在 1 mm 范围内，配置垂直式玻璃底涂存储站，提高底涂晾干效果，节省空间；玻璃自动对中识别，机器人抓取玻璃涂胶，监测系统随时监测胶形，保证涂胶精度及质量；节省底涂及涂胶操作人员，消除底涂液挥发对人员身体的影响，该技术已经获得国家专利。

5. 玻璃自动安装技术

玻璃自动安装技术由机器人系统和智能三维识别系统组成。该技术将机器人系统、三维视觉识别系统完美结合，充分利用了机器人高精度定位能力及智能三维视觉识别系统，机器人抓取挡风玻璃后，视觉系统准确识别挡风玻璃在车身中的关键定位特征点，实现挡风玻璃自动识别及全自动高精度安装，真正意义上实现了无人化的挡风玻璃全自动高精度安装。

五、主要技术成果及效益分析

项目顺利实施后，彻底消除了现存的生产工艺浪费，实现了高效率、灵活的生产。实现生产节拍 52 s，日产 1 000 辆以上，白车身骨架精度 95% 以上，车身防腐年限提升至 5 年无锈蚀，12 年无穿孔，焊接自动化率达 98.7%，完成了跨部门、跨地域、全产业链的协同研发平台，实现缩短产品开发周期 20%，生产效率提高 30% 以上。

通过在焊装、涂装、总装车间输送线体，布置车辆自动识别系统，从焊装 EMS/ 滚床输送 / 工艺线体、涂装全车间到总装 PBS 区 / 底盘线 / 组装线，布置读写站 80 余个、载码体 500 余个，仅在涂装车间就分布车辆跟踪站点 47 个，含路由站点 12 个、计划比对站点 10 个，车辆信息跟踪和路由控制精准率达到 100%。

打造完成“5A”级智能化工厂（5A：控制自动化 CA、能源自动化 EA、过程自动化 PA、安全自动化 SA、信息自动化 IA），使产品不良品率降低 20%，实现运营成本降低 20%，能源利用率提高 10% 以上。

一卡通系统的应用是“一卡一库一网络”，即一个整体的网络系统连接统一的数据库，实现智能卡设置、管理、查询等功能，实现整个系统的“一卡通”管理模式。

该项目的实施及技术的推广符合国家智能化工厂发展政策，项目产品的质量相对稳定，在本领域具有广泛示范作用和良好的市场效益。

第二节　智能制造汽车信息化案例

在“互联网 +”“工业 4.0”“中国制造 2025”的背景下，中国汽车企业通过智能技术的创新，推动产业链的变革已成为转型升级发展的必经之路。

自 20 世纪 80 年代末智能制造提出以来，世界各国都对智能制造系统进行了各种研究，首先是对智能制造技术的研究，然后为了满足经济全球化和社会需求的变化，智能制造技术集成应用的环境——智能制造系统被提出。

近年来，各国除了对智能制造基础技术进行研究外，更多的是进行国际的合作研究。世界主要工业发达国家都将智能制造作为重振制造业战略的重要抓手。自全球金融危机以来，在寻求危机解决方案的过程中，美、德、日等国政府和相关专业人士纷纷提出通过发展智能制造来重振制造业。

当前，新一轮科技革命和产业变革与我国加快转变经济发展方式形成历史性交汇，国际产业分工格局正在重塑。然而，与世界先进水平相比，我国制造业仍然大而不强，在自主创新能力、资源利用效率、产业结构水平、信息化程度、质量效益等方面差距明显，转型升级和跨越发展的任务仍紧迫而艰巨。

智能制造成为世界制造业发展的客观趋势，发展智能制造既符合我国制造业发展的内在要求，也是重塑我国制造业新优势，实现转型升级的必然选择。随着德国“工业 4.0”的不断推进，我国国家层面也提出了“中国制造 2025”的概念，旨在把以物联网、人工智能、云计算、大数据为代表的不断成熟的信息技术应用到制造业，尤其是高端制造业，进而带动制造业的再升级。

当下，我国汽车产量和销量再创新高，而如何从汽车大国走向汽车强国更是业内人士越来越关注的重点和难点。从云端落到地面，从国家的宏大战略落到汽车制造本身，利用新兴的信息技术实现制造环节的信息化，细化和再升级是关键点。

以华晨汽车车身装焊工艺开发和生产为例。

通过对国家政策的解读，以及对行业发展趋势的研究，并结合华晨汽车集团发展现状，企业决策以“中国制造 2025”战略为指导，按照产品全生命周期管理理念，以“智能产品、智能制造、智能服务、回收再制造”为工作开展框架。明确“打造企业智能产品，实施企业智能制造，提升企业智能服务，建设企业一体化信息平台”，实现企业智能制造工作核心——“降成本、提质量、增效率、创品牌”。

未来华晨汽车将以“中国制造 2025”为契机，加快实施长远的“技术引领未来”战略举措，以市场调研为起始，以智能设计及产品、智能制造及生产、智能销售及服务为主攻方向，以回收再制造为智能产业链延伸，以数字化和信息化管理为手段，实现从市场调研、产品设计、工艺开发、生产制造、物流管理、销售及售后服务到回收再制造全产业链的模块化、系统化转型，实现产品全生命周期的管理升级。

一、智能制造试点——装焊工艺开发与应用

（一）概况

按照企业智能制造整体发展规划，于 2016 年筹建了华晨中华 M8X 项目，具体项目规划及实施案例如下。

项目名称：中华 M8X 项目。

产品规划：四车型平台化设计产品。

建设规模：冲压利用现有生产线，模具全新开发；装焊新建厂房、新建生产线（列为企业智能制造试点车间）；涂装利用现有生产线，改造；总装利用现有生产线，改造。

智能装焊线建设生产纲领如表 7-1 所示。

表 7-1　智能装焊线建设生产纲领

序号	项目	内容	备注
1	最大产能	19.8 万辆 / 年	标准产能 12 万辆 / 年
2	生产节拍	105 s	
3	小时产能	30 JPH	
4	设备运转率	90%	
5	共线车型	四车型	柔性化
6	生产形式	批量混流	

（二）智能制造在汽车装焊方面的具体应用

1. 数字化工厂技术应用

在当今激烈的市场竞争中，汽车制造企业已经意识到它们正面临着巨大的时间、成本、质量等压力。在设计部门，CAD 和 PDM 系统的应用获得了成功；在生产部门，ERP 等相关信息系统也获得了巨大的成功。但在“制造工艺设计”这一关键环节，大部分国内企业还没有实现有效的计算机辅助管理机制，数字化工厂技术则是企业实现智能制造的有效手段。

数字化工厂工作流程大体如下：

（1）通过系统集成，从设计部门的 TC 系统中获取产品相关数据，并在数字化工厂环境中进行工艺评审、公差分析等。

（2）通过系统集成，从企业的资源库中自动运用相关资源数据，在数字化工厂环境中建立相关项目的资源库及数字化工厂结构树，实现结构化工艺。

（3）在数字化工厂规划模块中进行协同规划及导入工艺部门已有工艺信息。

（4）在数字化工厂工程模块中验证规划结果。工艺验证包括动态装配、工位布局验证、线平衡、工时分析、人机工程仿真、工厂布局、物流仿真、机器人仿真、PLC 仿真等。

（5）通过系统集成和客户化开发，输出工艺执行文件，输出生产、采购、招投标、维护、培训等信息资料。

数字化工厂集成系统架构示意图如图 7-3 所示。

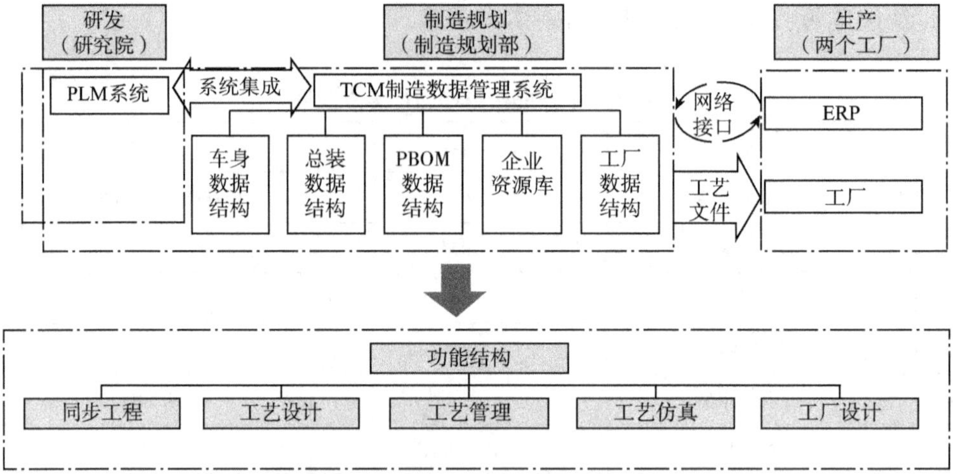

图 7-3　数字化工厂集成系统架构示意图

在车身工艺规划及装焊前期，搭建企业数字化工厂管理平台，实现虚拟仿真与制造数据的协同管理。通过数字化工厂管理平台对全部工艺资源进行统一整合及系统化管理，实现全部工艺资源的数字化管理。

2. 生产线规划及物流仿真

为了做好生产线规划，保证生产顺畅，车间之间匹配、线体之间匹配，消除物流瓶颈，引入 eM-Plant 软件，利用可视化仿真软件完成从系统建模到仿真模型的构建。，通过运行仿真模型并观察其效果，直观地从仿真画面及仿真后得到的数据图表中发现车间物流系统中存在的问题，然后分析问题产生的原因，进而对车间物流系统进行改进。

在生产系统规划阶段就要对生产线进行模拟，依据工艺流程和预估的故障情况，准确且尽早地确定瓶颈资源，大幅度缩短生产周期，在时间方面更好地满足订单的要求。通过建模、仿真，充分考虑生产系统的复杂性与随机性，在生产之前较为准确地确定瓶颈工序，从而指导生产，使企业在保证较短的生产提前期的同时，节省大量人力和物力。另外，对 Buffer（缓冲器）设置、存储数量和物流路线等进行优化，提高产能，优化排产顺序，最终达到良好的物流运转状态，提高生产效率，保证生产运行的通畅与高效。

3. 焊装数字化工艺设计及虚拟仿真

为了减少后期生产问题，对工艺进行前期充分验证，引入西门子 PD、PS 软件模块，完成数字化工艺及焊接过程仿真，实现了多车型混线生产管理及车间总线的布局。在生产线布局规划过程中，数字化工厂软件提供了实现与实际一致的 3D 可视化模拟车间。在工艺规划准备阶段，建立产品库，包含产品及资源信息管理，其中 3D 数据、2D 布局图、预览图、价格及其他制造信息直接关联。工艺库包含所有车型的装配工艺，典型工艺在新车型工艺规划时可以直接重复利用，大幅提高了工艺规划效率。在工艺验证过程中，利用 PERT 图，当发现装配顺序出错时可及时做出调整，避免了产品上线后的工艺修改，保证了后期工艺的准确性。

4. 车身计划尺寸精度数字化分析

在车身尺寸控制方面，通过引入 3DCS 软件，基于 Monte Carlo 的模拟仿真，模拟零件的装配，从而得到更趋于实际的分析结果。对于每一次模拟来说，每一个零件被虚拟地加工出来，并添加一个随机的波动（波动范围被公差限制），然后随机抽取零件模拟装配，装配完成后产生一个测量数据，预估生产会产生的质量问题，通过优化 RPS（基准点系统）、工艺顺序、设计结构把风险降到最低。

（三）智能柔性化生产线建设

在数字化工厂虚拟工艺及数字化环境的支撑下，打造高自动化、高柔性、高智能生产线成为实现初级智能制造的物理条件。在生产线建设方面，新建智能柔性化生产线以及大规模集成应用机器人，可以实现平台四种车型智能化混流生产，机器人与生产线智能交互，实现焊接、涂胶、搬运、包边等工作的柔性生产与精准作业。另外，生产线搭载在线检测、能源管理、AN-DON 系统、RFID 技术等，实现对产品质量、能源用量、生产运行的透明化管理、追溯及快速响应。

1. 柔性自动化生产线

（1）建设柔性化主车身线及主拼。车身定位系统整体采用滑台柔性切换形式，顶盖工位为机器人视觉引导配置柔性抓手上件、定位，合车工位采用滑动式柔性主拼系统，在此工位通过滑动系统实现不同车型主拼夹具模块的柔性智能切换，进而完成多车型的柔性化共线生产。

滑动式柔性主拼平衡了精度、节拍、柔性、投资、占地五大要素。采用模块化设计易于安装及维护，可一次规划、分期实施，减少企业初期投资风险。

滑动式柔性自动化生产线的主要技术特点如下：

①四车型。

②节拍 30 JPH。

③重复定位精度 ±0.05 mm。

④机器人 10 台（空中 4 台、地上 6 台）。

⑤占地面积：21 m × 16 m。

⑥模块化设计。

⑦全伺服驱动。

（2）建设模块化侧围生产线。侧围线采用十字滑台形式，各车型侧围布置于各自滑台夹具之上，采用标准模块化的生产方式，通过车型识别系统自动接收、传送信息，自动调用滑台库中不同夹具，实现侧围总成混流混线生产。

侧围线柔性工位存储系统采用模块化设计，能快速切换，设备可重复利用，使投资利益最大化。客户可以根据需求，选用不同模块进行配置，也可在后续车型生产中追加相应配置。

模块化侧围生产线主要由单套柔性工位存储模块、夹具工作位定位系统、夹具存储库、工位—存储 Z 向驱动系统等组成。

侧围线柔性自动化生产线的主要技术特点如下：

①四车型。

②节拍 30 JPH。

③机器人 39 台（左 / 右）。

④移动速度 1 m/s。

⑤重负载。

⑥伺服驱动，精准控制。

（3）建设转台式门盖柔性生产线。门盖夹具采用平面四向转台，人工上件及涂胶，利用机器人进行焊接及搬运，实现门盖内板的全自动化生产。

转台多个工作位置具有高回转精度、高重复精度的特点。配合机器人高柔性设计，实现多车型混线切换，采用模块化设计，减少后期维护成本，提高设备开通率，降低非标设备成本。

转台式门盖柔性生产线主要由标准转台机构、多车型夹具框架机构、多车型抓手搬运机构等组成。

转台式门盖柔性生产线的主要技术特点如下：

①四车型。

②节拍 30 JPH。

③定位精度 ±10″，重复精度 ±5″。

④单工作岛机器人 8 台。

⑤凸轮结构设计辅以滚柱轴承增强承载和寿命。

⑥模块化设计。

⑦全伺服驱动，具有超程限位功能。

装焊车间全线应用机器人 150 余台，实现发动机舱线、下车身线、主车身线、侧围线及门盖线的 100% 自动化生产。另外，整体生产线具备机器人扩展能力，可实现自动化率的进一步提升以及对生产能力的有效扩展。工艺规划、仿真模拟、离线编程、虚拟调试等完全在数字化环境中完成，通过最先进的工业网络技术，与生产线智能交互，实现智能柔性应用。在机器人应用过程中，机器人具有一机多工具的功能，适应多车型生产，通过机器人系统的快换装置和工具支架的组合实现快速切换，时间仅需 15 s，从而大大提高了机器人的利用效率，降低了投资费用。

机器人系统的大规模应用提高了车身的精度和焊接质量、减轻了工人的劳动强度、实现了多种车型的混流生产，并且对后续的产能提升和设备改造具有重要的意义。

2. 机器人视觉引导技术应用

为解决以往车型顶盖安装状态不稳定的质量缺陷，工艺方面首次尝试应用机器人视觉引导技术对车身顶盖进行上件、定位及焊接。视觉引导技术是智能制造中的核心技术代表，是制造业实现智能自动化的关键。

在 M8X 项目装焊工艺开发中，应用伯赛的 visual fixture 发动机可以实现三维空间全部六自由度的偏移，从而达到零件装配的最佳匹配。其主要特点如下：

（1）高精度。伯赛自主研发的高精度测量传感器 Tricam 测量精度高，特征适应性强。

（2）最佳匹配。采用 visual fixture 技术，实现零件的六自由度控制，达到零件的完美引导及最佳的匹配效果。

（3）工艺革新。该视觉引导技术取代了传统夹具定位技术，保证车身自由状态下的最佳匹配。

（4）多级报警。车身一次测量，单点报警。顶盖一次测量，单点报警。最佳拟合迭代，生成偏移量报警。

3. 白车身质量管理

对于车身质量控制，建立白车身在线检测系统在线检测工位，使用4台机器人携带视觉摄像设备对白车身检测点进行拍照检测，通过图像处理器处理，形成白车身测点的检测精度数值，检测速率为1.5 s/点，检测精度可达±0.21 mm。在线检测系统实时智能监控车身质量，即时将检测结果以报告形式反馈给管理人员，以现代化的生产质量管控方式，提升新产品制造精度和新车质量，并通过质量数据服务器实现检测数据的长期存储、远程监控，建立白车身可追溯质量信息档案。

另外，在线检测系统与数字化尺寸管理验证DPV（微分脉冲伏安法）系统相连，具备质量数据处理、数据管理、数据分析和报告、数据共享和发布等功能。可以将来自激光间隙分析、CMM（三坐标测量仪）测量、光学或数字测量设备、手持测量仪器以及一些其他的物理测量系统所采集的质量数据按照用户设定的规则利用现代通信技术（电子邮件、手机短信等方式）对质量数据进行即时报警；也可对产品的质量信息进行充分有效的管理，以实现企业范围内的共享。把传统上分离的产品设计和生产工艺紧密结合在一起，形成一个能够把制造结果和设计意图直接而形象地进行对比评估的一个质量协同平台，形成企业的质量管理闭环，真正意义上帮助制造企业实现从传统的以补救整改为主的质量控制向以预防和过程控制为主的质量管理的转变。

在质量控制方面，除在线检测工位外，另投入应用涂胶拍照检测系统，判断涂胶位置是否正确，避免涂胶位置偏差过大，造成黏合失效。检查是否有漏胶、断胶情况，影响黏合的紧固性和密封性。进行涂胶宽度质量控制，多涂造成浪费，溢胶影响美观，胶线过窄影响紧固性和密封性。

在全自动化生产线中自动检测控制车身精度质量、涂胶质量，人工检测控制焊接质量，充分保障白车身质量的智能化管理。

4. 生产车间能源管理

随着制造过程对能源用量的进一步关注，车间、生产线建立智能化的能源管理系统，监控设备的水、电、气能耗情况，并根据实际能耗使用情况进行能耗的合理分配。与此同时，对各生产段情况进行实时监测及统计管理，快速查找高能耗点，并进行能耗优化管理，合理分配能耗，降低能源投资，实现节能减排。能源管理实施分为以下四个环节：

（1）通过智能水、电、气表的检测、统计，发现能耗问题点，并对问题点进行分析。

（2）通过对能耗问题的分析，制订合理的能源优化解决方案，并建立能源绩效指标及能耗基线。

（3）对所制订方案进行实施，并将实施结果进行反馈记录。

（4）形成系统的能源管理体系，持续不断地对能源进行优化管理。

5.RFID 技术应用

在装焊车间生产制造过程中，为保证车身信息的跟踪及追溯，投入应用 RFID 技术。RFID 又称无线射频识别，是一种通信技术，可通过无线电信号识别特定目标并读写相关数据，而无须识别系统与特定目标之间建立机械或光学接触。在 M8X 装焊车间中，RFID 用于关联车身信息与现场 PLC 匹配，记录车身状态、产品质量等，为后期车身的生产状态跟踪提供信息。其主要功能是实现车体位置跟踪与查询、车间库区管理、生产排序管理、系统故障报警等。

载码体信息录入：企业 JIT（准时制生产方式）系统（MES）—发动机舱总成、VIN 打刻机—发动机舱线、PLC—FDS 输送、PLC—UB 线、PLC—滚床、PLC—MB 线、PLC—精整线滚床输送、PLC—存储区滚床、PLC—输送至涂装（载码体信息擦除）。

（四）搭建企业制造执行系统（MES）

在汽车制造企业的企业管理层 ERP 及设备层 PCS 较为成熟的状态下，搭建、完善企业制造执行 MES 系统，实现未来定制化生产的关键环节。

MES 系统在计划管理层 ERP 与生产控制层 PCS 之间架起了一座桥梁，一方面，MES 可对来自 ERP 的生产管理信息进行细化、分解，形成工序操作指令传给底层；另一方面，MES 可以通过 PCS 采集设备、仪表的状态数据和制造资源的实时动态管理，将制造系统与信息系统整合在一起，将生产状况及时地反馈给计划层，进行作业的动态调度与优化，真正实现制造过程的无缝衔接，形成以 ERP/MES/PCS 三层为核心的企业信息集成。

在装焊工艺开发过程中，同时定制、开发、完善企业制造执行 MES 系统，包含基础信息维护、生产计划排程、车辆生产信息跟踪、证书管理、报表统计查询等功能，其示意图如图 7-4 所示。重点实施供应链协同和面向产品的车辆全生命周期管理系统，以整车制造执行系统建设为抓手，结合物联网技术，逐步实现企业的柔性化、定制化制造。

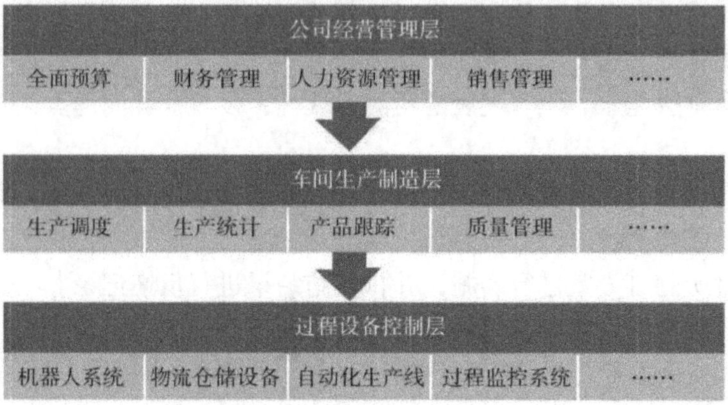

图 7-4　MES 系统架构示意图

二、主要效益

应用数字化工厂技术实现产品设计与工艺设计的协同开发，应用数字化虚拟仿真技术实现焊装工艺模拟白车身生产过程，通过模拟仿真和规划验证，整体缩短产品开发周期约 12%，减少后期问题发生量约 30%，在前期规划和详细规划阶段减少重复工作量 10% 以上，虚拟仿真优化工程量 20% 以上，降低设备投资成本 5% 以上。

柔性化生产线的搭建缩短后期产品导入时间 30% 以上。由于大批量机器人的应用、自动化程度的提升，操作者数量减少约 25%。在线检测以及 DPV 系统的应用，辅助人工提升产品合格率约 5%，在项目小批量阶段，即达到了以往项目产品量产的质量状态。

采用能源管理系统，通过能耗数据的分析有效地发现管理设备运行中的节能空间，通过能耗排行及能耗占比分析发现能耗大户，并诊断能耗的合理性，通过对不同时段用电量的分析，配合移转尖峰用电量，达到节能的效果。据初步统计，能源管理系统为生产制造环节节约用水约 7%，节约用气约 8%，节约用电约 23%。

ANDON 系统实现了对生产设备、工艺流程等状态数据的实时监控，让生产管理部门和设备管理部门能直观地看到相关数据信息，更容易了解现场的生产状况，缩短了 50% 以上的设备故障发现时间。从而缩短了故障处理时间，更全面地监控车间生产，让报警信息更直观，提高了现场问题的响应及处理效率，减少停线时间约 20%。

智能制造技术在装焊生产中的应用实施弥补了汽车生产制造的多项技术空白，将制造环节以往传统的生产过程的有机、合理地嵌入智能制造创新元素，更有效地提升了企业生产的灵活性及生产效率，也使整个生产过程更为智能化。

三、展望

我国目前正从劳动密集型产业向现代化制造业方向发展，如何进一步提高生产率、提高产品质量、降低劳动强度、改善劳动条件已经成为我国制造业面临的问题。

此时，智能制造的提出将为制造领域、汽车行业的发展提供有力支撑，对于加快制造业转型升级，提升生产效率、技术水平和产品质量，降低能源资源消耗，实现制造过程的智能化和绿色化发展具有重要意义。

综上，按照产品全生命周期的管理理念，各汽车企业正强力推进汽车产业技术以及产业链的转型升级，推进信息化与工业化深度融合。加快推动新一代信息技术与制造技术融合发展，把智能制造作为两化深度融合的主攻方向；着力开发智能产品和智能装备，推进生产过程智能化，发展新型生产方式，全面提升企业研发、生产、管理和服务的智能化水平。企业以数字化、信息化管理框架为支撑。做到前期市场调研，精准把握市场需求；智能产品开发引领技术创新；智能制造秉持匠人精神，精益生产；智能服务延伸产品价值，创造企业品牌。实现产品开发、制造、服务全过程的安全、开放、实用、可靠及柔性，使企业高度集成化、数字化、虚拟化、网络化、智能化地运营发展。

第三节　智能制造汽车技术应用案例

以安徽巨一自动化装备有限公司双离合自动变速器为例。

双离合自动变速器（DCT）具有换挡快、省油、舒适等优点，是变速器行业主流发展方向，作为汽车动力总成的重要环节，已经成为国内外汽车行业竞争的焦点。自动变速器国产化和产业化是我国汽车行业的愿望，更是中国走汽车强国之路的探路石。双离合自动变速器装配测试数字化车间主要包括总成装测线、主壳体装测线、轴系分总成装测线、液压模块（HCU）分总成装测线、总成下线数控测试线、生产过程数据采集与分析系统、生产制造执行系统（MES）、资源计划管理系统（ERP）等模块，车间通过集成应用工业机器人、自动拧紧机器人、智能识别系统、在线检测系统、智能传感器、PLC、信息化生产管理系统等关键智能单元，实现了产品多品种柔性共线生产，实现了制造过程现场数据实时采集与可视化，制造过程数据与管理软件实现高效协同与信息集成；采用数字化工艺规划仿真技术，实现了产品数字化开发、生产过程模拟仿真和验证、生产过程实时监控和产品质量追溯、在线智能检测、设备故障自诊断、智能防错/漏装、车间制造资源合理调配和车间精益生产管理等智能功能，实现了DCT产品的智能化生产，确保了产品一致性，提高了生产效率，降低了生产成本和资源消耗，促进了汽车零部件制造业向智能化方向转型升级，加速了我国智能制造装备产业的技术进步。

安徽巨一自动化装备有限公司是国家重点高新技术企业、国家创新型试点企业，致力于成为中国的世界品牌，为客户提供世界一流的数字化车间整体解决方案和新能源汽车电驱动系统产品，公司主要业务涵盖汽车动力总成装测系统、汽车白车身焊装系统及新能源汽车电驱动系统的研发、生产与服务等，为汽车、军工、航空航天、动力电池等行业提供先进的成套智能制造装备与产品支持。本项目为我国汽车主机厂建立数字化车间提供了借鉴，产品技术达到国际先进水平，填补了国内相关领域的空白。

一、双离合自动变速器发展的背景

（一）研制的意义

1.双离合自动变速器（DCT）数字化车间研制的意义

（1）打造DCT装配测试数字化车间是汽车自动变速器产业升级的必由之路。DCT由于其结构与技术复杂，对生产制造技术与装备提出了更高的要求，其装配生产过程对自动变速器产品的质量和精度有着至关重要的影响。研发具有自主知识产权的DCT装配测试数字化车间，能够从数字化工艺设计、工艺试验、生产组织和管理等方面入手，将DCT制造车间的数字化设备与工艺设计及生产管理的信息进行集成，形成基于数字化设备、信息集成及信息流自动化的集成制造系统，从整体上改善DCT生产的组织与管理，提高制造系统的柔性和数字化设备的效率，满足DCT装配生产的要求，是汽车自动变速器产业整体技术进步的内在要求。

欧盟委员会提出了“新工业革命”理念，强调技术创新、结构改革，改变碳氢化合物为主的能源结构，更有效和可持续地利用资源，同时大力推进新的生产方式——包括机器人、数字技术、先进材料、可循环能源等。我国制造业的发展模式正在发生转变，提高生产效率及产品质量，降低成本，实现精细化管理和敏捷化生产满足市场个性化的需求，这些都形成了对数字化智能工厂技术的特别需求。众所周知，我国已处于“刘易斯拐点”，人口红利即将到期，“民工荒”一次次爆发，招工难和劳动力成本上升困扰着制造业。在这样的背景下，采用智能化、无人化、数字化制造模式是我国制造业转型升级的必由之路。

同样，我国汽车产业快速发展，正步入由汽车大国到汽车强国的转变历程中，生产制造模式也在发生转变。对汽车装备制造业而言，这既是巨大的挑战，又是前所未有的机遇。通过建立企业信息化，以信息化促进工业化，以信息化整合企业资源、优化管理流程，辅助提高企业整体能力。而作为制造类企业的核心环节——制造车间则是企业能力提升的关键所在。在经历了手工作坊、流水线规模生产等阶段后，以信息技术为依托，践行两化融合的数字化车间建设已成为当前制造业车间的发展方向。数字化车间将以各种数字化技术的应用为手段，融合先进管理思想，提高生产效率、降低企业成本，切实提升车间管理水平。

综上所述，实现生产过程的工业化和信息化相互融合是汽车制造业自身发展的需求。因此，提升生产车间的数字化、自动化和智能化水平也是汽车零部件生产企业转型升级的必由之路。

（2）打造数字化车间有利于替代进口，彻底扭转自动变速器高端装备依靠进口的不良局面。本项目立足自主创新，通过引进、吸收、消化基础上的技术与再创新相结合，研发具有自主知识产权的双离合自动变速器（DCT）装配测试数字化车间，掌握核心装配技术及数字化车间关键技术，并推进示范应用，对打造和支撑国内汽车行业高端制造装备品牌、提升装备水平具有重要意义。

DCT 装配测试数字化车间在示范应用的基础上，已推广到国内外多家 DCT 生产企业，替代了进口，并逐步扭转了高端装配线技术依靠进口的不良局面，提升了国内整车及变速器生产企业的核心制造能力和国际市场竞争力，推动我国汽车装备制造业技术进步，同时大幅度减少劳动力、降低企业生产成本和能耗，企业生产效率显著提升。

2. 项目研制对关键智能部件产业发展的意义

自动化、智能化是汽车零部件生产线装备的总体发展趋势。工业机器人、上下料机械手、智能传感器、智能识别系统、在线检测装置等关键智能部件是现代制造业重要的自动化装备。发达国家以机器人机械手、智能传感器、在线检测装置等为核心的汽车装配数字化车间已成为一种趋势，尤其在汽车行业、电子电气行业、物流仓储行业，数字化车间大大保证和提高了企业产品的质量和生产效率，推动了企业的快速发展，使其制造技术水平和产品质量得到了迅速提升。

经过20多年的探索，我国的工业机器人、上下料机械手、智能识别系统等关键智能部件技术取得了长足的发展，但是与世界发达国家相比，还有不小的差距，尤其表现在工业化市场应用方面。由于相关基础零部件和元器件研发能力及核心技术缺失等问题，尤其是不能通过批量化生产应用解决关键智能部件可靠性以及成本等问题的存在，严重制约了我国智能部件产业的发展。

我国在从制造业大国向强国转变的过程中，需要不断提高自身关键智能制造设备的技术和装备的数字化、自动化和智能化水平。但由于工业机器人、智能检测装置等国外智能产品在工业应用中处于垄断地位，我国自主智能设备发展还存在以下问题：

（1）没有形成具有一定规模的关键智能部件产业，关键智能部件产品和关键零配件长期大量依靠从国外进口。

（2）在进口设备关键技术的掌握方面存在欠缺。

（3）我国经过多年关键智能部件技术的研究，已经具备一定技术基础，但是缺少批量应用、不断改进、再推广应用持续反复的产品化过程，以上造成了我国关键智能部件在技术的先进性、市场应变能力和运行成本等方面处于劣势的不利局面。

本项目通过集成装配工业机器人、在线试验检测装置、MES系统、智能识别系统及智能传感器等诸多智能单元，体现了制造车间数字化产品工艺设计、工艺试验、生产组织及生产过程管理的一体化，是变速器生产线高端装备与信息技术相互融合的典型代表，本项目通过在国内汽车及零部件生产企业的推广应用，通过装备研制方和应用方的应用拉动，促进装配工业机器人、上下料机械手、智能传感器、在线检测装置及车间生产管理控制系统等自主智能部件的创新发展，解决相关智能部件产业化过程中的技术优化、系统集成、成本优化等关键技术问题，通过小批量生产应用进而实现产业化，逐步创造我国自主智能装备一流品牌，促进我国关键智能部件的技术创新和产业化。

同时，本项目的实施对提升自动变速器行业领域制造过程的自动化和智能化水平及关键智能制造装备的开发制造水平，实现生产过程的智能化，降低生产成本和资源消耗，促进汽车零部件制造业向数字化、网络化、智能化升级转型，带动智能制造部件和装置的创新，并加快产业化步伐，壮大智能制造装备产业等方面具有重要意义。

（二）市场前景与需求分析

随着科技水平及管理思想的不断发展，当前汽车及零部件制造企业也在经历一场涉及工艺流程和管理方法的变革。伴随科技手段的快速引入，正在从传统的以经验为主的管理模式向以信息为基础的管理模式转变，即以信息化为支撑、追求可持续发展、坚持科学发展的两化融合模式。为提高生产效率、降低汽车零部件企业生产成本，同时满足我国汽车制造业产业升级的需要，高自动化、信息化、智能化的数字化生产制造车间将越来越多地应用在汽车关键零部件装配生产中。汽车自动化生产高端装备严重依赖进口，目前国外汽车及零部件生产商大批进入中国，已经造成我国汽车零部件及高端装备市场被国外垄断的局面。据统计，近几年我国设备投资的 2/3 依赖进口，而轿车工业设备、数控机床的 70% 来自进口产品，这种现象在汽车自动变速器制造领域更是如此。

DCT 技术的快速发展源于 20 世纪末，世界上首款量产的 DCT 产品为德国大众公司的 DQ250，于 2003 年开始投放市场，最初匹配在大众的 Golf 和奥迪 TT 上。世界上知名的整车厂和变速器厂都在积极开发 DCT，如欧洲的大众、沃尔沃、雷诺、菲亚特、格特拉克、采埃孚，亚洲的日产、三菱、现代，北美洲的通用、福特、克莱斯勒等。DCT 产品仅问世不到 5 年的时间就能以难以置信的速度横扫全球，足以显示 DCT 产品强大的技术优势。DCT 与现有的 AT（自动变速器）、AMT（电控机械式自动变速箱）、CVT（汽车变速器）以及 MT（机械变速器）相比具有以下优势。

1. 燃油经济性好

相同级别的车辆，DCT 的燃油经济性与 AMT 相当，高于 AT 和 CVT，各类变速器燃油经济性比较如图 7–5 所示。

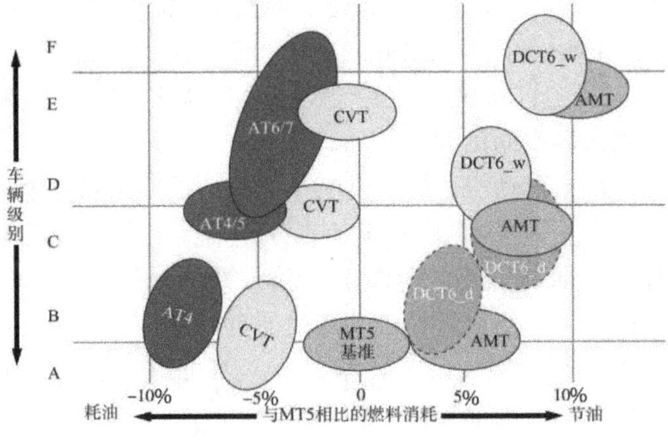

图 7–5　各类变速器燃油经济性比较

由图 7–5 可以看出：相同级别车型中，DCT 的燃油消耗比 AT 低 10% 左右，比 CVT 低 5% ～ 8%，比 5 挡 MT 要省油 5% 左右。

2. 制造成本优势

据统计，相同产量情况下，7DCT 的生产成本较 CVT 和 6AT 都要低，7DCT 比 6AT 自动变速器的制造成本低 20% ～ 30%。图 7-6 为各类变速器的制造成本比较。

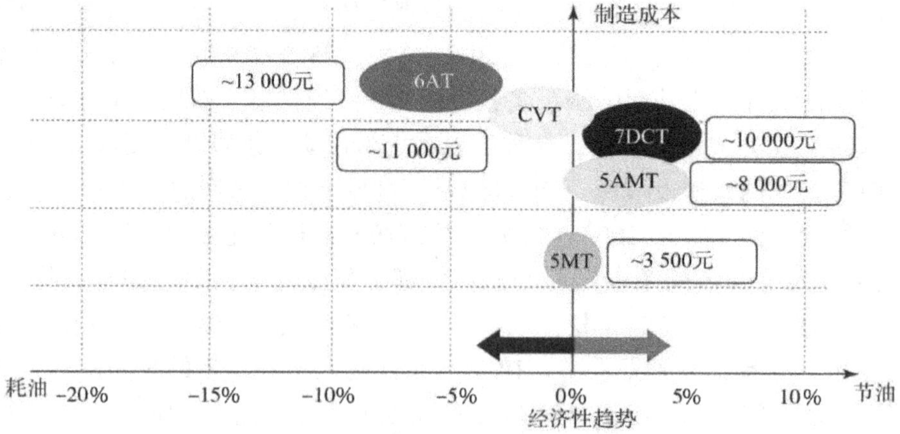

图 7-6　各类变速器的制造成本比较

DCT 的生产制造能最大限度地利用现有 MT 的生产资源，并与 AMT、MT 共平台开发，DCT 和 MT 及 AMT 在零部件加工制造方面具有很好的通用性，可以同步规划开发，即开发 DCT 作为高端平台，以获得较好的动力性、经济性和换挡舒适性；在开发 DCT 的基础上，统筹开发 MT 作为低端平台，以获得良好的经济性；同时考虑开发 AMT 作为中端平台，以提供较为经济的自动变速实现方式，实现了自动变速器生产设备的柔性化，因此 DCT 非常符合目前中国国情，未来市场空间巨大。

自动变速器与汽车发动机一样，是汽车主机厂国际市场竞争的最主要核心竞争力之一，各主机厂必然会通过各自的努力，实现自动变速器产品的自主化，如一汽、东风、长城、吉利、江淮、奇瑞等企业在 AT、CVT、DCT 等产品方面已经在积极努力，然而目前自动变速器生产设备依然需要依靠进口，花费了大量的外汇，降低了企业的市场竞争力。因此，自主开发 DCT 装配测试数字化车间具有广阔的市场前景。

（三）国内外发展现状

在汽车产业发达的国家，双离合自动变速器已经成为标准配置，而国内自动变速器的发展还相对落后，自动变速器的自主研发能力不能匹配日新月异的汽车发展速度，同时我国DCT智能装配测试技术也远远落后于国外高端装备企业，缺乏自动变速器智能装配测试相关核心技术。

国外大众汽车公司迈腾、高尔夫、速腾、新宝来等多种车型都采用的是DCT双离合变速器，预计未来大众其他车型都将装配此款动力总成技术，装配比例将达到50%。福特汽车公司新一代福特福克斯、蒙迪欧、致胜、SMAX、Galaxy和Kuga，沃尔沃C30、XC60、S60等车型选用的是PowerShift双离合自动变速器。国外相关自动变速器生产企业在产品开发的同时，同步进行相关生产制造装备的开发，并形成了以德国蒂森克虏伯、AVL为主的高端装备制造企业，积累了丰富的试验数据和装备开发经验，培养了一批一流的汽车自动化装备开发人才。

与国外相比，中国汽车起步较晚，目前在汽车整车和零部件产品品质与品牌力方面无法同国际品牌或合资品牌相抗衡，自动变速器表现尤为突出。国外对自动变速器产品技术的隔绝和垄断，包括对自动变速器设计和制造技术的封锁，加之零部件配套体系的不成熟和不健全，使国内自动变速器产品的开发和产业化尤其困难。上汽同德国GIF公司合作在开发生产的350 N·m湿式DCT，五大关键部件采用BorgWarner产品，目前已经开始走产业化道路，但其核心生产设备仍需依赖进口。

随着汽车自动变速器产品技术的进步，变速器制造装测技术也迎来了自主开发的春天。汽车自动装配线技术随着汽车工业的发展而不断地改进和提升，从原始手工设备到自动化设备，再到工业机器人技术的引入，如今汽车生产线智能装配技术已经成为整车生产自动化装备中最为关键的技术之一。随着汽车工业的全球化发展，汽车装备集成制造商也在不断地开拓国际市场，并将其先进的制造技术和制造理念向国内渗透，同时自身的发展也在不断地壮大，新技术也在迅速地推广应用。就目前国外先进的汽车零部件装配制造技术分析，汽车零部件装配制造车间在向网络化、数字化、自动化、智能化方向发展，通过信息化技术与先进制造技术的相互融合，实现整个数字化车间的高效率生产，进而降低企业成本，提高产品的市场竞争力。

国内汽车自动化制造装备开发，在初期以手动变速器装配的手工操作为主，局部实现了机械化生产，生产规模较小，自动化程度较低。20世纪80年代中期，我国的部分汽车生产厂家逐渐接触到国外先进的汽车生产技术，并将一部分技术应用到了生产中，使国内汽车装配技术在一定程度上得到提高。进入21世纪，受到国外汽车生产技术的冲击和国外汽车装备集成制造商的引入，国内汽车装备集成商不断地对汽车装配自动化技术进行引进、吸收、创新，国内汽车装备技术最近几年得到了很好的发展，促进了安徽巨一自动化装备有限公司等自主装备制造企业的成长。在手动变速器自动化装配领域中，当前已经形成自主装备与进口装备分庭抗争的局面，如安徽巨一自动化装备有限公司为安徽星瑞齿轮、青山齿轮、綦齿提供的汽车变速器自动化装配生产线，具有生产节拍高、柔性好、自动化程度高等特点，已能部分满足自主品牌汽车生产企业的要求。但是，随着国内汽车企业的发展和壮大，国内汽车对生产节拍和生产线的高柔性也在向国际看齐，这样就要求国内装备技术必须跟上自动变速器批量化生产的需求，必然要打造出高自动化、高智能化的DCT柔性装配测试数字化车间，以满足变速器生产企业批量生产的要求。

二、双离合自动变速器装配测试数字化车间

（一）数字化车间构成

双离合自动变速器（DCT）装配测试数字化车间按功能结构总体分为ERP层、生产管理系统MES层和设备层，如图7-7所示。

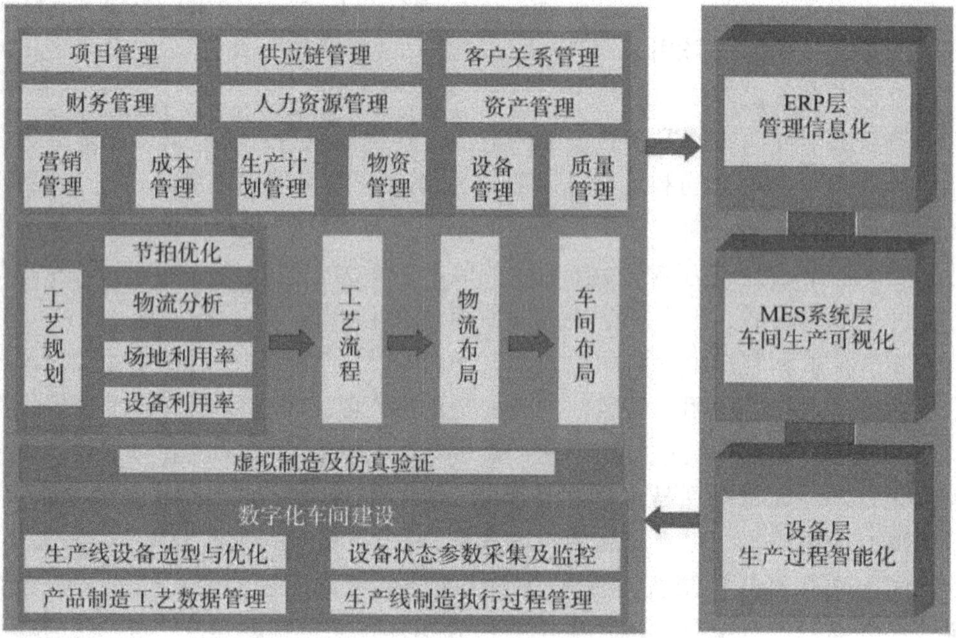

图7-7　数字化车间总体功能结构图

DCT装配测试数字化车间包括总成装测线、主壳体装测线、轴系分总成装测线、液压模块（HCU）分总成装测线、总成下线数控测试线、生产过程

数据采集与分析系统、生产制造执行系统（MES）、资源计划管理系统（ERP）等模块，主要功能包括 DCT 各组成模块装配生产过程中的上下料、输送、在线压装、拧紧、涂胶、检测、返修、部件及总成转轨、试验及下线等全部装配测试生产工作。

（二）数字化车间关键技术与系统

1. 数字化工艺规划与仿真分析技术

项目应用整线数字化虚拟制造技术，在虚拟环境中进行自动化设备工艺过程和物流仿真验证，及时发现瓶颈工序并优化，最大限度减少后期工程更改量，极大地缩短现场装调时间。通过对生产线的工艺流程、物流布局、生产节拍、设备利用率、场地利用率等进行有效分析，提出了最优化生产线工艺流程和工艺布局。

通过可视化软件等比例建立设备三维模型，进行设备布局与物流仿真，及时发现瓶颈工序并优化，设备设计阶段广泛应用三维设计，包括参数化的草图设计、三维造型技术、零部件装配、工程图输出、钣金设计以及对构件进行有限元分析、进行机构设计与运动仿真等内容，对设备进行动作流程仿真，干涉检查和受力分析，最大限度减少设备故障率。

在分析 DCT 产品结构和零部件组成的基础上，结合对工艺程序分析，改善整个生产过程中不合理的工艺内容、工艺方法、工艺程序和作业现场的空间配置，设计出最经济合理、最优化的工艺方法、工艺程序、空间配置，形成了车间工艺布局。

2. 高精度伺服压装系统

在高精度压装力与位移压装工艺分析的基础上，采用了数控伺服压装技术来应对 DCT 输出 1/2 轴的轴系零件以及主壳体离合器铝合金壳体零件的压入装配。该设备技术特点是精度高、速度快、安全可靠性强、合格率高，具备防错 / 漏装、压装力—位移过程监控、重要数据的存储 / 管理 / 统计分析功能，高精度数控伺服压装机如图 7-8 所示。整机具有压装力—位移过程监控功能，采集伺服电缸力—位移信号，通过显示屏直观显示出力—位移曲线，控制压装终止位置、过载保护以及设置压装过程评价窗口；具有防错 / 漏装功能，通过光电传感器、光纤传感器，接近开关检、取料确认开关，通过压头或工装仿形设计等实现防错 / 漏装功能；拥有数据库管理系统软件，可以对压力—位移曲线、最大力—位移等信息进行存储和管理并具有进行质量管理的统计分析功能。设备设置 RFID 读写装置负责工位装配信息和零件信息读写并上传到服务器，以便产品质量追溯。

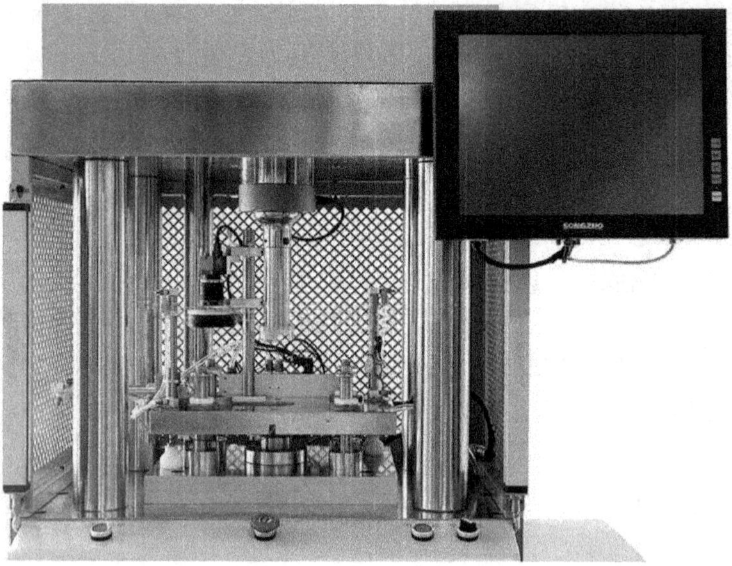

图 7-8　高精度数控伺服压装机

3. 智能垫片测量系统

智能垫片数控测量系统主要包括三轴高精度预紧力调整垫片测量设备、内输入轴垫片数控检测设备。

三轴高精度预紧力调整垫片测量设备具备同时测量变速器主壳体中两输出轴、差速器轴的轴承孔底面至壳体分型面的高度，同时对轴系总成拼装上线的离合器壳体总成中两输出轴及差速器轴后端轴承外圈端面至分型面的高度进行测量。该设备主要包括工件进出辊道（含停止器）、RFID 读写装置、工件定位与装夹机构、可控变速旋转机构、锥轴承外圈伺服控制压力及行程连锁的压紧机构、壳体端面精密定位及轴承外圈扶正的定位机构、数控自动测量与控制及通信系统 / 识别系统、垫片自动选定系统、垫片复检防错机构等。

内输入轴垫片数控检测设备用于测量变速器的重要组成部件——双离合卡环垫片厚度，调整离合器安装空间，对于变速器换挡顺畅性有至关重要的作用，如图 7-9 所示。该设备由测量工装、垫片复测仪、智能料架、数控系统等部分组成，测量值将直接在工位 PLC 中保存并显示在 HMI 上，HMI 开放式参数设备窗口可实现温度补偿值更改、标定件数，实时显示装配信息和设备故障报错信息。垫片复测仪具备防压手功能，垫片复检精度为 0.003 mm。智能料架左侧测量工装可以实现自动标定功能，检测工装是否在位，根据测量结果指示选出垫片并确保拿取垫片的唯一性。

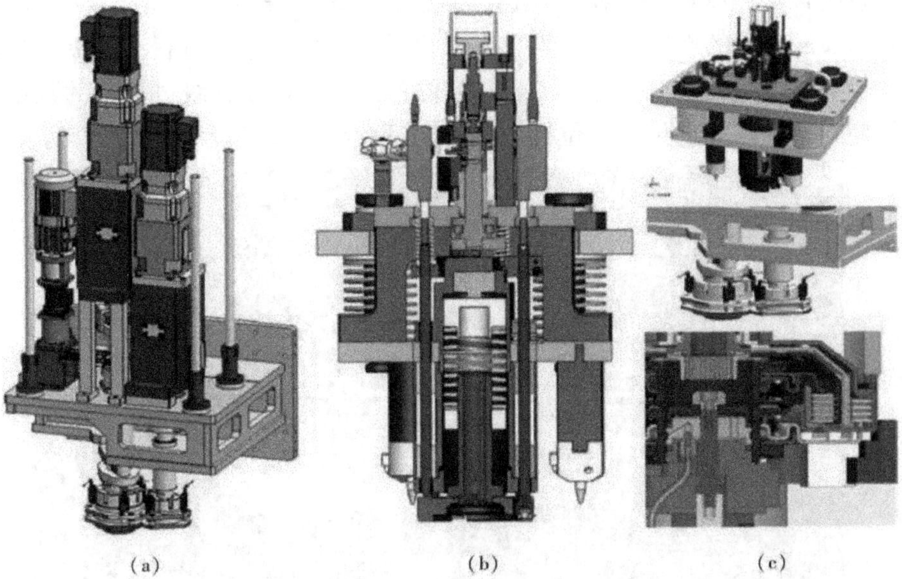

图 7-9　数控测量设备关键测量部件

4. 复杂多工位机器人集成工作站

多工位机器人集成工作站针对 DCT 输入轴总成、输出轴总成、差速器总成、同步器拨叉、喷射油管等进行拼装并送入变速器箱体，一般介于轴系分装线与总成装配线之间，起到零部件承接传递的作用，同时具有一定的装配功能。

多工位机器人集成工作站主要由一个四工位回转台和一台机器人组成，四工位回转台在分度机构的驱动下绕回转中心旋转，在数字控制系统控制下，每次旋转 90° 固定角度，旋转产生的角度误差在 ±10″ 之内，机器人的重复定位精度为 0.06 mm。机器人手臂前端配有专用夹具，将拼装后的轴系抓起，轴与轴之间的相互位置偏差不超过 0.5 mm。工作站配备数据库管理系统软件，可以对零部件的身份信息、分装过程需记录的质量数据等进行存储和管理，并具有进行质量管理的统计分析功能，设备设置 RFID 读写装置。

5. 高速智能桁架机械手

高速智能桁架机械手针对变速器从总装线到试验线的自动转线完成变速器姿态的变化，在转线过程中将总成装配线产生的数据传递到试验线，保证整个装配过程数据的完整性和可追溯性，如图 7-10 所示。桁架机械手通过应用高效传动系统、高精度机械手抓手、长距离输送缓冲防振系统，使用自主开发的数控系统合理控制桁架机械手加速和减速，实现变速器从距地面 0.8 m 的高度提升到 3 m 左右的空中，然后平移 9 m 至另外一侧，平移过程中将零部件翻转 90°，再将变速器放到距地面 0.8 m 的位置。零部件在转线过程中的数据通过电气控制系统自动上传至上位机，并传到试验线，设备设置 RFID 读写装置。

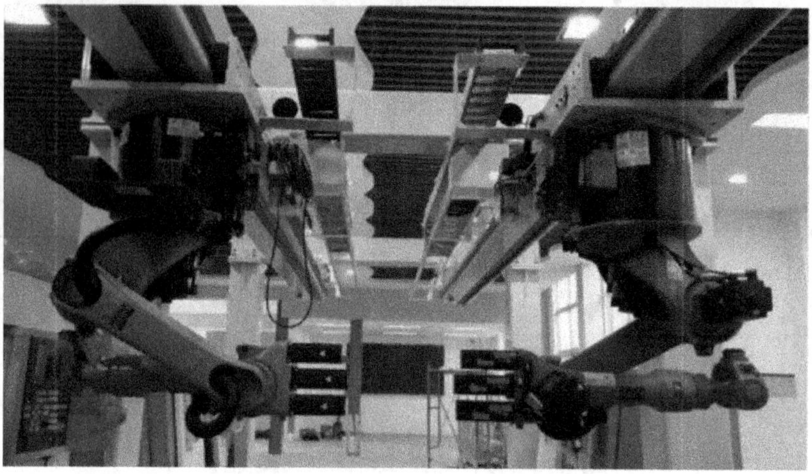

图 7-10　高速智能桁架机械手

6. 在线智能加载测试系统

在线加载测试系统配备自动换挡机构，按预定程序对换挡杆进行自动操作，并对换挡力和换挡位移进行测量。设备具有扩展性，装夹部分具有更换或调整功能，柔性强；具有故障诊断功能，可通过台架自带分析软件自动分析总成故障部位和完成 TCU 的自检功能；具备 NVH（噪声、振动与声振粗糙度）振动噪声测试和分析系统，测试的目的用于寻找变速器装配中的错误，如错误的轴承、加工不好的齿轮、齿轮与轴的形状和偏心错误；能够实现试验检测过程中的电动机控制及加载应用分析，满足变速器空载、加载检测试验的要求；能够进行变速器常规故障的试验分析。

7. 生产制造执行系统

MES 系统主要采用主流的网页语言 HTML5、前端脚本语言 JavAscript、JQUERY，前后台交互数据结构 JSON 以及结合后台微软 .net 平台、数据库等技术进行开发实施。MES 系统功能主要包括生产计划与排程管理、变速器识别跟踪、品质管理系统（质量数据收集、SPC 分析、质量追溯）、生产过程监控、车间内物流信息系统、信息发布、系统维护等模块，如图 7-11 所示。

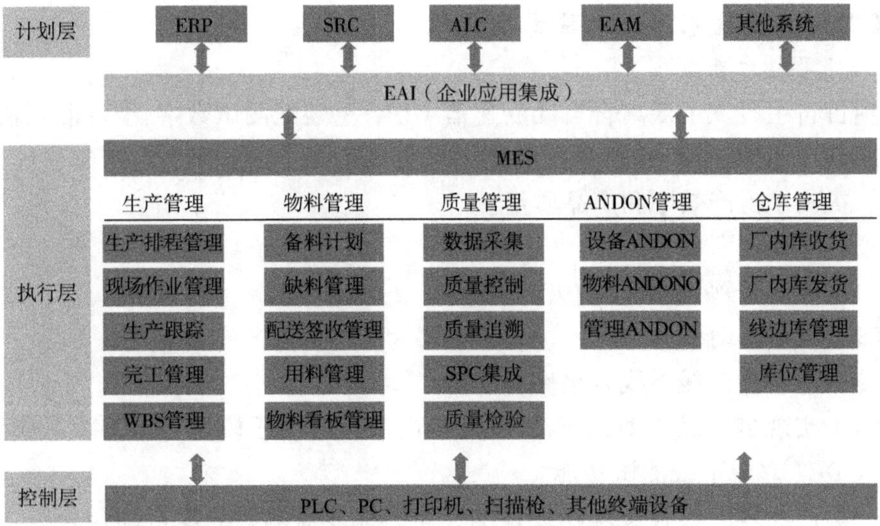

图 7-11　生产制造执行系统功能架构图

8. 企业资源计划管理系统

ERP 系统包括计划模块、生产管理模块、基础数据管理模块、采购管理模块、仓储管理模块、销售管理模块、财务管理模块等。

ERP 系统实现了与 SCM、MES、DMS、财务系统等的全面集成。计划管理模块中，生产订单的直送工位物料信息与 SCM 系统集成，实现生产订单拉动物料信息的传递；采购管理模块中，ERP 系统采购订单与 SCM 系统集成，实现 ERP 系统采购订单与 SCM 系统采购订单的集成，ERP 开票通知与 SCM 系统集成；销售管理模块实现与 DMS 系统的集成；财务管理模块中，实现金税系统与 ERP 系统集成，实现 ERP 应付系统与 SCM 系统结算信息集成。ERP 架构及与其他管理系统集成情况如图 7-12 所示。

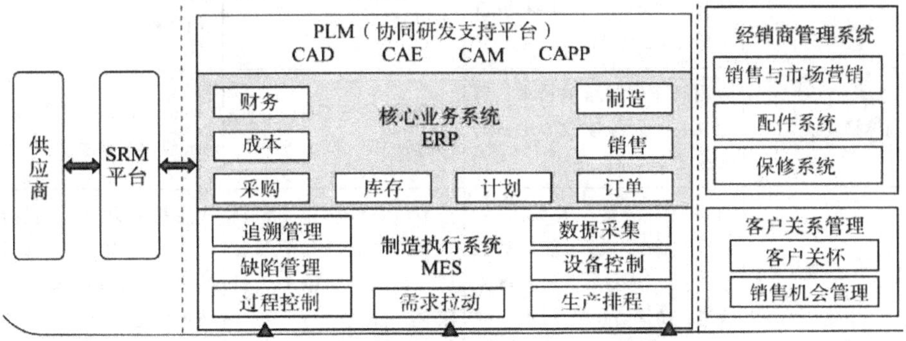

图 7-12　ERP 架构及与其他管理系统集成情况

（三）主要技术参数及技术先进性

1. 主要技术参数

项目自主研发了双离合自动变速器（DCT）装配测试数字化车间，替代进口，实现了 DCT 生产过程的智能化，满足年产 15 万台 DCT 生产制造的总体目标，提高了生产效率和产品质量。

项目主要技术参数如下：

（1）生产纲领：15 万台 / 年。生产节拍：56 s/ 台。

（2）设备开动率≥ 90%。

（3）DCT 生产线下线合格率≥ 98%。

（4）实现多个品种 DCT 产品混流生产，具备液压模块（HCU）总成下线测试及 DCT 总成下线测试功能。

（5）产品装配过程实现在线检测、压力在线监测、故障自动预警等功能，同时具有智能识别功能，防止产品装配过程中的错漏装。

2. 技术先进性

项目集成应用了高精度伺服压装技术、高精度智能垫片测量技术、智能防错技术、复杂多工位机器人集成应用技术、伺服控制高速输送技术、在线加载测试技术及 ERP、MES 系统等，多项技术达到国际先进水平，大大提高了生产线的智能化程度。与传统变速器装测生产线相比，在技术指标方面有了显著进步，如表 7–2 所示。

表 7–2　本项目的技术指标比较

主要比较内容	本项目研究成果	国内相关技术	国外相关技术
高精度伺服压装	共计实现 20 套高精度伺服压装单元集成应用，位移精度 ±0.01 mm，压装精度 ±1% FS（全量程）	主要应用气液增压和液压压装技术，压装精度差	采用气液增压方式，位移精度 ±0.01 mm，压装精度 ±1% FS（全量程）
高速移栽技术	应用高速伺服移栽技术，跨距 9m，最高速度 v=5 m/s，加速度 a=4m/s^2	长距离高速移栽技术，国内应用较少	v=5m/s，a=4m/s^2，但无跨距 9 m 应用案例
防错漏装识别系统	通过物料防错、人员防错、研究图像识别及无线射频技术应用、装配参数检测等手段进行防错防漏验证	一般应用一套视觉识别对涂胶进行防错防漏验证，在物料防错上做得较少	应用物料防错、人员防错、研究图像识别及无线射频技术应用、装配参数检测，技术领先

续表 7-2

主要比较内容	本项目研究成果	国内相关技术	国外相关技术
复杂功能多工位集成	通过四工位机器人集成工作站，完成多轴系移栽、拼装、合抱，提升整线节拍，提高生产效率	无应用案例	蒂森克虏伯有四工位机器人集成工作站案例
网络化信息管理系统	以 FTPC 平台为系统开发平台，实现网络化、信息化、可视化制造执行技术和物资管理系统，更加稳定和智能化，国内领先	部分自主开发的信息平台，其稳定性差，功能模块需要优化和进一步深入研究	部分自主开发的信息平台，其稳定性差，功能模块需要优化和进一步深入研究
信息系统与企业系统集成	实现装配线 MES 与企业 ERP 等管理系统的对接，消除信息孤岛提高各部门、层级之间信息交流效率，提高生产力	国内部分自主系统暂时无法实现企业 / 工厂之间的信息互通互流，导致部分部门之间信息不透明，影响生产力	国外信息系统平台具有丰富的系统接口，可快速高效地与企业管理系统进行对接和交互

三、主要成果及效益分析

本项目在实施过程中，获得了国家发明专利 9 项，登记软件著作权 2 项；相关技术成果获得安徽省新产品 5 项；结合有关国内外的试验标准，本项目制定了装测生产线关键设备的相关标准规范 5 项；在人才培养方面，引进了 1 名外籍专家，培养工艺规划技术人员 5 名，专业设计、装配及调试技术人员 17 名，项目管理的高端人才 1 名，组建了一支从产品方案制订、设计，到装配、调试为一体的国内一流的技术团队。

双离合自动变速器（DCT）装配测试数字化车间已推广至多家汽车及零部件制造企业，作为典型的高技术和高附加值产品，每年为项目研发企业新增产值 2.5 亿～ 4 亿元，有力提升了自动变速器行业制造过程的自动化和智能化水平，增强了用户产品的市场竞争力，每年为应用企业新增产值 100 亿～ 140 亿元，带来了巨大的经济效益。本项目显著提高了主机厂的生产效率和生产力，促进汽车零部件制造业向数字化、网络化、智能化转型升级，改善了工人环境，降低了劳动强度；生产效率较传统生产线提升 30% 以上，人员减少 50% 以上，资源综合利用率提升 20% 以上，能耗降低超过 30%，同时大大提高了汽车自动变速器的产品质量，增强了汽车及零部件生产企业的国际市场竞争力。

四、示范带动作用

本项目基于新一代信息通信技术与先进制造技术深度融合，将高速信息传输、I/O、无纸化订单管理、车间智能物流、多维度信息集成、网络互联互通、自诊断纠错的自动化设备系统等设计思路进行集成，贯穿于自动变速器产品设计、生产、管理、服务等制造活动的各个环节，支持多品种小批量生产模式，符合当下“工业 4.0”的发展思路，是未来变速器制造的发展趋势，其制造技术先进性与产能提升对国内自动变速器行业发展意义重大。

本项目在开展过程中，引入与吸收了业界最佳实践与解决方案，实现了离散型制造从资源计划管理到生产制造各方面全覆盖，通过与研发系统的集成，打通企业研发、经营管理和生产制造的信息流，打破信息孤岛，实现数据与信息共享。通过实施数字化制造系统，建立智能制造体系，为变速器行业由传统制造模式转化为智能制造新模式探索出一条有益的路径和解决方案，大大提升了汽车变速器行业智能制造水平和产品市场竞争力，促进了汽车产业的转型发展。另外，项目在实施过程中，将已有成熟的子系统（光电传感器、数据采集系统、智能专机等）进行集成，这些子系统在其所在领域已是非常成熟的产品，但在双离合自动变速器制造过程中很少应用。项目的实施扩大了上下料机械手、传感器、装配机器人、智能检测装置等智能制造核心技术装备在我国变速器制造生产中的应用，推动了我国智能制造装备产业的创新发展。

本项目采用的智能制造体系设计、产品 100% 信息可追溯、高效能源利用等设计思路对我国汽车变速器行业的发展具有良好的示范引导作用。基于网络化技术、大数据技术的实现，在汽车变速器制造领域，项目积累的数据及经验具有很强的可复制性，没有技术风险和侵权风险。通过提升产能、提高资源利用率、降低单位产值能耗等策略，项目符合当下创建环境友好型生产模式、实现中国制造向中国“智造”转型的政策导向。同时，工业机器人、智能物流、智能管理系统等装备与系统具有良好的通用性，除应用于汽车变速器制造领域之外，在动力电池、家电制造、航空航天等领域也有非常广阔的应用空间。因此，项目的实施为国内其他制造业实现智能制造新模式提供了良好的示范作用。

继国内乘用车整车设计和制造技术实现自主开发、发动机总成设计和制造能力实现突破后，自动变速器已经成为我国自主品牌高档车型匹配应用的瓶颈，其产品竞争力主要源于产品技术及生产工艺、生产装备的先进性及生产过程的质量控制体系，双离合自动变速器装配测试数字化车间实现了产品的智能化生产，提高了生产效率，降低了生产成本和资源消耗，具有良好的示范作用和巨大的市场空间。同时，依托数字化车间的带动作用，促进我国智能制造装备产业链的完善及其产业化，积极构建产品全生命周期的智能工厂，培育新的经济增长点。

参考文献

[1] ENEV M , TAKAKUWA A , KOSCHER K , et al. Automobile driver fingerprinting[J]. Proceedings on privacy enhancing technologies, 2016(1):34–51.

[2] ATTEWELL B. Noise control in internal combustion engines[J]. Journal of mechanical working technology, 1984, 9(1):1–106.

[3] BABER J, KOLODKO J, NOEL T, et al. Cooperative autonomous driving: intelligent vehicles sharing city roads[J]. IEEE robotics & automation magazine, 2005, 12(1):44–49.

[4] CHEN Q, OZGUNER U, REDMILL K. Ohio state university at the 2004 darpa grand challenge:developing a completely autonomous vehicle[J].IEEE intelliget systems, 2004, 19(5):8–11.

[5] CHU K, KIM J, SUNWOO M. Distributed system architecture of autonomous vehicles and real-time path planning based on the curvilinear coordinate system [J]. Sae technical papers, 2012 (1): 1–8.

[6] KITHIL P W, JONES R D, MAC CUISH J. Development of driver alertness detection system using overhead capacitive sensor array[R].New York：SAE International, 1998.

[7] LIU J, ZHANG S, SUN W, et al. In-vehicle network attacks and countermeasures: challenges and future directions[J]. IEEE Network, 2017, 31(5): 50–58.

[8] OLARIU S , KHALIL I, ABUELELA M . Taking VANET to the clouds[J]. International journal of pervasive computing and communications, 2011, 7(1):6–21.

[9] PATLE M, LALA S K, KAVANAGHA D, et al. Applying neural network analysis on heart rate variability data to assess driver fatigue[J]. Expert systems with applications, 2011, 38(6):7235–7242.

[10] RUTA A , LI Y, LIU X. Robust class similarity measure for traffic sign recognition[J]. IEEE transactions on intelligent transportation systems, 2010, 11(4): 846–855.

[11] SIGRID E, MICHAEL H, WILLIAM O. Heart rate variability during waking and sleep in healthy males and females[J]. Sleep, 1999, 22(8):1066-1071.

[12] PEMG T,SU L L,ZHANG R H, et al. A new safe lane-change trajectory model and collision avoidance control method for automatic driving vehicles[J].Expert systems with applications, 2020(141): 1-17.

[13] VIOLA C, JONES M J. Robust real-time face detection[J]. International journal of computer vision, 2004, 17(4): 1-5.

[14] WANG D, HOU X, XU J, et al. Traffic sign detection using a cascade method with fast feature extraction and saliency test[J]. IEEE transactions on intelligent transportation systems, 2017， 18(12)： 3290-3302.

[15] WOO S, JO H J, KIM I S, et al. A practical security architecture for in-vehicle CAN-FD[J]. IEEE transactions on intelligent transportation systems, 2016, 17(8) : 2248-2261.

[16] WOO S, JO H J, LEE D H. A practical wireless attack on the connected car and security protocol for in-vehicle CAN[J]. IEEE transactions intelligent transportation systems, 2015, 16(2):993-1006.

[17] YAHJA A, SINGH S ,STENTZ A.An efficient online path planner for outdoor mobile robots[J]. Robotics and autonomous systems， 2000,32(2-3)： 129-143.

[18] ZHANG Q, WU C, ZHANG H. Driving fatigue prediction model considering schedule and circadian rhythm[J]. Journal of advanced transportation, 2020(1):1-10.

[19] 蔡自兴，贺汉根，陈虹．未知环境中移动机器人导航控制研究的若干问题 [J]. 控制与决策，2002 (4): 385-390.

[20] 车云，陈卓．智能汽车 决战 2020[M]. 北京：北京理工大学出版社，2018.

[21] 陈超，吕植勇，付姗姗，等．国内外车路协同系统发展现状综述 [J]. 交通信息与安全，2011,29(1): 102-105.

[22] 陈慧岩．智能车辆先进技术丛书：无人驾驶汽车概论 [M]. 北京：北京理工大学出版社，2014.

[23] 陈龙，潘志敏，毛庆洲．利用 HOG-LBP 自适应融合特征实现禁令交通标志检测 [J]. 武汉大学学报（信息科学版）, 2013, 38(2): 191-194.

[24] 陈同林，樊海博．雷达技术在现代公路交通中的应用 [J]. 西安邮电学院学报，2004(3): 34-37.

[25] 陈亦欣，叶锋，肖锋，等．基于 HSV 空间和形状特征的交通标志检测识别研究 [J]. 江汉大学学报（自然科学版）, 2016, 44(2): 119-125.

[26] 陈莹，韩崇昭．运动车辆的多传感融合跟踪 [J]. 西安交通大学学报，2004, 38(10): 1035–1039.
[27] 陈治光．红旗 HQ3: 智能与安全的结合 [J]. 科技潮，2007(11):23.
[28] 晨光．瞄准行业未来吉利发布“iNTEC”技术品牌 [J]. 驾驶园，2017 (6): 52–53.
[29] 程磊，王永骥．基于 4D/RCS 的多移动机器人 Hierarchy–Agent 协调控制系统 [J]. 兵工自动化，2005 (4): 11–13.
[30] 戴斌，聂一鸣，孙振平，等．地面无人驾驶技术现状及应用 [J]. 汽车与安全，2012(3):46–49.
[31] 杜鸣皓．“自动驾驶”的现实挑战：尚待过法律和安全关 [J]. 中国品牌，2017 (5): 80–85.
[32] 韩桂玲，杨海英．酒精的代谢与饮酒对人体的影响 [J]. 山西医药杂志，2012, 41(11):1150–1151.
[33] 韩淑艳．关于对信息安全技术体系的探讨 [J]. 科技与企业，2015(7): 76.
[34] 韩维建．智能汽车关键技术与设计方法 [M]. 北京：机械工业出版社，2019.
[35] 郝建领．无线遥控智能车控制系统 [D]. 西安：西安电子科技大学，2007.
[36] 黄晓瑞，崔平远，崔祜涛．差分 GPS 定位方法与应用研究 [J]. 航空兵器，2001 (3): 5–8.
[37] 蒋刚毅，郑义．形态骨架匹配算法及其在交通标志识别中的应用 [J]. 电路与系统学报，1996, 1(3):16–23.
[38] 赖敏．基于 Adaboost 迭代学习的支持向量机分类算法 [D]. 重庆：重庆师范大学，2012.
[39] 黎红．自主移动机器人路径规划中的主要方法 [J]. 中国电力教育，2010 (S1): 526–528.
[40] 李清水，方志刚，沈模卫，等．手势识别技术及其在人机交互中的应用 [J]. 人类工效学，2002 (1): 27–29.
[41] 李贞，冯晓毅．基于传感器技术的驾驶疲劳检测方法综述 [J]. 测控技术，2007, 26(4):1–3.
[42] 刘春晓．改变世界——谷歌无人驾驶汽车研发之路 [J]. 汽车纵横，2016(5):94–99.
[43] 刘海波，顾国昌，张国印．智能机器人体系结构分类研究 [J]. 哈尔滨工程大学学报，2003 (6): 664–668.
[44] 刘家佳．智能网联汽车安全 [M]. 西安：西安电子科技大学出版社，2019.

[45] 刘凯 . 无人驾驶车辆体系结构与定位导航技术研究 [D]. 北京 : 北京理工大学 , 2010.
[46] 刘然 . 双目视觉与障碍物探测方法研究 [D]. 西安 : 西安石油大学 , 2018.
[47] 刘少山 . 第一本无人驾驶技术书 [M]. 北京 : 电子工业出版社 , 2017.
[48] 刘鑫 , 杨立敬 , 朱双东 . 快速交通标志检测预处理方法 [J]. 计算机工程与应用 , 2010, 46(29):229-231.
[49] 吕义超 , 陆云 . 我国智能网联汽车产业发展规划与发展政策浅析 [J]. 时代汽车 , 2017 (6): 8-10, 13.
[50] 吕永刚 , 谢存禧 . 移动机器人的导航与路径规划研究 [J]. 机电工程技术 , 2004, 33 (1): 19-21.
[51] 毛家伟 . 智能交通系统 (ITS) 中的智能汽车技术 [J]. 交通世界 , 2017(10): 150-151.
[52] 孟建军 , 陈晓强 , 耿言 , 等 . 无人驾驶城轨车辆控制系统分层递阶架构设计 [J]. 计算机工程与设计 , 2015, 36 (8): 2308-2312.
[53] 穆康乐 . 无人驾驶汽车发展现状及未来展望 [J]. 电子技术与软件工程 , 2017(21):112-114.
[54] 牛清宁 . 基于信息融合的疲劳驾驶检测方法研究 [D]. 长春 : 吉林大学 , 2014.
[55] 潘晓旭 . 车载视频的运动目标检测与跟踪算法研究 [D]. 长春 : 长春工业大学 , 2016.
[56] 任亚欣 . 汽车防碰撞雷达概述 [J]. 科技情报开发与经济 , 2007, 17(17): 153-155.
[57] 赛迪智库工业经济研究所 . 汽车 “新三化” 趋势技术追踪及展望 [N]. 中国计算机报 , 2019-08-26(008).
[58] 宋之涛 .GPS 的基本原理及其应用前景 [J]. 株洲工学院学报 , 2001 (5): 44-47.
[59] 孙浩 , 邓伟文 , 张素民 , 等 . 考虑全局最优性的汽车微观动态轨迹规划 [J]. 吉林大学学报 (工学版), 2014, 44 (4): 918-924.
[60] 孙晶 , 凌云峰 . 语音识别系统技术及市场前景探析 [J]. 科技资讯 , 2011(20):1.
[61] 孙志国 . 无人驾驶汽车环境感知技术综述 [J]. 南方农机 , 2019, 50(3):23.
[62] 汤淑明 . 从 “由人驾驶” 到 “无人驾驶” ——三大系统使汽车行驶安全可靠 [J]. 创新时代 , 2016 (7): 25-26.
[63] 汪贵平 , 盛广峰 , 黄鹤 , 等 . 基于改进 Le Net-5 网络的交通标志识别方法 [J]. 科学技术与工程 , 2018, 18(34): 78-84.

[64] 汪卫东 . 国外汽车安全新理念和安全技术新进展 [J]. 汽车与配件 , 2006 (14): 36–39.
[65] 王亚飞 .THMR–V 平 台 上 的 智 能 交 通 监 控 系 统 设 计 与 实 现 [J]. 计 算 机 测 量 与 控 制 , 2017, 25(7):106–109.
[66] 王炳浩 , 魏建勤 , 吴永红 . 汽车驾驶员瞌睡状态脑电波特征的初步探索 [J]. 汽车工程 , 2004(1):71–73.
[67] 王劲 . 无人驾驶汽车 , 引领第四次工业革命 [J]. 汽车纵横 , 2016(6): 76–78.
[68] 王鲲鹏 . 基于 Otsu 算法和 Sobel 算子的连接件图像边缘检测 [J]. 现代计算机 , 2011 (7): 17–19.
[69] 王楠 , 刘威 , 陈雪 . 基于多线索混合的交通标志检测与跟踪 [J]. 控制与决策 , 2010, 25(8): 1276–1280.
[70] 王忆锋 .MEMS 和导航级 MEMS 惯性传感器 [J] . 飞航导弹 , 2008(8): 51–54.
[71] 王振 . 无人车运动控制系统设计与实现 [D]. 西安 : 长安大学 , 2016.
[72] 吴雄英 , 胡国清 , 黄玉程 , 等 . 自主移动机器人体系结构状况与发展研究 [J]. 自动化博览 , 2005 (3): 21–24.
[73] 修彩靖 , 陈慧 . 基于混合体系结构的无人驾驶车辆系统 [J]. 农业机械学报 , 2012, 43 (1): 18–21.
[74] 徐畅 , 孙鹏程 , 钟一琥 . 呼出气体酒精含量探测器坚定细节的研究 [J]. 计量测试与检定 , 2011, 21(3):14–16.
[75] 闫冬 , 管欣 , 高振海 . 基于 MEMS 技术的微惯性传感器及在汽车上的应用 [J]. 汽车技术 , 2006 (2): 1–6.
[76] 闫利 , 王奕丹 . 车载组合全景相机单片影像匹配算法 [J]. 遥感信息 , 2016, 31 (2): 1–5.
[77] 杨超云 . 车载雷达提高行车安全性 [J]. 轻型汽车技术 , 2011 (5): 22–25, 37.
[78] 杨学聪 . 百度 : 构建自动驾驶"智慧出行"生态 [N]. 经济日报 , 2016–03–04 (003).
[79] 杨忠阳 . 当无人驾驶遇上智慧城市 [N]. 经济日报 , 2016–06–08 (013).
[80] 伊连云 , 金秀慧 , 贺廉云 . 基于神经网络的移动机器人避障控制和决策 [J]. 农业装备与车辆工程 , 2006 (8): 22–24.
[81] 张林杰 . 巡航无人车自动驾驶关键技术研究 [D]. 哈尔滨 : 哈尔滨工业大学 , 2019.
[82] 张伟 . 一图看懂未来 15 年无人驾驶发展路线 [J]. 中国公路 , 2017 (2): 22.

[83] 张秀彬，应俊豪．汽车智能化技术原理 [M]. 上海：上海交通大学出版社，2011.

[84] 张尧，赵洋，刘博宇，等．一种基于双目测距系统的亚像素精度自适应图像匹配算法 [J]. 长春理工大学学报 (自然科学版), 2016, 39 (2): 14–18.

[85] 张卓．车内酒精气体激光检测方法及系统研究 [D]. 长春：长春理工大学，2012.

[86] 中国汽车工程学会．汽车智能制造典型案例选编 (2018)[M]. 北京：北京理工大学出版社，2018.

[87] 朱世耘．百度陆奇：Apollo 让中国站在自动驾驶前沿 [N]. 国际商报，2016-06-07 (C03).